Das Unbundling in der britischen und deutschen Energiewirtschaft

Europäische Hochschulschriften
Publications Universitaires Européennes
European University Studies

Reihe II
Rechtswissenschaft

Série II Series II
Droit
Law

Bd./Vol. 4349

PETER LANG
Frankfurt am Main · Berlin · Bern · Bruxelles · New York · Oxford · Wien

Thorsten Michael Volz

Das Unbundling in der britischen und deutschen Energiewirtschaft

PETER LANG
Europäischer Verlag der Wissenschaften

Bibliografische Information Der Deutschen Bibliothek
Die Deutsche Bibliothek verzeichnet diese Publikation in der Deutschen Nationalbibliografie; detaillierte bibliografische Daten sind im Internet über <http://dnb.ddb.de> abrufbar.

Zugl.: Köln, Univ., Diss., 2005

D 38
ISSN 0531-7312
ISBN 3-631-55198-3

www.peterlang.de

Vorwort

Diese Arbeit beschäftigt sich mit der (Fort-) Entwicklung der Entflechtungsregelungen für die Leitungsinfrastruktur auf den Strom- und Gasmärkten in Deutschland und Großbritannien (England und Wales) seit Beginn der jeweiligen Liberalisierung dieser Märkte. Anhand der in England und Wales gewonnenen Erfahrungen wird versucht, die weitere Entwicklung des Unbundlings in Deutschland zu prognostizieren. Die Arbeit ist auf dem Stand Januar 2005.

Meinem Doktorvater Herrn Prof. Dr. Jürgen F. Baur danke herzlich für die Betreuung meiner Arbeit. Er war ein hilfreicher und kritischer Ansprechpartner, der mir stets den notwendigen Freiraum gelassen hat, meine eigenen Vorstellungen zu entwickeln. Herrn Prof. Dr. Ulrich Ehricke möchte ich für die zügige Zweitkorrektur meiner Arbeit danken.

Dank der Unterstützung von Dr. Stefan Enchelmaier war es mir möglich, als Junior Research Fellow in Oxford über den britischen Energiemarkt ausführlich zu forschen. Zudem halfen mir Prof. Peter Cameron und Stephen Dow vom Center for Energy, Petroleum and Mineral Law and Policy, University of Dundee, in zahllosen Diskussionen über britische Regulierungs- und Energiepolitik, ein besseres Verständnis für die britische Vorgehensweise zu bekommen. Hierfür danke ich ihnen und dem Center in Dundee ebenfalls herzlich.

Mein ganz besonderer Dank gilt der Konrad-Adenauer-Stiftung e.V., die diese Arbeit gefördert hat. Ohne deren großzügige Unterstützung wäre mein Forschungsaufenthalt in Großbritannien nicht möglich gewesen.

Last but not least danke ich auch all denjenigen, die mir hilfreich in meiner Dissertationszeit beigestanden haben. Dies gilt insbesondere für meine Mutter und meinen Onkel, die das Korrekturlesen dieser Arbeit übernommen haben.

Linnich- Ederen, im Dezember 2005 *Thorsten M. Volz*

Inhaltsverzeichnis

Drittes Kapitel
Das Unbundling in Deutschland

Ausblick und Schlussfolgerungen

Literaturverzeichnis

Abkürzungsverzeichnis

2nd-tier Lic.	Second Tier Licence
a.a.O.	am angegebenen Ort
Abl.	Amtsblatt
Abs.	Absatz
AcP	Archiv für die civilistische Praxis
a.F.	alte Fassung
AER	American Economic Review
AG	Aktiengesellschaft
AktG	Aktiengesetz
ARE e.V.	Arbeitsgemeinschaft Regionaler Elektrizitätsversorgungsunternehmen e.V.
Art.	Artikel
AStL	Allgemeine Staatslehre
AVB	Allgemeine Versorgungsbedingungen
BayOLG	Bayrisches Oberstes Landgericht
BB	Betriebs-Berater
BDI	Bundesverband der Deutschen Industrie e.V.
Bes.	Besonderer Teil
Beschl.	Beschluss
GbR	Gesellschaft bürgerlichen Rechts
BGB	Bürgerliches Gesetzbuch
BGB-Gesellschaft	Gesellschaft bürgerlichen Rechts
BGBl.	Bundesgesetzblatt
BGC	British Gas Cooperation
BGH	Bundesgerichtshof
BK	Bonner Kommentar
BKartA	Bundeskartellamt
BMWi	Bundesministerium für Wirtschaft
BR-Drucks.	Bundesratsdrucksache
BSC	Balancing and Settlement Code
BT	Deutscher Bundestag / Besonderer Teil
BT-Drucks.	Bundestagsdrucksache
BTOElt.	Bundestarifordnung Elektrizität 1990, BGBl. I 1989, S. 2255
BVerfG	Bundesverfassungsgericht
BVerfGE	Amtliche Entscheidungssammlung des BVerfG
BVerwG	Bundesverwaltungsgericht
BVerwGE	Amtliche Entscheidungssammlung des BVerwG
bzgl.	bezüglich
bzw.	beziehungsweise
ca.	circa
CEGB	Central Electricity Generating Board
CEO	Chief Executive

CfD	Contract for Difference
CO	Kohlenstoffmonoxyd
CO_2	Kohlenstoffdioxyd
Cond.	Condition
dass.	dasselbe
ders.	derselbe
d.h.	das heißt
dies.	dieselbe
DGES	Director General of Electricity Supply
DGFT	Director General of Fair Trading
DGGS	Director General of Gas Supply
DTI	Department of Trade and Industry
DVBl.	Deutsches Verwaltungsblatt
DVGW	Deutscher Verband der Gaswirtschaft
ebd.	ebenda
EG	Europäische Gemeinschaften
EGV	Vertrag über die Gründung der Europäischen Gemeinschaft
EigVO	Enteignungsverordnung
ElecAct	Electricity Act 1989
endg.	endgültig
EnWG	Energiewirtschaftsgesetz
ESI	Electricity Supply Industry
ET	Energiewirtschaftliche Tagesfragen
etc.	et ceterea
EU	Europäische Union
e.V.	eingetragener Verein
ew	Elektrizitätswirtschaft
EWiR	Europäisches Wirtschaftsrecht
f.	folgend
FAZ	Frankfurter Allgemeine Zeitung
ff.	folgende
Fn.	Fußnote
FN-IDW	Fachnachrichten des Instituts der Wirtschaftsprüfer
FS	Festschrift
GCC	Gas Consumer Council
gem.	gemäß
GesR	Gesellschaftsrecht
GG	Grundgesetz
GmbH	Gesellschaft mit beschränkter Haftung
GmbHR	GmbH-Rundschau
GWB	Gesetz gegen Wettbewerbsbeschränkungen
h	Stunde
HGB	Handelsgesetzbuch

Hrsg.	Herausgeber
HS	Halbsatz
IDW	Institut der Wirtschaftsprüfer
IPN	Initial Physical Notification
IPP	Independent Power Producer
IR	Infrastrukturrecht
i.S.d.	im Sinne des
i.S.v.	im Sinne von
JbNPÖ	Jahrbuch für Neue politische Ökonomie
JENRL	Journal for Energy & Natural Resources Law
Jg.	Jahrgang
JNSt	Jahrbücher für Nationalökonomie und Statistik
JZ	Juristen Zeitung
KartellR	Kartellrecht
KAV	Verordnung über Konzessionsabgaben für Strom und Gas, BGBl. I 1992, S. 1992
KG	Kommanditgesellschaft
KG a.A.	Kommanditgesellschaft auf Aktien
KMEnergR	Kölner Miszellen zum Energierecht
Kom	Kommission der Europäischen Gemeinschaften
Komm.	Kommentar
kV	kilo Volt
kW	Kilowatt
kWh	Kilowattstunden
KWK	Kraft-Wärme-Kopplung
KWK-Anlage	Kraft-Wärme-Kopplungs-Anlage
Lic.	Licence
lit.	litera
LNG	verflüssigtes Erdgas (Liquid Natural Gas)
LNG-Anlage	Anlage zur Verflüssigung von Erdgas
LOLP	Loss of Load Probability
m^3	Kubikmeter
Mio.	Millionen
Mitt.	Mitteilungen
mm	Millimeter
MMC	Monopolies and Mergers Commission
MünchHb	Münchener Handbuch
WM	Wertpapier Mitteilungen
MW	Megawatt
MWh	Megawattstunden
m.w.N.	mit weiteren Nachweisen
NETA	New Electricity Trading Arrangements

Neue RiLi Elektrizität	Richtlinie 2003/54/EG des europäischen Parlaments und des Rates vom 26. Juni 2003 über gemeinsame Vorschriften für den Elektrizitätsbinnenmarkt und zur Aufhebung der Richtlinie 96/92/EG, Amtsbl. EU 2003, L 176/37 ff.
Neue Richtlinie Gas	Richtlinie 2003/55/EG des europäischen Parlaments und des Rates vom 26. Juni 2003 über gemeinsame Vorschriften für den Erdgasbinnenmarkt und zur Aufhebung der Richtlinie 98/30/EG, Amtsbl. EU 2003 L 176/ 57 ff.
n.F.	neue Fassung
NFTO	Non Fossil Fuel Obligation Order
NGC	National Grid Company
NJW	Neue Juristische Wochenschrift
NRW	Nordrhein-Westfalen
NVwZ	Neue Zeitschrift für Verwaltungsrecht
NZV-TK	Netzzugangsverordnung (Telekommunikationsbereich) v. 23.10.1996, BGBl. I 1996, S. 1568 ff.
ÖFA	Fachausschuss für öffentliche Unternehmen und Verwaltungen des IDW
Offer	Office of Electricity Regulation
Ofgas	Office of Gas Supply
Ofgem	Office of Gas and Electricity Markets
OFT	Office of Fair Trading
OHG	Offene Handelsgesellschaft
OLG	Oberlandesgericht
P	Pence
PEC	Pool Executive Committee
PES	Public Electricity Supplier
plc	Public Limited Company
PPP	Pool Purchase Price
PSA	Pool Settlement Agreement
PSP	Pool Selling Price
RabelsZ	Rabels Zeitschrift für ausländisches und internationales Privatrecht
RdE	Recht der Energiewirtschaft
REC	Regional Electricity Company
REGTP	Regulierungsbehörde für Elektrizität, Gas, Telekommunikation und Post
Richtlinie Elektrizität	Richtlinie 96/92/EG des europäischen Parlaments und des Rates vom 19. Dezember 1996 betreffend gemeinsame Vorschriften für den Elektrizitätsbinnenmarkt, Abl. Nr. L 27 vom 30.01.1997

Richtlinie Gas	Richtlinie 98/30/EG vom 22. Juni 1998 betreffend gemeinsame Vorschriften für den Erdgasbinnenmarkt, ABl. Nr. L 204 vom 21.07.1998
RiLi	Richtlinie
RIW	Recht der Internationalen Wirtschaft
Rn.	Randnummer
ROG	Raumordnungsgesetz
RPI	Retail Price Index
RWE AG	Rheinisch Westfälische Elektrizitätswerke AG
Rz.	Randziffer
s.	siehe
S.	Seite / Satz
Schr. d. Ver. SocPol. n.F.	Schriften des Vereins für Socialpolitik
Sec.	Section
SMP	System Marginal Price
sog.	so genannt
SoS	Secretary of State
StESpG	Stromeinspeisungsgesetz
StGB	Städte und Gemeinde Bund
TKG	Telekommunikationsgesetz
TPA	Third Party Access
TWh	Terawatt Stunden
Tz.	Teilziffer
u.a.	und andere
u.U.	unter Umständen
UGB-AT	Umweltgesetzbuch, Allgemeiner Teil (sog. „Professorenentwurf")
Urt.	Urteil
usw.	und so weiter
UVPG	Umweltverträglichkeitsprüfungsgesetz
v.	vom
VDEW	Vereinigung Deutscher Elektrizitätswerke e.V.
VEnergR	Veröffentlichungen des Instituts für Energierecht an der Universität zu Köln
VerwaltungsR	Verwaltungsrecht
VIK	Vereinigung Industrielle Kraftwirtschaft e.V.
VKU e.V.	Verband kommunaler Unternehmen e.V.
VOLL	Value of Lost Return
VV Erdgas II	Verbändevereinbarung zum Netzzugang bei Erdgas v. 3. Mai 2002
VV II plus	Verbändevereinbarung über Kriterien zur Bestimmung von Netznutzungsentgelten für elektrische Energie und über Prinzipien der Netznutzung v. 13. Dezember 2001
WiVerw	Wirtschaft und Verwaltung

z.	zum
ZfE	Zeitschrift für Energiewirtschaft
zfk	Zeitschrift für kommunale Wirtschaft
ZHR	Zeitschrift für das Handelsrecht
Ziff.	Ziffer
zit.	zitiert
ZIP	Zeitschrift für die Internationale Praxis
ZNER	Zeitschrift für neues Energierecht

Einleitung

A. Einführung

Bereits Ende der 90er Jahre des vorherigen Jahrhunderts versuchte die Europäische Union mit den Richtlinien 96/92/EG[1] 98/30/EG[2] den Strom- und Gasmarkt, einen der bedeutendsten wirtschaftlichen Sektoren, einer einheitlichen europäischen Regelung zuzuführen. Diese beiden Märkte sollten schrittweise für einen europaweiten Wettbewerb geöffnet werden. In den meisten Mitgliedstaaten waren bis dahin der Strom- und Gasmarkt als staatliche oder staatlich geschützte Monopolmärkte organisiert.

Der europäische Gesetzgeber überließ den Mitgliedstaaten bei der Umsetzung des neuen Wettbewerbskonzeptes einen weiten Entscheidungsspielraum, so dass der Öffnungsgrad der einzelnen nationalstaatlichen Märkte sehr unterschiedlich ausgefallen ist und die getroffenen rechtlichen Umsetzungsmaßnahmen in den einzelnen Mitgliedstaaten erheblich voneinander abweichen. Insgesamt ist die Marktöffnung nicht wie gewünscht von stattengegangen.[3]

Die Ursachen für diese unterschiedliche Entwicklung des Wettbewerbsgeschehens sah die Kommission in zwei Faktoren, sog. quantitativen und sog. qualitativen Faktoren. Die quantitativen Faktoren betreffen den Grad der Marktöffnung. Die qualitativen Faktoren betreffen die Marktorganisation in Hinblick auf Mindestverpflichtungen zum Netzzugang, Verbraucherschutz, Marktregulierung und Entflechtung der Leitungssysteme.[4] Letztere Faktoren sind für die vorliegende Arbeit relevant.

Auf Grund der unterschiedlichen Marktöffnungsgrade in den einzelnen Mitgliedsaaten und der gewählten unterschiedlichen Marktorganisationsformen hat die Europäische Kommission im März 2001 beschlossen, eine Änderung der Richtlinien Elektrizität und Gas vorzunehmen, um so eine einheitlichere Marktstruktur zu schaffen und die Einführung von Wettbewerb zu beschleunigen.[5]

Mit der Richtlinie 2003/54/EG des europäischen Parlaments und des Rates vom 26. Juni 2003 über gemeinsame Vorschriften für den Elektrizitätsbinnenmarkt und zur Aufhebung der Richtlinie 96/92/EG, und der Richtlinie 2003/55/EG des europäischen Parlaments und des Rates vom 26. Juni 2003 über gemeinsame Vorschriften für den Erdgasbinnenmarkt und zur Aufhebung der Richtlinie 98/30/EG (neue Richtlinien)

---

1 Richtlinie 96/92/EG des europäischen Parlaments und des Rates vom 19. Dezember 1996 betreffend gemeinsame Vorschriften für den Elektrizitätsbinnenmarkt, ABl. Nr. L 27 vom 30.01.1997. (Im folgenden Richtlinie Elektrizität).

2 Richtlinie 98/30/EG vom 22. Juni 1998 betreffend gemeinsame Vorschriften für den Erdgasbinnenmarkt, Abl. Nr. L 204 vom 21.07.1998. (Im folgenden Richtlinie Gas).

3 S. hierzu: *Kommission*, Mitteilung v. 13. März 2001, Kom (2001) 125 endg., S. 5 (Tabelle).

4 *Kommission*, Mitteilung v. 13. März 2001, Kom (2001) 125 endg., S. 2.

5 *Kommission*, Mitteilung v. 13. März 2001, Kom (2001) 125 endg.; s. unten: 3. § 9 E.; insbes. § 14.

wurde der Rechtsrahmen neu überarbeitet und auf einen europäischen Mindeststandard festgelegt.[6]

Dieser neue Rechtsrahmen sieht in qualitativer Hinsicht Eingriffe in die gesellschaftsrechtlichen sowie die organisatorischen Strukturen der vertikal integrierten Unternehmen vor und verlangt die Schaffung einer nationalstaatlichen Regulierung der Netzzugangsbedingungen. Der europäische Trend geht damit weg von einem deregulierten hin zu einem regulierten Marktsystem.

In England und Wales, wo der Öffnungsprozess der Energiemärkte im Zuge der „Privatisierungswelle der Thatcher-Regierung" bereits Mitte der 80er Jahre lange vor der europäischen Initiative eingesetzt hatte, führte diese Liberalisierung der Energiemärkte zu einer vergleichbaren Entwicklung, also einer sehr stark regulativ ausgeprägten Marktorganisation.[7] War zu Beginn des Liberalisierungsprozesses im Jahr 1986 der Gasmarkt noch weitgehend frei von jeglichem strukturellen oder regulativen Eingriff, sollte sich dies kurze Zeit später gravierend ändern. Die Folge dieses Prozesses war, dass die Versorgungsunternehmen in England und Wales einer sehr restriktiven Regulierung mit einer einhergehenden völligen Zerschlagung der Unternehmen in die Bereiche Erzeugung, Versorgung und Netzbetrieb unterworfen wurden. In England sah man diesen Schritt zu einer starken Regulierung als einzige Möglichkeit, kompetitive Strukturen zu etablieren.

Im Jahr 2000 sind durch den Utility Act 2000 weitere wesentliche Änderungen der Marktstrukturen in England und Wales vorgenommen worden, welche u.a. zur Umstrukturierung der Regulierungsbehörden und zur Abschaffung des Electricity Pools of England and Wales geführt haben. Nunmehr gilt ein neues Handelssystem, „the new electricity trading arrangements (NETA)". Zudem wurde auch der Versorgungsbereich weitergehend entflochten.[8]

In Deutschland entschied sich der Gesetzgeber zunächst, wie in England und Wales im Jahr 1986 mit dem Gesetz zur Neuregelung des Energiewirtschaftsrechts vom 24. April 1998[9] für eine Marktorganisation ohne weit reichende strukturelle Eingriffe in die vorhandene Marktsituation und verzichtete auf die Schaffung einer gesonderten Marktregulierung. Dieses Modell entspricht den Vorgaben der Europäischen Richtlinien Elektrizität und Gas. In § 9 EnWG ist die von der Richtlinie Elektrizität in Art. 14 Abs. 3[10] vorgeschlagene rein buchhalterische Entflechtung fast wörtlich übernommen und auf eine Regulierung des Marktzuganges gänzlich verzichtet worden. Auch die Umsetzung der Richtlinie Gas ergibt kein anderes Bild. Mit der Änderung des EnWG v. 17. Mai 2002, der der Bundesrat am 21. Juni 2002 zugestimmt hat, wurde die Richtlinie Gas in nationales deutsches Recht umgesetzt.[11] Hierbei ist der Gasmarkt in das Marktsystem des Strommarktes integriert worden, wozu entsprechende Änderungen

6 Amtsbl. EU 2003, L 176/37 ff.; , Amtsbl. EU 2003 L 176/57 ff.

7 Zum Regulierungsumfang siehe nur: *Schneider*, Liberalisierung der Stromwirtschaft durch regulative Marktorganisation, S. 127 ff. (2. Kapitel).

8 Vlg. hierzu: § 11 A. I.

9 BGBl. I S. 730.

10 ABl. Nr. L 27/26 vom 30.01.1997.

11 *Bundesregierung*, BT-Drucks. 14/5969 sowie *BT-Ausschuss für Wirtschaft und Technologie*, BT-Drucks. 14/9081, die Empfehlung entspricht dem nunmehr beschlossenen Änderungen des EnWG; *Städte- und Gemeindebund NRW (Hrsg.)*, Mitt. StGB NRW, 7/2002, Nr. 372.

und Ergänzungen des bestehenden Energiewirtschaftsrechts notwendig waren. Diese Ergänzungen beziehen sich im wesentlichen auf die Definition des Netzes, auf dessen Betrieb und auf das Netzzugangsrecht sowie auf die Trennung der Rechnungslegung.[12] An der grundsätzlichen Struktur hat sich durch diese Änderungen nichts verändert.

Auf Grund der Änderung der europäischen Rahmengesetzgebung und der Verpflichtung zu einer stärkeren Entflechtung und Regulierung muss das deutsche Energiewirtschaftsrecht erneut überarbeitet werden. Mit dem Gesetzesentwurf vom 27. Februar 2004 (EnWG RegE) versucht die deutsche Regierung diese nunmehr neuen Vorgaben des europäischen Rechts in die nationale Rechtsordnung umzusetzen.[13] Seit dem 13. August 2004 liegt der Referentenentwurf als Regierungsentwurf vor und soll im Jahr 2005 vom Bundestag und Bundesrat verabschiedet werden.[14]

Bei der Liberalisierungsgeschichte der europäischen Märkte für leitungsgebundene Energien lassen sich zwei wesentliche Themenkreise herauskristallisieren: Zum einen geht es um die Frage einer Neuorganisation der Marktstruktur, die zu einer Auflösung der bisher bestehenden Monopolmärkte führen soll. Hierzu sollen die meist noch vertikal integrierten Energieversorgungsunternehmen in ihre einzelnen Tätigkeitsbereiche, also Erzeugung, Gasgewinnung, Handel, Versorgung und Netzbetrieb aufgespalten werden. Bei dieser Entflechtung wird vom sog. Unbundling gesprochen.

Der zweite Themenkreis ist die Frage nach Art und Umfang einer notwendigen Regulierung dieser noch bestehenden Monopolmärkte, um Wettbewerb schaffen zu können. Zentrale Frage ist hier vor allem die Regulierung der Netzzugangsbedingungen. Die vorliegende Arbeit beschäftigt sich nur mit der Entwicklungsgeschichte der Regelungen über das Unbundling in Europa, Deutschland und Großbritannien. Fragen nach einer notwendigen Regulierung werden insoweit mitbehandelt, wie sie für Regelungen des Unbundlings unerlässlich sind.

B. Erläuterung des Begriffes Unbundling

Vielfach wird das Unbundling als Synonym für mehr Wettbewerb verwendet.[15] Die Folge dieses Verständnisses ist, dass alle Kernfragen der Marktöffnung mit dem Unbundling in Zusammenhang gebracht werden. So wird im Zusammenhang mit dem Unbundling von einer „Entflechtung im weiteren Sinne gesprochen“ unter der auch der über die sog. Essential Facility Doctrine erzwungene Zugang zu notwendigen Infrastrukturen erfasst werden soll.[16] Vielfach werden auch Fragen der Netzzugangsregulierung in untrennbarem Zusammenhang mit dem Unbundling diskutiert. Die Frage der Netzregulierung ist aber eine vom Unbundling unabhängige. Kernpunkt des Unbundlings, so wie es in dieser Arbeit verstanden wird, ist eine strukturelle Neuorganisation der vertikal integrierten Unternehmen, insbesondere der Netzinfrastruktur, zu

12 *Jung*, Bericht des BT-Ausschusses für Wirtschaft- und Technologie, BT-Drucks 14/9081, S. 7.

13 *BMWA*, Entwurf eines Gesetzes zur Neufassung des Energiewirtschaftsgesetzes vom 27. Februar 2004.

14 *Bundesregierung*, Entwurf – Zweites Gesetz zur Neuregelung des Energiewirtschaftsrechts.

15 So kritisch: *Kalkoffen*, Unbundling – notwendiger Eingriff in unternehmerisches Handeln?, in: GWF 2002, S. 550.

16 So *Dannischewski*, Unbundling im Energierecht, S. 33.

welcher sowohl die einzelnen Strom- und Gasleitungen wie auch die LNG-Speicheranlagen für Gas gezählt werden.

I. Unbundling als Eingriff in die Unternehmensstruktur

Unbundling bedeutet aus dem englischen übersetzt Entflechtung. Mittlerweile hat sich der englische Begriff als Fachterminus etabliert. Thematisch geht es um die organisatorische Neustrukturierung der vormals vertikal integrierten Versorgungswirtschaft. Die europäische Strom- und Gaswirtschaft ist dadurch gekennzeichnet, dass sie vor der beschlossenen Liberalisierung entweder von staatlichen Monopolisten oder von staatlich geschützten Monopolisten wahrgenommen wurde. Diese Unternehmen waren in allen Tätigkeitsbereichen der Energieversorgung aktiv gewesen. Sie haben sowohl Strom erzeugt bzw. Gas gewonnen, das Leitungssystem betrieben und waren im Bereich des Handels oder der Versorgung tätig. Es handelte sich um sog. vertikal integrierte Unternehmen.

Wesentliches Merkmal des Unbundling ist ein Eingriff in die Struktur des Unternehmens, welcher zu einer künstlichen Aufspaltung zuvor integrierter Bestandteile führt. Die Intensität dieses Eingriffes kann unterschiedlich stark sein und hängt von der gewählten Form des Unbundling ab.

Das Unbundling betrifft damit nicht die Frage einer Zugangsmöglichkeit zum Leitungsnetz oder die Frage der Regulierung der Netzzugangsbedingungen. Es befasst sich ausschließlich mit der Neustrukturierung der Unternehmen mit dem Ziel, deren bestehende Marktmacht durch die Neustrukturierung zu zerbrechen.

II. Formen des Unbundlings

Es kann zwischen fünf unterschiedlichen Arten des Unbundling unterschieden werden. Diese Arten unterscheiden sich in ihrer Wirkweise und Eingriffsintensität in die Unternehmensstrukturen. Alle diese Unbundlingformen wurden und werden bei der Liberalisierung des Strom- und Gasmarktes in Großbritannien und Deutschland verwendet.

1. Unbundling of Accounts (buchhalterische Entflechtung)

Beim Unbundling of Accounts müssen die Unternehmen ihre einzelnen Tätigkeitsbereiche getrennt in ihrer Jahresbilanz ausweisen, so als ob diese Tätigkeiten von rechtlich selbständigen Unternehmen wahrgenommen würden.[17] Es erfolgt keine tatsächliche gesellschaftsrechtliche Trennung der einzelnen Tätigkeitsfelder. Insoweit kann das Versorgungsunternehmen als Gesamtgebilde weiter bestehen. Für jede Tätigkeit ist eine vollständige Bilanz und Ergebnisrechnung in den Anhang des Jahresabschlussberichtes aufzunehmen.[18] Darüber hinaus muss das Unternehmen die Regeln angeben,

---

17 Art. 14 Abs. 3 S. 1 2. HS RiLi Elektrizität; Art. 13 Abs. 2 S. 1 2. HS RiLi Gas.

18 Art. 14 Abs. 3 S. 2 RiLi Elektrizität; Art. 13 Abs. 3 S. 2 RiLi Gas; *Wiedmann/Langerfeldt*, ET 2004, 158, 160.

wie das Aktiv- und Passivvermögen sowie ausgewiesene Aufwendungen und Erträge den separat geführten Konten zugewiesen werden.[19] Ferner sind diese Bilanzrechnungen öffentlich zugänglich zu machen.[20] Das Unbundling of Accounts kommt einer Segmentierung gleich, wie sie zum Teil im Jahresabschluss von Konzernen durchgeführt wird.

Die Grundidee der buchhalterischen Entflechtung ist, durch eine bilanztechnische Aufschlüsselung der einzelnen Unternehmensbereiche eine gewisse Transparenz in die internen Unternehmensvorgänge zu bringen. Diese Transparenz soll dazu führen, dass Quersubventionen und sonstige Wettbewerbsverzerrungen verhindert werden,[21] da ein solches Fehlverhalten dann durch die Aufschlüsselung in der Bilanz erkennbar würde.

2. *Department Unbundling (organisatorische Entflechtung)*

Das Department Unbundling geht einen Schritt weiter als das Unbundling of Accounts. Ein Department Unbundling sieht eine unternehmensinterne Aufgliederung der einzelnen Tätigkeitsfelder in eigene Geschäftsfelder vor. D.h. die getrennt bilanzierten Tätigkeiten müssen ganz oder teilweise als eigene Betriebsabteilung organisiert werden. Diese Betriebsabteilungen verbleiben aber rechtlich im Konzern und müssen auch nicht als Tochtergesellschaft ausgegliedert werden. Damit unterliegen sie weiterhin der Weisungs- und Führungsbefugnis des Gesamtunternehmens. Oftmals dürfen diese Betriebsabteilungen keine Informationen untereinander austauschen und müssen ohne mit einander zu kommunizieren ihre Aufgaben wahrnehmen. Bildlich gesprochen werden in dem Unternehmen zwischen die einzelnen Tätigkeitsfelder Papierwände gestellt sog. „Chinese Walls".

Sinn dieser informationellen Trennung ist es, zu verhindern, dass die eine Betriebsabteilung Informationen der anderen Abteilung zum Nachteil Dritter nutzen kann und auf diese Weise diskriminierend tätig werden könnte. Das Department Unbundling dient damit nicht nur der Kontrolle diskriminierenden Verhaltens, wie das Unbundling of Accounts, welches nur im Nachhinein Quersubventionierungen aufdecken kann, sondern es soll aktiv Diskriminierungen unterbinden.

Häufig werden ein Department Unbundling und ein Unbundling of Accounts gemeinsam eingeführt. Auf diese Weise können finanzielle Diskriminierungen, wie Quersubventionierungen ebenso wie andere Arten der diskriminierenden Zusammenarbeit unterbunden werden.

3. *Legal Unbundling*

Das Legal Unbundling geht wieder einen Schritt weiter. Hiernach reicht die bloße Aufspaltung in Betriebsabteilungen nicht mehr aus, sondern diese Betriebsabteilungen müssen als gesellschaftsrechtlich selbständige Tochtergesellschaften ausgegründet werden. Diese gesellschaftsrechtliche Trennung soll die Kooperation zwischen den

---

19 Art. 14 Abs. 4 RiLi Elektrizität; Art. 13 Abs. 4 RiLi Gas.
20 Art. 14 Abs. 2 RiLi Elektrizität; Art. 13 Abs. 2 RiLi Gas.
21 Art. 14 Abs. 3 S. 1 1. HS RiLi Elektrizität; Art. 13 Abs. 3 S. 1 1. HS RiLi Gas.

Betriebsabteilungen unterbinden und durch die nun tatsächlich zu erfolgende eigenständige Bilanzierung, die nun keine bloße Segmentierung ist, auch Quersubventionierungen unterbinden. Der Vorteil des Legal Unbundling liegt in der rechtlichen Eigenständigkeit, was z.B. unterschiedliche Bewertungsmethoden innerhalb der Bilanz zulässt und die Art der Segmentierung klar vorgibt.

Allerdings kann auch bei der gesellschaftsrechtlichen Entflechtung im Rahmen von Konzernstrukturen erheblicher Einfluss auf die einzelnen Tochtergesellschaften genommen und diese so zu einem koordinierten Vorgehen angehalten werden.[22]

4. *Management Unbundling*

Eine solche Einflussnahme auf das Management soll das Management Unbundling unterbinden. Der Begriff Management Unbundling ist gesetzlich nicht definiert. Er lässt sich am besten so umschreiben, dass er alle Maßnahmen erfasst, die eine unternehmensinterne Separierung der integrierten Aktivitäten dienen.[23]

Gemeint sind also solche Maßnahmen, die zu einer strikten Trennung und Eigenverantwortlichkeit der jeweiligen Tätigkeitsbereiche dienen. Die Weisungsabhängigkeit zum Mutterunternehmen wird unterbunden. Arbeitnehmer der jeweiligen Tätigkeitsbereiche unterliegen nur den Weisungen der jeweiligen innerbetrieblichen Aktivität. Die einzelnen Bereiche werden verselbständigt, ohne aber aus dem Unternehmensverbund herausgelöst zu werden. Im Unterschied zum Department Unbundling unterliegen die einzelnen Aktivitäten keiner Weisungsbefugnis der Geschäftsleitung mehr.

Problematisch hieran ist, dass diese Form der Entflechtung aufgrund der Gesamtverantwortung der Geschäftsführung nur sinnvoll in Kombination mit einem Legal Unbundling einhergehen kann. Ebenso wie das Department Unbundling und das Unbundling of Accounts sind das Legal und das Management Unbundling daher regelmäßig Bestandteil einer Gesamtlösung.

5. *Ownership Unbundling*

Das Ownership Unbundling ist die strikteste Form einer möglichen Entflechtung eines vertikal integrierten Unternehmens. Beim Ownership Unbundling wird das integrierte Unternehmen in seine einzelnen Bestandteile zerschlagen und diese verselbständigt. Anders als beim Legal Unbundling wird die Unternehmensstruktur aufgelöst. Die abgespaltenen Unternehmensteile sind eigenständige Gesellschaften, deren Beteiligungen nicht mehr von einem Mutterunternehmen, wie beim Legal Unbundling, gehalten werden. Auch die Gesellschaften untereinander sind nicht aneinander beteiligt. Die abgespaltenen Teile müssen veräußert werden.

Durch diese radikale Abspaltung wird eine vollkommene Unabhängigkeit der Unternehmensteile erreicht, weil sie nun als eigenverantwortliche Unternehmen am Markt agieren müssen.

---

22 Vgl. auch: *Wiedmann/Langerfeldt*, ET 2004, 158, 162.

23 So auch: *Wiedmann/Langerfeldt*, ET 2004, 158, 161.

III. Wettbewerbspolitische Gründe für ein Unbundling

1. Unbundling als wettbewerbspolitisches Instrumentarium

Das Unbundling ist wie die Marktregulierung, das Kartellverbot oder die Zusammenschlusskontrolle ein wettbewerbspolitisches Instrumentarium. Das Unbundling dient der Schaffung bzw. Aufrechterhaltung von Wettbewerb. Nach neuestem Kenntnisstand ist zentrale Aufgabe einer rationellen Wettbewerbspolitik die Offenhaltung bzw. die Öffnung monopolistischer Märkte, d.h. der Marktzugang muss für konkurrierende Unternehmen gewährleistet werden.

Wettbewerb wird dabei als ein in der Zeit ablaufender, nicht vorhersehbarer Prozess angesehen, der von vorstoßenden und nachahmenden Unternehmen gestaltet wird. Diese Entwicklung zu immer neuer Innovation endet nicht, solange sie frei ist. „Wesen" des Wettbewerbsprozesses ist hierbei, dass seine Ergebnisse von niemand vorhergesagt werden können.[24] Wettbewerb wird so zu einer abstrakten Ordnung ohne heteronom gesetzte Ziele, die den Vorzug hat, dass auf diese Weise die vollständige Nutzung aller Ressourcen eines jeden Wirtschaftssubjektes ermöglicht wird.[25] Folglich muss die Machtposition eines Unternehmens stets bedroht bleiben, damit es diesem abstrakten Innovationsdruck ausgesetzt bleibt. Nur vorübergehende Machtverschiebungen zugunsten eines Unternehmens sind tolerabel oder sogar wünschenswert, z.B. um aufwendige Entwicklungen zu fördern, die das Unternehmen eine Zeitlang exklusiv nutzen darf. Diese Machtverschiebung darf sich aber nicht manifestieren.[26]

Auch die sog. workable competition Ansätze (Harvard School, Chicago School) gehen im Grundsatz davon aus, dass der Marktzutritt offen bleiben muss. Sie erlauben lediglich zugunsten von für wünschenswert erachteten Entwicklungen eine Beschränkung des Marktzuganges.[27]

Ein solcher gewünschter freier Marktzugang lässt sich idealiter in einem Polypol und polypsonischer Nachfrage mit vollständiger Markttransparenz, homogenen Produkten, totaler Faktormobilität und –flexibilität sowie unendlicher Anpassungsgeschwindigkeit erreichen, da in einem solchen Markt vollkommene Konkurrenz besteht. In einem solchen Markt ist der Preis für jeden Anbieter und Nachfrager ein Faktor, auf den er keinen Einfluss mehr besitzt.[28] Nur Angebot und Nachfrage regeln als wettbewerbssteuerndes Element Produktionsmenge und Preis eines Produktes. Unter diesen Bedingungen wird sich der Preis eines Produktes an den Grenzkosten orientieren.[29] Übersteigen die Grenzkosten den Preis, so lohnt sich eine Produktion nicht mehr,

---

24 *Hayeck,* Die Theorie komplexer Phänomene, S. 25 ff.; *ders.,* Die Verfassung der Freiheit, S. 30 ff.; *ders.,* Der Wettbewerb als Entdeckungsverfahren, in: Kieler Vorträge N.F. H. 56, 1968; *ders.,* Recht, Gesetzgebung und Freiheit, Bd. III, S. 97 ff.

25 *Emmerich,* KartellR, S. 9.

26 *Emmerich,* KartellR, S. 11 f.; m.z.w.N.

27 *Emmerich,* KartellR, S. 10.

28 *Emmerich* spricht von einem beiderseitigen Polypol, von der Begrifflichkeit präziser ist jedoch von einem Polypol mit polypsonischer Nachfrage zu sprechen, *Emmerich,* KartellR, S. 5.

29 *Emmerich,* KartellR, S. 5.

steigt jedoch die Nachfrage und somit der Preis, so lohnt sich eine Ausweitung der Produktion, was wiederum zur Preissenkung führt. Umgekehrt entwickeln sich die Grenzkosten und damit die Produktion in einem Monopol nur bis zu dem Punkt, an dem die Grenzkosten dem Grenzerlös entsprechen, da so das Gewinnoptimum des Monopols erreicht ist (sog. Cournotischer Punkt).[30] Erreicht ein Unternehmen diesen Cournotischen Punkt, ist sein Anreiz zu Innovationen gering oder nicht mehr vorhanden, weil sein Gewinnoptimum erreicht ist. Dies gilt es folglich zu verhindern.

Der Idealtypus der vollständigen Konkurrenz in einem Markt lässt sich aber nicht erreichen. Vielmehr kann nur durch steuernde Faktoren versucht werden, sich diesem Ideal anzunähern. Hierzu müssen künstliche Marktzutrittsschranken, wie eine dauerhafte Marktmachtkonzentration auf ein oder wenige Unternehmen beseitigt werden. Alle wettbewerbspolitischen Instrumentarien dienen also letztlich nur dem Ziel, eine dauerhafte Marktmachtkonzentration zu verhindern oder diese Machtkonzentration aufzubrechen, um den Zugang neuer Konkurrenten zu ermöglichen. Der Markt soll offen sein und bleiben.

2. *Verhinderung von Marktmachtkonzentration*

Zum Unbundling wird als wettbewerbspolitisches Instrumentarium immer dann gegriffen, wenn durch einen (untersagten, aber vollzogenen) Zusammenschluss oder bereits bestehende hohe Monopolisierung in einem Markt der bestehende Wettbewerb gefährdet ist, bzw. aufgrund der bestehenden Marktmachtkonzentration Wettbewerb mit neu hinzutretenden Konkurrenten erst gar nicht entstehen kann. Es geht also darum, einen Markt für Konkurrenten offen zu halten (Entflechtung eines Zusammenschlusses) oder einen monopolistischen Markt für Wettbewerb zu öffnen. Dies soll dadurch geschehen, dass bestehende negative, die Machtkonzentration fördernde Verflechtungen durch Eingriffe in die bestehenden Unternehmensstrukturen aufgespalten werden.

Nach Ende des Zweiten Weltkrieges wurde die Entflechtung der von der nationalsozialistischen Diktatur geschaffenen Kartellisierung der Stahl-, Kohle-, und Chemieindustrie vorangetrieben, um einen wettbewerbsfähigen Markt zu schaffen. Das NS-Regime hatte die Kartellisierung dieser Industriezweige zur Vorbereitung des Krieges vorangetrieben.[31]

Auch bei der Öffnung des monopolistischen Telekommunikationsbereiches und des Schienensektors wurde sich des Unbundlings bedient. Diese Märkte waren dadurch gekennzeichnet, dass ein Monopolist alle Dienstleistungen erbrachte und damit über eine Marktmacht verfügte, die den Zutritt von Konkurrenten nahezu unmöglich gemacht hätte.[32]

Im Rahmen der Zusammenschlusskontrolle ist das Unbundling ein probates Mittel, wettbewerblich negative und damit zu untersagende, aber bereits vollzogene Zusammenschlüsse rückgängig zu machen.[33]

30 *Emmerich*, KartellR, S. 5.

31 Vgl. hierzu nur: *Dannischewski*, Unbundling im Energierecht, S. 136 ff.

32 Vgl. hierzu nur: *Dannischewski*, Unbundling im Energierecht, S. 120 ff.

33 Vgl. nur: *Dannischewski*, Unbundling im Energierecht, S. 142 ff.

C. Gründe für ein Unbundling im Energiebereich

Es gibt zwei wesentliche Gründe für ein Unbundling im Energiebereich: Der eine Grund liegt in der hohen Marktmachtkonzentration. Diese Konzentration ist dadurch entstanden, dass die Unternehmen als staatlich geschützte Monopole tätig waren und zudem als vertikal integriertes Unternehmen in allen relevanten Bereichen tätig sind. Der Konzentrationsgrad weicht in den einzelnen Mitgliedstaaten unterschiedlich stark ab. In Großbritannien war vor der Privatisierung und der damit einhergehenden Liberalisierung der Markt so stark integriert wie in Frankreich. In Deutschland hingegen waren bereits vor der Liberalisierung auf den unterschiedlichen Ebenen mehrere Unternehmen tätig. Aber auch diese waren staatliche geschützte Gebietsmonopolisten und standen nicht im Wettbewerb zueinander.

Ein weiteres wesentliches Problem ist, dass die Versorgung mit Strom und Gas vom Vorhandensein eines Leitungsnetzes abhängig ist. Damit werden Strom und Gas nur dann zum frei handelbaren Gut, wenn der Zugang zu eben diesem Netz frei ist. Dieses Leitungsnetz stellt aber, wie noch zu zeigen ist, ein natürliches Monopol dar. Hieraus folgen weitere negative wettbewerbliche Folgen.

I. Monopolistische Struktur und vertikale Integration

Im Bereich des Energiesektors hat sich über die letzten Jahrzehnte ein staatlich geschützter monopolistisch strukturierter Markt mit sehr hohen Zutrittsschranken gebildet. Auf Grund der langen Zeitdauer ist diese Zutrittsbeschränkung nicht nur von vorübergehender Natur, so dass trotz gewisser Synergieeffekte ein Aufbrechen dieser Zutrittsschranken unerlässliche Voraussetzung einer sinnvollen staatlichen Wettbewerbspolitik sein muss.

Die Aufgabe einer sinnvollen Liberalisierung des Strom- und Gasmarktes ist folgerichtig, die monopolistisch geprägten Märkte zu öffnen. Hierbei muss durch staatliche Reglementierung ein Marktklima geschaffen werden, was die Machtposition der bestehenden Energieversorgungsunternehmen derart beschränkt, dass sich neue Marktteilnehmer etablieren können.

Dies bedeutet, dass versucht werden muss, eine dauerhafte Konzentrierung entweder auf Anbieter- oder auch auf Nachfragerseite zu verhindern bzw. zu beseitigen, um so eine weitestgehende Konkurrenzsituation zu schaffen. Denn auch wenn das Modell der vollständigen oder vollkommenen Konkurrenz aufgegeben wurde, setzt Wettbewerb immer Konkurrenz als antreibenden Faktor voraus. Weitestgehende Konkurrenz setzt wiederum ein Polypol im wesentlichen gleichstarker Akteure voraus. Ergo muss durch die Liberalisierung des Strom- und Gasmarktes durch staatliche Umstrukturierungsmaßnahmen und Reglementierung ein Polypol von Anbietern mit polypsonischer Nachfrage geschaffen werden.

Ein solches Polypol kann sich aber nur bilden, wenn keine wesentlichen künstlichen Zutrittsschranken vorhanden sind, die bereits auf dem Markt agierenden Unternehmen nicht eine solche beherrschende Stellung haben, dass sie auf den Markt vorstoßende Unternehmen verdrängen können, und das zu handelnde Wirtschaftsgut frei handelbar ist.

Diese hohe Marktmachtkonzentration wird zusätzlich dadurch verstärkt, dass die Unternehmen vertikal integriert in nahezu allen relevanten Bereichen tätig sind. Sie betreiben das Leitungsnetz, erzeugen Strom oder gewinnen Gas, Handeln hiermit und versorgen Endkunden. Auch bzw. gerade diese vertikale Integration gilt es aufzubrechen, um in bestimmten Marktsegmenten Wettbewerb schaffen zu können, indem dort der Marktzugang erleichtert wird.

II. Effektive Trennung des natürlichen Leitungsmonopols vom wettbewerbsfähigen Restmarkt

Die Versorgung mit Strom und Gas ist dadurch gekennzeichnet, dass die Versorgung von Kunden nur durch ein Leitungsnetzwerk stattfinden kann. D.h. ein Versorgungsunternehmen kann grundsätzlich nur diejenigen Nachfrager versorgen, die an seinem Leitungssystem angeschlossen sind.

Umgekehrt können die Nachfrager nur von demjenigen Anbieter Strom oder Gas beziehen, bei dem sie wiederum an das Versorgungsnetz angeschlossen sind.

Der Transport von Strom erfolgt zunächst durch Hochspannungsleitungen, um so den Spannungsverlust zu minimieren. Durch lokale Umspannwerke wird die Spannung im Anschluss auf das vom Verbraucher benötigte Spannungsniveau abgesenkt.[34]

Gas wird ebenfalls in der Regel im gasförmigen Zustand durch ein Leitungssystem von Hochdruck- und Niederdruckleitungen zum Verbraucher transportiert, da dies die effizienteste Transportmethode ist. Gas kann zwar durch hohen Druck verflüssigt werden und so auf andere Weise transportiert werden, dieses Verfahren ist aber extrem aufwendig und damit kostspielig.

Folge dieser Leitungsgebundenheit ist, dass Strom und Gas keine frei handelbaren Wirtschaftsgüter sind, da sie ein Leitungsnetzwerk bedingen. Ferner bedeutet die Notwendigkeit einer Netzinfrastruktur, dass die Aufnahme der Versorgung mit erheblichen Investitionen verbunden ist, was wiederum den Marktzutritt erschweren kann.

Damit zeichnet sich ab, dass die Leitungsgebundenheit der Versorgung mit Strom und Gas zentrales Problem der Liberalisierung ist. Denn die Leitungsgebundenheit limitiert in erheblichem Umfang das Wettbewerbspotential des Strom- und Gasmarktes.[35]

Das Leitungsnetz ist wirtschaftswissenschaftlich als natürliches Monopol einzuordnen. Die Folge eines natürlichen Monopols ist, dass in diesem Markt per Definition kein Wettbewerb entstehen kann bzw. von selbst aufrechterhalten werden kann. Es bedarf daher der staatlichen Regulierung. Für den Strom- und Gasmarkt bedeutet dies zudem, dass Wettbewerb nur dann erfolgreich eingeführt werden kann, wenn das natürliche Leitungsmonopol keine negativen Auswirkungen auf den wettbewerbsfähigen Restmarkt hat. Die Verhinderung dieser negativen Auswirkungen ist Aufgabe des Unbundling.

---

34 Zu den technischen Besonderheiten im einzelnen: *Zinow*, Rechtsprobleme der grenzüberschreitenden Durchleitung, S. 23 ff.

35 *Durach*, Die Einführung kompetitiver Strukturen, S. 13.

1. *Das natürliche Leitungsmonopol*

Der Begriff des natürlichen Monopols umschreibt einen Effizienztatbestand, welcher besagt, dass ein einziges Unternehmen besser in der Lage ist, einen relevanten Markt zu niedrigeren Kosten zu versorgen, als dies mehrere Unternehmen könnten, welche denselben Zugang zu denselben Technologien haben wie der Monopolist.[36] Damit macht ein natürliches Monopol die Einführung von kompetitiven Strukturen auf diesem Markt sinnlos, da die Kostenstrukturen ohnehin mit Sicherheit wieder zur Bildung eines Monopols führen werden, da sich ein einziges Unternehmen durchsetzen wird und damit alle anderen aus dem Markt drängen wird.[37] Diese Entwicklung kann auch nicht durch kartellrechtliche Maßnahmen unterbunden werden.[38]

Allerdings kann eine solche Monopolbildung vielfältige Ursachen haben, so dass nicht zwingend jeder Monopolmarkt zugleich auch ein natürliches Monopol darstellt.[39] Ein natürliches Monopol ist nur gegeben, wenn es auf Grund der Kostensubadditivität[40] entsteht. Gemeint ist hiermit, dass eine Leistung von einem einzigen Unternehmen günstiger erbracht werden kann, als von jeder anderen Marktstruktur, so dass das Monopson die effizienteste Marktform darstellt und damit auch Ergebnis eines freien und natürlichen Wettbewerbsprozesses sein wird.[41] Da die Kostenfunktion aber auf Grund der Vielzahl verschiedenster variabler Einflüsse, wie technischer Fortschritt, die Entwicklung anderer Märkte oder eine Änderung des Nachfrageverhaltens, nur schwierig vorhersehbar ist, ist die Existenz von natürlichen Monopolen nur schwer empirisch zu belegen.[42] Damit ist es außerordentlich problematisch, „auch nur die statistische Existenz eines natürlichen Monopols nachzuweisen."[43]

Dennoch lässt sich eine weit reichende Übereinstimmung in der Analyse der Merkmale und Ursachen der Entstehung eines natürlichen Monopols feststellen.[44] Zu diesen in der ökonomischen Theorie allgemein anerkannten Merkmalen und Ursachen gehört die Subadditivität der Kosten[45] und die spezielle Bedeutung sog. versunkener Kosten.[46]

36 *Hermes,* Staatliche Infrastrukturverantwortung, S. 316; *Windisch,* Privatisierung, S. 1 (41); *Ewers/Meyer,* Privatisierung und Deregulierung bei den Eisenbahnen, in: JbNPÖ 1994, S. 178 (184 ff.); *Weber,* Wirtschaftsregulierung, S. 91; *Durach,* Die Einführung kompetitiver Strukturen, S. 34 ff. m.w.N. in Fn. 54.

37 *Ewers/Meyer,* Privatisierung und Deregulierung bei den Eisenbahnen, in: JbNPÖ 1994, S. 178 (185); *Hermes,* Staatliche Infrastrukturverantwortung, S. 317.

38 *Hermes,* Staatliche Infrastrukturverantwortung, S. 317; *Musgrave,* in: Grundfragen der Infrastrukturplanung, S. 43 (50 f.).

39 *Durach,* Die Einführung kompetitiver Strukturen, S. 34 f., m.w.N.

40 *Durach,* Die Einführung kompetitiver Strukturen, S. 35; *Hermes,* Staatliche Infrastrukturverantwortung, S. 317; *Windisch,* Privatisierung, S. 1 (52 ff., 56).

41 *Durach,* Die Einführung kompetitiver Strukturen, S. 35 f.

42 *Krakoswki,* Regulierung, S. 19 (35 ff.); *Hermes,* Staatliche Infrastrukturverantwortung, S. 317.

43 *Windisch,* Privatisierung, S. 1 (52 ff., 56).

44 *Hermes,* Staatliche Infrastrukturverantwortung, S. 317.

45 *Windisch,* Privatisierung, S. 1 (52 ff, 56).

46 *Spelthahn,* Privatisierung natürlicher Monopole, S. 53 ff.; *Laaser,* Wettbewerb im Verkehrswesen, S. 60; *Durach,* Die Einführung kompetitiver Strukturen, S. 35 ff. m.w.N.

Die Kostensubadditivität hängt mit den Größenvorteilen der Produktion eines Gutes (sog. Economies of Scale) und den Verbundvorteilen einer Produktion (sog. Economies of Scope) zusammen.[47]

Economies of Scale bedeuten, dass die langfristigen Durchschnittskosten mit Vergrößerung des Unternehmens und des Produktionsabsatzes sinken.[48] Somit kann mit steigender Unternehmensgröße und gleichzeitiger Ausweitung der Leitungsinfrastruktur die Nachfrage am effizientesten bedient werden, wie gleichzeitig die Durchschnittskosten sinken.[49] Damit sind die Fixkosten eines Unternehmens die Quelle für die Economies of Scale.[50]

Economies of Scope hingegen können entstehen, wenn mehr als ein Gut produziert wird und aus der gemeinsamen Nutzung unteilbarer Produktionsmittel Vorteile für die gemeinsame Produktion hervorgehen.[51] Allein auf Grund von Economies of Scope kann ein natürliches Monopol nicht entstehen. Nur wenn bei der verbundenen Produktion von Gütern neben den Verbundvorteilen auch gleichzeitig Economies of Scale entstehen, umfasst das natürliche Monopol die anderen mitproduzierten Güter.[52]

Durch hohe versunkene Kosten bedingte Marktzutrittsschranken werden neben der Kostensubadditivität als weitere Ursache für die Entstehung eines natürlichen Monopols angesehen.[53] Versunkene Kosten sind in der Vergangenheit vom Unternehmen getätigte unwiederbringliche Ausgaben[54], welche bei einem Marktaustritt des Unternehmens nicht mehr zurückgeholt werden können.[55]

Solche versunkenen Kosten entstehen in erheblichem Maße bei Investitionen in Infrastrukturen, wie ein Leitungs-, Straßen- oder Schienennetz.[56] Daraus folgt, dass ein Monopolist bei einer Bedrohung seiner beherrschenden Stellung durch vorstoßende Konkurrenten Preise festsetzen wird, die nicht den gesamten Stückkosten entsprechen, da die versunkenen Kosten nicht Gegenstand einer kurzfristigen Entscheidung sind.[57] Darüber hinaus stellen diese versunkenen Kosten bei potentiellen Marktneueinsteigern eine Marktzutrittsschranke dar und haben eine erhebliche Abschreckungswirkung auf diese Unternehmen.[58]

---

47 *Hermes,* Staatliche Infrastrukturverantwortung, S. 317.; *Durach,* Die Einführung kompetitiver Strukturen, S. 37.; *Sharkey,* The theory of natural monopoly, S. 18 (32 ff.).

48 *Hermes,* Staatliche Infrastrukturverantwortung, S. 317.; *Durach,* Die Einführung kompetitiver Strukturen, S. 37.

49 *Ewers/Meyer,* Privatisierung und Deregulierung bei den Eisenbahnen, in: JbNPÖ 1994, S. 178 (185).

50 *Durach,* Die Einführung kompetitiver Strukturen, S. 37.

51 *Durach,* Die Einführung kompetitiver Strukturen, S. 38; *Hermes,* Staatliche Infrastrukturverantwortung, S. 317; *Ewers/Meyer,* Privatisierung und Deregulierung bei den Eisenbahnen, in: JbNPÖ 1994, S. 178 (186).

52 *Hermes,* Staatliche Infrastrukturverantwortung, S. 318.

53 *Hermes,* Staatliche Infrastrukturverantwortung, S. 318.

54 *Spelthahn,* Privatisierung natürlicher Monopole, S. 55.

55 *Windisch,* Privatisierung, S. 1 (59).

56 *Windisch,* Privatisierung, S. 1 (59); *Krakowski,* Regulierung, S. 19 (41 f.); *Basedow,* Wettbewerb auf den Verkehrsmärkten, S. 44; *Hermes,* Staatliche Infrastrukturverantwortung, S. 318.

57 *Spelthahn,* Privatisierung natürlicher Monopole, S. 55 f.

58 *Windisch,* Privatisierung, S. 1 (61 f.).

Bei der theoretischen Betrachtung der natürlichen Monopole wird der Kombination von Kostensubadditivität und versunkenen Kosten besondere Bedeutung beigemessen, da diese den „harten Kern" eines natürlichen Monopols beschreibe.[59] Hier gewinnt die technische Unteilbarkeit von Leitungsinfrastrukturen besondere Bedeutung, da hieraus wesentliche Verbundvorteile erwachsen.[60] Darüber hinaus ist der Anteil an versunkenen Kosten bei Leitungsnetzen sehr hoch, so dass besonders erdverbundene Netze, wie Gas-, Wasser-, Abwasser-, Fernwärme-, Strom- und Telefonnetze zu den natürlichen Monopolen gezählt werden.[61] Diese Feststellung kann trotz umstrittener Teilbereiche als wirtschaftswissenschaftlich allgemein anerkannt angenommen werden.[62]

Ferner ist der Bau von Parallelleitungen beim Neuaufbau eines Netzes unwirtschaftlich, da Investitions-, Kapital- und Unterhaltskosten ungefähr im gleichen Verhältnis wie die Stromspannung, also die Leitungsgröße, steigen.[63] Die Leitungskapazität nimmt aber im Quadrat zu.[64] Das bedeutet, dass es unwirtschaftlich ist, zwei Leitungen nebeneinander zu bauen, da eine größere Leitung effizienter wäre.[65]

Als Einschränkung gelten jedoch die Fälle, in denen die Kapazität eines bereits bestehenden Netzes oder dessen Teilbereiche ausgeschöpft sind, so dass sich auch trotz der bestehenden Monopolstellung des Betreibers die Notwendigkeit oder zumindest die Rentabilität eines Parallelnetzes ergibt, wodurch die Marktzutrittsschranke für einen potentiellen Mitstreiter erheblich sinkt.[66] Ein solches Beispiel stellen Erdgasfernleitungen dar.[67]

Im Bereich der Stromnetze ist mit einer solchen Kapazitätserschöpfung nicht zu rechnen. Das vorhandene Stromnetz ist ausreichend dimensioniert, um eine flächendeckende Versorgung zu gewährleisten. Ferner stagniert der Absatz an Strom auf dem europäischen und insbesondere deutschen Strommarkt. War von 1995 auf 1996 noch eine Steigerung des Nettostromaufkommens von 426.202 GWh auf 496.898 GWh zu verbuchen, sank das Aufkommen 1997 auf 494.450 GWh.[68] In den Jahren 1998 und 1999 betrug der Nettostromverbrauch sogar nur 485.400 GWh bzw. 486.200 GWh.[69] Damit ist mit einem Erreichen der Kapazitätsgrenze nicht zu rechnen, sofern nicht bestehende Leitungsnetze auf Grund mangelhafter Instandhaltung irgendwann zusammenbrechen.

Darüber hinaus muss der deutsche Staat die Stromerzeugungsunternehmen zu einem nachhaltigen Umgang mit den vorhandenen fossilen Ressourcen bewegen, so dass

59 *Hermes,* Staatliche Infrastrukturverantwortung, S. 318.

60 *Hermes,* Staatliche Infrastrukturverantwortung, S. 318.; *Windisch,* Privatisierung, S. 1 (50).

61 *Spelthahn,* Privatisierung natürlicher Monopole, S. 57 f. m.w.N.; *Klös,* Öffentliches Infrastrukturmonopol, S. 18; *Monopolkommission,* Hauptgutachten 1992/1993, Tz. 853; *Hermes,* Staatliche Infrastrukturverantwortung, S. 319.

62 *Deregulierungskommission,* Marktöffnung und Wettbewerb, Tz. 279, 238, 359; *Monopolkommission,* 11. Hauptgutachten 1994/95; BT-Drucks. 13/5309, Tz. 50.

63 *Durach,* Die Einführung kompetitiver Strukturen, S. 40.

64 *Durach,* Die Einführung kompetitiver Strukturen, S. 40

65 *Durach,* Die Einführung kompetitiver Strukturen, S. 40

66 *Hermes,* Staatliche Infrastrukturverantwortung, S. 319.

67 *Monopolkommission,* Hauptgutachten 1992/1993, Tz. 851.

68 Vgl. Statistik in: *VDEW (Hrsg.),* Statistik 1997, S. 2.

69 Vgl. Statistik in: *VDEW (Hrsg.),* Strommarkt in Deutschland 1999.

sogar ein Rückgang der erzeugten Strommenge Endziel einer sinnvollen Energiewirtschaftspolitik sein muss. Damit sinkt der erforderliche Kapazitätsbedarf sogar langfristig.

Auf dem Gebiet der Stromversorgung wird daher auch für den Bau und die Unterhaltung der Versorgungsnetze ein natürliches Monopol anerkannt.[70] Für die Erzeugung und den Handel von leitungsgebundenen Energien wird dies allerdings mittlerweile abgelehnt.[71]

2. *Folgen für den Wettbewerb*

Aus dem Umstand, dass das Leitungsnetz ein natürliches Leitungsmonopol ist, folgen zweierlei unterschiedlich zu behandelnde Probleme: Zum einen muss der Zugang zum Leitungsmonopol staatlich reguliert werden, weil der Betrieb des Leitungsmonopols nicht durch die Selbstregulierungskräfte des Wettbewerbs gesteuert werden kann. Würde eine solche Regulierung unterlassen, so würde die Konditionenbildung für den Netzzugang der Willkür des Monopolinhabers unterliegen. Der Zugangspreis würde sich daher dem Cournotischen Punkt annähern und erst dann absinken, wenn der Neubau eines anderen Netzes preiswerter wäre. Eine solche Folge wäre aber volkswirtschaftlich nicht wünschenswert, da es zu einer enormen Verteuerung der Energiekosten führen würde.

Der zweite Nachteil ist, dass bei bleibender vertikaler Integration des natürlichen Monopols mit dem wettbewerbsfähigen Restmarkt negative Synergieeffekte entstehen, die dem vertikal integrierten Unternehmen Vorteile gegenüber Konkurrenten ohne eigenes Netz bringen würden. Diese Vorteile liegen namentlich in Economies of Scale and Scope zwischen Netzbetrieb und Wettbewerbsmarkt, insbesondere in verdeckten Quersubventionierungen. Zudem kann der Netzmonopolist die Zugangskonditionen einseitig zu Gunsten des eigenen Unternehmens festlegen und so den Marktzugang für Dritte uninteressant machen.

Die Folge einer solchen vertikalen Integration des Leitungsmonopols kann zu einem Scheitern jeden Marktzuganges von Konkurrenten führen, was sich insbesondere am Beispiel des britischen Gasmarktes zeigen wird.

3. *Lösungspotential des Unbundlings*

Um solche Quersubventionierungen und Diskriminierungen durch das Leitungsmonopol zu verhindern, soll das Leitungsnetz durch das Unbundling vom wettbewerbsfähigen Restmarkt (Erzeugung, Gasgewinnung, Handel und Versorgung) getrennt werden.

Die einzelnen Unbundlingformen wirken hierbei unterschiedlich stark. Den geringsten Eingriff in die vertikal integrierte Struktur bietet ein Department und Unbundling

70 *Pfaffenberger*, Elektrizitätswirtschaft, S. 53 f.; *Klopfer/Schulz*, Märkte für Strom, S. 9; *Hoffmann-Riem/Schneider*, Umweltpolitische Steuerung, S. 13 (76); *Durach*, Die Einführung kompetitiver Strukturen, S. 39 f.; *Hermes*, Staatliche Infrastrukturverantwortung, S. 319.

71 *Durach*, Die Einführung kompetitiver Strukturen, S. 40 ff.; *Hermes*, Staatliche Infrastrukturverantwortung, S. 319; *Hoffmann-Riem/Schneider*, Umweltpolitische Steuerung, S. 13 (76) m.w.N.

of Accounts. Den restriktivsten Eingriff stellt das Ownership Unbundling dar. Wie strikt diese Trennung ausfallen muss, bedarf der genauen Analyse und ist Gegenstand dieser Arbeit.

Nicht lösen kann das Unbundling die Frage der Netzzugangsbedingungen. Durch eine Abtrennung des Leitungsmonopols ändert sich nichts an der natürlichen Monopoleigenschaft, so dass die Konditionenbildung auch nach erfolgtem Unbundling, selbst beim Ownership Unbundling, der Willkür des Netzbetreibers unterliegt. Durch das Unbundling wird auf die Gestaltungsmöglichkeiten des Netzbetreibers kein Einfluss genommen. Folglich ist diese Frage auch unabhängig vom Unbundling. Die Netzzugangsbedingungen müssen einer staatlichen Regulierung unterliegen, da definitionsgemäß kein Wettbewerb in einem natürlichen Monopol entstehen kann. Die Frage der Netzregulierung ist nicht Gegenstand dieser Untersuchung, weil es eine weitgehend vom Unbundling getrennte Fragestellung ist. Nur soweit sich Überschneidungen und Wechselwirkungen ergeben, wird auch auf Fragen der Regulierung eingegangen.

D. Gang der Untersuchung

In Großbritannien ist die Erfahrung mit den unterschiedlichen Unbundlingformen groß, da dort der Strom- und Gasmarkt bereits Mitte der 80er Jahre liberalisiert wurde und alle Formen des Unbundling durchlaufen hat. Es sollen daher anhand einer vergleichenden Untersuchung die einzelnen Unbundlingformen auf ihre Funktionalität untersucht und ihre Vor- und Nachteile bzgl. einer wirksamen Trennung des natürlichen Leitungsmonopols aufgezeigt werden. Hierzu wird zunächst in einer chronologischen Darstellung, getrennt nach Gas- und Strommarkt die Entwicklung des Unbundlings in Großbritannien dargestellt und bewertet.

Im Anschluss erfolgt eine Darstellung der Entwicklungen in Deutschland aufgrund der europäischen Vorgaben und es werden diese Entwicklungen mit denen in Großbritannien verglichen, um Defizite und vor allem aber Entwicklungschancen für die betroffenen Unternehmen aufzuzeigen. Im Rahmen der Darstellung des deutschen Rechts wird auch auf rechtliche Schwierigkeiten mit dem Legal Unbundling eingegangen, wobei auf einen verfassungsrechtlichen Diskurs verzichtet wird, da dieser aufgrund der Nichtanfechtbarkeit der europarechtlichen Vorgaben obsolet ist. Es geht nur um Fragen der praktischen, insbesondere gesellschaftsrechtlichen Umsetzung.

Durch den Vergleich soll aufgezeigt werden, dass weitergehende Entflechtungsmaßnahmen, wie das Legal Unbundling oder sogar das Ownership Unbundling große Entwicklungsmöglichkeiten für die agierenden Unternehmen bieten, was insbesondere mit Hilfe der Untersuchung der britischen Marktentwicklung belegt werden soll.

Zweites Kapitel
Das Unbundling in England und Wales

Großbritannien war das erste europäische Land, das seine staatliche und monopolistisch strukturierte Versorgungswirtschaft privatisierte und schrittweise einem freien Wettbewerb öffnete. Begonnen hat dieser Liberalisierungsprozess in England und Wales bereits zu Beginn der 80er Jahre des letzten Jahrhunderts.

Mit dem Oil and Gas Act von 1982 und dem Electricity Act von 1983 wurden erste zaghafte Versuche unternommen, den Strom- und Gasmarkt ansatzweise einem Wettbewerb um Großkunden zu öffnen. Diese beiden Versuche, mehr Wettbewerb einzuführen, blieben jedoch erfolglos. Grund hiefür war, dass zwar ein Zugang zum Leitungssystem im Strom- bzw. Gasbereich vorgesehen war, dieser aber weiterhin vertikal integriert blieb und keine Regelungen zur Durchsetzung eines Durchleitungsbegehrens geschaffen wurden. Zudem fehlte es wohl auch an einer ernstzunehmenden Konkurrenz gegenüber den staatlichen Versorgungsmonopolen.[1]

Erste wirkliche Schritte hin zu einer vollständigen Liberalisierung des Strom- und Gasmarktes wurden mit dem Gas Act von 1986 und dem Electricity Act von 1989 unternommen. Durch diese Gesetze wurden die staatlichen Versorgungsgesellschaften privatisiert und neue Handelsregeln erlassen, welche eine kompetitive Struktur schaffen sollten. Die Regierungszeit von Margaret Thatcher und John Major war von einem tiefen Misstrauen gegen staatliche Interventionen in die Wirtschaft geprägt, so dass die Privatisierung zahlreicher staatlicher Wirtschaftsbereiche die logische Folge war, um die seit dem Zweiten Weltkrieg stagnierende Volkswirtschaft erneut zu beleben.[2] So wurden zunächst Staatsanteile an Unternehmen privatisiert, welche in bereits bestehenden Wettbewerbsmärkten tätig waren, ehe 1984 mit der Privatisierung der British Telecom auch die monopolistischen Märkte schrittweise privatisiert wurden. Hierauf folgten der Strom- und der Gasmarkt. Es spricht auch einiges dafür, dass es der damaligen Regierung auch darum ging, den starken Einfluss der Gewerkschaften zu zerbrechen sowie kurzfristig die Staatseinnahmen durch die Privatisierungsgewinne aufzubessern und so die angespannte Haushaltslage zu entlasten.[3]

Die Privatisierung und Liberalisierung des Strom- und Gasmarktes durchlief verschiedenste Entwicklungsstufen, wobei aufgrund der fehlenden Erfahrung zahlreiche, im folgenden aufzuzeigende Fehler gemacht wurden. Die interessanteste Entwicklung hat sich hierbei im britischen Gasmarkt vollzogen. Der Strommarkt hingegen profitierte bereits von den aus der Liberalisierung des Gasmarktes gewonnenen Erfahrungen, wenngleich auch hier Fehler gemacht wurden. Die Entwicklungen in England und

1 Hierzu nur: *Vickers/Yarrow*, Privatisation: An Economic Analysis; *Chesshire*, in: Surrey, S. 19; *Hammond/Helm/Thompson*, in: Helm/Kay/Thompson, S. 157 ff.

2 So: *Schneider*, Die Liberalisierung des Strommarktes durch regulative Marktorganisation, S. 145 f.

3 So: *Durach*, Die Einführung kompetitiver Strukturen, S. 98.

Wales sind somit ein gutes Lernbeispiel, um denkbaren Fehlentwicklungen im europäischen und deutschen Liberalisierungsprozess vorzubeugen. Es befassen sich bereits zahlreiche rechtsvergleichende Untersuchungen mit dem englischen und walisischen Strom- bzw. Gasmarkt, wobei diese Untersuchungen sich in erster Linie mit der britischen Marktregulierung bzw. dem britischen Strompoolmodell auseinandersetzen.[4]

Vorliegend soll jedoch das Hauptaugenmerk auf die Entwicklung des Unbundlings und die daraus resultierende Neustrukturierung des Marktes gelegt werden. Diese Untersuchung soll dazu dienen, ein besseres Verständnis für die europäische Entwicklung in diesem Bereich zu geben und eine denkbare Perspektive für den weiteren europäischen Liberalisierungsprozess aufzeigen. Auf Fragen der Regulierung wird nur insoweit eingegangen, wie diese Regelungen Auswirkungen auf die Unternehmensstrukturierung hatten und für das Verständnis des Gesamtzusammenhangs wichtig sind.

A. Der Gasmarkt in Großbritannien

Mit der Verabschiedung des Gas Act von 1986 begannen in Großbritannien die bis dahin weitreichendsten Veränderungen hin zu einem vollständig wettbewerbsorientierten Gasmarkt.[5] Diese Entwicklung vollzog sich in mehren Schritten. Sie sind durch eine stetige Anpassung der Regulierung, der Gesetze sowie durch die Entwicklung des Unbundlings der einzelnen Tätigkeitsbereiche vom Unbundling of Accounts hin zum vollständigen Ownership Unbundling der Versorgungs-, Speicher- und Transporttätigkeit gekennzeichnet.

I. Die Privatisierung von British Gas als vertikal integriertes Versorgungsunternehmen im Jahre 1986

Im Juli 1986 trat der Gas Act mit der erteilten königlichen Zustimmung in Kraft. Im Dezember 1986 folgte die Privatisierung von British Gas.[6] Aus British Gas wurde die British Gas plc., eine börsennotierte Aktiengesellschaft.

1. Die Struktur des Marktes

British Gas war der wichtigste Gasversorger in Großbritannien. Es war ein vertikal integriertes Unternehmen, das in den Bereichen Gashandel, Transport und Versorgung von Großbritannien mit Ausnahme von Nordirland tätig war. Zudem spielte es auch bei der Gasgewinnung und -produktion sowohl im UK als auch international eine Rol-

---

4 Siehe nur die Arbeiten von *Schneider,* Liberalisierung des Strommarktes durch regulative Marktorganisation; *Durach,* Die Einführung kompetitiver Strukturen; *Reichert-Clauß,* Durchleitung von Strom; *Wetzel,* Der Britische Gasmarkt, KMEnergR 5. *Wetzel* nimmt allerdings auch umfassend zum Unbundling von TransCo Stellung.

5 *Cameron,* Gas Regulation in Western Europe, S. 15; Siehe zum britischen Gasmarkt auch die Darstellungen von *Wetzel,* Der Britische Gasmarkt, KMEnergR 5; *Durach,* Die Einführung kompetitiver Strukturen, S. 79 ff., 100 ff.

6 *Cameron,* Gas Regulation in Western Europe, S. 15; *OXERA,* The Break-up of British Gas, S. 4.

le. Seine Marktmacht war in Europa nur mit der von Gaz de France vergleichbar. Es stellte den größten integrierten Gasversorger in der nicht kommunistischen Welt dar.[7] British Gas betrieb das gesamte Hochdrucknetz in Großbritannien sowie in 12 Zonen aufgeteilt auch das Verteilungsnetz.[8]

Die Verabschiedung des Gas Act erfolgte in sehr kurzer Zeit. Im Mai 1985 wurde ein erster Entwurf vorgelegt und im Juli 1986 das Gesetz in Kraft gesetzt.[9] Strittig war, ob British Gas bei der Privatisierung aufgeteilt und nur ein Teil privatisiert werden sollte.[10] British Gas konnte die Regierung jedoch von einer integrierten Lösung überzeugen. Zudem hätte eine Aufteilung von British Gas die ohnehin nicht sehr hohen Erlöse aus der Privatisierung zusätzlich geschmälert.[11] Die Regierung erhielt 5,6 Milliarden Pfund für den Verkauf von British Gas, was etwa einem Drittel des Unternehmenswertes bzw. dem fünffachen der jährlichen Einnahmen aus der Tätigkeit von British Gas entsprach.[12] Damit wurde British Gas als gesamtes integriertes Unternehmen privatisiert. Es behielt das natürliche Leitungsmonopol und das Monopol für die Versorgung des sog. Tariff Market.[13] Auch eine interne Entflechtung von British Gas in die einzelnen Tätigkeitsbereiche fand zu diesem Zeitpunkt weder buchhalterisch noch tatsächlich statt.

Im Bereich der Gasgewinnung und –produktion waren mehrere Unternehmen tätig; hier vor allem Shell, Esso und BP, welche 1989 bzw. 1990 auch eigene Vermarktungsgesellschaften gründeten.[14]

2. *Die regulatorischen Rahmenbedingungen des Gas Act von 1986*

Der Gas Act von 1986 sah zur Liberalisierung im wesentlichen drei Instrumentarien vor: Einmal wurde der Gasmarkt in den sog. Tariff Market und den industriellen bzw. Contract Market aufgeteilt. Der Tarifmarkt wurde nicht dem Wettbewerb geöffnet. Durch ein sog. Autorisierungssystem wurden British Gas bestimmte Pflichten auferlegt, die u.a. den Zugang zum Leitungssystem ermöglichen sollten, den sog. Common Carriage. Außerdem wurden neue Regulierungsinstanzen geschaffen, die sich mit anderen Wettbewerbsbehörden die Marktkontrolle teilen sollten. Allerdings waren deren Kompetenzen durch den Gas Act selbst sehr beschränkt ausgestaltet, so dass für verschiedene Maßnahmen nicht auf den Gas Act sondern den Fair Trading Act von 1973 zurückgegriffen werden musste.

---

7 *Cameron,* Gas Regulation in Western Europe, S. 15.

8 www.transco.co.uk/business/index/deliver.asp.

9 *Surrey,* in: Mestmäcker, S. 91, 93.

10 Zur Diskussion um eine Aufteilung von British Gas s.: *McKinnon,* Whatever happened to the British Gas Corporation?, Utility Law Review 1990, S. 134 (136 f.).

11 *Surrey,* in: Mestmäcker, S. 91, 93.

12 *Surrey,* in: Mestmäcker, S. 91, 93.

13 *Cameron,* Gas Regulation in Western Europe, S. 16.

14 *Cameron,* Gas Regulation in Western Europe, S. 16.

a) Die Aufteilung des Gasmarktes in Contract und Tariff Market

Die regulatorischen Rahmenbedingungen des Gas Act von 1986 basieren auf einer neuen Einteilung des Gasmarktes in den sog. Tarifsektor – dem sog. Tariff Market –, der eine Menge bis 25.000 Therms pro Jahr einschließt, und dem Vertrags- bzw. Industriemarkt – sog. Contract Market –, welcher über 25.000 Therms pro Jahr liegt. Die Versorgung mit Gas erfolgte im Tarifmarkt nach Maßgabe eines veröffentlichten Tarifs, welcher im Rahmen der Autorisierung von British Gas regulatorisch durch Ofgas festgesetzt wurde.[15]

Für den Tarifbereich wurde British Gas als alleiniger Versorger autorisiert, wohingegen im Industrie- und Vertragsbereich die Möglichkeit eingeführt wurde, den Lieferanten frei zu wählen.[16] Die Gründe für die Beibehaltung des Versorgungsmonopols für die Tarifkunden und des De-Facto-Monopols für den Kauf von Gas zur allgemeinen Versorgung lagen in der einfacheren Verwaltung und den geringeren Kosten.[17]

Der Vertragsmarkt wurde anders als der Tarifmarkt behandelt. Bis 1989 hatte Ofgas hier keine regulatorischen Kompetenzen. Die Marktüberwachung unterstand vielmehr dem Director of Fair Trade und dem OFT. Der DGGS und der Secretary of State for Energy hatten die Kompetenz die MMC einzuschalten. Überhaupt unterlag British Gas im Vertragsmarkt nur wenigen Restriktionen, da die Ansicht vertreten wurde, dass industrielle oder kommerzielle Kunden ausreichende Ressourcen und genügend Einfluss besäßen, um sich selbst zu helfen. Die britische Regierung vertrat beim Entwurf des Gas Act die Ansicht, dass der Substitutionswettbewerb zwischen den einzelnen Energieträgern ausreichen würde, um eine angemessene Preiskontrolle zu gewährleisten.[18]

b) Das Authorisation System

Das alleinige Versorgungsprivileg von British Gas wurde durch ein sog. Autorisierungssystem formal abgeschafft. Nach dem Gas Act von 1989 war der Secretary of State for Energy nunmehr ermächtigt, jeder Person die Versorgung mit Gas durch ein Leitungssystem in einer Region oder einer bestimmten Gruppe zu erlauben. Der Gas Act legte den Versorgern hierbei zahlreiche Verpflichtungen auf, die eine allgemeine und umfassende Gasversorgung gewährleisten sollten.[19] Zunächst blieb British Gas jedoch der einzige autorisierte Gasversorger.[20]

In Section 19 wurde der Zugang zum Leitungssystem, der sog. Common Carriage bzw. Third Party Access (TPA) geregelt.[21] Section 19 des Gas Act erlaubt dritten Parteien das Leitungsnetz von British Gas zu nutzen. Das Gesetz sah hierbei vor, dass durchzuleitendes Gas der Gasqualität entsprechen musste, zu deren Transport die Lei-

15 *Cameron,* Gas Regulation in Western Europe, S. 16.

16 *Cameron,* Gas Regulation in Western Europe, S. 16.

17 *Meyding,* Erfahrungen mit der Privatisierung der Energiewirtschaft in Großbritannien, in: Hennssler/Kolbeck/Moritz/Rehm (Hrsg.), Europäische Integration und globaler Wettbewerb, S. 601 (603); *McGowan/Surrey/ MacKerron,* Regulation of the privatized British Gas Industry, S. 12.

18 *Cameron,* Gas Regulation in Western Europe, S. 16.

19 Hierzu: *Cameron,* Gas Regulation in Western Europe, S. 17 f.

20 Hierzu: *Cameron,* Gas Regulation in Western Europe, S. 29.

21 Hierzu: *Cameron,* Gas Regulation in Western Europe, S. 29 ff.

tung hergestellt wurde und der Transport nicht die Transportverpflichtungen von British Gas als öffentlicher Versorger oder aus vertraglicher Übernahme beeinflussen durfte. Das Regelwerk des Gas Act stellte jedoch nur einen groben Ordnungsrahmen dar. Dritte mussten die einzelnen Durchleitungsbedingungen jeweils mit British Gas aushandeln. Hierbei war British Gas im Rahmen seiner Autorisierung verpflichtet, Rahmenbedingungen zum Common Carriage aufzustellen und zu veröffentlichen.[22] Durchleitungstarife mussten zu diesem Zeitpunkt noch nicht veröffentlicht werden. Diese Pflicht wurde erst nach dem ersten MMC-Report von 1988 eingeführt.

Im Rahmen der Durchleitungsverhandlungen konnten der DGGS und später Ofgas eine formelle Entscheidung gegenüber British Gas erlassen, wenn Durchleitungsverhandlungen scheiterten.[23] Die erste Entscheidung zum Common Carriage traf der DGGS im Mai 1989 im Rahmen von gescheiterten Durchleitungsverhandlungen der AGAS, die der Associated Heat Services of Britain und Hadson, einem US- Gasversorger, gehörte.[24] Diese Entscheidung wurde nicht veröffentlicht. Gleichwohl entschied sich Ofgas Informationen zu veröffentlichen, die dessen Ansatz herausstellten, sich den Problemen des Common Carriage zu stellen und bei Schwierigkeiten den Durchleitungspetenten hilfreich beizustehen. Hierdurch sollten andere Unternehmen ermutigt werden, dem Weg von AGAS nachzueifern.[25] Gleichzeitig machte Ofgas jedoch deutlich, dass es nur zu einem absolut notwendigen Minimum in Fragen des Common Carriage involviert werden wollte. Die Industrie sollte vielmehr die Durchleitungsbedingungen eigenständig aushandeln und den DGCS nur dann anrufen, wenn Verhandlungen mit British Gas zu keinem Ergebnis führten. Ofgas wollte durch dieses signifikante Statement verdeutlichen, dass es nicht an einer Re-Regulierung des Marktes interessiert war.[26] Es folgten zahlreiche Änderungen der Durchleitungsbedingungen durch Ofgas, welche es im Wege der Verhandlung mit British Gas durchsetzte.

Regelungen bzgl. einer ersten Entflechtung wurden auch nicht im Rahmen der Autorisierung getroffen. Diese zusätzlichen Entflechtungsregelungen im Rahmen der Autorisierung sollten noch folgen. Im Jahr 1989 erfuhr das Autorisierungssystem eine erste Überarbeitung, durch die erste zaghafte Unbundlingbestrebungen umgesetzt wurden.

c) Die Regulierungsinstanzen

Mit der Marktüberwachung wurden diverse Überwachungsinstanzen betraut. Zum einen wurde Ofgas als zentrale Genehmigungs- und Aufsichtsbehörde für den Versorgungsbereich geschaffen und das OFT und die MMC mit der wettbewerblichen Überwachung von British Gas auf dem Gebiet des Vertragsmarktes betraut. Als Beschwerdeinstanz für die Letztverbraucher wurde das Gas-Consumer-Council (GCC) einge-

22 Hierzu: *Cameron,* Gas Regulation in Western Europe, S. 29.
23 *Cameron,* Gas Regulation in Western Europe, S. 30.
24 *Cameron,* Gas Regulation in Western Europe, S.30.
25 *Cameron,* Gas Regulation in Western Europe, S.30.
26 *Cameron,* Gas Regulation in Western Europe, S. 30.

führt. Der Secretary of State for Energy kann ferner unmittelbar auf British Gas einwirken.[27]

3. *Ergebnisse der Privatisierung*

Die Privatisierung selbst führte zu keiner wesentlichen Veränderung der Struktur des Gasmarktes. Von einem wettbewerbsgesteuerten Markt war der britische Gasmarkt nach der Privatisierung weit entfernt.

Auf dem contract market entwickelte sich so gut wie kein Gas-zu-Gas-Wettbewerb, was unter anderem der dominanten Stellung von British Gas als Gaseinkäufer zugeschrieben wurde. British Gas blieb ein De-Facto-Monopol.[28] Diese Monopolstellung missbrauchte British Gas, um potentielle Wettbewerber vom Markteintritt abzuhalten. Zudem wurde British Gas als vertikal integriertes Unternehmen privatisiert und nicht in die einzelnen Tätigkeitsbereiche entflochten. So konnte British Gas seine Monopolstellung als alleiniger Leitungsnetzinhaber zu seinen Vorteilen ausnutzten. So erkannte Ofgas bereits 1987, dass British Gas trotz seiner Interventionsbefugnisse die Möglichkeit besaß, ihr natürliches Leitungsmonopol zu missbrauchen.[29]

Die Bedingungen, zu denen British Gas eine Durchleitung gewährte, wurden als unattraktiv angesehen, da die Gebühren zu hoch waren und Back-Up-Versorgungskonditionen unzureichend waren. Es fehlte weiterhin an einer genauen und transparenten Festlegung der Konditionen des Netzzuganges, so dass auch nach der Privatisierung von British Gas durch den Gas Act von 1986 keine positive Veränderung hinsichtlich der Durchleitungssituation festgestellt werden konnte.[30]

Der Tarifmarkt war zu diesem Zeitpunkt noch nicht geöffnet. British Gas war hier alleiniger Versorger.

II. Auf dem Weg zum organisatorischen Unbundling und zum Unbundling of Accounts

1. *Der erste MMC-Report von 1988*

Diese schlechte Wettbewerbssituation führte bereits im Jahre 1987 zu einer ersten Untersuchung durch die Monopolies and Mergers Commission, welche insgesamt 11 Monate andauerte.[31]

Der GCC leitete im November 1987 mehrere Beschwerden industrieller Kunden, hierunter insbesondere die Beschwerde von Sheffield Forgemasters, an das OFT wei-

---

27 Zu den Regulierungsinstanzen und deren einzelnen Kompetenzen siehe nur: *Cameron*, Gas Regulation in Western Europe, S. 17; zu Ofgas im Speziellen: a.a.O., S. 26 f., 31 f.

28 *Surrey*, in: Mestmäcker (Hrsg), S. 91, 95.

29 Siehe hierzu die Kritik in dem Report von *Ofgas*, Competition in Gas Supply; *Cameron*, Gas Regulation in Western Europe, S. 30.

30 *McGowan/Surrey/MacKerron*, Regulation of the privatized British Gas Industry, S. 32.

31 *Cameron*, Gas Regulation in Western Europe, S. 20.

ter.[32] Das OFT veranlasste hieraufhin eine Untersuchung des Marktverhaltens der British Gas durch die MMC. Hierbei sollte die MMC untersuchen, ob die Bedingungen von British Gas zur Versorgung von Nicht-Tarifkunden den Wettbewerbsregeln entsprachen.[33] Als Rechtsgrundlage dieser Untersuchung diente nicht der Gas Act, sondern der Fair Trading Act von 1973, sections 47 (1), 49 (1) und 50 (1).[34] Der Fair Trading Act gibt allgemeine Befugnisse zur Kontrolle von Monopolen und marktmächtigen Unternehmen. Der Gas Act von 1986 gab Ofgas nämlich keine entsprechenden Befugnisse, im Bereich des Contract Markets die MMC anzurufen.[35]

a) Das Ergebnis der MMC Untersuchung

Die MMC kam in seinem am 19. Oktober 1988 vorgestellten Bericht[36] im wesentlichen zu dem Ergebnis, dass Preispolitik der British Gas plc. ein Missbrauch ihrer Monopolstellung sei. Die MMC war der Meinung, dass eine massive Diskriminierung im Rahmen der Preisfestsetzung und der Vorsorgung mit Gas auf dem contract market vorliege. Sie stellte in dreierlei Hinsicht einen Verstoß von British Gas gegen das „public interest" fest.[37]

Als Ausnutzung der Monopolstellung zu diskriminierendem Verhalten führt der MMC vor allem an, dass

- British Gas den Verbrauchern höhere Gaspreise berechnet, die nur unter schwierigen Umständen auf einen anderen Energieträger wechseln konnten
- British Gas selektiv Preise anderer potentieller Anbieter unterbot
- mangelnde Transparenz der Gaspreise im Contract Market zu Unsicherheiten führte.[38]

Zusätzlich verweigerte British Gas bestimmten Kunden unterbrechbare Gaslieferungen – sog. Interruptible Gas Supply. Zudem bestand British Gas auf bestimmten Vertragsbedingungen und bürdete so seine Kunden zusätzliche Kosten auf.[39]

Abschließend kam die MMC zu dem Ergebnis, dass British Gas in einer gegen das „public interest" verstoßenden Weise den Eintritt neuer Konkurrenten in den Markt verhindere. Dies war British Gas dadurch möglich, dass es eine dominierende Position als Gasaufkäufer inne hatte und so ganze Erdgasfelder aufkaufen konnte. Ferner missbrauchte British Gas die Informationen, welche es durch die Verhandlungen über den Common Carriage erlangt hatte, um mögliche Verbraucher konkurrierender Versor-

---

32 *Cameron,* Gas Regulation in Western Europe, S. 20.

33 *Cameron,* Gas Regulation in Western Europe, S. 20.

34 *Cameron,* Gas Regulation in Western Europe, S. 20.

35 *Vickers/Yarrow,* Privatisation: An Economic Analysis, S. 279, 281.

36 *Monopolies and Mergers Commission,* Gas: a report on the matter of the existence or possible existence of a monopoly situation in relation to the supply in Great Britain of gas through pipes to persons other than tariff customers, Cm. 500.

37 *Cameron,* Gas Regulation in Western Europe, S. 20.

38 *Monopolies and Mergers Commission,* Gas: a report on the matter of the existence or possible existence of a monopoly situation in relation to the supply in Great Britain of gas through pipes to persons other than tariff customers, Cm. 500, para. 8.100 (a); *Cameron,* Gas Regulation in Western Europe, S. 20.

39 *Cameron,* Gas Regulation in Western Europe, S. 21.

gungsunternehmen und deren Bezugsquellen für Gas zu ermitteln, um diese gezielt abwerben zu können. Außerdem und stellte British Gas keine ausreichenden Informationen zu den Konditionen des common carriage zur Verfügung.[40]

b) Die Lösungsvorschläge der MMC

Zur Lösung dieser Probleme schlug die MMC vor, durch eine Änderung der Lizenz von British Gas Ofgas auch die Regulierung des bis dahin unregulierten contract markets zu ermöglichen.[41]

Ferner sollte British Gas verpflichtet werden, verbindliche Preislisten für die dauerhaften und unterbrechbaren Gaslieferungen zu veröffentlichen sowie hinsichtlich der Preisfestsetzung und der Belieferung nicht mehr diskriminierend tätig zu werden.[42] Weiterhin sollte British Gas auf unterbrechbare Lieferungen eingehen.[43] British Gas sollte zudem ausführliche Informationen über seine Common-Carriage-Bedingungen veröffentlichen, um potentielle Kunden eine vorhersehbare Kostenkalkulation zu ermöglichen.[44] Um mehr Gas für potentielle Konkurrenten freizusetzen, sollte British Gas nicht erlaubt sein, mehr als 90 % des Gases eines neu gewonnenen Feldes zu erwerben (sog. 90/10-Regel).[45] Hierdurch sollten angemessene Kapazitäten für potentiell konkurrierende Unternehmen frei werden, ohne dass dies aus Sicht der MMC zu organisatorischen Schwierigkeiten des Absatzes des geförderten Gases führen würde: „We believe that this proposal would make available a significant but not unmanageable tranche of gas for potential competitors.“[46]

Während dieser ersten MMC-Untersuchung wurden bereits verschiedene Stimmen laut, die eine Restrukturierung von British Gas forderten, um einen separate Transportgesellschaft zu gründen. Die MMC hielt diesen Ansatz jedoch zu diesem Zeitpunkt für noch unangemessen, schloss allerdings ein späteres Aufgreifen dieser Idee nicht aus.[47] Die MMC empfahl daher in ihrem Report, die gesamte Struktur von British Gas und des Gasmarktes neu zu überdenken, wenn sich der Wettbewerb bis Ende 1993 nicht verbessert habe.[48] Damit hing das Damoklesschwert einer völligen Restrukturierung und Separierung des Transportgeschäftes bereits ab 1988 über British Gas.

---

40 *Cameron,* Gas Regulation in Western Europe, S. 21.

41 *Cameron,* Gas Regulation in Western Europe, S. 21.

42 *Cameron,* Gas Regulation in Western Europe, S. 21; hierzu ausführlich: *Surrey,* in: Mestmäcker (Hrsg.), S. 91 (97 ff); *McGowan/Surrey/MacKerron,* Regulation of the privatized British Gas Industry, S. 27 ff.

43 *Cameron,* Gas Regulation in Western Europe, S. 21.

44 *Cameron,* Gas Regulation in Western Europe, S. 21.

45 *Monopolies and Mergers Commission,* Gas: a report on the matter of the existence or possible existence of a monopoly situation in relation to the supply in Great Britain of gas through pipes to persons other than tariff customers, Cm. 500, para. 8.96; *Cameron,* Gas Regulation in Western Europe, S. 21.

46 *Monopolies and Mergers Commission,* Gas: a report on the matter of the existence or possible existence of a monopoly situation in relation to the supply in Great Britain of gas through pipes to persons other than tariff customers, Cm 500, para. 8.96.

47 *OXERA,* The Break-up of British Gas, S. 7.

48 *Monopolies and Mergers Commission,* Gas: a report on the matter of the existence or possible existence of a monopoly situation in relation to the supply in Great Britain of gas through pipes to

2. *Die Folgen des ersten MMC-Reports*

Der erste MMC-Report von 1988 führte zu einer Umgestaltung der Autorisierung von British Gas und zu einer ganzen Reihe von Zusicherungen, welche British Gas mit dem Secretary of State ausgehandelt hatte.[49] Die auf Grund des MMC-Berichtes getroffenen Maßnahmen führten auch zu ersten Verbesserungen der Wettbewerbssituation auf dem Gasmarkt, wobei es immer noch bis März 1990 dauerte, bis die erste Durchleitung durch Leitungen von British Gas erfolgte.[50] Im einzelnen kam es zu nachfolgend aufgeführten Änderungen.

a) *Einführung der modifizierten 90/10-Regel*

Im Mai 1989 gab das Department of Trade and Industry (DTI) bekannt, dass die 90/10-Regel in einer modifizierten Weise eingeführt werde. Die Freigabe von 10 % einer neuen Gasmenge sollte sich nicht auf einzelne Gasfelder beziehen. Vielmehr sollte die Gasmenge aller neuen Gasfelder und Importe als Maßstab genommen werden. 10 % dieser Menge sollten von anderen Versorgern als British Gas stammen. Erfasst wurde sowohl Gas, das durch Leitungen der British Gas transportiert wurde, als auch solches, das durch neue Leitungen von anderen Transporteuren geleitet wurde. Maßgeblich sollten alle neuen Versorgungsverträge ab dem 31.Mai 1989 sein. Diese Regelung sollte eine Laufzeit von zwei Jahren haben und von der Regierung überprüft werden.[51]

British Gas sicherte zu, dass sie in dem Zeitraum von Juni 1989 bis 31. Mai 1991 nicht mehr als 90 % eines neuen Gasfeldes aufkaufen werde.[52]

Allerdings brachte die 90%-Klausel nicht den gewünschten Erfolg. Nur 5 % des contract markets war bis Mitte 1991 von anderen Versorgungsunternehmen erobert worden. Nach Einschätzung von British Gas sollte der Marktanteil der anderen Gasversorger jedoch bis Dezember 1991 auf 20 % ansteigen und sogar in den nächsten 12 bis 18 Monaten bei 30 % liegen.[53] Dieser Anstieg ist sicherlich auch dadurch begründet, dass mit der Privatisierung der Elektrizitätswirtschaft 1989 Gas als Energieträger zur Stromerzeugung nachgefragt wurde, was bis dato nicht der Fall war. Diesen neuen Markt konnte die Konkurrenz von British Gas erfolgreich für sich gewinnen und dominierte hier über British Gas, die dort nur einen Anteil von 25 % hielt. Die übrigen 75 % versorgten Ölunternehmen, zum Teil über Jointventures.[54] Dies führte dazu, dass fast das gesamte durch die 90 %-Klausel freigegebene Gas in den Strommarkt floss, so dass kaum ein positiver Einfluss auf die Situation des contract markets entstehen konn-

---

persons other than tariff customers, Cm. 500, para. 8.98; *Cameron*, Gas Regulation in Western Europe, S. 21, 37; *ders.*, Gas Regulation in Europe, Vol. 1, S. 131.

49 *OXERA*, The Break-up of British Gas, S. 7.

50 *McKinnon*, Whatever happened to the British Gas Cooperation?, Utility Law Review 1990, S. 134 (137 f.).

51 *DTI*, International Gas Report 130, S. 18; *Cameron*, Gas Regulation in Western Europe, S. 22.

52 *DTI*, Press Notice 90/66 v. 13. Februar 1990; *Cameron*, Gas Regulation in Western Europe, S. 23.

53 *Surrey*, in: Mestmäcker (Hrsg), S. 91, 103.

54 *Surrey*, in: Mestmäcker (Hrsg), S. 91, 103 f..

te.[55] Mit Hilfe einer freiwilligen Vereinbarung von British Gas und Ofgas über die Freigabe zusätzlicher Kapazitäten sollte sich die Situation jedoch verbessern und die von British Gas geschätzten 30 % Marktanteil erreicht werden.[56]

b) Veröffentlichung der Versorgungsbedingungen

Im Zuge einer ersten Diskussionen über eine Überarbeitung der Autorisierung der British Gas als Public Gas Supplier veröffentlichte British Gas im Mai 1989 erste Preislisten über seine Versorgungsbedingungen.[57] Hierbei waren auch unterbrechbare Lieferungen erfasst. Im folgenden wurde diese Liste durch Verhandlungen von Ofgas und British Gas immer wieder angepasst.[58]

Dadurch, dass die British Gas ihre Versorgungspreise auf dem Contract Market von British Gas veröffentlichte, waren nunmehr Preisdiskriminierungen von British Gas ausgeschlossen. Andere Anbieter konnten gezielt die festgelegten Preise unterbieten und so Teile des Marktes erobern.[59] Dies führte zu der Kritik, dass nunmehr zwar British Gas keine Preisdiskriminierungen mehr durchführen könne, aber seine Konkurrenten hierdurch umgekehrt Diskriminierungen begehen könnten.[60] Preisdiskriminierungen sind nach geltendem europäischem Wettbewerbsrecht aber nur dann negativ, wenn das Unternehmen marktmächtig ist. Sonst handelt es sich um eine durchaus legitime wettbewerbliche Maßnahme.[61]

c) Festlegung der Durchleitungsbedingungen

British Gas verpflichtete sich im Rahmen der Überarbeitung seiner Lizenz dazu, mehr Informationen über die Grundlagen und Annahmen seiner Durchleitungsgebühren zu veröffentlichen. Cond. 9 der Autorisierung wurde entsprechend abgeändert.[62] Am 15. Juni 1989 legte British Gas eine ausführliche Konditionenliste vor.[63] Diese Erleichterung des common carriage führte auch bald zu ersten Durchleitungsvereinbarungen[64], welche u.a. durch eine deutliche Senkung der TPA-Entgelte hervorgerufen wurden.[65]

---

55 *Surrey,* in: Mestmäcker (Hrsg), S. 91, 104.

56 *Surrey,* in: Mestmäcker (Hrsg), S. 91, 101 ff.

57 *British Gas plc,* Schedule of prices and terms for the supply of gas customers, 1. Mai 1989.

58 Hierzu ausführlich: *Surrey,* in: Mestmäcker (Hrsg), S. 91, 97 ff; *Cameron,* Gas Regulation in Western Europe, S. 24 f.

59 Ausführlich hierzu: *McGowan/Surrey/Mac Kerron,* Regulation of the privatized British Gas Industry, S. 27 ff.

60 *McGowan/Surrey/Mac Kerron,* Regulation of the privatized British Gas Industry, S. 23.

61 *Durach,* Die Einführung kompetitiver Strukturen, S. 112.

62 *Cameron,* Gas Regulation in Western Europe, S. 18, 23, 25 f.; *Surrey,* in: Mestmäcker (Hrsg), S. 91, 100.

63 *Cameron,* Gas Regulation in Western Europe, S. 23, 25 f.; *Surrey,* in: Mestmäcker (Hrsg), S. 91, 100 f.

64 *McKinnon,* Regulation in the UK gas supply market, Utility Policy 1992, S. 276 ff.; *Surrey,* in: Mestmäcker (Hrsg), S. 91, 101.

65 *Ofgas,* Annual Report 1990, S. 2.

British Gas hatte 1990 Senkungen der Gebühren um 20 bis 40 % angekündigt und auch vorgenommen.[66]

d) *Department Unbundling (Chinese Walls)*

Eine weitere Folge der freiwilligen Zusicherungen und der Überarbeitung der Autorisierung der British Gas waren erste Unbundlingbestrebungen, die zu einem Department Unbundling der Transport- und Speichertätigkeit führten.

In der neu eingeführten Con. 9A der Autorisierung wurde British Gas verpflichtet, den Gebrauch von Informationen über den Transport von Gas für Dritte innerhalb des Konzerns zu unterbinden. Es sollte verhindert werden, dass vertrauliche Daten eines Versorgers im Rahmen der Durchleitungsverhandlungen mit British Gas an im Bereich Gaseinkauf oder –verkauf tätige Angestellte der British Gas gelangten.[67] British Gas musste damit interne Barrieren (Chinese Walls) schaffen, die einen solchen Informationsfluss unterboten.[68] British Gas gründete daher eine eigene Betriebsabteilung, das sog. Transportation Services Department, das vom Hauptverwaltungsgebäude separierte eigene Büroräume erhielt, wo von nun an Verhandlungen über den Common Carriage stattfanden.[69]

Diese neue Betriebsabteilung musste aber noch keine eigenständige Bilanz erstellen. Ein Unbundling of Accounts war erst die Folge des OFT-Berichtes von 1991.

3. *Der OFT-Bericht von 1991*

Im Oktober 1991 hatte das OFT einen Bericht über eine Untersuchung des Gasmarktes seit den MMC-Berichten und die Auswirkungen der MMC-Empfehlungen von 1988 veröffentlicht.[70]

In diesem Bericht kam das OFT zu dem Ergebnis, dass die Empfehlungen der MMC zur Veröffentlichung der Preistarife umgesetzt und eingehalten wurden. Zudem hatte British Gas weitere Zusicherungen gegeben und diese Verpflichtungen auch eingehalten.[71] Das OFT kam jedoch zu dem Schluss, dass die bisherigen Maßnahmen ineffektiv waren, um einen selbsterhaltenden wettbewerbsgesteuerten Gasmarkt zu etablieren. Damit war das gewünschte Ergebnis eines größeren Wettbewerbs auf dem Contract Market durch die auferlegten Verpflichtungen nicht realisiert worden.[72] Zum Beispiel brachte die eingeführte 90/10-Regel nur 5 % freies zusätzliches Gas für den Vertrags-

66 *Cameron*, Gas Regulation in Western Europe, S. 26; *Surrey*, in: Mestmäcker (Hrsg), S. 91, 101.

67 *Cameron*, Gas Regulation in Western Europe, S. 18.

68 *Surrey*, in: Mestmäcker (Hrsg), S. 91, 100.

69 *Cameron*, Gas Regulation in Western Europe, S. 25.

70 *OFT*, The Gas Review: a review by OFT in conjunction with Ofgas of the industrial and commercial market for gas and developments since the OFT Report.

71 *O'Neill*, Regulated Industries: The British Gas Industry, S. 58.

72 Vgl. hierzu ausführlich: *Cameron*, Five years of regulating Britain´s gas industry, Utility Law Review 1991, S. 70 ff.; *Villers*, Increasing competition for British Gas?, Utilities Law Review 1992, S. 7 ff.; *McKinnon*, Regulation of the UK gas supply market, Utilities Policy 1992, S. 276 ff.

markt. Zwar wurden nominal 37 % neue Gasverträge durch die 90/10-Regel abgeschlossen, der größte Teil dieses kontrahierten Gases wurde aber zur Stromerzeugung genutzt. Dies war die Folge der Liberalisierung des Strommarktes, die Gaskraftwerke als Erzeugungsanlagen attraktiv machte und so einen neuen Bedarf schuf.[73]

Der OFT forderte als zusätzliche Auflagen, dass British Gas mehr Gas freigeben müsse. Dies sollte von nun an auf eigentumsrechtlichem Weg und nicht durch sog. Swaps geschehen. Ferner sollte die 90/10-Regel revidiert werden, damit immer genug Gas für Konkurrenten vorhanden sei. British Gas sollte auch unterhalb der 25.000 Therms-Grenze Wettbewerb zulassen und Restriktionen gegen Gasimporte sollten aufgehoben werden.[74]

Vor allem aber griff das OFT die Idee einer vollständigen Entflechtung von British Gas erneut auf, welche die MMC 1988 noch als unverhältnismäßig abgelehnt hatte. British Gas sollte nach dem Willen des OFT sein Leitungs- und Speichersystem abspalten und verkaufen oder aber zumindest auf eine eigenständige Tochtergesellschaft übertragen. Diese Tochtergesellschaft sollte selbständig „at arm´s length" von British Gas das Leitungs- und Speichersystem betreiben und die Durchleitungsentgelte der Kontrolle von Ofgas unterstellen.[75]

Diese Abtrennung des Leitungs- und Speicheranlagengeschäftes wurde als notwendig angesehen, um mehr Wettbewerb auf dem Gasmarkt einzuführen. Hierdurch sollte Wettbewerbern die Möglichkeit gegeben werden, sich ein ausgewogenes Portfolio an Kunden mit unterschiedlichen Nachfrageeigenschaften anzulegen. Es wurde nämlich festgestellt, dass sich die meisten Gasproduzenten auf große Kunden spezialisiert hatten und nur „take-or-pay" Vereinbarungen abgeschlossen hatten, wohingegen British Gas große Kostenvorteile dadurch hatte, dass es vor allem mittel große Unternehmen mit Gas im Rahmen kurzeitiger oder unterbrechbarer Lieferungen versorgte.[76]

4. Die Folgen des OFT-Berichtes

Die Bereits im Oktober 1991 gab der Secretary of State for Trade and Industry bei einer Parteikonferenz der Konservativen bekannt, dass die British Gas aufgefordert wurde, ihre Transport- und Speichertätigkeit als separates Geschäft zu führen und weiteres Gas freizugeben.[77] Sollte bis Ende 1991 auf Basis des OFT-Berichtes keine Einigung mit British Gas gefunden werden, sollte die MMC zur weiteren Untersuchung möglicher Maßnahmen eingeschaltet werden.[78] Eine solche MMC-Untersuchung hätte die Gefahr mit sich gebracht, dass British Gas in mehrere selbständige Unternehmen auf-

---

73 *OXERA*, The Break-up of British Gas, S. 8.

74 *OXERA*, The Break-up of British Gas, S. 8.; *Surrey*, in: Mestmäcker (Hrsg), S. 91, 106; *O'Neill*, Regulated Industries: The British Gas Industry, S. 58 f.; *Harray/Northway/Warren/Samakh/Berry*, in: *Allen/Overy (Hrsg.)*, Changes to European Electricity and Gas Markets, S. 29.

75 *Villers*, Increasing competition for British Gas?, Utilities Law Review 1992, S. 8; *OXERA*, The Break-up of British Gas, S. 8.; *Surrey*, in: Mestmäcker (Hrsg), S. 91, 107 f.; *O'Neill*, Regulated Industries: The British Gas Industry, S. 58 f.

76 *Surrey*, in: Mestmäcker (Hrsg), S. 91, 108.

77 *Surrey*, in: Mestmäcker (Hrsg), S. 91, 106; *Financial Times and Guardian* v. 11. Oktober 1991;

78 *Surrey*, in: Mestmäcker (Hrsg), S. 91, 106; *OXERA*, The Break-up of British Gas, S. 8.

gespaltet worden wäre.[79] Entsprechend groß war also der Druck auf British Gas mit den Regierungsstellen zu einer einvernehmlichen Lösung zu kommen.

Im Dezember 1991 erklärte sich British Gas im Prinzip damit einverstanden, dass es seinen Marktanteil von 90 % im Vertragsmarkt auf 40 % im Jahre 1995 senken werde. British Gas sollte zudem vertraglich gebundenes Gas in jährlichen Tranchen, beginnend mit 550m in den Jahren 1992/93, freigeben.[80]

Weiterhin erklärte sich British Gas grundsätzlich damit einverstanden, seine Transport- und Speichertätigkeit auf eine selbständig „at arm´s length" agierende Tochtergesellschaft zu übertragen – die spätere BG Transportation & Storage Ltd.[81] Die Maßnahmen zur Reorganisation von British Gas sollten bis Januar 1994 abgeschlossen sein und die separate Transport- und Speichereinheit ihre Tätigkeit vollständig aufnehmen.[82] Zudem wurden Maßnahmen getroffen, die eine getrennte Bilanzierung der Transport- und Speichertätigkeit ermöglichen sollten.[83] Durch dieses Unbundling of Accounts sollte mehr Transparenz erreicht werden, um so den Wettbewerb wiederum zu fördern.[84]

Durch den Competition and Service Act (Utilities) Act vom März 1992 und der Gas (Modification of Therm Limits) Order vom Juli 1992 wurde der bestehende Monopolmarkt für British Gas verkleinert. Der Competition and Service Act sah die Ermächtigung des Secretary of State vor, die Schwelle zum Monopolmarkt zu senken. Bisher lag die Grenze zum von British Gas ausschließlich versorgten Tarifmarkt bei 25.000 Therms. Diese Grenze wurde nunmehr auf 2.500 Therms herabgesetzt.[85] Allerdings war British Gas weiterhin verpflichtet, Kunden unterhalb der Grenze von 25.000 Therms zu versorgen. Diese hatten aber das einseitige Recht, sich einen anderen Versorger zu suchen.[86]

5. *Zusammenfassung*

Die Jahre 1988 bis 1991 sind dadurch gekennzeichnet, dass versucht wurde schrittweise die bei der Privatisierung von British Gas gemachten Fehler zu revidieren. Es handelt sich im wesentlichen um zwei Fehler. Einmal wurde zu sehr auf die Selbstregulierung des Wettbewerbs vertraut, weshalb zunächst eine effektive Regulierung des Vertragsmarktes und der Durchleitungsentgelte unterblieb. Dieser Fehler wurde schrittweise behoben, indem British Gas Tarife veröffentlichen musste und Ofgas weit reichende Kompetenzen eingeräumt wurden.

---

79 *Cameron*, Five Years of regulating Britain´s gas industry, Utilities Law Review 1991, S. 76.

80 *OXERA*, The Break-up of British Gas, S. 8; *Harray/Northway/Warren/Samakh/Berry*, in: *Allen/Overy (Hrsg.)*, Changes to European Electricity and Gas Markets, S. 29.

81 *OXERA*, The Break-up of British Gas, S. 8

82 *O'Neill*, Regulated Industries: The British Gas Industry, S. 59.

83 *O'Neill*, Regulated Industries: The British Gas Industry, S. 59.

84 *Harray/Northway/Warren/Samakh/Berry*, in: *Allen/Overy (Hrsg.)*, Changes to European Electricity and Gas Markets, S. 29.

85 *Harray/Northway/Warren/Samakh/Berry*, in: *Allen/Overy (Hrsg.)*, Changes to European Electricity and Gas Markets, S. 29; *O'Neill*, Regulated Industries: The British Gas Industry, S. 59; *OXERA*, The Break-up of British Gas, S. 8.

86 *O'Neill*, Regulated Industries: The British Gas Industry, S. 59.

Der zweite Fehler lag darin, British Gas als vertikal integriertes Unternehmen zu privatisieren. Dieser Fehler wurde durch erste Unbundlingbestrebungen behoben. Im Jahre 1989 erfolgte ein Department Unbundling der Transport- und Speichertätigkeit und 1991 ein Unbundling of Accounts dieser Tätigkeiten. Denn bereits kurze Zeit nach der Privatisierung von British Gas wurde erkannt, dass ein Unbundling dieses natürlichen Monopols für das Funktionieren von Wettbewerb unerlässlich ist und eben nicht nur eine verstärkte Regulierung ausreichen kann. Dies zeigt sich deutlich darin, dass alle regulativen Maßnahmen keinen erwünschten Effekt auf die Wettbewerbssituation hatten, so dass ein erstes Unbundling nur die logische Folge sein konnte.

Ein drittes Problem war, dass durch die Liberalisierung des Strommarktes die 90/10-Regel keine Auswirkungen hatte, was seinerseits wiederum einen verstärkten strukturellen Eingriff erforderte.

Damit stellen die Jahre 1988 bis 1991 einen Wendepunkt in der Liberalisierungspolitik in Großbritannien dar. Erstmals wurden nicht nur regulatorische, sondern auch strukturelle Maßnahmen ergriffen, die bei der Privatisierung im Jahre 1986 noch nicht gewollt waren. Das Jahr 1991 stellt hierbei einen besonderen Einschnitt dar. Zum ersten Mal wurde von einer staatlichen Stelle, dem OFT, eine gesellschaftsrechtliche Abtrennung der Leitungs- und Speichertätigkeiten gefordert und British Gas hatte sich hiermit prinzipiell einverstanden erklärt. Eine solche Abtrennung hatte die MMC 1988 noch als unangemessen bewertet und eine Restrukturierung auf später verschoben. Ab 1991 waren die Weichen jedoch eindeutig gestellt. Im Januar 1994 sollte eine gesellschaftsrechtliche Aufspaltung der Transport- und Speichertätigkeit innerhalb von British Gas erfolgt sein. Die einzige unbeantwortete Frage war, wie diese Trennung innerhalb des Konzerns vollzogen werden sollte und ob diese Trennung ausreichen würde, um eine stabile Wettbewerbssituation zu etablieren. Würden die ergriffenen Maßnahmen nicht zu einer Stabilisierung des Wettbewerbs führen, konnte nur noch ein Ownership Unbundling die logische Folge sein.

III. Das Legal und Management Unbundling des Transport- und Speichersektors

Die Jahre 1993 bis 1996 sind durch weit reichende Umstrukturierungen innerhalb von British Gas plc gekennzeichnet. Bis März 1996 kam es zu einem Legal und Management Unbundling der British Gas, wodurch sie in ihre einzelnen Tätigkeitsfelder aufgespalten wurde. Ausgelöst wurde diese Entwicklung durch eine zweite Untersuchung der MMC im Jahre 1992, die 1993 veröffentlicht wurde. Die Folge dieser Untersuchung war eine Diskussion um eine Restrukturierung der British Gas, in die neben den zuständigen staatlichen Stellen vor allem auch British Gas selbst und ihre Wettbewerber maßgeblich involviert waren.

1. Die MMC-Reporte von 1993

Die MMC wurde am 31. Juli 1992 durch insgesamt vier selbständige Verweisungen eingeschaltet. Zwei dieser Verweisungen stammten vom Secretary of State for Trade and Industry und erfolgten auf Betreiben von British Gas auf Grundlage des Fair Trading Act von 1973. Die weiteren Verweisungen an die MMC wurden vom DGGS ausgesprochen. Diese Verweisungen resultierten daraus, dass sich Ofgas und British Gas zuvor nicht über die Höhe der Kapitalrückführungsquote des Transport- und Speicherungsbereiches einigen konnten. Zudem vertrat British Gas die Auffassung, dass die bisherige Regulierungspraxis zu Unsicherheiten und Ineffizienz geführt hätten. Ofgas wiederum hatte Bedenken bzgl. der Geschwindigkeit der Separierung von Transport und Speicherung von den übrigen Tätigkeiten.[87]

Die MMC behandelte die Verweisungen in Form einer Untersuchung. Am 17. August veröffentlichten das DTI und der DGGS die Ergebnisse der MMC in zwei Reports,[88] die sich jeweils mit den gesetzlichen Vorgaben des Fair Trading Act und des Gas Act auseinander setzten.[89]

Diese zweite Untersuchung der MMC hatte einen wesentlich weiteren Ansatz als die erste Untersuchung und beschäftigte sich nicht nur hauptsächlich mit dem wettbewerblich organisierten Vertragsmarkt, sondern mit allen Tätigkeitsbereichen von British Gas.[90] Die MMC hatte hierbei die Aufgabe in ihrer Untersuchung festzustellen, ob und wo eine Monopolsituation auf einem Markt bestand, und falls dies der Fall war, festzustellen, ob dieses Monopol gegen das „public interest" verstieß oder ob der Monopolist in einer gegen das „public interest" agierenden Weise arbeitete.[91]

a) Ergebnisse der MMC-Untersuchung

In ihren Untersuchungen kam die MMC zu dem Ergebnis, dass die weiterhin vertikale Integration des Leitungs- und Speichermonopols von British Gas zu einer Einschränkung der Auswahlmöglichkeiten für die Verbraucher, zu einer Verhinderung von Innovationen und zu höheren Gaspreisen führen könne und somit ein Verstoß gegen das „public interest" möglich sei. Die MMC sah als Ursache hierfür, dass British Gas sowohl als Händler als auch als Leitungs- und Speicheranlagenbetreiber auf dem Markt tätig war und nicht in der Lage gewesen sei, eine effektive Trennung zwischen diesen Tätigkeiten zu erreichen. Hierdurch entstanden den anderen Versorgern, die dieses Leitungsnetz nutzen mussten, Nachteile gegenüber dem Handelsarm von British Gas.[92]

---

87 *OXERA,* The Break-up of British Gas, S. 8 f.; *O'Neill,* Regulated Industries: The British Gas Industry, S.59 f.; *Cameron,* Gas Regulation in Europe, Vol. 1, S. 131.

88 *Monopolies and Mergers Commission,* Gas: Volume 1 of the reports under the Fair Trading Act 1973 on the supply within Great Britain of gas through pipes to tariff and non-tariff customers, and the supply within Great Britain of the conveyance or storage of gas by public gas suppliers, Cm. 2314; *dies.,* British Gas plc.: Volume 1 of the reports under the Gas Act 1986 on the conveyance and storage of gas and fixing of tariffs for the supply of gas by British Gas plc., Cm. 2315.

89 *OXERA,* The Break-up of British Gas, S. 8 f.; *O'Neill,* Regulated Industries: The British Gas Industry, S. 59 f.; *Cameron,* Gas Regulation in Europe, Vol. 1, S. 131.

90 *OXERA,* The Break-up of British Gas, S. 9.

91 *Cameron,* Gas Regulation in Europe, Vol. 1, S. 131.

92 *Monopolies and Mergers Commission,* Gas: Volume 1 of reports under the Fair Trading Act 1973 on the supply within Great Britain of gas through pipes to tariff and non-tariff customers and the supply within Great Britain of the conveyance or storage of gas by public gas suppliers, Cm. 2314, para. 1.7, 2.142; *Cameron,* Gas Regulation in Europe, Vol. 1, S. 132.

Innerhalb des noch monopolistisch strukturierten Tarifmarktes unterhalb der 2.500-Therm-Grenze stellte die MMC mit einer Ausnahme keinen Verstoß gegen das „public interest“ fest. Nur die Art und Weise, wie British Gas die Tarifformeln umgesetzt habe, könne gegen das „public interest“ verstoßen, da hierdurch die Kapitalversorgung und damit neue Investitionen negativ beeinflusst werden könnten.[93]

b) Lösungsvorschläge der MMC

Die MMC schlug folgende Maßnahmen zur Behebung der möglichen Verstöße vor: Zunächst sollte British Gas bis spätestens zum 31. März 1994 den Leitungs- und Speicherbereich in selbständige Tochtergesellschaft überführen. Da die MMC jedoch weiterhin befürchtete, dass auch bei einer solchen Separierung immer noch zu viele Entscheidungen hinsichtlich des Transportes und der Speicherung von den Handelsinteressen von British Gas beeinflusst würden, sei eine vollständige eigentumsrechtliche Trennung beider Unternehmensbereiche die einzige Lösung, die bestehenden Interessenkonflikte dauerhaft zu beseitigen.[94] Sie empfahl daher, dass British Gas bis spätestens zum 31. März 1997 sein Handelsgeschäft verkaufen müsse.[95]

Auf dem Tarifmarkt empfahl die MMC eine schrittweise Öffnung des Marktes, die durch eine Herabsetzung der Therm-Regelung erreicht werden sollte. Danach sollte ein Monopol für British Gas ab dem 31. März 1997 nur noch bis zu einer Schwelle von 1.500 Therms garantiert und drei bis fünf Jahre später sollte der Markt vollständig geöffnet werden.[96] Dies sollte allerdings nur nach sorgfältigster Abwägung aller Konsequenzen geschehen: „In our view, no decision should be taken as to the timing of the complete removal of the tariff market monopoly except after a most careful assessment of the consequences.“[97]

93 *Monopolies and Mergers Commission,* Gas: Volume 1 of reports under the Fair Trading Act 1973 on the supply within Great Britain of gas through pipes to tariff and non-tariff customers and the supply within Great Britain of the conveyance or storage of gas by public gas suppliers, Cm. 2314, para. 2.120; *Cameron,* Gas Regulation in Europe, Vol. 1, S. 132.

94 *Monopolies and Mergers Commission,* Gas: Volume 1 of the reports under the Fair Trading Act 1973 on the supply within Great Britain of gas through pipes to tariff and non-tariff customers, and the supply within Great Britain of the conveyance or storage of gas by public suppliers, Cm. 2314, para. 2.161 f.; *OXERA,* The Break-up of British Gas, S. 9.

95 *Monopolies and Mergers Commission,* Gas: Volume 1 of the reports under the Fair Trading Act 1973 on the supply within Great Britain of gas through pipes to tariff and non-tariff customers, and the supply within Great Britain of the conveyance or storage of gas by public suppliers, Cm. 2314, para. 2.177; *OXERA,* The Break-up of British Gas, S. 9; *Cameron,* Gas Regulation in Europe, Vol. 1, S. 132.

96 *OXERA,* The Break-up of British Gas, S. 9.

97 *Monopolies and Mergers Commission,* Gas: Volume 1 of the reports under the Fair Trading Act 1973 on the supply within Great Britain of gas through pipes to tariff and non-tariff costumers, and the supply within Great Britain of the conveyance or storage of gas by public suppliers, Cm. 2314, para. 1.9.

Weiterhin sollte die Formel zur Regulierung des Tarifmarktes angepasst werden. Auch die Rückzahlungsquote für getätigte Investitionen im Bereich Transport und Speicherung wurde neu gefasst.[98]

Das Transportgeschäft sollte auf unbestimmte Zeit einer Regulierung unterliegen, da die MMC dieses als natürliches Monopol ansah.[99] Zudem sollte Ofgas in Konkurrenz mit dem DGFT volle regulatorische Kompetenzen auch auf dem Vertragsmarkt eingeräumt bekommen.[100]

2. *Die Umstrukturierungsvorschläge von British Gas plc*

Parallel zu der MMC-Untersuchung arbeitete British Gas auch selbst an einer Neustrukturierung des Konzerns und stellte ebenfalls im August 1993 erste Restrukturierungspläne vor. Dieser Prozess sollte insgesamt drei Jahre andauern. Im Dezember desselben Jahres konkretisierte British Gas nach Bekanntgabe der MMC-Forderungen seine Pläne. Die bisherige regionale Struktur von British Gas, bestehend aus zwölf regionalen Versorgungsgebieten, sollte durch insgesamt fünf eigenständig agierende Geschäftsfelder ersetzt werden. British Gas sollte intern in die Tochtergesellschaften BG Transportation and Storage, BG Public Gas Supply, Contract Trading, BG Retail und BG Service aufgeteilt werden. Eine sechste Einheit, die sog. Common Services, sollte für eine Übergangszeit von zwei Jahren erstellt werden. BG Public Gas Supply sollte die Versorgung des Tarifmarktes und Contract Trading die Versorgung des Vertragsmarktes über 2.500 Therms übernehmen. Die Umstrukturierung sollte bis zum 31. März 1994 umgesetzt sein, wobei die völlige Eigenständigkeit der BG Transportation und Storage erst im Oktober 1995 erreicht werden sollte. Die Bereiche Gas Trading und Transportation sollten hierbei voneinander unabhängig „at arm´s length" arbeiten.[101] Damit war British Gas also von sich aus bereit, ein vollständiges Legal und Management Unbundling der einzelnen Geschäftsfelder zu vollziehen, wobei hier sicherlich die massiven Vorschläge der MMC eine wesentliche Rolle gespielt haben dürften.

---

98 Hierzu: *Monopolies and Mergers Commission,* Gas: Volume 1 of the reports under the Fair Trading Act 1973 on the supply within Great Britain of gas through pipes to tariff and non-tariff customers, and the supply within Great Britain of the conveyance or storage of gas by public suppliers, Cm. 2314, para. 2.215; *OXERA,* The Break-up of British Gas, S. 9; *Cameron,* Gas Regulation in Europe, Vol. 1, S. 132.

99 *Monopolies and Mergers Commission,* Gas: Volume 1 of the reports under the Fair Trading Act 1973 on the supply within Great Britain of gas through pipes to tariff and non-tariff customers, and the supply within Great Britain of the conveyance or storage of gas by public suppliers, Cm. 2314, para. 2.183 f.; *OXERA,* The Break-up of British Gas, S. 9; *Cameron,* Gas Regulation in Europe, Vol. 1, S. 132.

100 *Monopolies and Mergers Commission,* Gas: Volume 1 of the reports under the Fair Trading Act 1973 on the supply within Great Britain of gas through pipes to tariff and non-tariff customers, and the supply within Great Britain of the conveyance or storage of gas by public suppliers, Cm. 2314, para. 2.1299(g), 2.225; *OXERA,* The Break-up of British Gas, S. 9; *Cameron,* Gas Regulation in Europe, Vol. 1, S. 132.

101 *OXERA,* The Break-up of British Gas, S. 10; *O'Neill,* Regulated Industries: The British Gas Industry, S. 60.

3. *Die Stellungnahme der britischen Regierung*

Am 21. Dezember 1993 gab *Michael Heseltine*, Präsident des Boards of Trade, seine Entscheidung zur Umsetzung der MMC-Reporte bekannt. Heseltine traf hierbei zwei wesentliche Entscheidungen:[102]

1. British Gas sollte seine Transport- und Speichergeschäftstätigkeit vollständig von den anderen Tätigkeiten trennen, eine Abspaltung und Verkauf des Handelsgeschäftes sollte aber nicht erzwungen werden.[103]
2. Das Tarifmarktmonopol von British Gas sollte im April 1996 enden und bis April 1998 in einen vollständig wettbewerbsorientierten Markt überführt werden.[104]

Die britische Regierung wich somit deutlich von zwei wesentlichen Punkten der Empfehlung der MMC ab: Sie verwarf die Empfehlung der MMC, British Gas durch den Verkauf des Handelsgeschäftes auf Konzernebene aufzuspalten, und sie führte schneller als von der MMC vorgeschlagen stufenweise Wettbewerb auf dem Tarifmarkt ein.[105]

a) *Legal und Management Unbundling statt Ownership Unbundling*

Michael Heseltine und der DGGS *Clare Spottiswoode* waren der Ansicht, dass eine vollständige Trennung der Geschäftsfelder Transport/Speicherung und Versorgung notwendig sei. Es würde aber eine solche Trennung innerhalb des Konzerns völlig ausreichen, um die von der MMC festgestellten Wettbewerbshindernisse zu überwinden. Beide Geschäftsfelder könnten daher im Eigentum von British Gas verbleiben.[106]

Ausschlaggebend für diese Sichtweise der Regierung war, dass British Gas bereits vorgeschlagen hatte, freiwillig seine Konzernstrukturen zu entflechten und eigenständige Tochtergesellschaften zu gründen. Diesen Prozess wollten *Heseltine* und die DGGS erst abwarten. Sie waren der Ansicht, dass es das beste Ergebnis für British Gas wäre, die interne Separierung voranzutreiben und sich hierbei an den von der MMC festgelegten Vorschlägen zu orientieren.[107]

In dieser Ansicht wurde die Regierung durch die Konkurrenten von British Gas bestärkt, die ein Ownership Unbundling ebenfalls nicht als notwendige Voraussetzung für einen funktionierenden Wettbewerbsmarkt ansahen.[108] Eine interne funktionieren-

---

102 *DTI*, Pressemitteilung P/93/759 v. 21. Dezember 1993; *OXERA*, The Break-up of British Gas, S. 10; *O'Neill*, Regulated Industries: The British Gas Industry, S. 60; *Cameron*, Gas Regulation in Europe, Vol. 1, S. 133; Zur Stellungnahme der Regierung s. a.: *Ofgas*, Competition and Choice in the Gas Market; *Spottiswoode*, in: Helm, S. 51 ff.

103 *DTI*, Pressemitteilung P/93/759 v. 21. Dezember 1993, S. 1; *OXERA*, The Break-up of British Gas, S. 10; *Cameron*, Gas Regulation in Europe, Vol. 1, S. 133.

104 *DTI*, Pressemitteilung P/93/759 v. 21. Dezember 1993, S. 1; *OXERA*, The Break-up of British Gas, S. 10; *Cameron*, Gas Regulation in Europe, Vol. 1, S. 133.

105 *Cameron*, Gas Regulation in Europe, Vol. 1, S. 133.

106 *DTI*, Pressemitteilung P/93/759 v. 21. Dezember 1993, S. 2; *Cameron*, Gas Regulation in Europe, Vol. 1, S. 133.

107 *DTI*, Pressemitteilung P/93/759 v. 21. Dezember 1993, S. 3.

108 *DTI*, Pressemitteilung P/93/759 v. 21. Dezember 1993, S. 2.

de Trennung war ihrer Auffassung nach völlig ausreichend.[109] Hierbei vertrauten sie auf die Durchsetzung ihrer Interessen mit Hilfe des OFT und Ofgas.[110] Sie befürchteten bei einem Ownership Unbundling des Handelsgeschäftes erhebliche organisatorische Probleme.[111] Insbesondere sahen sie die Gefahr, dass eine so große Handelsgesellschaft mit einem so hohen Marktanteil, wie sie durch den Verkauf entstehen würde, der extensiven Regulierung bedürfen würde.[112]

Dieser Umstrukturierungsprozess sollte unter der Aufsicht der DGGS verlaufen. Falls British Gas nicht freiwillig mit der Separierung in einer Weise voranschreite, welche die DGGS als ausreichend empfinde, wäre der beste Weg, die notwendige Trennung durch die DGGS zwangsweise durchzusetzen. Hierzu wäre es ihr möglich, eine Änderung der Autorisierung von British Gas im Lichte der MMC-Ergebnisse zu veranlassen. Durch die Entscheidung, keinen Verkauf des Handelsgeschäftes zu verlangen, sei es umso wichtiger, dass die DGGS mit aller Entschlossenheit für eine effektive Trennung sorge.[113]

Nach Abschluss dieser Umstrukturierungsmaßnahmen sollte British Gas, sofern die DGGS mit dem Ergebnis dieser Maßnahme zufrieden sei, weitestgehend von auferlegten regulativen Beschränkungen befreit werden, die die Wettbewerbsfähigkeit von British Gas auf dem Vertragsmarkt einschränken.[114]

Das Transport- und Speichergeschäft sollte als Monopol allerdings weiterhin der Regulierung durch Ofgas nach Maßgabe der MMC-Vorschläge unterliegen. Hierbei sollte Ofgas insbesondere darauf achten, dass British Gas keine Quersubventionierungen vornimmt und seine Konkurrenten beim Common Carriage nicht schlechter stellt, als seine eigenen Geschäftsbereiche. Außerdem sollte Ofgas und British Gas gemeinsam eine Methode gleicher Zugangsbedingungen erarbeiten, welche ab Oktober 1994 Geltung hatten. Eine eigenständige Preiskontrolle im Bereich Transport und Speicherung sollte bis April 1997 eingeführt werden.[115]

Im April 1997 sollten sowohl die Preiskontrolle für den Tarifmarkt als auch die Preiskontrolle von Transport und Speicherung überarbeitet werden. Hierbei hoffte die DGGS, dass weitere Tätigkeiten von British Gas wie z.B. die Speicherung ebenfalls vom natürlichen Leitungsmonopol entflechtet und in einen wettbewerbsgesteuerten Markt überführt werden könnten.[116]

---

109 *Perry,* The MMC Reports: a gas refiner´s view, Utilities Law Review 1993, S. 177 ff.

110 *MacDougall,* Government´s response to the MMC Reports on the gas industry, Utilities Law Review 1994, S. 10.

111 *Astrop,* Pandora´s egg: an independent supplier´s view of the MMC Report´s on Gas, Utilities Law Review 1993, S. 175.

112 *Perry,* The MMC Reports: a gas refiner´s view, Utilities Law Review 1993, S. 177 ff.

113 *DTI,* Pressemitteilung P/93/759 v. 21. Dezember 1993, S. 3.

114 *DTI,* Pressemitteilung P/93/759 v. 21. Dezember 1993, S. 3; *Cameron,* Gas Regulation in Europe, Vol. 1, S. 133.

115 *Spottiswoode,* in: Helm, S. 51 (52).

116 *Spottiswoode,* in: Helm, S. 51 (52); zur Entflechtung der Speicheranlagen von British Gas.

b) Die schrittweise Öffnung des Tarifmarktes

Die Öffnung des Tarifmarktes konnte schneller als von der MMC vorgeschlagen vollzogen werden. Die Regierung sah keine Gründe für eine weitere Verzögerung der vollständigen Marktöffnung. Bis 1998 sollte der Tarifmarkt wie beim Strom geöffnet werden.[117] Diese Öffnung sollte sich schrittweise vollziehen. Zunächst sollten bis zum 1. April 1997 5 % des Tarifmarktes freigegeben werden und bis zum 1. April 1998 weitere 5 %. Sofern der DGGS mit der Wettbewerbssituation zufrieden sei, sollte ab diesem Zeitpunkt der Markt vollständig geöffnet werden.[118] Durch diese schrittweise Öffnung sollte British Gas die Chance gegeben werden, sich auf den möglichen Wechsel zahlreicher Haushaltskunden zu anderen Anbietern einstellen zu können.[119] Vor allem aber sollte dem Transportgeschäft von British Gas ermöglicht werden, seine Arbeitsprozeduren mit Hilfe neuer Computersysteme umzustellen, um so den Wechsel von Millionen Haushaltskunden zu neuen Versorgern problemlos organisieren zu können.[120] Die erste Phase der Marktöffnung begann am 29. April 1996 im Südwesten Englands, wo eine halbe Millionen Kunden ihren Versorger nun frei wählen konnten.[121] Am 23. Mai 1998 war die Liberalisierung des Tarifmarktes vollständig abgeschlossen.[122]

4. Die Auswirkungen der schrittweisen Marktöffnung: Der Gas Act von 1995

Die schrittweise Öffnung des Tarifmarktes führte zu der Notwendigkeit, das bisherige Autorisierungssystem grundlegend zu reformieren. Neue Versorger bedurften nun einer Lizenz, um auch den Tarifmarkt versorgen zu können, da bis dato nur British Gas hierzu autorisiert war. Hierzu mussten bestimmte Mindeststandards festgelegt werden. Zudem musste ein sog. Network Code eingeführt werden, welcher die Funktionsfähigkeit des Leitungsnetzes sicherstellte. Dieses musste nun von allen Versorgern umfänglich genutzt werden. Das Problem hierbei war, dass durch den Wechsel der Kunden die Durchleitungskapazitäten immer wieder neu verteilt werden mussten, was durch ein Tag-zu-Tag-Management der zu gründenden Transportgesellschaft von British Gas geregelt werden sollte.[123]

---

117 *DTI*, Pressemitteilung P/93/759 v. 21. Dezember 1993, S. 3; *Cameron*, Gas Regulation in Europe, Vol. 1, S. 133.

118 *Ofgas*, Competition and Choice in the Gas Market, S. 10; *DTI*, Pressemitteilung P/93/759 v. 21. Dezember 1993, S. 4; *Cameron*, Gas Regulation in Europe, Vol. 1, S. 133.

119 *MacDougall*, Government´s response to the MMC Reports on the gas industry, Utilities Law Review 1994, S. 10 (11).

120 *DTI*, Pressemitteilung P/93/759 v. 21. Dezember 1993, S. 4.

121 *OXERA*, The Break-up of British Gas, S. 9.

122 *Harray/Northway/Warren/Samakh/Berry*, in: *Allen/Overy (Hrsg.)*, Changes to European Electricity and Gas Markets, S. 30.

123 *DTI*, Pressemitteilung P/93/759 v. 21. Dezember 1993, S. 5; *Cameron*, Gas Regulation in Europe, Vol. 1, S. 133; zum Gesetzesentwurf s.a.: *Dow*, The Gas Bill 1995, in: Utilities Law Review 1995, S. 105 ff.

Die Änderungen im Autorisierungssystem wurden durch den Gas Act von 1995 vollzogen. Er wurde im November 1995 verabschiedet und trat zum 1. März 1996 in Kraft.[124] Der Gas Act diente dazu, die Reaktion der Regierung auf die MMC-Reporte von 1993 umzusetzen.[125]

a) Die vorgenommenen Änderungen im Autorisierungssystem

Der Gas Act von 1995 löste das bisherige Autorisierungssystem ab und sieht die Einführung verschiedener Lizenzen vor. Danach gibt es jetzt im Gasbereich Lizenzen für:
1. das Leitungsnetz (Public Gas Transporter´s Licence)
2. die Spedition von Gas (Shipper´s Licence)
3. die Versorgung mit Gas (Supply Licence).[126]

Für den Betrieb der Speicheranlagen ist keine eigene Lizenz notwendig. Der Speicheranlagenbetrieb wurde vielmehr von der Transportlizenz miterfasst und auch teilweise geregelt.[127]

aa) Die Public Gas Transporter´s Licence

Den Inhaber einer Public Gas Transporter´s Licence trifft die Pflicht, ein effizientes Netz vorzuhalten und zu entwickeln. Ferner hat er die Pflicht, Gebäude an sein Netz anzuschließen, die innerhalb von 23 Metern ihres Verteilungsnetzes liegen und jährlich 75.000 Therms oder weniger abnehmen.[128] Weiterhin ist das Unternehmen, das eine Transportlizenz erhält und damit Public Gas Transporter wird, verpflichtet, einen Netzcode, den sog. „network code“, zu erarbeiten und zu etablieren, um für die Nutzer der Leitungen einheitliche Standards, vor allem in technischer Hinsicht, festzulegen.[129] Zudem ist der Lizenznehmer verpflichtet, das Leitungssystem auszubauen und zu erhalten und nichtdiskriminierende Durchleitungsentgelte zu erstellen.[130]

Der Betrieb der Speicheranlagen und das Transportgeschäft sind eigenständig zu bilanzieren. die Speicheranlagen unterliegen hierbei bzgl. der Preisgestaltung und des Unbundlings der Regulierung und Kontrolle durch den DGGS.[131] Damit wurde nun erstmals ein Unbundling of Accounts der Speicheranlagen vorgesehen.

---

124 *OXERA*, The Break-up of British Gas, S. 11; *Harray/Northway/Warren/Samakh/Berry*, in: *Allen/Overy (Hrsg.)*, Changes to European Electricity and Gas Markets, S. 30.

125 *Cameron*, Gas Regulation in Europe, Vol. 1, S. 134.

126 *Harray/Northway/Warren/Samakh/Berry*, in: *Allen/Overy (Hrsg.)*, Changes to European Electricity and Gas Markets, S. 33; *Cameron*, Gas Regulation in Europe, Vol. 1; S. 134.

127 *Cameron*, Gas Regulation in Europe, Vol. 1, S. 151.

128 *Cameron*, Gas Regulation in Europe, Vol. 1, S. 134.

129 *Cameron*, Gas Regulation in Europe, Vol. 1, S. 137.

130 *Cameron*, Gas Regulation in Europe, Vol. 1, S. 133; *Harray/Northway/Warren/ Samakh/Berry*, in: *Allen/Overy (Hrsg.)*, Changes to European Electricity and Gas Markets, S. 30; hierzu auch: *Dow*, Post-Privatisation-Phase, S. 43, 58; *ders.*, Some issues in statutory third-party-access, in: Utilities Law Review 1995, S. 62 ff.; *ders.*, The Gas Bill 1995, in: Utilities Law Review 1995, S. 105 (108); *ders.*, Licensing of the Gas Supply Industry, in: Utilities Law Review 1996, S. 31 (34).

131 *Cameron*, Gas Regulation in Europe, Vol. 1, S. 136; 151.

bb) Public Gas Supply and Shipping Licence

Die Public Gas Supply Licence dient dazu, einem bestimmten Versorger zu erlauben, im gesamten Gebiet Großbritanniens Kunden im sog. „industrial oder commercial market", also über 2.500 Therms pro Jahr, zu versorgen.[132] Ferner wurde durch diese Lizenz im sog. „domestic market", also unter 2.500 Therms pro Jahr, bis zur vollständigen Marktöffnung einem Versorger ein bestimmtes Gebiet, Gebäude etc. zugewiesen. Diese Zuweisung erfolgte jedoch ausschließlich nicht nach geographischen, sondern nach sozialen Aspekten.[133]

Nach dieser Lizenz obliegt der Versorger wie im Strombereich einer Anschluss- und Versorgungspflicht im „domestic market" und muss ebenfalls eine ganze Reihe von verbraucherorientierten Auflagen erfüllen, welche bereits durch die „Standard Conditions" vom Gesetzgeber vorgegeben wurden.[134]

Die Shipper Licence dient dazu, dem Inhaber die Möglichkeit zu geben, mit einem public gas transporter den Transport von Gas auszuhandeln. Eine solche Lizenz ist dann vonnöten, wenn ein Versorger oder Großhändler bei einem Produzenten oder einer nationalen Abnahmestelle Gasmengen kauft und transportieren lassen will.[135] Shipper sind hierbei meist Großhändler, die an einzelne Versorger Gas liefern. Der Inhaber einer solchen Lizenz wird damit quasi zum „Spediteur" für Gas und ist durch die Standard Conditions der Lizenz gehalten, Regelungen zum sicheren Gebrauch der Leitungen einzuhalten. Diese können auf den Network Code gründen oder anderweitig aufgestellt sein.[136]

cc) Lizenzvergabe

Die Lizenzvergabe erfolgt durch den Director General of Gas Supply (DGGS). Dieser hat bei der Vergabe einen weiten Ermessensspielraum, wobei der DGGS die von der Legislative vorgegebenen „Standard Conditions" in die Lizenzen einarbeiten soll.[137] Hierdurch soll das Ziel der Regierung erreicht werden, dass der Gasmarkt durch einheitliche Regelungen in den Lizenzen gesteuert wird.[138] Allerdings kann der DGGS die „Standard Conditions" im Rahmen eines vorgegebenen Verfahrens, in dem der Minister ein Vetorecht hat, ändern. Ferner kann er diese durch spezielle zusätzliche Verpflichtungen ergänzen.[139]

---

132 *Cameron,* Gas Regulation in Europe, Vol. 1, S. 135.

133 *Cameron,* Gas Regulation in Europe, Vol. 1, S. 135.

134 S. hierzu im einzelnen: *Cameron,* Gas Regulation in Europe, Vol. 1, S. 137 ff.

135 *Cameron,* Gas Regulation in Europe, Vol. 1, S. 135; *Harray/Northway/Warren/ Samakh/Berry,* in: *Allen/Overy (Hrsg.),* Changes to European Electricity and Gas Markets, S. 31; *OXERA,* The Break-up of British Gas, S. 11.

136 *Cameron,* Gas Regulation in Europe, Vol. 1, S. 140; *Harray/Northway/Warren/ Samakh/Berry,* in: *Allen/Overy (Hrsg.),* Changes to European Electricity and Gas Markets, S. 31.

137 *Cameron,* Gas Regulation in Europe, Vol. 1, S. 136; *Harray/Northway/Warren/ Samakh/Berry,* in: *Allen/Overy (Hrsg.),* Changes to European Electricity and Gas Markets, S. 32.

138 *Cameron,* Gas Regulation in Europe, Vol. 1, S. 135.

139 *Cameron,* Gas Regulation in Europe, Vol. 1, S. 136; *Harray/Northway/Warren/Samakh/Berry,* in: *Allen/Overy (Hrsg.),* Changes to European Electricity and Gas Markets, S. 32.

dd) Unterstützung des Unbundlings durch das Lizenzsystem

Dieses neue Lizenzsystem sollte die Vorschläge der Regierung umsetzen, British Gas gesellschaftsrechtlich zu entflechten. Durch die Vergabe der drei unterschiedlichen Lizenzen musste British Gas seinen Transport- und Speicherbereich gesellschaftsrechtlich von dem Handelsgeschäft innerhalb seiner Konzernstrukturen entflechten. Denn ein und dasselbe Unternehmen kann nicht gleichzeitig eine Shipper- oder Supplierlizenz sowie eine Transportlizenz erhalten.[140] Diese Beschränkung sollte gleichberechtigten und transparenten Zugang zum Leitungsnetz gewährleisten.

Eine weitere Entflechtungsbestrebung, die mit der Transportlizenz verfolgt wurde, war das Unbundling of Accounts bzgl. der Speichertätigkeit.[141] Hierzu wurden in der Lizenz unter anderem Konditionen zur getrennten Bilanzführung des Speicher- und Transportgeschäftes aufgestellt.[142] Dieser erste Entflechtungsschritt entsprach der Idee der Regierung, langfristig alle wettbewerbsfähigen Teile vom natürlichen Leitungsmonopol abzutrennen.[143] Es wurde erhofft, künftig auch eine stärkere Entflechtung von Leitungs- und Speicherbetrieb zu erreichen.[144]

b) Der Network Code

Der Network Code dient dazu, eine einheitliche Nutzung des Fernleitungsnetzes durch die Gastransporteure (shippers) in technischer Hinsicht sicherzustellen. Hierzu wurde ein umfangreiches technisches Regelwerk geschaffen. Diese Codes sind für die Gastransporteure auf Grund einer Verweisung bindend.[145] Der Network Code wird vom Gastransporteur aufgestellt und von den Transporteuren unterzeichnet. Er dient der technischen Stabilisierung des Netzwerkes. Seine Hauptaufgabe ist daher die tägliche Ausbalancierung des Leitungssystems im Detail zu regeln. Hierzu wurde der sog. Flexibility Mechanism eingeführt, welcher es TransCo ermöglichte Gas mit Shippern zu handeln, um die Ein- und Ausspeisung in das Netz im Gleichgewicht zu halten.[146] In seiner Funktionsweise entsprach der Flexibility Mechanism dem Electricity Pool of England and Wales. Dieses Handelssystem hatte jedoch wie das Poolsystem keine

---

140 *Cameron,* Gas Regulation in Europe, Vol. 1, S. 134, 148; *Harray/Northway/Warren/Samakh/Berry,* in: *Allen/Overy (Hrsg.),* Changes to European Electricity and Gas Markets, S. 33; *OXERA,* The Break-up of British Gas, S. 11.

141 *Cameron,* Gas Regulation in Europe, Vol. 1, S. 136; 151.

142 *Harray/Northway/Warren/Samakh/Berry,* in: *Allen/Overy (Hrsg.),* Changes to European Electricity and Gas Markets, S. 33.

143 *Spottiswoode,* in: Helm, S. 51 (52).

144 *Cameron,* Gas Regulation in Europe, Vol. 1, S. 151; *Spottiswoode,* in: Helm, S. 51 (52).

145 *Cameron,* Gas Regulation in Europe, Vol. 1, S. 137, 139.

146 *Harray/Northway/Warren/Samakh/Berry,* in: *Allen/Overy (Hrsg.),* Changes to European Electricity and Gas Markets, S. 30 ff.; siehe ausführlich zum Network Code und seiner laufenden Anpassung: *Madden,* The Network Code; *Rush,* Review of the gas trading arrangements, Energy Update 1999, 6 ff.; *Gas Matters,* GB Industry Hits Demanding Deadline for Trading Reform, September 1999, S. 25 ff.; *Brennan/Johnson,* Regulatory Developments in the downstream UK gas industry, International Oil and Gas Finance Review 2000, 118 ff.

Auswirkungen auf das Unbundling, so dass auf eine nähere Darstellung verzichtet werden soll. Der Network Code trat am 1. März 1996 in Kraft.[147]

5. Der Umstrukturierungsprozess innerhalb der British Gas plc ab 1994

British Gas hielt ihre im Dezember 1993 gemachten Zusagen ein und begann, ihre Tätigkeitsfelder zu entflechten und den Konzern neu zu strukturieren. Dies war Folge der Regierungserklärung, die als Reaktion auf die MMC-Untersuchung von 1992 eine interne gesellschaftsrechtliche Entflechtung des Transport- und Speichergeschäft vom Handelsbereich verlangte. Der Gas Act von 1995 erforderte ebenfalls eine solche Unstrukturierung, um eine Transportlizenz erhalten zu können.[148] Dieser Umstrukturierungsprozess dauerte bis März 1996 an.

a) Die Unternehmensstruktur im März 1994

Im März 1994 war die erste gravierende Umstrukturierung von British Gas abgeschlossen. British Gas hat sich hierbei in seine Geschäftsfelder aufgeteilt und diese zu autonomen Geschäftsbereichen entwickelt, die in ihren jeweiligen Feldern tätig sind.[149] Diese Bereiche sind: BG Public Gas Supply, Contract Trading, BG Service, BG Retail und BG Transportation and Storage sowie Common Services. Common Services sollte jedoch nur für eine Übergangszeit von zwei Jahren existieren.[150]

Im Rahmen dieser Umstrukturierung hat British Gas sein gesamtes Management umgebaut. Die ursprünglich hierarchische Struktur wurde bei diesem Umbau durch ein wesentlich verkleinertes und flacheres Management ersetzt.[151]

BG Transportation and Storage Ltd. wurde als eigenständige Tochtergesellschaft gestaltet. Sie besitzt eigene Geschäftsräume und führt eigenständige Konten. British Gas trägt weiterhin dafür Sorge, dass keine Informationen mit dem Handelsgeschäft ausgetauscht werden. Hierzu hat British Gas zusammen mit Ofgas daran gearbeitet effektive Chinese Walls einzuführen, die dazu dienten, auch die Mitarbeiter und Arbeitssysteme der Geschäftsfelder physisch von einander zu trennen.[152]. Allerdings musste BG Transport und Storage die Wettbewerber von British Gas erst noch überzeugen, dass die anderen Geschäftsfelder der British Gas keine Vorteile erlangen und keine Diskriminierungen begangen würden.[153]

Im April 1994 wurde die BG Transportation and Storage Ltd. in TransCo umbenannt.[154]

147 *Madden*, The Network Code, S. 1.
148 www.transco.co.uk/business/index/whatran.asp; *OXERA*, The Break-up of British Gas, S. 10 f.
149 *Brown*, in: Helm, S. 55.
150 *OXERA*, The Break-up of British Gas, S. 10; *Brown*, in: Helm, S. 55.
151 *Brown*, in: Helm, S. 55.
152 *Brown*, in: Helm, S. 58.
153 *Brown*, in: Helm, S. 58.
154 *OXERA*, The Break-up of British Gas, S. 10.

b) *Die Struktur im Oktober 1995*

Im Oktober 1995 erfolgten weitere Umstrukturierungen, die im Zusammenhang mit der Vorbereitung zur partiellen Öffnung des Tarifmarktes standen. Contract Trading und Public Gas Supply wurden zu einer neuen Gesellschaft verschmolzen: Der British Gas Supply. Damit verfügte British Gas nur noch über vier Tochtergesellschaften: British Gas Supply, TransCo, BG Service und BG Retail.[155]

c) *Die Struktur im März 1996*

Bis zum März 1996 kam es zu weiteren Umstrukturierungen innerhalb der British Gas. Das neue Lizenzsystem des Gas Act von 1995 erforderte, dass British Gas eigenständige Gesellschaften gründete, da nicht gleichzeitig eine Supply oder Shipping Licence mit einer Transporter´s Licence gehalten werden konnte. Aus British Gas Supply wurde die British Gas Trading Ltd. BG Trading erhielt neben dem Versorgungsgeschäft noch weitere Vermögenswerte übertragen. Hierzu gehörten vor allem das Nord- und Süd-Morecambe-Gasfeld.[156]

BG Trading Ltd. erhielt eine Shipping- und Supply-Lizenz, TransCo Ltd. eine Transportlizenz. Seitdem betreibt TransCo sowohl das überregionale wie auch das lokale Versorgungsnetz im UK.[157]

British Gas führte für BG Trading neue Markennamen ein, die eine bessere Identifizierung für die Endkunden ermöglichen sollten. Dies waren British GAS Home Energy, in deren Geschäftsbereich Haushaltskunden versorgt wurden, Business Gas für Großkunden sowie Natural Gas Vehicles.[158]

6. *Zusammenfassung*

Im Jahr 1996 war damit das umfassende Legal und Management Unbundling der British Gas abgeschlossen. British Gas besaß nun selbständige Tochtergesellschaften für den Handel und Transport, und es wurden effektive Chinese Walls zwischen den einzelnen Bereichen eingeführt. Diese Art des Unbundlings war die Konsequenz der von der Regierung und von Ofgas betriebenen Liberalisierungspolitik, die in den Jahren ab 1988 bestrebt war, einen Gasmarkt mit selbsterhaltendem Wettbewerb zu schaffen und die bei der Privatisierung gemachten Fehler zu beseitigen.[159]

Begonnen haben diese Entflechtungsbestrebungen bereits im Jahre 1988 mit dem ersten MMC-Report und wurden über den OFT-Bericht von 1991 bis zum MMC-Report von 1993 nahtlos fortgesetzt.[160] Die Bedeutung eines wirksamen Unbundlings des natürlichen Leitungsmonopols für die Schaffung eines funktionierenden Wettbewerbsmarkts für Gas wurde somit bereits sehr früh erkannt.

155 *OXERA*, The Break-up of British Gas, S. 10.
156 *OXERA*, The Break-up of British Gas, S. 11.
157 *OXERA*, The Break-up of British Gas, S. 11; *Cameron*, Gas Regulation in Europe, Vol. 1, S. 151.
158 *OXERA*, The Break-up of British Gas, S. 11.
159 *O'Neill*, Regulated Industries: The British Gas Industry, S. 61.
160 *O'Neill*, Regulated Industries: The British Gas Industry, S. 61.

Interessant ist, dass die Untersuchungen der Kontroll- und Regulierungsbehörden immer ein Mehr an Entflechtungsmaßnahmen forderten oder in Erwägung zogen, als dann von der Regierung in Verhandlungen mit British Gas tatsächlich umgesetzt wurde. Hierbei wurden alle Maßnahmen von British Gas freiwillig ergriffen und nicht mit unmittelbarem Zwang durchgesetzt. Eine gesetzliche Festschreibung der Maßnahmen folgte erst nach einer solchen Einigung.

Hierin zeigt sich das typische Vorgehen der britischen Regierung bei der Liberalisierung des Gasmarktes und in der gesamten späteren Regulierungspolitik der Behörden sowohl auf dem Strom- wie dem Gasmarkt. Die britischen Regulierungsbehörden sind stets in ihrem Bestreben um mehr Wettbewerb darum bemüht gewesen, British Gas Gelegenheit zu geben, selber aktiv zu werden, um so schlimmere Maßnahmen zu verhindern und sich auf Neuerungen ausreichend einstellen zu können. Hierzu führen sie umfassende Konsultationen mit allen Betroffenen durch und schalten ggf. die MMC zu einer Stellungnahme ein.[161] Hierdurch hing aber auf Grund der MMC-Untersuchungen immer ein Damoklesschwert über British Gas. Denn es wurde auch deutlich gemacht, dass bei unzureichenden Zugeständnissen seitens British Gas auch härtere Maßnahmen notwendig würden, die eigentlich von der MMC gefordert wurden. Damit hatte die Regierung die Möglichkeit, sich entgegenkommend zu zeigen, indem sie vorgeschlagene Maßnahmen abmilderte, sofern British Gas bereit war zu kooperieren. Das deutlichste Beispiel für diese Vorgehensweise ist die Stellungnahme der Regierung zu den MMC-Berichten von 1992, wo sie deutlich von der Forderung eines Ownership Unbundlings Abstand nahm. Dies lag maßgeblich daran, dass British Gas bereits freiwillige Maßnahmen ergriffen hatte.

Die erste wirkliche gesetzliche Änderung der Rahmenbedingungen erfolgte mit dem Gas Act von 1995, der durch die beschlossene schrittweise Marktöffnung des Tarifmarktes notwendig geworden war, da der Gas Act von 1986 hierfür keine ausreichende Handhabe gab.

IV. Die Abspaltung des Handelsgeschäftes im Jahre 1997

Das eingeführte Legal und Management Unbundling innerhalb von British Gas sollte nicht von langer Dauer sein. Schon im Februar 1997 kam es zu einer weiteren erheblichen Umstrukturierung der British Gas plc. British Gas spaltete sein gesamtes Versorgungsgeschäft vom Betrieb des Leitungsnetzes, der Speicherung sowie dem internationalen Gasgeschäft und der Gasgewinnung mit Ausnahme des Morecambe Gasfeldes ab, in dem die Centrica plc gegründet wurde.

1. Die erfolgte Umstrukturierung

Bereits am 6. Februar 1996, also noch vor Abschluss der letzten internen Umstrukturierung, gab British Gas bekannt, dass es sich in zwei eigenständige Unternehmen aufspalten wolle, die provisorisch als TransCo International und British Gas Energy be-

161 Zur britischen Praxis der Konsultationen: *Webb*, Consultation is Alive and Well, Says Britain's Energy Regulator, in: Gas Matters September 1999, S. 29 f.

zeichnet wurden. Ziel war es, eine Trennung von Versorgungstätigkeit und Transportgeschäft zu erreichen, also den wettbewerbsfähigen Markt vom natürlichen Leitungsmonopol endgültig loszulösen. Bis zur Vollendung der Spaltung sollten beide Geschäftsfelder unter der Kontrolle von British Gas verbleiben.[162]

Die Anteilseigner von British Gas stimmten der Ausgliederung des gesamten Versorgungssektors aus dem Konzern im Februar 1997 zu. Damit wurde British Gas in zwei selbständige Unternehmen, die Centrica plc und in die BG plc, aufgespaltet. Centrica übernahm die Versorgungstätigkeit, die vormalige BG Gas Trading Ltd. sowie BG Retail und BG Service. Die BG plc übernahm TransCo, also den Betrieb des Leitungsnetzes, die gesamte Gasgewinnung ohne das Morecambe Feld, welches der BG Gas Trading Ltd. gehörte, sowie das internationale Gasgeschäft und die Stromerzeugungstätigkeiten von British Gas.[163]

Centrica darf weiterhin in Großbritannien die Marke British Gas benutzen; außerhalb von Großbritannien steht dieses Recht der BG plc zu.[164] Centrica betreibt seitdem die Versorgung von Geschäfts- und Haushaltskunden mit Strom und Gas in England, Wales und Schottland unter dem Namen British Gas bzw. Scottish Gas. Zudem bietet sie Telekommunikationsdienstleistungen sowie die Reparatur und Installation von Zentralheizanlagen und anderen Installationsarbeiten an. Zu dem Geschäftsbereich gehört auch ein Haussicherheitsdienst.[165]

2. *Gründe für die Abspaltung*

Die Gründe für die vorgenommene Abspaltung des Versorgungsgeschäftes sind vielschichtig. Die wichtigsten Gründe waren jedoch die Lösung des Interessenkonfliktes zwischen Handels- und Leitungsgeschäft, die Vertragskrise und die daraus resultierenden wirtschaftlichen Probleme von British Gas Trading sowie die Notwendigkeit sich der vollständigen Marktöffnung im Gas- und Strombereich durch die Schaffung von sog. „Multi-Utility" Unternehmen anzupassen, um wettbewerbsfähig zu bleiben.

a) *Lösung des Interessenkonfliktes und Erfüllung der Vorschläge der MMC*

Die MMC war in ihrer Untersuchung im Jahre 1992 zu dem Ergebnis gekommen, dass ein inhärenter Interessenkonflikt bestehe, wenn ein und dasselbe Unternehmen sowohl das natürliche Leitungsmonopol wie auch das Handelsgeschäft betreibe. Daher schlug sie auch vor, bis zum 31. März 1997 das Handelsgeschäft vom Leitungsbetrieb durch Veräußerung abzuspalten.

Dieser Interessenskonflikt wurde nun durch die Abspaltung von Centrica endgültig gelöst und somit freiwillig der Forderung der MMC nachgekommen. Ein Vorteil für

162 *OXERA*, The Break-up of British Gas, S. 12.

163 www.britishgas.co.uk; www.transco.co.uk/business/index/whatran.asp; *Cameron*, Gas Regulation in Western Europe, A new framework for competition, S. 262.

164 www.britishgas.co.uk; www.transco.co.uk/business/index/whatran.asp.

165 www.britishgas.co.uk.

British Gas lag darin, dass nun die umfänglichen Regeln für die getrennte Bilanzierung beider Geschäftsfelder obsolet wurden.[166]

Des weiteren fand die Abspaltung von Centrica zu einem Zeitpunkt statt, zu dem Ofgas die Regulierungsbedingungen für Transport und Speicherung neu überprüfte. Im Rahmen dieser Überprüfung wurde die MMC erneut eingeschaltet.[167] Damit bestand die Gefahr, dass die MMC ohnehin eine Trennung fordern werde, dem British Gas durch seine freiwillige Maßnahme zuvor kam. Zumal Ofgas ohnehin bereits über ein weiteres Unbundling innerhalb der Tätigkeiten von TransCo nachdachte. Darüber hinaus ermöglichte die Abspaltung eine transparentere und zielgerichtetere Regulierung der Tätigkeiten von TransCo. Hierdurch konnte sich TransCo Vorteile bei der Festlegung der neuen Regulierungsbedingungen erhoffen.[168]

Darüber hinaus war zu befürchten, dass die Regierung mit der vollständigen Marktöffnung im Jahre 1998 weitere Entflechtungsbestrebungen vorantreibe, um mehr Wettbewerb einzuführen und das natürliche Leitungsmonopol vollends zu isolieren.[169] Es bestand auch die Möglichkeit, insbesondere bei einem Regierungswechsel, TransCo weitere Aufgaben zu übertragen, die im Zusammenhang mit dem Handelsgeschäft hinderlich sein konnten. Hier ging es um Fragen der Energieeffizienz, soziale Aspekte wie die Versorgung sozial Schwacher oder behinderter Menschen, und Arbeitsbeschaffungsprogramme.[170]

Die Abspaltung von Centrica ermöglichte zudem eine Fokussierung der Managementaufgaben auf den Betrieb des Leitungsnetzwerkes bzw. umgekehrt auf das Handelsgeschäft.[171]

Einzig die Verbindung mit dem internationalen Geschäft könnte langfristig zu Unmut bei den Regulierungsbehörden führen. Denn die Regulierungsbehörden werden sich insbesondere mit TransCo als Betreiber des Leitungsmonopols auseinandersetzen und die Entgeltstruktur festlegen müssen. Hierzu ist es aber wichtig zu wissen, mit welcher Tätigkeit TransCo sein Geld verdient.[172] Folglich wird die Regulierung umso einfacher, je weniger andere Geschäftsfelder mit dem Leitungsbetrieb verbunden sind.

Weiterhin wird durch die Trennung langfristig die finanzielle Situation von TransCo gesichert. British Gas Trading hatte nämlich wirtschaftliche Probleme, die durch die Marktöffnung 1998 noch hätten verstärkt werden können, was letztlich auch TransCo in Gefahr hätte bringen können. In diesen wirtschaftlichen Problemen und in

---

166 *OXERA*, The Break-up of British Gas, S. 17.

167 Zu den Ergebnissen der Überprüfung: *Ofgas*, BG Transportation and Storage: The Director General's position following the 1997 MMC Report; die MMC legte im Mai 1997 ihre Untersuchung vor: *MMC*, BG plc – A report under the Gas Act 1989 on the restriction of prices for gas transportation and storage services.

168 *OXERA*, The Break-up of British Gas, S. 17.

169 *OXERA*, The Break-up of British Gas, S. 18.

170 *OXERA*, The Break-up of British Gas, S. 18; zu den Folgen des Regierungswechsels in der Energiepolitik siehe nur: *DTI*, A Fair Deal for Consumers und *Ofgas*, Ofgas' Response to the Government's Green Paper on Utility Regulation.

171 *OXERA*, The Break-up of British Gas, S. 17.

172 *OXERA*, The Break-up of British Gas, S. 18; zu den vergleichbaren Problemen Wassersektor siehe nur: *OXERA*, Guide to Economic Regulation of the Water Industry.

der bevorstehenden Marktöffnung sind wohl die Hauptursachen für die Abspaltung zu sehen.[173]

b) Wirtschaftliche Probleme von British Gas Trading

British Gas war vor der Liberalisierung des Gasmarktes allein verantwortlich für eine sichere Versorgung mit Gas. Hierzu hatte British Gas langfristige Bezugsverträge mit Gasproduzenten geschlossen, in denen eine Laufzeit von 25 oder 30 Jahren vereinbart war. Mit der Privatisierung im Jahr 1986 bekam British Gas eine 25jährige exklusive Lizenz zur Versorgung von Tarifkunden. Aus diesem Grund schloss British Gas weiterhin langfristige Bezugsverträge ab. Diese Bezugsverträge waren sog. „take-or-pay" Vereinbarungen.[174]

Mit der beginnenden schrittweisen weiteren Öffnung des Gasmarktes, von der nun auch der Tarifmarkt betroffen war, sank der Anteil an Kunden, die British Gas kostendeckend mit dem Gas aus diesen „take-or-pay" Vereinbarungen versorgen konnte. Hierdurch musste British Gas im ersten Quartal 1996 bereits 520 Million Pfund für nicht genutztes Gas bezahlen. Als ein weiteres Problem dieser langfristigen Bezugsverträge erwies sich, dass British Gas einen mehr als doppelt so hohen Preis als auf dem Spotmarkt zahlen musste. Dieser niedrige Handelspreis am Spotmarkt kam durch ein Überangebot an Gas zustande.[175]

Hinzu kam, dass der Marktanteil von British Gas am Vertragsmarkt von 72 % im Januar 1994 auf nur noch 34 % im Dezember 1995 sank, was zu weiteren Absatzproblemen führte.[176]

Die Folge hiervon sind wirtschaftliche Probleme im Handelsbereich von British Gas, welche der Hauptgrund für die geplante Spaltung waren. Denn hierdurch wurden die Kosten der „take-or-pay" Verträge eindeutig dem Handelsgeschäft zugewiesen, welches auch diese Kosten verursachte, und der übrige Teil des Unternehmens von dieser Belastung befreit.[177] Insgesamt belief sich im Dezember 1995 der operative Verlust von British Gas im Handelsbereich auf 289 Million Pfund, was 3,8 % der Umsatzes ausmachte. TransCo hingegen konnte einen Gewinn von 580 Million Pfund bzw. 18,5 % ausweisen.[178]

Weiterhin würde British Gas durch die im Jahr 1998 zu vollziehende vollständige Marktöffnung ein gesicherter Tarifmarkt fehlen. Damit würde eine sichere Basis fehlen, die es ermöglichte die Kosten von Gasbezugsverträgen weiterzugeben. Folglich würde sich die bereits bestehende Krise weiter verschlimmern.[179]

---

173 *OXERA*, The Break-up of British Gas, S. 13, 17 f.

174 *OXERA*, The Break-up of British Gas, S. 12.

175 *OXERA*, The Break-up of British Gas, S. 12.

176 *O'Neill*, Regulated Industries: The British Gas Industry, Tabelle 3.7, S. 74.

177 *OXERA*, The Break-up of British Gas, S. 12.

178 *O'Neill*, Regulated Industries: The British Gas Industry, Tabelle 3.10, S. 78.

179 *OXERA*, The Break-up of British Gas, S. 13.

Hierdurch wurde British Gas gezwungen, seine Kostenstruktur im Handelsbereich zu ändern und den Marktbedingungen anzupassen, um nicht Gefahr zu laufen, dass sich Konkurrenten lukrative Kunden herausnehmen.[180]

c) *Die Notwendigkeit der Schaffung von „Multi-Fuel-Versorgern“ durch die vollständige Marktöffnung im Jahre 1998*

Die Folge dieser wirtschaftlichen Probleme war, dass British Gas seine Unternehmensstrategie den neuen Marktbedingungen anpassen musste. Eine mögliche Strategie war, die Angebotspalette des Handelsbereiches zu erweitern. Für die Preisentwicklung und die Höhe der Marktanteile in einem wettbewerbsgesteuerten Markt war es für die Versorger wichtig möglichst hohe Volumen zu handeln. Hierzu würde aber ein einziger Markt nicht reichen.[181]

Diese Entwicklung wurde durch die zusammenlaufende Nachfrage an Gas aus dem Strom- und Gasmarkt und durch den Spotmarkthandel noch verstärkt. Damit war eine vertikale Integration zwischen Strom- und Gasmarkthandel unausweichlich.[182]

Gleichzeitig entstanden durch die Fusion von REC und Wasserversorgungsgesellschaften sog. Multi-Utilities-Unternehmen, die ihrerseits Vorteile hatten, da sie den Kunden gemeinsame Dienstleistungen aus einer Hand anbieten konnten und bereits über einen Kundenstamm verfügten.[183]

So sah sich British Gas im Rahmen der ersten Öffnungsversuche des Tarifmarktes einer ernstzunehmenden Konkurrenz der Regional Electricity Suppliers (REC) ausgesetzt. Die REC begannen systematisch und auf sehr effektive Weise in den Gasmarkt vorzudringen. Sie hatten dabei den Vorteil, dass sie bis zum Jahr 1998 als Versorgungsmonopole im Tarifbereich über einen stabilen Strommarkt verfügten, der ihnen die nötige wirtschaftliche Stärke gab. Ein solcher Markt fehlte British Gas bzw. wurde schrittweise weggenommen.[184]

Folglich musste British Gas in den Strommarkt eintreten und ebenfalls mehrere Dienstleistungen anbieten. Hierbei hatte British Gas den Vorteil, dass es im Gegensatz zu den lokal arbeitenden REC über ein nationales Kundennetz verfügte. Zudem konnte die British Gas ihre Kostenstruktur durch Synergieeffekte verbessern und so andere Multi-Fuel Versorger überbieten oder zumindest mit diesen gleichziehen.[185]

Allerdings würde ein solcher Markteintritt von British Gas in den Strommarkt wettbewerbsrechtliche Probleme mit sich bringen. Denn British Gas besaß im Gegensatz zu den REC´s eine dominante Position, da sie national agierte. Damit würde der Marktanteil von British Gas sehr hoch liegen, was ein Einschreiten der Regierung zur Folge haben könne.[186]

---

180 Hierzu im einzelnen: *OXERA*, The Break-up of British Gas, S. 15 f.
181 *OXERA*, The Break-up of British Gas, S. 13.
182 *OXERA*, The Break-up of British Gas, S. 13.
183 *OXERA*, The Break-up of British Gas, S. 14, 16.
184 *OXERA*, The Break-up of British Gas, S. 16.
185 *OXERA*, The Break-up of British Gas, S. 16 f.
186 *OXERA*, The Break-up of British Gas, S. 17.

Die Folge eines solchen Einschreitens wäre mit Sicherheit die Zerschlagung von British Gas in die Geschäftsfelder Handel und Transport gewesen, da dies bereits 1992 von der MMC vorgeschlagen wurde und im Strombereich eine solche Trennung erfolgt war. Folglich war es nur konsequent diese Spaltung freiwillig vorwegzunehmen, um den Spielraum zu bekommen, den Handelsbereich weiterentwickeln zu können.

V. Weitere Umstrukturierungsmaßnahmen innerhalb der BG plc ab dem Jahr 1997

Ab dem Jahr 1997 vollzog die BG plc weitere umfassende Umstrukturierungsmaßnahmen. Diese Maßnahmen bezweckten eine Konzentration auf das internationale Gasgeschäft sowie die Gasgewinnung und Erzeugung von Elektrizität. Ein Teil des Speicheranlagenbetriebes und das Leitungsnetz wurden abgespalten und veräußert. Im einzelnen vollzog sich der Umstrukturierungsprozess in den folgend dargestellten Schritten.

1. Das Unbundling der Speicheranlagen

Im Jahr 1997 wurde von der BG plc ein Teil des Betriebes der Speicheranlagen von TransCo auf eine eigenständige Tochtergesellschaft übertragen, die BG Storage Ltd.[187] Zuvor betrieb TransCo sowohl das Leitungsnetz als auch alle Speicheranlagen, die die BG plc besaß.[188]

Die BG plc bzw. ihre Tochter TransCo besaß verschiedene Arten von Speicheranlagen und war der größte Anbieter von saisonalen Speichermöglichkeiten in Großbritannien. Insgesamt stellte BG ca. 94 % der Speicherkapazitäten in Großbritannien. Sie verfügte über drei Arten von Speicheranlagen. Ein Speicher war das Rough Field, ein altes entleertes Gasfeld in der Nähe der Küste von Easington mit einer Speicherkapazität von ca. 30,3 TWh. Die Kapazität von Rough Field machte etwa 75 % der gesamten Speicherkapazitäten in Großbritannien aus. Der zweite große Speicher, den die BG plc besaß, war eine große Salzhöhle in Hornsea, mit einem Volumen von 8,3 TWh. Dies entsprach 9 % der Gesamtkapazität. Weiterhin betrieb TransCo fünf LNG-Speicheranlagen, welche an den Außenstellen des Leitungssystems positioniert sind. Sie stellen ca. 10 % der Gesamtspeicherkapazitäten und mit einer Tagesleistung von 812 GWh ca. 55 % der Lieferkapazitäten in Großbritannien. Sie dienen zum Druckausgleich bei Nachfrageschwankungen im Netz und liegen in Gebieten mit hoher Gasnachfrage. Die LNG-Anlagen ermöglichen eine sichere Versorgung auch bei hoher Nachfrage, ohne das Leitungsnetz verstärken zu müssen, und ersparen so größere Investitionen in das Netz.[189]

---

187 *BG Group,* Pressemitteilung v. 16.07.2001, „BG Group to Sell BG Storage".

188 *Madden,* The Network Code, S. 91; *Cameron,* Gas Regulation in Western Europe, A new framework for competition, S. 281 f.; *Harray/Northway/Warren/Samakh/Berry,* in: *Allen/Overy (Hrsg.),* Changes to European Electricity and Gas Markets, S. 40.

189 *Ofgem,* SSE Energy Supply Ltd's completed acquisition of Dynegy Hornsea Ltd's gas storage facilities, S. 6; *dass.,* Pressemitteilung v. 23.6.1999, R 3 "Views sought on LNG storage"; *Madden,* The Network Code, S. 92.

a) *Das Legal Unbundling der Speicheranlagen Rough Field und Hornsea*

Die Speicheranlagen Rough Field und Hornsea wurden im Oktober 1997 auf BG Storage Ltd. übertragen.[190] Dieses Legal Unbundling der beiden Speicheranlagen wurde im Rahmen einer Untersuchung von Ofgas über die Speicherbedingungen von TransCo mehr oder weniger freiwillig von der BG plc vollzogen.

Ofgas war durch seine 1996 begonnene Untersuchung der Speicherbedingungen bestrebt, einen wettbewerbsgesteuerten Markt für Speicherkapazitäten zu schaffen und so den Monopolmarkt der Leitungsanlagen immer weiter zu isolieren.[191]

Bisher, unter dem Regime des Gas Act von 1986, gab es keine spezielle Lizenz zum Betrieb der Speicheranlagen. Die Speicheranlagen wurden vielmehr bzgl. Unbundling, eigenständiger Buchführung und Preisregulierung von der Transportlizenz von TransCo miterfasst und zusammen mit dem Leitungsbetrieb von den Regulierungsbehörden kontrolliert.[192] 1996 dachte Ofgas erstmals über eine getrennte Regulierung der Speicher- und Transportbedingungen nach, und im April 1997 wurde ein eigenständiges regulatorisches Regime für Speicheranlagen aufgestellt.[193] Gleichzeitig dachte das DTI darüber nach, die Speicheranlagen aus dem Anwendungsbereich der Transportlizenz herauszunehmen, um so mehr Wettbewerb in diesem Markt zu etablieren.[194] Hierdurch sollten eine bessere Balance der nachgefragten Gasmengen im Versorgungsgeschäft erreicht werden und so die Preise zu Spitzennachfragezeiten reduziert werden.[195]

Im Oktober 1997 verwies Ofgas Preisfindungsvorschläge für Speichertätigkeiten an die MMC.[196] Im gleichen Monat wurde die BG Storage als eigene Geschäftseinheit gegründet und betrieb das Rough Field und den Hornsea Speicher. Ende 1997 gab BG Storage Vorschläge für Konditionen bei einer langfristigen Speicherung bekannt.[197]

Im April 1998 begann Ofgas eine erneute Untersuchung über den Markt für Speicherkapazitäten und verwandte Dienstleistungen, mit dem Ziel dort Wettbewerb einzuführen. Hierdurch sollte die Dominanz von TransCo und Centrica geschwächt werden. Vor allem sollte das gemeinsame Eigentum an Speicher- und Transportanlagen von

---

190 *Cameron,* Gas Regulation in Western Europe, A new framework for competition, S. 282.

191 *Cameron,* Gas Regulation in Western Europe, A new framework for competition, S. 282.

192 *Cameron,* Gas Regulation in Western Europe, A new framework for competition, S. 281 f.; *Harray/Northway/Warren/Samakh/Berry,* in: *Allen/Overy (Hrsg.),* Changes to European Electricity and Gas Markets, S. 40.

193 *Cameron,* Gas Regulation in Western Europe, A new framework for competition, S. 282.

194 *Cameron,* Gas Regulation in Western Europe, A new framework for competition, S. 282; *Harray/Northway/Warren/Samakh/Berry,* in: *Allen/Overy (Hrsg.),* Changes to European Electricity and Gas Markets, S. 40.

195 *Harray/Northway/Warren/Samakh/Berry,* in: *Allen/Overy (Hrsg.),* Changes to European Electricity and Gas Markets, S. 40.

196 *Cameron,* Gas Regulation in Western Europe, A new framework for competition, S. 282; zu dem Ergebnis dieser Überprüfung: *Ofgas,* BG Transportation and Storage: The Director General's position following the 1997 MMC Report; die MMC legte im Mai 1997 ihre Untersuchung vor: *MMC,* BG plc – A report under the Gas Act 1989 on the restriction of prices for gas transportation and storage services.

197 *Cameron,* Gas Regulation in Western Europe, A new framework for competition, S. 282.

TransCo gänzlich beendet oder alternativ stärker separiert werden.[198] Die im Oktober 1997 vollzogene Gründung von BG Storage diente damit als vorbeugende Reaktion auf die kommenden und sich ankündigenden Pläne von Ofgas und dem DTI, Wettbewerb im Speichersektor einzuführen. So konnte einer vollständigen Entflechtung vorgebeugt werden, wie es schon einmal 1993 gelang, als die MMC bereits ein Ownership Unbundling des Handelsgeschäftes forderte und British Gas durch seine Umstrukturierungsmaßnahme die Regierung umstimmen konnte.

Am 17. Juli 1998 gab Ofgas als Ergebnis seiner Untersuchung bekannt, dass es bestrebt sei durch ein Auktionsverfahren einen freien Kapazitätshandel für Speicherkapazitäten einzuführen, welche BG Storage gehörten.[199] Im Herbst 1998 kamen BG und Ofgas zu einer Einigung über die Modalitäten der Bedingungen langfristiger Einspeicherung von Gas.[200] Danach sollte BG Storage 100 % seiner Kapazitäten für fünf Jahre durch eine Auktion verkaufen, beginnend ab Mai 1999. Kein Bieter durfte mehr als 20 % ersteigern. Außerdem wurde die Transportlizenz von TransCo dahingehend geändert, dass die Speicheranlagen Rough Field und Hornsea nicht mehr deren Regime unterliegen. Die Bedingungen des Network Codes, zu denen diese Anlagen bisher angeboten wurden, wurden ebenfalls aufgehoben.[201]

b) Die fünf LNG-Anlagen

Die fünf LNG-Anlagen verblieben im Eigentum von TransCo und wurden zunächst keinem Auktionsverfahren zugeführt, sondern blieben unter dem Regime der Public Transporter´s Licence, da sie unmittelbar mit der Netzsteuerung zusammenhingen.[202] Bis Dezember 1999 betrieb jedoch die BG Storage auch die fünf LNG-Speicheranlagen.[203] Insoweit waren sie organisatorisch aus dem Netzbetrieb entflechtet.

2. Die Umstrukturierung im Dezember 1999

Im Dezember 1999 folgte eine vollständige finanzielle Neustrukturierung von BG plc. Es wurde die BG Group plc als Mutterunternehmen gegründet. Die BG Group hielt wiederum die Anteile an TransCo, welche in eine Aktiengesellschaft, die BG TransCo Holdings plc, umgewandelt wurde. Zudem betrieb die BG Group weiterhin das inter-

198 *Cameron,* Gas Regulation in Western Europe, A new framework for competition, S. 281; *Harray/Northway/Warren/Samakh/Berry,* in: *Allen/Overy (Hrsg.),* Changes to European Electricity and Gas Markets, S. 40.

199 *Harray/Northway/Warren/Samakh/Berry,* in: *Allen/Overy (Hrsg.),* Changes to European Electricity and Gas Markets, S. 40.

200 *Cameron,* Gas Regulation in Western Europe, A new framework for competition, S. 281.

201 *Cameron,* Gas Regulation in Western Europe, A new framework for competition, S. 282.

202 *Ofgem,* Pressemitteilung v. 23.6.1999, R 3 "Views sought on LNG storage"; *dass.,* Review of BG Transco's liquefied natural gas storage facilities, S. 2; *Cameron,* Gas Regulation in Western Europe, A new framework for competition, S. 282.

203 *Ofgem,* Transco's proposal to transfer its Liquefied Natural Gas facilities to a non-regulated Lattice Group company, S. 15.

nationale Gasgeschäft.[204] Dieses Geschäft ebenso wie die übrigen Tätigkeiten der BG plc, die nicht mit dem Leitungsgeschäft zusammenhingen, wurden auf die BG Energy Holdings plc übertragen. Im Dezember 1999 stimmte der DGGS einer Übertragung der BG Storage Ltd. auf die BG Energy Holdings zu. Hierbei wurden die Selbstverpflichtungen der BG plc auf die BG Energy Holdings übertragen.[205] Damit wurden die Speicheranlagen Rough Field und Hornsea einem neuen Geschäftsfeld zugeordnet, welches nicht mehr mit dem Netzbetrieb zusammenhing, sondern andere wirtschaftliche Interessen im Gasgeschäft verfolgte. Aus diesem Grund musste auch der Betrieb der LNG-Anlagen von der BG Storage auf die BG TransCo Holdings zurückübertragen werden, da es sonst zu Interessenkollisionen hätte kommen können. Seit Dezember 1999 betreibt TransCo wieder die Speicheranlagen als eigene Betriebsabteilung.[206]

Der Grund für diese finanzielle Umstrukturierung lag darin, dass die BG Group ihre regulierten Aktivitäten vom nicht regulierten internationalen Geschäft vollständig trennen wollte. Hierdurch wurde ein „Zaun“ um TransCo herum gezogen, um deren finanzielle und organisatorische Selbständigkeit zu sichern.[207] Diese Abspaltung ist wohl als freiwillige Reaktion auf die bestehenden Bedenken gegen eine Kombination des internationalen Geschäftes und der Gasgewinnung mit dem Leitungsbetrieb zu sehen.

3. *Die Abspaltung des Leitungsbetriebes*

Am 23. Oktober 2000 übertrug die BG Group schließlich die BG TransCo Holdings auf die Lattice Group plc, wodurch zwei selbständige Unternehmen geschaffen wurden.[208] Die Lattice Group betrieb neben TransCo noch Telekommunikationsdienste als „Start-up“ sowie nicht regulierte Infrastrukturdienstleistungen und ein Stromkraftwerk in Cleveland.[209] Die Folge dieses Verkaufes war die vollständige Entflechtung der Speicheranlagen Rough Field und Hornsea von den fünf LNG-Anlagen, welche weiterhin TransCo gehörten.[210]

4. *Der Verkauf von BG Storage Ltd.*

Am 16. Juli 2001 gab die BG Group bekannt, dass sie die BG Storage Ltd. an die Dynegy Inc. für 421 Million Pfund verkaufen will. Am 28. November 2001 war der Verkauf perfekt. Die BG Storage wurde mit ihrem Vermögen, bestehend aus den Spei-

---

204 *Ofgem,* Transco's proposal to transfer its Liquefied Natural Gas facilities to a non-regulated Lattice Group company, S. 14; www.britishgas.co.uk; www.transco.co.uk/business/index/whatran.asp.

205 *Ofgem,* Transco's proposal to transfer its Liquefied Natural Gas facilities to a non-regulated Lattice Group company, S. 14.

206 *Ofgem,* Transco's proposal to transfer its Liquefied Natural Gas facilities to a non-regulated Lattice Group company, S. 15.

207 *National Grid TransCo,* Business Review, Introduction, Annual Report and Account 2002/2003.

208 www.britishgas.co.uk; www.transco.co.uk/business/index/whatran.asp.

209 *National Grid TransCo,* Business Review, Introduction, Annual Report and Account 2002/2003.

210 *Ofgem,* Transco's proposal to transfer its Liquefied Natural Gas facilities to a non-regulated Lattice Group company, S. 15.

cheranlagen in Rough Field und Hornsea sowie Beteiligungen an anderen Speicheranlagen, und rund 260 Mitarbeitern an die Dynegy Inc., einen amerikanischen Versorger, übertragen. Die BG Group hatte sich allerdings bis zum Jahr 2004 ausreichende Speicherkapazitäten gesichert.[211]

Der Grund für den Verkauf lag darin, dass auf diese Weise der Profit für die Teilhaber der BG Group plc. am besten gesteigert werden konnte und es für die BG Group nicht notwendig war, diese Speicheranlagen für ihre weitere Geschäftspolitik zu besitzen.[212]

Dynegy musste die BG Storage als separate Tochtergesellschaft getrennt von ihren übrigen Tätigkeiten weiterbetreiben und die vereinbarten Kapazitätsauktionen beibehalten. Aus der BG Storage Ltd. wurde die Dynegy Storage Ltd.. Die Dynegy Storage Ltd. durfte keine Informationen mit anderen Geschäftszweigen austauschen und war vollkommen eigenständig von den übrigen Tätigkeiten zu organisieren und getrennt zu bilanzieren. Dies war Bestandteil von notwendigen Zugeständnissen an den Secretary of State for Trade and Industry, damit die Übernahme genehmigt werden konnte.[213]

Schließlich verkaufte Dynegy am 30. September 2002 die Speicheranlagen in Hornsea an die SSE Energy Supply Ltd..[214] SSE Energy Supply entstand aus der Fusion von Scottish Hydro-Electric und Southern Electric. SSE ist vornehmlich im Strombereich als Erzeuger und Versorger tätig und besitzt auch das Übertragungsnetz im Nord Schottland. Im Gasbereich versorgt SSE über ihre hundertprozentigen Töchter SSE Energy Supply Ltd. und Southern Electric Gas Ltd. ca. eine Million Haushalts- und ca. 7.700 Industriekunden. Diese sind auch als Gashändler aktiv, deren Transportmenge jedoch nur ca. 1,5 % ausmacht.[215]

SSE wurde im Rahmen der Fusion verpflichtet, die Dynegy gemachten Auflagen im Wege nicht gesetzlich festgelegter freiwilliger Zugeständnisse beizubehalten. Hierdurch sollte gewährleistet werden, dass genug Speicherkapazitäten in nicht diskriminierender Weise auf dem Markt blieben. Damit musste SSE die Hornsea Speicheranlagen als eigenständige Tochter vollkommen separat von seinen übrigen Tätigkeiten betreiben.[216]

Am 14. November 2002 erwarb Centrica die Dynegy Storage Ltd. sowie die Dynegy Onshore Processing Ltd..[217] Im Rahmen dieser Fusion wurde Centrica ebenfalls die Auflage gemacht, auch das Rough Field als eigenständige Tochter vollkommen ge-

211 *BG Group plc*, Pressemiteilungen v. 16.7.2001 und 26.11.2001.

212 *BG Group plc*, Pressemiteilungen v. 16.7.2001.

213 *OFT*, Undertakings given by Dynegy Europe Ltd. to the Secretary of State for Trade and Industry; *Ofgem*, Dynegy's proposed acquisition of BG Storage; *dass.*, SSE Energy Supply Ltd's completed acquisition of Dynegy Hornsea Ltd's gas storage facilities, S. 9 f. sowie Annex 1.

214 *Ofgem*, SSE Energy Supply Ltd's completed acquisition of Dynegy Hornsea Ltd's gas storage facilities, S. 2.

215 *Ofgem*, SSE Energy Supply Ltd's completed acquisition of Dynegy Hornsea Ltd's gas storage facilities, S. 4 f.

216 *Ofgem*, SSE Energy Supply Ltd's completed acquisition of Dynegy Hornsea Ltd's gas storage facilities, S. 17 f,. *dass.*, Centrica's completed acquisition of Dynegy Storage Ltd. and Dynegy Onshore Processing UK Ltd., S. 9.

217 *Ofgem*, Centrica's completed acquisition of Dynegy Storage Ltd. and Dynegy Onshore Processing UK Ltd., S. 2.

trennt von ihren übrigen Tätigkeiten zu führen.[218] Im Jahre 2004 schloss Centrica das Rough Field.[219]

5. *Das Unbundling der fünf LNG-Anlagen*

a) *Das organisatorische Unbundling und Unbundling of Accounts der LNG-Anlagen*

Im Dezember 1999 hatte TransCo das operative Geschäft der fünf LNG-Anlagen wieder von der BG Storage übernommen. Der Grund für diese Rückübertragung der Geschäftstätigkeit liegt darin, dass die BG plc im Dezember 1999 eine finanzielle Neustrukturierung vollzogen hatte. TransCo installierte die LNG-Anlagen als eigenständige Betriebsabteilung, die TransCo LNG Storage (TLNGS), die nicht gesellschaftsrechtlich getrennt von den übrigen Tätigkeiten war.[220]

Der Betrieb der LNG-Anlagen unterlag einer strikten „Einzäunung", um ihn vom übrigen Leitungsbetrieb getrennt zu halten.[221] Insoweit sieht die Transportlizenz von TransCo strikte Regeln vor. Standard Condition 41 verbietet jegliche Quersubventionierungen zwischen dem Transportgeschäft und den sonstigen Tätigkeiten von TransCo oder verwandter oder verbundener Unternehmen. Durch die Conditions 29, 47 und Special Condition 5 wird sichergestellt, dass TransCo die Verfügungsgewalt über seine Vermögenswerte behält und diese nicht durch Dritte ausgeübt wird. Hierzu bedürfen die Aufnahme von Hypotheken oder anderer Sicherheiten, bestimmte Darlehensverpflichtungen oder Leasing der Genehmigung des Office of Gas and Electricity Markets (Ofgem).[222] Ofgem entstand aus der Zusammenlegung von Ofgas und dem Office of Electricity Regulation (Offer), welche im Rahmen des Utility Act vollzogen wurde.

Hierdurch sollten ein Informationsfluss zwischen den einzelnen Tätigkeiten unterbunden und Quersubventionierungen verhindert werden, um einen diskriminierungsfreien Zugang sowohl zu den Speicheranlagen als auch zum Netz sicherzustellen. Auf diese Weise sollte das Ergebnis der regulativ festgelegten Nutzungsentgelte nicht durch Quersubventionen verwässert werden.

b) *Die geplante gesellschaftsrechtliche Übertragung der fünf LNG-Anlagen*

Nach dem erfolgreichen Einführen von Kapazitätsauktionen für die Speicheranlagen in Hornsea und Rough Field begann Ofgem 1999 mit einer Untersuchung, ob solche

218 *Ofgem,* Centrica´s completed acquisition of Dynegy Storage Ltd. and Dynegy Onshore Processing UK Ltd., S. 25.

219 *The Guardian,* 24.1.2004, "North Sea gas storage unit shuts".

220 *Ofgem,* Transco's proposal to transfer its Liquefied Natural Gas facilities to a non-regulated Lattice Group company, S. 14 f.

221 *Ofgem,* Transco's proposal to transfer its Liquefied Natural Gas facilities to a non-regulated Lattice Group company, Executive Summary.

222 *Ofgem,* Transco's proposal to transfer its Liquefied Natural Gas facilities at Isle of Grain to a separate NGT Group company, S. 4.

Auktionsverfahren nicht auch für die fünf LNG-Anlagen eingeführt werden könnten. Im Rahmen dieser Untersuchung prüfte Ofgem, ob die LNG-Anlagen weiterhin zusammen mit dem Leitungsbetrieb reguliert werden sollten oder deren Regulierung modifiziert bzw. sogar gänzlich abgeschafft werden sollte, wie es bei Hornsea und Rough Field geschehen war.[223]

Im Jahr 2000 wurde der TLNGS erlaubt, für den Netzbetrieb nicht benötigte Kapazitäten zu versteigern. Der Preisregulierung unterlagen nur noch die Kapazitäten, die im Zusammenhang mit dem Leitungsbetrieb zur Verfügung gestellt wurden. Zudem sollte sich ein zweiter nachgelagerter Markt zum Handel von Speicherkapazitäten entwickeln.[224]

Im Rahmen sich anschließender Untersuchungen über die künftige Entwicklung des LNG-Marktes kam Ofgem zu dem Ergebnis, dass der Speicherbetrieb von der regulierten Transporttätigkeit getrennt werden sollte und TransCo seinen Handel mit Speicherkapazitäten in nicht diskriminierender Weise vollziehen sollte.[225]

Im Jahr 2002 legte TransCo Pläne vor, seine fünf LNG-Anlagen auf eine unabhängige und nicht regulierte Gesellschaft innerhalb der Lattice Group zu übertragen. Nach der Fusion mit der National Grid Company (NGC), welche das Übertragungsnetz im Strommarkt betrieb, sollte diese Übertragung auf eine unabhängige nicht regulierte Gesellschaft innerhalb der National Grid TransCo Group (NGT) erfolgen. Geplant war zudem, die LNG-Anlage auf der Isle of Grain in ein Importterminal umzuwandeln.[226]

Ofgem begrüßte diese Abspaltung grundsätzlich. Bedenken bestanden nur insoweit, als dass die Anlage auf der Isle of Grain u.U. nicht mehr Dritten zugänglich gemacht werden sollte und unklar sei, ob dies mit dem neuen EU-Recht vereinbar sei. Der Verlust der Kapazität der Isle-of-Grain-Anlage wurde als nicht bedenklich angesehen. Insgesamt sah Ofgem die Separierung der LNG-Anlagen als einen richtigen Schritt vorwärts zu einem wettbewerbsorientierten Speicherkapazitätsmarkt an. Ofgem sah auch keine Bedenken, dass es zu Wettbewerbsverzerrungen kommen könne, da NGT auch das Leitungsgeschäft betrieb. Insoweit sähen die Verpflichtungen der Standard Conditions der Transportlizenz einen ausreichenden Schutz vor.[227]

---

223 *Ofgem*, Pressemitteilung v. 23.6.1999, "Views sought on LNG storage", *dass.*, Transco's proposal to transfer its Liquefied Natural Gas facilities to a non-regulated Lattice Group company, Executive Summary u. S. 12 ff.; *dass.*, Review of BG plc's Liquefied Natural Gas facilities.

224 *Ofgem*, Transco's proposal to transfer its Liquefied Natural Gas facilities to a non-regulated Lattice Group company, Executive Summary u. S. 12 ff.; *dass.*, Review of BG plc's Liquefied Natural Gas facilities.

225 *Ofgem*, Transco's proposal to transfer its Liquefied Natural Gas facilities to a non-regulated Lattice Group company, Executive Summary; hierzu ferner: *dass.*, Transco's National Transmission System Operator incentives 2002-7; TransCo Price Control and NTS SO incentives 2002-7; *dass.*, Explanatory notes to accompany the section 23 notice of proposed modifications to Transco's Gas Transporter's Licence.

226 *Ofgem*, Transco's proposal to transfer its Liquefied Natural Gas facilities to a non-regulated Lattice Group company, Executive Summary; *dass.*, Transco's proposal to transfer its Liquefied Natural Gas facilities at Isle of Grain to a separate NGT Group company.

227 *Ofgem*, Transco's proposal to transfer its Liquefied Natural Gas facilities to a non-regulated Lattice Group company, Executive Summary u. S. 38 ff.; *dass.*, Transco's proposal to transfer its Liquefied Natural Gas facilities at Isle of Grain to a separate NGT Group company, S. 7 ff., insbes. 12 ff.

Aktuell laufen noch Verhandlungen zwischen NGT und Ofgem über die Modalitäten der Übertragung und der nachfolgenden Preisgestaltung. Diese Verhandlungen sind zurzeit ins Stocken geraten, da Ofgem mit der geplanten Veräußerung der Verteilernetzwerke beschäftigt ist und zuvor eine vollständige Preisüberprüfung durchführen will. Außerdem sind noch Anhörungen anderer Unternehmen vorzunehmen. Es ist aber in den nächsten zwei Jahren mit einer gesellschaftsrechtlichen Trennung aller LNG-Anlagen von TransCo zu rechnen.[228]

Die LNG-Anlage auf der Isle of Grain soll bis Januar 2005 in ein von TransCo unabhängiges Importterminal umgewandelt sein. Der Zugang zu Kapazitäten soll im Wege von Auktionsverfahren ausgestaltet werden.[229] Insoweit werden die Bedenken von Ofgem ausgeräumt.

Bis dahin bleiben die LNG-Anlagen als separierte Geschäftsabteilung von TransCo bestehen. Der Sitz dieser Abteilung befindet sich in Solihull in räumlicher Trennung von der Zentrale in Warwick.[230]

VI. Die Auswirkungen der Fusion der Lattice Group und der National Grid Company im Jahr 2002

Am 22. April 2002 gaben die National Grid Company Group plc (NGC) und die Lattice Group plc bekannt, dass sie planen als gleichwertige Partner zu fusionieren und die National Grid TransCo plc (NGT) gründen wollten. Am 2. Juli 2002 gab der Secretary of State die Fusion frei. Im Oktober 2002 wurde die Fusion dann vollzogen. Hierbei hielten nach der Fusion die ehemaligen NGC-Anteilseigner ca. 57,3 % und die ehemaligen Lattice-Eigner 42,7 % der neuen NGT.[231]

Ofgem ging hierbei davon aus, dass die Fusion der beiden Unternehmen keine wettbewerblichen Nachteile nach sich ziehen werde, aber bestimmte regulatorische Änderungen durch die Fusion notwendig würden. Diese regulatorischen Änderungen sollte dazu dienen, die Unabhängigkeit des Leitungsbetriebes von sonstigen Tätigkeiten im Gas- bzw. Strommarkt getrennt zu halten und eine ausreichende Transparenz aufrecht zu erhalten. Hierzu schlug Ofgem eine vertikale Separierung bestimmter Tätigkeiten innerhalb der NGT vor.[232]

Das Problem war, dass die NGC über ihr Tochterunternehmen die EnMO Ltd. auf dem Gasmarkt und die Lattice Group wiederum selbst und über ihre Tochter, die Lattice Energy Services Ltd. (LES) auf dem Strommarkt tätig waren.

LES betreibt insgesamt drei KWK-Anlagen mit einer Leistung von ca. 25 MW. Sie befinden sich in Cleveland, Hertfordshire, und Bristol. Die Anlagen liefern jedoch kei-

---

228 So die Auskunft von *NGT* zu dem aktuellen Stand (1. März 2004) der geplanten Separierung.

229 So die Auskunft von *NGT* zu dem aktuellen Stand (1. März 2004) der geplanten Separierung.

230 www.ngtgroup.com/businesses/mn_transco.html.

231 *Ofgem*, Regulatory issues arising from the merger of National Grid Group plc and Lattice Group plc to create National Grid TransCo plc, Executive Summary; *NGT*, Annual Report and Accounts 2002/3; www.ngtgroup.com/businesses/background.html.

232 *Ofgem*, Regulatory issues arising from the merger of National Grid Group plc and Lattice Group plc to create National Grid TransCo plc, Executive Summary; ferner: *dass.*, Proposed merger of National Grid Group plc and Lattice Group plc to create National Grid TransCo plc.

nen Strom in das Verteilungsnetzwerk. Zu ihrem Betrieb der Anlagen kauft LES auch Gas auf eigene Rechnung.[233] Zudem betrieb die Lattice Group einige Back-up-Kraftwerke und ein 1 MW starkes Turbo-Expander-Kraftwerk in St. Mary Cross, einem Anschlusspunkt an eine der zwölf über Großbritannien verteilten Lokal Distribution Zones (LDZ). Das Kraftwerk erzeugt Strom mit Hilfe des Druckunterschiedes zwischen dem LDZ und dem Hochdrucknetz. Ausschließlich das Kraftwerk in St. Mary Cross vertreibt überschüssigen Strom, der zu einem Festpreis an einen lokalen Versorger abgegeben wird. Ebenfalls wird überschüssiger Strom aus den vier LNG-Anlagen auf der Isle of Grain, in Dynevor Arms, Partington und Avonmouth verkauft. Er wird von einem lokalen Versorger zu einem Festpreis abgenommen und beträgt maximal 18,3 MW. Ebenfalls wird in Avanita Strom erzeugt, der allerdings nur zur Deckung des Eigenbedarfes dient.[234]

EnMO betreibt den sog. On-the-day-Commodity Market (OCM). EnMO ist ein Jointventure von Energy Settlements and Information Services (ESIS), einer hundertprozentigen Tochter der NGC und der US-amerikanischen Altra Energy Technologies, die dort bereits einige Gasspotmärkte betrieb. EnMO bekam im Juni 1999 den Zuschlag zum Betrieb des OCM, nachdem TransCo ein wettbewerbliches Auswahlverfahren durchgeführt hatte. Den Handel über den OCM betreibt EnMO Ltd. als unabhängige Gesellschaft.[235]

Der OCM ist eine von den übrigen Tätigkeiten im Gasmarkt unabhängiger Handelsplatz, an dem täglich Gasmengen gehandelt werden können. Dieser Spotmarkt dient zum Ausgleich von Nachfrageschwankungen, seine Einrichtung sollte zu einer Preissenkung für Ausgleichsmengen führen.[236]

Der OCM hat 1999 mit der Reform des Gasmarktes und der Einführung des New Gas Trading Arrangements (NGTA) den bisherigen Flexibility Mechasim abgelöst. Dieser wurde noch durch TransCo gesteuert und mit dem Network Code 1996 erstmals eingeführt. Die Reform des Gashandels steht in engen Zusammenhang mit der kurze Zeit später folgenden Reform des Elektrizitätsmarktes, welche im New Electricity Trading Arrangement (NETA) endete. Das NGTA hatte aber im Gegensatz zu NETA keine Auswirkungen auf das Unbundling im Gasmarkt, sondern gestaltete nur die Handelsmodalitäten neu. Daher soll auf eine ausführlichere Darstellung verzichtet werden.[237] Diese beiden Reformen sind Auswirkungen des im Jahr 1998 veröffentlich-

233 *Ofgem*, Proposed merger of National Grid Group plc and Lattice Group plc to create National Grid TransCo plc, S. 8; *dass.*, Regulatory issues arising from the merger of National Grid Group plc and Lattice Group plc to create National Grid TransCo plc, S. 10.

234 *Ofgem*, Regulatory issues arising from the merger of National Grid Group plc and Lattice Group plc to create National Grid TransCo plc, S. 10 f.

235 *Gas Matters*, BG Industry Hits Demanding Deadline for Trading Reform, in: Gas Matters, September 1999, S. 25, 27; *Rush*, Review of gas trading arrangements proposes on-the-day market, Energy Update 1999, S. 6 f.

236 *Ofgem*, Proposed merger of National Grid Group plc and Lattice Group plc to create National Grid TransCo plc, S. 4, 6 f.; *Brennan/Johnson*, Regulatory Developments in the Downstream UK Gas Industry, International Oil and Gas Finance Review 1999, S. 118; *Gas Matters*, BG Industry Hits Demanding Deadline for Trading Reform, in: Gas Matters, September 1999, S. 25 ff.; *Rush*, Review of gas trading arrangements proposes on-the-day market, Energy Update 1999, S. 6 ff.

237 Ausführlich zur Reform des Handels auf dem Gasmarkt: *Brennan/Johnson*, Regulatory Developments in the Downstream UK Gas Industry, International Oil and Gas Finance Review 1999, S.

ten Grünbuches der Regierung zur Modernisierung der Rahmenbedingungen im Versorgungssektor.[238]

TransCo ist selbst in den Gashandel involviert, da es zum Ausgleich von Druckschwankungen Gas kaufen bzw. verkaufen muss, um das System stabil zu halten. Gleiches macht NGC zur Stabilisierung der Spannung im Stromübertragungsnetz.[239]

Durch die Fusion von TransCo und NGC sollte es nun zu nicht gewünschten Berührungspunkten kommen, durch EnMO und TransCo einerseits und LES und NGC andererseits. Hier galt es regulatorisch die gewünschte Trennung des Leitungsbetriebes aufrechtzuerhalten. Ofgem schlug die folgend dargestellten vertikalen Separierungen vor.

1. Das Verbot für TransCo Gashandel und für NGC Stromhandel zu betreiben

Aus Sicht von Ofgem waren Änderungen der bestehenden Transport- bzw. Übertragungslizenzen von TransCo und NGC notwendig, um die bevorstehende Fusion zu ermöglichen und um die Unabhängigkeit des Leitungsnetzes sicherzustellen. Zudem war es NGC oder seinen Tochtergesellschaften oder sonst verbundenen Gesellschaften gem. Standard Condition C 2 und Special Condition AA 3 der Übertragungslizenz verboten, Elektrizität zu verkaufen oder zu kaufen, außer dies geschähe mit dem Einverständnis von Ofgem. So war NGC nur gestattet, zum Spannungsausgleich Strom zu handeln. Folglich würde die geplante Fusion gegen die Transmission Lizenz von NGC verstoßen, da der Betrieb der Stromerzeugungsanlagen innerhalb der Lattice Group NGC und damit auch der neu zu gründenden NGT nicht gestattet sei.[240]

Gleichzeitig wollte Ofgem die Transportlizenz von TransCo so ändern, dass TransCo und seinen Tochtergesellschaften ebenfalls der Handel mit Gas verboten wird, soweit er nicht mit Einverständnis von Ofgem geschähe. Eine Ausnahme sollte hier auch für den Gashandel zu Ausgleichszwecken gemacht werden. Hierdurch sollte die Lizenz von TransCo der von NGC angeglichen werden, um ein einheitliches regulatorisches Rahmenwerk für die fusionierten Gesellschaften zu schaffen.[241] Durch diese Lizenzanpassung würde der Betrieb von LES sowie der Stromerzeugung durch die vier LNG-Anlagen unzulässig.

Ofgem war der Ansicht, dass eine solche vertikale Separierung wichtig sei, um Vertrauen in die Funktionsfähigkeit des Handelsmarktes für Strom und Gas aufzubauen. Daher würde eine vertikale Integration von NGC und TransCo durch die wechselseitige Tätigkeit im Gas- bzw. Stromhandel, einen Verlust an Vertrauen erzeugen. Somit sei es sehr wichtig, dass weder TransCo, NGC noch eine Tochtergesellschaft oder ein

---

118 ff.; *Gas Matters*, BG Industry Hits Demanding Deadline for Trading Reform, in: Gas Matters, September 1999, S. 25 ff.; *Rush*, Review of gas trading arrangements proposes on-the-day market, Energy Update 1999, S. 6 ff.

238 *DTI*, A Fair Deal for Consumers, Modernising the Framework for Utility Regulation.

239 *Ofgem*, Proposed merger of National Grid Group plc and Lattice Group plc to create National Grid TransCo plc, S. 6 f.

240 *Ofgem*, Regulatory issues arising from the merger of National Grid Group plc and Lattice Group plc to create National Grid TransCo plc, S. 11.

241 *Ofgem*, Regulatory issues arising from the merger of National Grid Group plc and Lattice Group plc to create National Grid TransCo plc, S. 11.

verbundenes Unternehmen im Strom- bzw. Gashandel tätig sei. Ein solcher Handel sei nur zu Ausgleichzwecken zu gestatten.[242]

Andere auf dem Strom- bzw. Gasmarkt tätige Unternehmen werteten eine solche vertikale Separierung unterschiedlich. Zum Teil wurde sie begrüßt, andere Unternehmen hielten eine interne Einzäunung als ausreichend und wieder andere sahen überhaupt keine Probleme mit einem vertikal integrierten Geschäft der NGT. Gleichwohl hielt Ofgem an seiner strikten Auffassung fest.[243]

Allerdings gestattete Ofgem der NGT, zeitlich befristet die Tätigkeiten der Lattice Group im Strommarkt fortzuführen. Voraussetzung hierfür war, dass die Tätigkeiten der ehemaligen Lattice Group strikt von dem Betrieb des Netzwerkes getrennt würden und die Ausnahme nur für die bereits bestehenden Erzeugungsanlagen galt. Aus Sicht von Ofgem war auch nicht zu erwarten, dass weitere Ausnahmen gemacht werden würden. Der Grund für diese befristete Ausnahme lag darin, dass die erzeugte Menge Strom relativ gering war und ausschließlich in das Verteilungsnetzwerk und nicht in das Hochspannungsnetzwerk eingespeist wurde und damit nur lokale Auswirkungen hatte. Hinzu kamen die Umweltvorteile der Anlagen, die KWK-Anlagen waren oder Strom als Nebenprodukt erzeugten. Gleichzeitig sollte LES eine Ausnahmegenehmigung erhalten, Gas zum Betrieb der Anlagen zu kaufen.[244]

Folglich änderte Ofgem die Konditionen C 2 und AA 3 bis Kondition 26 der Lizenzen von NGC bzw. TransCo entsprechend. Danach durfte kein Handel mit Strom oder Gas außer zu Ausgleichzwecken betrieben werden und die Stromerzeugungstätigkeiten der Lattice Group mussten strikt getrennt gehalten werden. Zudem wurde NGT für den Verkauf von LES eine Frist bis zum Oktober 2003 gesetzt. Ein zuwiderhandeln hätte zum Bruch der bestehenden Lizenzen geführt.[245]

Auf Bitten der NGT wurde der Verkaufstermin bis zum 15. April 2004 aufgeschoben. NGT gab an, technische Unsicherheiten mit der NO_x Emission der Anlagen zu haben, die einen Verkauf erschweren würden. Um diese Probleme beheben zu können bad NGT um einen Aufschub bis Oktober 2004. Ofgem sah aber einen Aufschub um sechs Monate bis April als ausreichend an und betonte nochmals die Bedeutung der vertikalen Separierung.[246]

Zu einer möglichen Separierung der Stromerzeugung durch die LNG-Anlagen hat sich Ofgem bisher nicht geäußert. Hierzu besteht auch kein Bedarf, da bereits die Lattice Group kurz vor der Fusion angekündigt hatte, die LNG-Anlagen auf eine unabhängige nicht regulierte Tochter auszugliedern. Dieser Prozess ist noch im Gang und

242 *Ofgem*, Regulatory issues arising from the merger of National Grid Group plc and Lattice Group plc to create National Grid TransCo plc, S. 12.

243 *Ofgem*, Regulatory issues arising from the merger of National Grid Group plc and Lattice Group plc to create National Grid TransCo plc, S. 11 f.

244 *Ofgem*, Regulatory issues arising from the merger of National Grid Group plc and Lattice Group plc to create National Grid TransCo plc, S. 12 f.

245 *Ofgem*, Regulatory issues arising from the merger of National Grid Group plc and Lattice Group plc to create National Grid TransCo plc, S. 13 f.; *dass.*, National Grid's Company interest in Lattice Energy Services, S. 1; *dass.*, Regulatory issues arising from the merger of National Grid Group plc and Lattice Group plc to create National Grid TransCo plc – Decision document and notices under section 11 and 11A of the Electricity Act 1989 and the Gas Act 1986.

246 *Ofgem*, National Grid's Company interest in Lattice Energy Services, Summary u. S. 4 f.

würde die vertikale Separierung der Stromerzeugung gleichzeitig mitregeln. Die Anlage in St. Mary Cross ist zu vernachlässigen, da sie nur passiv als Nebenprodukt Strom in geringer Menge erzeugt und damit keine Rolle für den Stromhandel spielt. Außerdem erzeugen diese Anlagen Strom nur als Nebenprodukt. Hierin liegt auch der Unterschied zu LES, denn LES ist eine Anlage mit dem Zweck Strom und Wärme zu erzeugen. Die anderen Anlagen betreiben Kompressorstationen zur Speicherung oder Druckveränderung auf das Niveau des LDZ und nutzen nur das Druckgefälle zusätzlich als Nebenprodukt zur Stromerzeugung, so dass sie kein gezieltes Stromgeschäft verfolgen. Die sonstigen Anlagen der ehemaligen Lattice Group verkaufen keinen Strom und haben somit auch keine Auswirkung auf den Stromhandel.

2. *Die Trennung von EnMO Ltd. von den übrigen Tätigkeiten*

Ein weiteres Problem einer möglichen vertikalen Integration war der Betrieb von EnMO. Denn EnMO betreibt die Plattform für den OCM, über den Shipper und auch gelegentlich TransCo Gas handeln. Hierbei verkauft oder kauft EnMO selbst kein Gas. Ofgem sieht daher in dem gemeinsamen Betrieb von OCM und Netzwerk keinen Bruch der bestehenden Lizenzen. Gleichwohl hatte Ofgem Bedenken, dass TransCo über EnMO einen Informationsvorteil bzgl. der Preisgestaltung und der zu handelnden Gasmengen bekommen könne. Zwar sah Ofgem, dass die Parteien ein ernstes Interesse haben, einen Austausch an vertraulichen Informationen zu verhindern, da dies auch finanzielle Nachteile für TransCo beim Ausgleich von Netzschwankungen nach sich ziehen; dennoch wollte Ofgem EnMO von den übrigen Tätigkeiten strikt getrennt wissen. Um diesen Informationsfluss durch eine Einzäunung von EnMO zu ermöglichen, schlug Ofgem eine weitere Änderung der Lizenzen von NGC und TransCo vor.[247]

Nach einer neu zu gestaltenden Special Condition sollte gem. § 5 der Austausch von vertraulichen Informationen zwischen EnMO und NGC oder TransCo untersagt werden. Hierzu sollen NGC und TransCo sicherstellen, dass weder direkt noch indirekt solche Informationen weitergegeben werden. Sofern solche dennoch auf irgend eine Weise in die Hände von TransCo oder NGC gelangen, sollen diese gem. § 7 der Special Condition vertraulich behandelt und nicht genutzt werden. Ferner müssen NGC und TransCo den Nachweis erbringen, dass diese Bedingungen effektiv umgesetzt wurden, gem. § 6.[248]

Hierdurch soll ein effektives Management und Legal Unbundling von EnMO gewährleistet werden, um so die strikte Trennung von Leitungsbetrieb und sonstigen Tätigkeiten aufrechtzuerhalten.

247 *Ofgem*, Regulatory issues arising from the merger of National Grid Group plc and Lattice Group plc to create National Grid TransCo plc, S. 15 f., Annex B.

248 *Ofgem*, Regulatory issues arising from the merger of National Grid Group plc and Lattice Group plc to create National Grid TransCo plc, Annex B.

Bereits der Gas Act von 1986 sah die Möglichkeit der Verbraucher vor, ihre eigenen Vereinbarungen bzgl. der Messeinrichtungen zu treffen und den Servicebetreiber frei zu wählen. Von dieser Möglichkeit wurde aber kein nennenswerter Gebrauch gemacht.[249] Ursächlich hierfür ist, dass TransCo als Betreiber des gesamten Leitungsnetzes des ehemaligen Monopolisten British Gas ca. 21 Millionen Messeinrichtungen und damit 99 % aller Zählereinrichtungen in Großbritannien besitzt.[250] TransCo ist somit ein De-facto-Monopol für Messdienstleistungen und letztlich deren einziger Anbieter.[251] Zudem hatte TransCo als Public Gas Transporter auf Grund seiner Lizenz die Pflicht, bei jedem Haushaltskunden einen Zähler zu installieren, wenn dies vom Verbraucher gewünscht wurde.[252] Die Folge hiervon war, dass sich ein effektiver Wettbewerb nicht einstellen konnte und folglich die vorgesehene Wahlmöglichkeit des Gas Act leer lief.[253]

Im Jahr 1998 begann Ofgas damit einen funktionsfähigen Wettbewerb im Bereich der Messtätigkeiten zu entwickeln.[254] Zentrales Anliegen von Ofgas und auch dessen Nachfolger Ofgem war es eine physische und damit gesellschaftsrechtliche Trennung von Netzbetrieb, Einrichtung der Zähler und Ablesedienstleistungen zu erreichen.[255]

Zunächst schlug Ofgem vor, TransCo in drei unabhängige Gesellschaften zu zerschlagen: in Transport, Installation von Zählern und Ablesedienstleistungen. Diese Trennung sollte bis zum 1. April 1999 vollzogen werden.[256] Bis dato waren diese Tätigkeiten innerhalb von TransCo vertikal integriert. Auf Grund der durchgeführten Marktbefragung hielt Ofgem an einer vollständigen Trennung der Aktivitäten fest, gab allerdings den Plan auf, TransCo so schnell zu zerschlagen.[257]

Ofgem war der Ansicht, dass die Integration dieser Tätigkeiten zu unerwünschten Synergieeffekten führe, die die Einführung effektiven Wettbewerbs im Messbereich verhindern würden. TransCo sei auch kaum in der Lage solche negativen Effekte wirksam zu unterbinden. Solche negativen Effekte wurden in der Möglichkeit der Quersubventionierung zwischen Netzmonopol und potentiellem Wettbewerbsmarkt und der Nutzung gemeinsamer IT-Anlagen gesehen. Ferner habe TransCo einen Wett-

---

249 *Ofgem*, Review of Gas Metering Arrangements, S. 9; *dass.*, Securing effective competition in gas metering and meter reading services, The Director General's final proposals, S. 54.

250 www.ngtgroup.com/business/mn_transco.html.

251 *Ofgem*, Review of Gas Metering Arrangements, S. 2; *dass.*, Securing effective competition in gas metering and meter reading services, The Director General's final proposals, S. 54.

252 *Ofgem*, Review of Gas Metering Arrangements, S. 9; *dass.*, Securing effective competition in gas metering and meter reading services, The Director General's final proposals, S. 54.

253 *Ofgem*, Review of Gas Metering Arrangements, S. 9; *dass.*, Securing effective competition in gas metering and meter reading services, The Director General's final proposals, S. 54.

254 Hierzu: *Ofgas*, Securing Effective Competition in Gas Metering and Meter Reading Services, The Director General's Initial Proposals.

255 *Ofgem*, Securing effective competition in gas metering and meter reading services, The Director General's final proposals, S. 13 f., 25 f., 54 ff.

256 *Ofgem*, Securing effective competition in gas metering and meter reading services, The Director General's final proposals, S. 13, 25.

257 *Ofgem*, Securing effective competition in gas metering and meter reading services, The Director General's final proposals, S. 13.

bewerbsvorteil gegenüber anderen Messdienstleistern, da der Informationsaustausch innerhalb von TransCo schneller und einfacher gehe. Ein solcher Informationsaustausch zwischen Netzbetreiber und Messdienstleister sei aber zum effektiven Betrieb der Messeinrichtungen zwingend notwendig. Daher müsse ein Informationsaustausch innerhalb von TransCo unterbunden werden.[258]

Zunächst wurde dieser Zerschlagungsplan jedoch aufgegeben und nur eine Aufteilung der Preiskontrolle vollzogen. Zudem einigten sich Ofgem und TransCo auf einen gemeinsamen Plan, wonach TransCo seine Messtätigkeiten in eine unabhängige Gesellschaft auslagern sollte.[259] Nach dem ausgehandelten Zeitplan sollte von April bis Oktober 2000 der Messbereich innerhalb von TransCo eingezäunt werden, also ein Department Unbundling vollzogen werden. Hierauf sollte die schrittweise gesellschaftsrechtliche Entflechtung vorbereitet werden und bis zum Oktober 2001 vollendet werden.[260] Letztlich sollte die gesellschaftsrechtliche Trennung der Messtätigkeiten dann bis Februar 2003 vollzogen sein.[261]

Mittlerweile betreibt TransCo sein Messgeschäft als eigenständige Tochtergesellschaft, die TransCo Metering Services mit Sitz in Solihull, getrennt von der Zentrale. Die TransCo Metering Services installiert Zählereinrichtungen und bietet Messdienstleistungen an.[262] Insoweit ist die von Ofgem vorgeschlagene Dreiteilung bisher nicht erfolgt.

VIII. Pläne zur Separierung der Verteilungstätigkeiten von TransCo

TransCo hatte von British Gas neben den Betrieb der Hochdrucknetzes auch den Betrieb des Verteilungsnetzes übernommen. Der Betrieb des Distribution Networks (DN) ist in zwölf lokale Verteilungsgebiete, sog. Local Distribution Zones (LDZ), aufgeteilt. Diese LDZ teilen das gesamte Versorgungsgebiet von Großbritannien (ohne Nord Irland) auf, erfassen also auch Schottland. Der Betrieb dieser zwölf Zonen ist aus organisatorischen Gründen in acht Geschäftseinheiten zusammengefasst. Diese acht Managementeinheiten sind Scotland, North of England (North and Yorkshire), North West, East of England (East Midlands and East Anglia), West Midlands, Wales and the West (Wales and South West), South of England und London. Das DN ist mit dem Hochdrucknetz durch 24 Kompressorstationen verbunden, welche sich an strategisch wichtigen Punkten über Großbritannien verteilt befinden.[263]

Im Mai 2003 veröffentlichte NGT Pläne, wonach sie überlegte, bis zu vier LDZ zu veräußern, sofern hierdurch der Profit der Anteilseigner maximiert werden könnte. Dieser freiwillig motivierte Verkauf stellt eine fundamentale Veränderung der bisheri-

258 *Ofgem*, Securing effective competition in gas metering and meter reading services, The Director General's final proposals, S. 13, 25 f.

259 *Ofgem*, Securing effective competition in gas metering and meter reading services, The Director General's final proposals, S. 54 ff.

260 *Ofgem*, Securing effective competition in gas metering and meter reading services, The Director General's final proposals, S. 59 f.

261 *Ofgem*, Ofgem's strategy for metering, Executive Summary.

262 www.ngtgroup.com/businesses/mn_transco.html.

263 www.ngtgroup.com/businesses/index/deliver.asp.

gen Struktur des britischen Gasmarktes dar und bedarf der Zustimmung der einzelnen Regierungsbehörden.[264]

Aus diesem Grund hat Ofgem im Juli 2003 mit einer Untersuchung über die Folgen eines solchen Verkaufs begonnen. Ofgem ist eine sorgfältige Abwägung aller Interessen wichtig. Hierzu führt es umfassende Marktbetrachtungen durch, um eine ausreichend fundierte Entscheidung treffen zu können.[265] Ofgem geht davon aus, dass der Verkauf grundsätzlich wirtschaftliche Vorteile bringen kann, die aber zum Wohl des Verbrauchers genutzt werden müssten, indem die Verteilungskosten gesenkt würden. Hierzu hat Ofgem bereits eine neue regulatorische Rahmenbedingung geprüft, die sog. Regulatory Impact Assessment (RIA), welche ökonomische Vorteile des Verkaufes für den Verbraucher sichern soll.[266] Allerdings muss NGT noch deutlicher nachweisen, dass ein solcher Verkauf konkrete Vorteile für die Verbraucher bringen wird.[267]

Mit einer Entscheidung über die endgültige Entwicklung dieser RIA ist im April 2004 zu rechnen. Allerdings wird die formelle Zustimmung zum Verkauf nicht vor Ende 2004 oder Anfang 2005 erteilt werden können.[268] NGT hofft, den geplanten Verkauf noch im Jahr 2004 vollziehen zu können.[269]

IX. Zusammenfassung und Bewertung

Mittlerweile, nach fast 18 Jahren seit der Liberalisierung des Gasmarktes im Jahre 1986, ist dieser Markt in fast allen seinen Bestandteilen vollständig entflochten. Dies ist Folge einer seit den 90er Jahren verfolgten konsequenten Politik der Regulierungsbehörden, alle wettbewerbsfähigen Marktsegmente auch dem Wettbewerb zu öffnen.

Zunächst wurde 1986 British Gas als staatlicher Versorger privatisiert und der Gasmarkt zunächst nur für Industriekunden geöffnet. Hierbei blieb British Gas vertikal integriert, was sich als ein gravierender Fehler herausstellen sollte, da hierdurch ein effektiver Wettbewerb unterbunden wurde. British Gas betrieb das gesamte Leitungssystem in Großbritannien und verfügte auch über das Versorgungsmonopol im Tarifbereich. Hierdurch hatte British Gas die Möglichkeit zu Quersubventionen und einen Informationsvorsprung gegenüber potentiellen Konkurrenten. Auf diese Weise konnte sie deren Gasquellen aufkaufen und diese so vom Marktzugang abhalten.

Dies sollte sich erst 1993 ändern. Nachdem bereits 1988 erkannt wurde, dass die Privatisierung zu keinem nennenswerten Wettbewerb geführt hatte und auch andere Versuche als ein Unbundling, wie die 90/10-Regel, die Situation nicht verbesserten,

264 *Ofgem*, National Grid TransCo – Potential sale of network distribution businesses, Next steps, S. 1 u. Executive Summary.

265 *Ofgem*, National Grid TransCo – Potential sale of network distribution businesses, Next steps, Executive Summary; ferner: *dass.*, National Grid TransCo – Potential sale of network distribution businesses, Consultation Document.

266 *Ofgem*, National Grid TransCo – Potential sale of network distribution businesses, Next steps, Executive Summary; ferner: *dass.*, National Grid TransCo – Potential sale of network distribution businesses, Consultation Document.

267 www.sgbi.org.uk.

268 *Ofgem*, National Grid TransCo – Potential sale of network distribution businesses, Next steps, Executive Summary.

269 So die Auskunft von *NGT* zu dem aktuellen Stand (1. März 2004) des geplanten Verkaufs.

schlug erstmals die MMC 1993 ein Ownership Unbundling von Gashandel und –transport vor. British Gas konnte diesen drastischen Schritt jedoch dadurch abwenden, dass sie eine gesellschaftsrechtliche Umstrukturierung vorschlug, durch die der Transportsektor eine vom Handel unabhängige Tochtergesellschaft werden sollte. Diese Entwicklung wollte die britische Regierung zunächst abwarten und verzichtete auf das vorgeschlagene Ownership Unbundling. Gleichzeitig betrieb die britische Regierung mit dem Gas Act von 1995 die schrittweise Öffnung des Tarifmarktes.

Aufgrund dieser Öffnung sah sich der Handelsarm von British Gas, die British Gas Trading, wirtschaftlichen Schwierigkeiten ausgesetzt, die in dem Abschluss langfristiger Take-or-Pay-Verträge begründet waren. Diese wirtschaftlichen Probleme führten dazu, dass British Gas freiwillig sein Handelsgeschäft abspaltete und auf die Centrica übertrug. Somit wurden 1997 die Forderungen der MMC von 1993 erfüllt, ohne dass dies durch staatlichen Zwang hätte durchgesetzt werden müssen.

In den folgenden Jahren strukturierte sich die BG plc weiter um, wodurch die Speicheranlagen in Hornsea und Rough Field verkauft wurden und letztlich auch das Transportgeschäft auf die Lattice Group übertragen wurde. Somit wurde nun auch das Transportgeschäft vollständig vom internationalen Geschäft getrennt. Im Rahmen dieser Umstrukturierungen achtete das DTI darauf, dass der Betrieb der Speicheranlagen gesellschaftsrechtlich unabhängig blieb.

Lattice und NGC fusionierten im Jahr 2002, wodurch der Betrieb des Stromübertragungsnetzes und das gesamte Gasnetz in einem Unternehmen zusammengeführt wurden. Hierdurch entstanden erneut nicht gewünschte Synergieeffekte, da NGC im Gasmarkt und Lattice im Strommarkt als Händler tätig waren. Der neuen NGT Group wurde daher seitens der Regierung nur ein begrenztes Tätigwerden im Gas- und Strommarkt als Händler gestattet. Diese Tätigkeiten mussten jedoch gesellschaftsrechtlich entflochten und unabhängig vom Leitungsbetrieb sein. Ein Großteil der Stromerzeugung der Lattice Group muss verkauft werden. Hierdurch soll die Unabhängigkeit des Leitungssystems wieder hergestellt werden.

Die weitere Regulierungspolitik der Regierung sah die systematische Öffnung der letzten wettbewerbsfähigen Marktsegmente, die noch mit dem Leitungsmonopol verbunden waren, vor. Die Folge hiervon ist ein Legal und Management Unbundling des gesamten Messbereiches. Weiterhin plant NGT, seine LNG-Anlagen auf eine vom Netzbetrieb unabhängige Tochter auszulagern. Hierdurch soll der Betrieb der Anlagen wettbewerbsorientiert und nicht reguliert erfolgen können. Ebenfalls in Planung ist der teilweise Verkauf des Verteilungsnetzes, die sog. LDZ.

Folglich ist der britische Gasmarkt mittlerweile strikt in Gashandel, –gewinnung und Leitungsbetrieb durch ein Ownership Unbundling getrennt. Die anverwandten Netzdienstleistungen wie Speicherung und Messdienste sind zum Teil verkauft oder durch ein Management und Legal Unbundling separiert. Die LNG-Anlagen sollen noch folgen.[270]

Interessant an dieser Entwicklung ist, dass sie nur bedingt durch die Regierung veranlasst wurden und größtenteils aus wirtschaftlichen Gründen von British Gas bzw. deren Nachfolgegesellschaften freiwillig getroffen wurden. Zwar hat die MMC 1993

270 Siehe hierzu nachfolgende Tabelle, die Aufschluss über den aktuellen Stand der Entflechtung gibt.

sozusagen den Stein ins Rollen gebracht, indem sie ein Ownership Unbundling von Handel und Transport vorschlug. Dieser Vorschlag wurde von der Regierung aber entscheidend abgemildert und in ein Legal und Management Unbundling umgewandelt. Hierin zeigt sich ein typischen Vorgehen der britischen Regulierungsbehörden. Diese beginnen zunächst eine Untersuchung über die Marktsituation und führen Gespräche mit allen Beteiligten. Zum Teil wird hierauf die MMC eingeschaltet und erst dann eine Entscheidung getroffen. Diese Entscheidung wird im Regelfall jedoch mit den Betroffenen ausgehandelt und informell durch Zusicherungen umgesetzt. Typisch hierfür ist die Reaktion von British Gas und dem Secretary of State auf die MMC-Berichte von 1993. British Gas ergriff sogleich freiwillige Maßnahmen, um die harten Forderungen der MMC abzuwenden und die Regierung ließ das Unternehmen gewähren, drohte aber härtere Maßnahmen an, falls nicht das gewünschte Ergebnis eines unabhängigen Netzbetreibers erreicht werde.

Auch die Entflechtung der Messdienste ist ein Kompromiss zwischen Regulator und TransCo gewesen, welcher unter Beteiligung aller Markteilnehmer ausgehandelt wurde. Auch hier hatte Ofgas zunächst ein schnelleres und strikteres Vorgehen angekündigt. Als TransCo Verhandlungsbereitschaft signalisierte, gab der DGGS bekannt, zunächst diesen Prozess abwarten zu wollen und Ofgas und TransCo gemeinsam einen Vorschlag erarbeiten zu lassen.

Alle übrigen Entflechtungsmaßnahmen beruhen auf freiwilligen Entscheidungen des Unternehmens selbst. Hier sind vor allem die Abspaltung von Centrica, Lattice und der Verkauf der Speicheranlagen in Hornsea und Rough Field zu nennen. Gleiches gilt für den geplanten Verkauf von bis zu vier LDZ und die Ausgliederung der LNG-Anlagen. Der wirtschaftliche Reiz dieser Ausgliederung liegt darin, diese Anlagen zu nicht regulierten Preisen nutzen zu können. Damit führte die auch Preisregulierung zumindest indirekt zu weitergehenden und freiwilligen Entflechtungsbestrebungen.

Andere Entflechtungsmaßnahmen waren Auflagen der Fusion von NGC und Lattice. Diese Fusion basierte wiederum selbst auf einer freien wirtschaftlichen Entscheidung.

Die Art und Weise, wie die britischen Regulierungsbehörden agiert haben, ist ein gutes Beispiel dafür, wie unkompliziert Regelungen getroffen werden können, die für alle Beteiligten einen guten Kompromiss darstellen und zugleich wettbewerbsfördernd sind, ohne in Fragen der verfassungsrechtlichen Zulässigkeit solcher Regelungen zu enden.[271] Die gravierendsten Unbundling Entscheidungen wurden bemerkenswerter Weise von den Unternehmen autonom ausschließlich aus wirtschaftlichen Gründen getroffen. Der Regulator ist sogar diesen weitergehenden Maßnahmen skeptisch gegenüber eingestellt, wie sich deutlich in der Verzögerung des Verkaufes der LDZ und der Ausgliederung der LNG-Anlagen zeigt. Somit lässt sich auf Grund der Erfahrungen in Großbritannien die These aufstellen, dass eine einmal begonnene Entflechtung bei einem funktionierenden Markt und entsprechender Regulierung des natürlichen Leitungsmonopols zwangsläufig zu einem Ownership Unbundling von Handel und Transport sowie anderen wettbewerbsfähigen Teilen führen wird.

271 Eine solche Diskussion ist in Deutschland entbrannt, als die EU-Kommission ankündigte, ein Legal und Management Unbundling in die Richtlinien aufzunehmen.

Eindeutig zeigt der britische Gasmarkt jedoch, wie wichtig ein Unbundling zwischen Netzbetrieb und Handel ist, damit Wettbewerb funktionieren kann. Denn erst nach 1993 beginnt sich auf dem britischen Gasmarkt Wettbewerb effektiv zu entwickeln, also erst, als ein Legal und Management Unbundling erfolgt ist.

Tabellarische Darstellung des Unbundlings im Gasmarkt

Tätigkeit	Art des Unbundlings	wann	Grund für das Unbundling
Leitungsnetzbetrieb, Handel, Versorgung (ehemals British Gas)	Ownership	1997	freiwillige Reaktion auf wirtschaftliche Probleme im Versorgungsbereich
Internationales Geschäft, Leitungsnetzbetrieb	Ownership	2000	freiwilliger Verkauf
Speicheranlagen in Hornsea	Legal und Management	2001	Auflage im Rahmen der Genehmigung des Kaufes der Speicheranlagen durch SSE Energy Supply Ltd.
LNG-Anlagen (TransCo)	Department und Unbundling of Accounts; geplant: Legal und Management (2005 Isle of Grain bzw. 2006 die übrigen vier Anlagen)	1999 Januar 2005/ 2006	im Rahmen der partiellen Marktöffnung für Speicherkapazitäten freiwillige Maßnahme zur Erschließung neuer Märkte
EnMO Ltd. (OCM)	Legal und Management	2002	Auflage im Zusammenhang mit der Fusion von NGC und Lattice
Metering (TransCo)	Legal und Management	2003	freiwillige Vereinbarung zwischen TransCo und Ofgem im Zusammenhang mit der Marktöffnung für Messeinrichtungen
Stromerzeugungstätigkeit der Lattice Group in Cleveland	Ownership	bis 15. April 2004	Auflage im Zusammenhang mit der Fusion von NGC und Lattice
Gas Distribution Networks (TransCo)	noch vertikal integriert; bis zu vier sollen aber verkauft werden, geplant für Ende 2004; Anfang 2005	Ende 2004; Anfang 2005	Initiative von NGT

Stand: März 2004

B. Der britische Strommarkt

Nach dem ersten gescheiterten Versuch, mehr Wettbewerb auf dem Strommarkt mit dem Electricity Act von 1983 einzuführen, kam es mit der Verabschiedung des Electricity Act von 1989 zur Privatisierung und Liberalisierung der britischen Stromwirtschaft.[272] Der Electricity Act von 1989 enthielt im Gegensatz zu den ersten Liberalisierungsbestrebungen auf dem britischen Gasmarkt weit reichende Umstrukturierungsmaßnahmen und Regulierungsmöglichkeiten, was nicht zuletzt Folge der doch schwierigen und mit vielen Rückschlägen verbundenen vorherigen Privatisierung des Gasmarktes war.[273]

I. Die vorgenommenen Umstrukturierungsmaßnahmen

Am 31. März 1990, dem sog. Vesting Day, kam es zu einer grundlegenden Umstrukturierung der britischen Stromwirtschaft.[274] Diese Umstrukturierungsmaßnahmen führten im wesentlichen zu folgend dargestelltem Ergebnis.

1. Die Aufspaltung des Marktes in Erzeugung, Übertragung, Verteilung und Versorgung

Das Innovative an der Liberalisierung des britischen Strommarktes war die umfangreiche Entflechtung in die Bereiche Erzeugung, Übertragung, Verteilung und Versorgung.[275]

Zuvor war der britische Strommarkt wie auch der Gasmarkt vertikal integriert. Alle Erzeugungskapazitäten wurden vom Central Electricity Generating Board (CEGB) gehalten. Das CEGB besaß zudem das Übertragungsnetz. Die Stromverteilung und -versorgung wurde durch zwölf sog. Area Boards wahrgenommen, welche den Strom beim CEGB zu einem bestimmten Tarif einkauften, dem sog. Bulk Supply Tariff. Nur Electricité de France war in Europa stärker integriert als die britische Stromwirtschaft.[276]

---

272 Zu geschichtlichen Entwicklung der britischen Stromwirtschaft: *Newberry/Green*, in: Gilbert/Kahn (Hrsg.), International Comparisons of Electricity Regulation, S. 25 ff.; vgl. zum Electricity Act von 1983 nur: *Schneider*, Liberalisierung des Strommarktes durch regulative Marktorganisation, S. 143 ff.; *Durach*, Die Einführung kompetitiver Strukturen, S. 133 ff.

273 *Durach*, Die Einführung kompetitiver Strukturen, S. 138.

274 *Newberry/Green*, in: Gilbert/Kahn (Hrsg.), International Comparisons of Electricity Regulation, S. 59; *Cross*, Electric Utility Regulation in the European Union, S. 238 f.; zur Umstrukturierung s.a.: *Monopolies and Mergers Commission*, PowerGen/Midlands Electricity, S. 55 ff.

275 *Littlechild*, in: Beesley (Hrsg.), Major Issues, S. 119 (120 f.); *Burns/Weyman-Jones*, Regulatory Incentives, S. 2.

276 *OXERA*, Electricity Contracting, S. 9.

Mit dem Electricity Act von 1989 wurde diese vertikal integrierte Struktur aufgebrochen und der Markt in Erzeugung, Übertragung und Verteilung sowie Versorgung aufgeteilt.[277] Zudem erfolgten Entflechtungsmaßnahmen innerhalb des CEGB.

In Schottland wurde die Elektrizitätswirtschaft in Form von zwei vertikal integrierten Gesellschaften privatisiert, die Scottish Power und Scottish Hydro Electric, während in Nordirland die Gesellschaften neu strukturiert und in vier selbständige Unternehmen aufgespalten wurden.[278] Vorliegende Betrachtung beschäftigt sich aber nur mit England und Wales, da nur dieser Markt interessant bzgl. des Unbundlings ist.

a) *Die Entflechtung innerhalb des Central Electricity Generating Boards*

Im Erzeugungsbereich wurde das CEGB in England und Wales, welches das Erzeugungsmonopol innehatte, in drei Unternehmen aufgespalten und zwar in PowerGen plc, National Power plc und Nuclear Electric plc. Zudem musste das CEGB das Übertragungsnetz auf die National Grid plc (NGC) ausgliedern. Die für die Deckung von Spitzenlasten notwendigen Pumpspeicherkraftwerke wurden zunächst NGC übertragen, wobei diese später an unabhängige Betreiber verkauft werden sollten. Die Anteile von PowerGen und National Power wurden 1991 zu 60 % verkauft, die restlichen 40 % im März 1995. Nuclear Electric blieb zunächst im Staatseigentum. Allerdings wurde die Atomwirtschaft am 1. April 1996 neu strukturiert. Hierbei wurden die neueren Kraftwerkstypen von Nuclear Electric und Scottish Nuclear auf das neugegründete Unternehmen British Energy übertragen. Bei den älteren Magnox-Reaktoren erfolgte eine Übertragung auf Magnox Electric, eine neugegründete Tochtergesellschaft der auch künftig im Staatseigentum stehenden BNFL. British Electric wurde hingegen 1996 privatisiert. Im Dezember 1995 wurden die Pumpseicherkraftwerke der NGC an die First Hydro verkauft. Durch den Einstieg neuer Erzeuger mit Gasturbinenkraftwerken (CCGT) wurde die Wettbewerbssituation ab 1994 zusätzlich verbessert und das Erzeugungsduopol langsam aufgebrochen.[279]

Vor Verabschiedung des Electricity Act wurde eine Entflechtung des CEGB in mehr selbständige Erzeugungsunternehmen diskutiert und es waren Überlegungen vorhanden bis zu 10 Gesellschaften zu gründen, um eine breitere Wettbewerbsbasis zu schaffen. Gleichzeitig ging es um das Problem, ob auch eine Privatisierung der Nuklearanlagen wirtschaftlich sei; hier entschied man sich zunächst, diese im Staatsbesitz zu lassen, um deren Überleben sichern zu können. Hierdurch wäre eine größere Öffnung des Marktes als mit dem Duopol National Power und PowerGen möglich geworden.

---

277 *OXERA*, Electricity Contracting, S. 9.

278 *Newberry/Green*, in: Gilbert/Kahn (Hrsg.), International Comparisons of Electricity Regulation, S. 58, Fn. 20; zu Schottland und Nordirland ausführlich: *McEldowney/Hancher*, Electricity Industry Handbook: Law and Practice, 1.21 ff., 1.35 ff.

279 Siehe zu dem Vorgenannten: *Monopolies and Mergers Commission*, PowerGen/Midlands Electricity, S. 56, 63 f.; *DTI*, Presseerklärungen v. 22.12.1997 (P/97/869); *dass.*, Presseerklärung v. 3.2.1998 (P/98/089); *Offer*, Annual Report 1994, S. 6 f.; *dass.*, Annual Report 1995, S. 3 f. 9; *OXERA*, Electricity Contracting, S. 9 f.; *Newberry/Green*, in: Gilbert/Kahn (Hrsg.), International Comparisons of Electricity Regulation, S. 58 f.; *Harris*, Cutting Electricity Costs, S. 31; *Cross*, Electric Utility Regulation in the European Union, S. 238 f.; *McEldowney/Hancher*, Electricity Industry Handbook: Law and Practice, 1.8 f.

Die britische Regierung entschied sich jedoch für die dargestellte Vorgehensweise, da der Zeitplan zur Umsetzung der Liberalisierung eng gesteckt war und bis zu den Wahlen 1991 abgeschlossen werden sollte. Dies wäre bei einer größeren Entflechtung nicht möglich gewesen.[280]

b) Die Separierung des Übertragungsnetzes

NGC wurde als eigenständige Gesellschaft zur Betreibung des Übertragungsnetzes gegründet und das Übertragungsnetz aus dem CEGB ausgegliedert. NGC wurde am 31. März 1990 eine Aktiengesellschaft, die bis Dezember 1995 im Miteigentum der zwölf Public Electricity Suppliers (PES), den vormaligen Area Boards, stand. Zunächst wollte die britische Regierung das Übertragungsnetz nicht in eine öffentliche Gesellschaft überführen, aber gleichzeitig das Staatseigentum beenden. Um jedoch zu verhindern, dass die Erzeuger, die durch ein Eigentum am Netz eine zu starke Marktmacht bekommen hätten, sollte das Netz auf die PES übertragen werden. Hierzu wurde eine Holding, die NGC Holding plc gegründet, an der die einzelnen PES Anteile zwischen 5,4 % und 12,5 % hielten. Kein PES durfte mehr als 14,9 % halten, um eine singuläre Einflussnahme auf das Geschäft der NGC zu vermeiden. Hierdurch sollte der NGC ermöglicht werden, das Netz in nicht diskriminierender Weise zu betreiben und allen Erzeugern Zugang zum Übertragungsnetz zu eröffnen. Diese eigentumsrechtliche Verbindung von Verteilung und Übertragung war in Europa für ein dezentralisiertes Poolsystem einzigartig. Der Director General of Electricity Supply (DGES) bezeichnete daher das gemeinsame Eigentum der REC an NGC als Übergangslösung und als zunehmend unpassend („increasingly inappriate").[281] Im Dezember 1995 wurde dann vom DGES eine zwangsweise Börsennotierung von NGC durchgesetzt, bei der die REC´s verpflichtet waren, ihr Eigentum an NGC binnen eines Jahres auf 1 % oder weniger zu reduzieren.[282]

NGC betrieb den Electricity Pool of England and Wales, einen neu geschaffenen Spotmarkt, über den der Großhandel von Strom verbindlich abgewickelt werden musste. NGC selbst oder eine ihrer Tochtergesellschaften war es nur gestattet, zu Ausgleichszwecken der Netzspannung oder mit Genehmigung von Offer Strom zu kaufen oder zu verkaufen.[283] Hierdurch sollte die Neutralität und strikte Trennung des Übertragungsnetzes vom Stromhandel sichergestellt werden.

---

280 *Vickers/Yarrow*, Reform of the electricity supply industry in Britain, in: European Economic Review 35 (1991), S. 485, 487 ff.; *Newberry/Green*, in: Gilbert/Kahn (Hrsg.), International Comparisons of Electricity Regulation, S. 58.

281 *Offer*, Pressemitteilung v. 16.11.1994 (R 25/94); *McEldowney/Hancher*, Electricity Industry Handbook: Law and Practice, 1.9.

282 Zu dem Ganzen: *Offer*, Annual Report 1995, S. 9; *Monopolies and Mergers Commission*, PowerGen/Midlands Electricity, S. 59; *Thomas*, in: Surrey (Hrsg.), British Electricity Experiment, S. 40 (72); *OXERA*, Electricity Contracting, S. 9; *Newberry/Green*, in: Gilbert/Kahn (Hrsg.), International Comparisons of Electricity Regulation, S. 59; *Harris*, Cutting Electricity Costs, S. 31; *Cross*, Electric Utility Regulation in the European Union, S. 241; *McEldowney/Hancher*, Electricity Industry Handbook: Law and Practice, 1.8.

283 *Ofgem*, Regulatory issues arising from the merger of National Grid Group plc and Lattice Group plc to create National Grid TransCo plc, S. 11.

c) *Das Unbundling innerhalb der Public Electricity Supply Companies*

Die zwölf englischen und walisischen Electricity Area Boards wurden zu Public Electricity Suppliers (PES), auch als Regional Electricity Companies (REC) bezeichnet, umgewandelt und im November 1990 privatisiert. Diese PES betrieben als vertikal integrierte Unternehmen in ihrem Versorgungsgebiet das Verteilungsnetz. Die Verteilung und Versorgung erfolgte über die PES bzw. Second-Tier-Suppliers, wenngleich die Versorgung von Tarifkunden (bis zu 1 MW) zunächst als Monopol bestehen blieb. Nachfolgend wurde der Versorgungsmarkt jedoch schrittweise geöffnet. So wurde 1994 Kunden mit einer Abnahme von mehr als 100 kW erlaubt, ihren Versorger selbst auszuwählen.[284]

Mitte 1998 wurde der Markt gänzlich geöffnet. Bis dahin bekamen die PES ein bestimmtes Versorgungsgebiet zugewiesen, in dem sie eine Versorgungspflicht hatten. Wollten sie in anderen Gebieten tätig werden, mussten sie eine Second-Tier-Licence beantragen. Erst dann konnten sie Kunden über 1 MW bzw. 100 kV versorgen.[285]

Die Verteilung und die Versorgung des noch nicht geöffneten Marktes unterlagen einer gesonderten Preisregulierung. Um diese möglichst effizient zu gestalten, war die Separierung der Tätigkeiten von Bedeutung.[286] Die PES wurden daher in vier Geschäftsbereiche aufgeteilt. Diese waren die Bereiche Versorgung, Verteilung und Handel mit Strom (Second-tier Supply) sowie die Erzeugung von Strom.[287] Diese Bereiche waren jeweils gesondert zu bilanzieren.[288] Somit waren sie durch ein Unbundling of Accounts separiert. Zudem dürfen die PES keine Informationen zwischen den einzelnen Geschäftsbereichen austauschen und diese Informationen zum eigenen Vorteil nutzen; Quersubventionierungen sind ebenfalls verboten.[289] Damit wurde auch ein Department Unbundling vollzogen. Es gab keine Pflicht der PES, ihre Tätigkeiten rechtlich zu trennen, solange ein Informationsaustausch und Quersubventionierungen verhindert sowie separate Bilanzen erstellt wurden. Die Verteilung und Versorgung konnte demnach als kombinierte Tätigkeit wahrgenommen werden.[290] Ein Legal oder Management Unbundling fand nicht statt. Weitergehend war nur die Pflicht der Gebietsversorger, gem. Cond. 6 I PES Licence ihre Erzeugungsanlagen auf Tochtergesellschaften auszulagern.[291]

---

284 *Offer*, Annual Report 1995, S. 2; *Simmonds*, Regulation, S. 7; *Hicks*, Regulation, S. 5, 24 f.; *OXERA*, Electricity Contracting, S. 10; *Newberry/Green*, in: Gilbert/Kahn (Hrsg.), International Comparisons of Electricity Regulation, S. 59; *Cross*, Electric Utility Regulation in the European Union, S. 242 f.; *McEldowney/Hancher*, Electricity Industry Handbook: Law and Practice, 1.10.

285 *Cross*, Electric Utility Regulation in the European Union, S. 242.

286 *Burns/Weyman-Jones*, Regulatory Incentives, S. 2.

287 *Offer*, Reviews of Public Electricity Suppliers 1998-2000, S. 12 f.; *OXERA*, Electricity Contracting, S. 10.

288 *Offer*, Reviews of Public Electricity Suppliers 1998-2000, S. 12; vgl. Condition 2 und 4 PES Licence.

289 *Offer*, Reviews of Public Electricity Suppliers 1998-2000, S. 12 f.; vgl. Cond. 12 PES Licence.

290 *Offer*, Reviews of Public Electricity Suppliers 1998-2000, S. 13.

291 *Schneider*, Liberalisierung des Strommarktes durch regulative Marktorganisation, S. 198; vgl. zu dem Ganzen: *Bailey/Tudway*, Electricity, Rn. 12.03; *Vickers*, in: Beesley (Hrsg.), Time for Change, S. 94 f., 103.

Die Second-Tier-Suppliers unterlagen hingegen keinerlei Restriktionen. Sie mussten nur Kunden sammeln und ihre Upstreamkosten decken, das Eigentum eines Netzes oder von Erzeugungsanlagen war nicht notwendig. Es bedurfte nur eines Büros, ausreichender Liquidität und einer Lizenz, um tätig zu werden, so Offer.[292]

Verglichen mit der Ausgangssituation am sog. Vesting Day, hat sich durch zahlreiche Fusionen und Umstrukturierungen die Unternehmensstruktur der PES stark verändert. Verschiedene PES haben fusioniert, andere haben sich zu sog. Multi-Utility-Groups entwickelt und sind auch auf dem Gasmarkt tätig. Andere wiederum gehören US-amerikanischen Müttern. Hierdurch haben sich unterschiedliche Managementstrukturen in den einzelnen PES entwickelt. Die meisten PES haben sechs Geschäftsbereiche geschaffen, die jeweils einen eigenen Direktor haben, der unmittelbar der Geschäftsführung unterstellt ist. Hierbei haben viele PES ihre Verteilungs- und Versorgungstätigkeit organisatorisch getrennt, wenngleich dies nicht für alle PES gilt. Zudem haben sie gemeinsam genutzte Geschäftsbereiche, wie Sekretariat, Rechtsabteilung und Unternehmensstrategie sowie Personalabteilungen auf Gesellschaftsebene zusammengefasst und stellen diese allen Abteilungen zur Nutzung zur Verfügung. Manche führen eigenständige Abteilungen für die Abwicklung des Kundengeschäfts. Ein paar PES fassten sogar ihre Messdienstleistungen in einer weitgehend selbständigen Abteilung zusammen. Andere haben diese Tätigkeit der Verteilung oder aber der Versorgung zugeordnet.[293] Eine einheitliche Entflechtungsstruktur bzgl. des Managements der einzelnen Geschäftsfelder war damit bis zur Reform des Strommarktes durch den Utility Act im Jahr 2000 nicht zu erkennen, aber auch bis dahin gesetzlich nicht gefordert worden.

2. *Bei der Entflechtung gemachte Fehler*

Durch die genannten Entflechtungsmaßnahmen wurde zwar der Fehler der Gasprivatisierung vermieden, das staatliche Monopol nahezu unverändert in den privaten Markt zu transferieren, aber dem Ideal eines vertikal entflochtenen Marktes entsprach dieses Modell weit weniger als oftmals angenommen[294] und von der Regierung[295] zugegeben wurde. Vielmehr wurden bei der Privatisierung des britischen Strommarktes eigene Fehler gemacht.

a) Das Erzeugungsduopol

Das größte Problem der Liberalisierung war die zu geringe Aufsplittung des CEGB. Aus Gründen der nationalen Atompolitik und wegen des engen Zeitrahmens wurde nur

---

292 *Cross*, Electric Utility Regulation in the European Union, S. 242.

293 Hierzu: *Offer*, Reviews of Public Electricity Suppliers 1998-2000, S. 13 f.

294 Vgl. hierzu: *Thomas*, in: *Surrey*, The British Electricity Experiment, S. 40 (52 f., 69 f., 71 f., 285 f.); unzutreffend etwa: *Losch*, Wettbewerbsorientierte Regulierung, S. 142; ungenau: *Durach*, Die Einführung kompetitiver Strukturen, S. 162, welcher von einer strikten Trennung auf vertikaler wie horizontaler Ebene spricht. Vgl. auch die Kritik bei: *Schneider*, Liberalisierung des Strommarktes durch regulative Marktorganisation, S. 197 ff.

295 *McAuslan/McEldowney*, Electricity Act 1989, 29-63.

National Power und PowerGen entflochten und ein Duopol geschaffen, welches die Entstehung von Wettbewerbsstrukturen in diesem potentiellen Wettbewerbsmarkt nahezu unmöglich machte.[296] Hierdurch musste Offer auch den Erzeugungsmarkt regulieren, was sich als schwierig herausstellte und dazu führte, dass sich Offer von seiner eigentlichen Aufgabe, das natürliche Leitungsmonopol zu regulieren, entfernte und Kapazitäten bei Offer gebunden wurden.[297] Ab 1994 verbesserte sich jedoch die Situation durch neue Markteintritte, den Verkauf der Pumpseicherkraftwerke und die Umstrukturierung der Atomwirtschaft.

b) Die noch bestehende Integration der NGC

Auch die oftmals betonte Ausgliederung des von NGC betriebenen Übertragungsnetzes war keine vollständige vertikale Entflechtung, da NGC zunächst bis Dezember 1995 im Miteigentum der REC´s verblieb.[298] Durch die Schaffung einer Holding blieb der Einfluss der einzelnen REC´s auf die NGC jedoch minimal,[299] da kein REC mehr als 14,9 % der Anteile halten durfte und somit eine Beherrschung eines einzelnen REC unmöglich war. Faktisch lagen die Anteile unter der 14,9 %-Grenze. Ursache für diese Lösung war der Umstand, dass bei der Privatisierung verlässliche Daten für eine Bewertung der NGC-Aktien auf Grund mangelnder Erfahrungen mit einem ausgegliederten Netzbetreiber fehlten und so ein erfolgreicher Börsengang zunächst unmöglich war.[300]

Außerdem wurde der Fehler gemacht, der NGC zwei Pumpspeicherkraftwerke zu übertragen, die als Spitzenlastkraftwerke zwar einen geringen Anteil an der bestehenden Erzeugungskapazität hatten, aber erheblichen Einfluss auf den SMP des Pools besaßen. Hierdurch blieb der Übertragungsnetzbetrieb zumindest teilweise mit dem Erzeugungsbereich vertikal integriert und die Regulierung des Netzmonopols wurde durch diese unscharfe Trennung zusätzlich erschwert.[301] Die Rechtfertigung hierfür wurde in der Pflicht der NGC gesehen, für eine ausreichende Netzstabilität zu sorgen.[302] Im Dezember 1995 wurden die Pumpseicherkraftwerke an die First Hydro veräußert.

c) Die fehlende Entflechtung der REC´s

Kaum eine Entflechtung hat im Bereich der Verteilung und Versorgung stattgefunden. Die REC besaßen weiterhin in ihrem Gebiet das Versorgungsnetz, das sie zu diskrimi-

296 *Robinson*, Privatisation in England and Wales: Progress and Problems, S. 2 f.; *Helm*, in: Helm, S. 7 (10).

297 *Robinson*, Privatisation in England and Wales: Progress and Problems, S. 2 f.

298 *Helm*, in: Helm, S. 7 (10).

299 Vgl. auch: *Schneider*, Liberalisierung des Strommarktes durch regulative Marktorganisation, S. 197.

300 *Thomas*, in: *Surrey*, The British Electricity Experiment, S. 40 (286).

301 *Monopolies and Mergers Commission*, PowerGen/Midlands Electricity, S. 122 f.; *Robinson*, Privatisation in England and Wales: Progress and Problems, S. 3.

302 *Thomas*, in: *Surrey*, The British Electricity Experiment, S. 40 (70).

nierungsfreien Konditionen Dritten zur Verfügung stellen mussten.[303] Gleichzeitig waren die REC's aber sowohl für das monopolistische Verteilungsgeschäft als auch als Pflichtversorger für Tarifkunden zuständig und konnten darüber hinaus als Zusatzversorger und Stromerzeuger tätig werden, wobei ihre Stromerzeugungskapazität auf 15 % der Stromnachfrage in den ihnen zugeteilten Versorgungsgebieten begrenzt war.[304] Es erfolgte nur ein Unbundling of Accounts. Die Erzeugungstätigkeiten der REC's waren jedoch gesellschaftsrechtlich zu entflechten.

Als Argument gegen eine weitergehende Entflechtung der Verteilungs- und Versorgungsbereiche wurden Bedenken hinsichtlich der Wettbewerbsfähigkeit im Bereich der Stromversorgung vorgebracht, die durch einen Verkauf der entsprechenden Unternehmensanteile durch die Regierung gefährdet worden wäre. Weiterhin beschränkte der durch Wahltermine enge Zeitrahmen weitergehende Maßnahmen, für die auch wegen der sukzessiven Öffnung des Versorgungsmarktes keine zwingende Notwendigkeit gesehen wurde.[305]

Bereits Mitte der 90er Jahre wurde eine weitergehende Entflechtung zwischen Versorgung und Verteilung gefordert. Die REC sollten ihre Verteilungsnetze veräußern und so eine strikte Trennung zwischen natürlichem Monopol und potentiellem Wettbewerbsmarkt ermöglichen.[306]

3. *Die nachfolgende Regulierungspraxis*

Auch die nachstehende Regulierungspraxis ergab kein einheitliches Bild zugunsten einer vollständigen vertikalen Desintegration der einzelnen Tätigkeitsfelder. Im Gegenteil, der DGES hat sogar z.T. eine vertikale Reintegration der REC's im Erzeugungsbereich gefördert, indem er langfristige Abnahmeverträge genehmigte oder gar die Übernahme von Erzeugungskapazitäten durch ein REC zuließ, obwohl dieses hierdurch bei weitem das gem. Cond. 6 PES Licence gesetzte Limit von 15 % der Gebietsnachfrage an erlaubten Erzeugungskapazitäten überstieg. Die REC waren die einzige Möglichkeit für den DGES eine wettbewerbsfördernde Entwicklung auf dem Strommarkt zu erreichen. Durch die vertikale Integration der REC sollte das Duopol auf dem Erzeugungsmarkt geschwächt werden.[307]

Einzig gegenüber der NGC verfolgte die britische Regulierungspolitik eine klare Linie der vertikalen Desintegration. Obwohl es keinerlei Hinweise auf ein wettbewerbswidriges Verhalten seitens der NGC gab, veranlasste der DGES die REC's, ihre Anteile an der NGC bis Ende 1995 zu verkaufen. Ferner wurde die NGC verpflichtet,

303 *Robinson*, Privatisation in England and Wales: Progress and Problems, S. 3.

304 *Robinson*, Privatisation in England and Wales: Progress and Problems, S. 3; *Schneider*, Liberalisierung des Strommarktes durch regulative Marktorganisation, S. 198.

305 *Thomas*, in: *Surrey*, The British Electricity Experiment, S. 40 (72, 285); *Schneider*, Liberalisierung des Strommarktes durch regulative Marktorganisation, S. 198.

306 So: *Robinson*, Privatisation in England and Wales: Progress and Problems, S. 5; vgl. ferner zur Sicht der Regierung in den späten 90er Jahren: *Offer*, Annual Report 1997, S. 11; *DTI*, A Fair Deal for Consumers und *Ofgas*, Ofgas' Response to the Government's Green Paper on Utility Regulation.

307 *Helm*, in: Helm, S. 7 (11); vgl. zu dieser reintegrativen Entwicklung nur: *Schneider*, Liberalisierung des Strommarktes durch regulative Marktorganisation, S. 199 ff., m.w.N.

ihre Pumpspeicherkraftwerke zu veräußern. Interessanterweise wurde der Verkauf der Pumpspeicherkraftwerke vom DGES nicht etwa mittels formaler Kompetenzen veranlasst, sondern vielmehr durch eine informelle Vorgehensweise unter dem Damoklesschwert drohender MMC-Untersuchungen, was die Wortwahl „indicate" und „suggest" andeutet.[308] Anlass für die Veräußerung dieser Anlagen war, dass die operativen Gründe für das Eigentum der Netzgesellschaft an den Speicheranlagen weggefallen seien und diese erheblichen Einfluss auf die Poolpreise gehabt hätten, weshalb auch National Power und PowerGen von Geboten bei der Veräußerung ausgeschlossen waren und ebenso eine Eigentümerschaft der REC´s unerwünscht war.[309]

4. *Die Absicherung des Unbundlings durch das Lizenzsystem*

In Großbritannien wurde ein umfassendes Regelwerk aufgestellt, wodurch die Erzeugung, Versorgung und Übertragung von Strom zugunsten fremder Grundstücke detailliert gesteuert wird. Dieses Lizenzsystem stellt einen essentiellen Teil der britischen Regulierung und damit der privatisierten Energieversorgung dar.[310] Es gleicht in weiten Teilen dem des Gasmarktes.

Dieses Lizenzierungssystem unterteilt die Energieversorgungstätigkeit in verschiedene Aufgabenbereiche. In der Stromversorgung sind das gem. Sec. 4 ElecAct die Lizenzen für:

1. Erzeugung von Strom (Generation Licence)
2. Übertragung (Transmission Licence)
3. Zusatzversorgung (Second Tier Supply Licence)
4. Gebietsversorgung (Public Electricity Supply Licence).[311]

Grundsätzlich ist die unlizenzierte Erzeugung, Übertragung oder Versorgung mit Strom verboten[312] und unter Strafe gestellt.[313] Allerdings kann der Secretary of State gem. Sec 5 ElecAct „a particular person or a person of a particular class"[314] – also eine besondere Person oder eine Person einer besonderen Gruppe – von der Lizenzierungspflicht freistellen.[315] Sofern eine Person einer besonderen Gruppe freigestellt wird, ist diese Freistellung in der Art und Weise zu veröffentlichen, dass diese besondere Gruppe in geeigneter Weise hiervon Kenntnis erlangt.[316] Die Freistellung kann der Secretary of State nur nach Konsultation des Director General of Electricity Supply

308 *Schneider,* Liberalisierung des Strommarktes durch regulative Marktorganisation, S. 199, Fn. 350.

309 Vgl. zum Ganzen: *Littlechild,* in: Beesley (Hrsg.), Challenge and Response, S. 101 (110 ff.); *Thomas,* in: Surrey, The British Electricity Experiment, S. 40 (72 f., 286); *Offer,* Annual Report 1995, S. 9.

310 *McEldowney/Hancher,* Electricity Industry Handbook: Law and Practice, 6.1.

311 *McEldowney/Hancher,* Electricity Industry Handbook: Law and Practice, 6.2 ff.

312 *McEldowney/Hancher,* Electricity Industry Handbook: Law and Practice, 6.25.

313 *McEldowney/Hancher,* Electricity Industry Handbook: Law and Practice, 6.25.

314 *McEldowney/Hancher,* Electricity Industry Handbook: Law and Practice, 6.27.

315 *McEldowney/Hancher,* Electricity Industry Handbook: Law and Practice, 6.27.

316 „In case of an exemption granted to persons of a particular class, it must be published in a manner which the Secretary of State considers appropriate for bringing to the attention of persons of that class.": *McEldowney/Hancher,* Electricity Industry Handbook: Law and Practice, 6.27.

(DGES) erteilen.[317] Für die Organisation des Infrastrukturnetzes sind nur die Lizenzen für Transmission und Public Electricity Supply von Interesse, da nur diese Regelungen bzgl. des Netzbetriebes enthalten.

a) Lizenzvergabe

Zuständig für die Vergabe der Lizenzen ist im Bereich der Stromversorgung der Secretary of State nach Konsultation des DGES gem. Sec. 6 I, II ElecAct. Der DGES ist nur bei Zustimmung des Secretary of State im jeweiligen Einzelfall oder bei genereller Übertragung der Zuständigkeit durch den Secretary of State berechtigt, Lizenzen zu erteilen. Diese Übertragung hat auch stattgefunden.[318]

Gem. Sec. 7 lit. a ElecAct sind die Inhalte der einzelnen Lizenztypen nur begrenzt vorgegeben und die Ausgestaltung unterliegt einem weiten Ermessen des Lizenzgebers. Damit ergeben sich die einzelnen Rechte und Pflichten der verschiedenen Lizenznehmer nur aus den jeweils konkret erteilten Lizenzen und nicht aus dem Electricity Act selbst.[319]

b) Die Absicherung des Unbundlings durch die Lizenzen

Von den vier Lizenztypen sind für die Absicherung des Unbundlings der Tätigkeiten Erzeugung, Übertragung, Versorgung und Verteilung die Transmission und die PES Licence von besonderer Bedeutung. Diese beiden Lizenzen enthalten konkrete Entflechtungsvorgaben bzw. das Verbot in anderen Tätigkeitsbereichen tätig zu werden.

aa) Die Transmission Licence

Die Transmission Licence enthält die Pflicht des Übertragungsnetzbetreibers, sein Netz diskriminierungsfrei allen lizenzierten Nutzern zur Verfügung zu stellen, es auszubauen und einen sog. Grid Code zu erstellen, durch den eine einheitliche Nutzung zu bestimmten Standards gewährleistet werden soll. Ferner oblag dem Übertragungsnetzbetreiber die Organisation des Handels über den Electricity Pool of England and Wales. Die NGC ist einziger Inhaber einer Übertragungslizenz.[320]

Die Entflechtung der NGC als unabhängige Netzgesellschaft, wurde dadurch gewährleistet, dass es der NGC selbst oder einer ihrer Tochtergesellschaften gem. Standard Condition C 2 Transmission Licence grds. verboten war, Handel mit Strom zu betreiben. Der NGC war es hiernach nur gestattet, zu Ausgleichzwecken der Netzspannung oder mit Genehmigung von Offer Strom zu kaufen oder zu verkaufen.[321]

317 *McEldowney/Hancher,* Electricity Industry Handbook: Law and Practice, 6.27.

318 *McEldowney/Hancher,* Electricity Industry Handbook: Law and Practice, 6.30 f.

319 *McEldowney/Hancher,* Electricity Industry Handbook: Law and Practice, 6.36 ff.

320 Zu den genannten Verpflichtungen des Netzbetreibers siehe nur: *Schneider,* Liberalisierung des Strommarktes durch regulative Marktorganisation, S. 182 f.; 207 f.

321 *Ofgem,* Regulatory issues arising from the merger of National Grid Group plc and Lattice Group plc to create National Grid TransCo plc, S. 11.

Dieses Handelsverbot wurde auch nach der Fusion von TransCo und NGC beibehalten und dahingehend erweitert, dass auch ein Handel mit Gas ohne Zustimmung von Ofgem verboten wurde. Befristete Ausnahmen wurden zugelassen, um bis zu einem möglichen Verkauf der Stromerzeugungstätigkeiten der ehemaligen Lattice Group deren Betrieb zu ermöglichen. Gleichzeitig wurde EnMO Ltd., eine Tochter der NGC, strikt von den übrigen Tätigkeiten der NGT durch ein Management und Legal Unbundling getrennt, da EnMO den Gasspotmarkt zu Ausgleichzwecken betreibt und hier Interessenkollisionen mit dem Netzbetrieb verhindert werden mussten, die durch die Fusion möglich geworden waren.

bb) Public Electricity Supply

Es gab zweierlei Arten von Versorgungstätigkeiten. Die ehemaligen zwölf Area Boards übernahmen Tätigkeiten als Gebietsversorger (Regional Electricity Company bzw. Public Electricity Supplier) und erhielten jeweils für ihr Gebiet eine PES Licence. Ferner konnten Unternehmen wie auch die REC als sog. Zusatzversorger (Second Tier Supplier oder auch Private Electricity Supplier genannt) tätig werden. Nur die REC´s betreiben jedoch auch ein Versorgungsnetz und organisieren die Stromverteilung zu den Letztverbrauchern, wenngleich auch die Zusatzversorger ein solches Netz errichten können, was aber auf Grund der Kostenstrukturen eines solchen Netzes kaum zu erwarten sein wird.[322] Entsprechend regelte die Second Tier Licence nicht ein Unbundling des Netzbetriebes.

Wegen der starken Abhängigkeit der Letztverbraucher vom Netz des REC waren die Regelungen bzgl. des Netzbetriebes detaillierter im ElecAct selbst verfasst, anstatt diese durch die einzelnen Lizenzen zu treffen. Dort sind die Regelungen nur weiter ausgestaltet worden. Gem. Sec. 9 I ElecAct sind die REC´s zur Errichtung und Unterhaltung eines funktionsfähigen Versorgungsnetzes verpflichtet. Ferner besteht gem. Sec. 16 I ElecAct eine allgemeine Anschluss- und Versorgungspflicht. Die Lizenz ergänzt diese Pflichten hinsichtlich des funktionsfähigen Netzbetriebes dahingehend, dass die REC´s an der Teilnahme des Pools gem. Cond. 15 verpflichtet sind und verbraucherschützende Bestimmungen konkretisiert werden. Darüber hinaus muss der Gebietsversorger einen für alle einheitlichen Distribution Code gem. Cond. 11 ausarbeiten und mit der PES-Lizenz und dem Distribution Code übereinstimmende Vertragsangebote gem. Cond. 8B an Nutzungswillige übersenden. Die Streitschlichtung übernimmt auch hier der DGES im Rahmen eines verbindlichen Verfahrens gem. Cond. 8C. Ferner müssen die REC alle Netznutzer gleich behandeln.[323]

Ein Unbundling der Verteilungstätigkeit erfolgte nur durch ein Unbundling of Accounts. Gem. Cond. 2 PES Licence war eine getrennte Rechnungslegung für die Tätigkeiten im Bereich Versorgung, Verteilung, Stromhandel (Second-tier supply) und Erzeugung einzuführen. Der Erzeugungsbereich war gem. Cond. 6 I PES Licence gesellschaftsrechtlich eigenständig zu führen und mengenmäßig begrenzt. Weiterhin wa-

322 *Schneider*, Liberalisierung der Stromwirtschaft durch regulative Marktorganisation, S. 183 f.

323 Siehe hierzu nur: *Schneider*, Liberalisierung der Stromwirtschaft durch regulative Marktorganisation, S. 184 f., 208 f.

ren Quersubventionierungen gem. Cond. 4 zwischen den einzelnen Bereichen zu unterlassen und die Informationen, die das REC zur Durchführung der Durchleitung von seinem Konkurrenten erhält, auf dessen Mitteilung hin gem. Cond. 12 gegenüber den anderen Geschäftsbereichen geheim zu halten. Die Tätigkeiten als Versorger und Verteiler konnten jedoch gemeinsam von einer Geschäftseinheit unternommen werden, solange keine Quersubventionierung erfolgte und gewährleistet war, dass Informationen vertraulich behandelt wurden.[324] Ein Department Unbundling im engen Sinne war also nicht vorzunehmen.

Die Lizenzen für Public und Second-tier Supply wurden mit dem Utility Act von 2000 und dem New Electricity Trading Arrangement (NETA) grundlegend geändert. Es wurde eine Lizenz für die Verteilungstätigkeit geschaffen und die Versorgung einheitlich in einer neuen Supply Licence geregelt.

II. Der Electricity Pool of England and Wales

Zur Förderung des Wettbewerbs auf dem Erzeugungsmarkt wurde auf der Großhandelsebene, also zwischen den PES, den Erzeugern auf der einen Seite und privaten Stromhändlern und Großabnehmern auf der anderen Seite, ein obligatorischer Pool, der sog. Electricity Pool of England and Wales, eingeführt, über den jeder Großhandel von Strom verpflichtend getätigt werden musste. Das operative Geschäft wurde hierbei im wesentlichen von der National Grid Company (NGC) abgewickelt. Im Jahr 2001 ist der Electricity Pool nach einigen aufgetretenen Schwierigkeiten mit diesem Handelssystem durch das New Electricity Trading Arrangement (NETA) abgelöst worden und existiert nicht mehr in seiner ursprünglichen Form. Da der Electricity Pool keinerlei Auswirkungen auf das Unbundling hatte, soll auf eine ausführliche Darstellung verzichtet werden.[325]

III. Zusammenfassung und Bewertung

Zusammenfassend ergibt sich nach der Liberalisierung folgende Struktur des britischen Strommarktes: Auf Erzeugungsebene waren National Power, PowerGen, Nuclear Electric und zudem Electricité de France sowie die schottischen Erzeuger Scottish Power, Hydro-Electric und Scottish Nuclear tätig, wobei National Power und PowerGen 85% des Mittel- und Spitzenlastmarktes bedienten. In der Folgezeit etablierten sich weitere Erzeuger auf dem Markt. Hierzu gehören neben den Erzeugungsanlagen der REC´s[326] vor allem die US-amerikanischen Firmen AES, Edison Mission Energy,

---

324 *Offer*, Reviews of Public Electricity Suppliers 1998-2000, S. 12 f.; *Schneider*, Liberalisierung des Strommarktes durch regulative Marktorganisation, S. 198, 208; vgl. zu dem Ganzen auch: *Bailey/Tudway*, Electricity, Rn. 12.03; *Vickers*, in: Beesley (Hrsg.), Time for Change, S. 94 f., 103.

325 Zusammenfassend zur Abwicklung des Großhandels über den Pool: *Offer*, Reviews of Electricity Trading Arrangements: Backgroundpaper 1; Sowie für die deutschsprachige Literatur die umfassende Arbeit von *Schneider*, Liberalisierung des Strommarktes durch regulative Marktorganisation, S.149 ff.

326 Bei den REC´s ragte die Eastern Group nach dem Kauf der Erzeugungsanlagen von National Power und PowerGen mit 10% Marktanteil heraus.

NRG, Energy und Enron.[327] Im Jahr 2000 trat auch Electricité de France, der bereits zuvor London Electricity gehörte, als Erzeuger auf den britischen Markt und übernahm ferner 2001 das West-Burton-Kohlekraftwerk von TXU Europe (vormals die Regional Electricity Company Eastern Group).[328]

Der Großhandel verlief bis zum 27. März 2001 zentral über den Electricity Pool und die Übertragung sowie das operative Poolgeschäft hatten die NGC und deren Tochtergesellschaften zu verantworten.

Die Verteilung und Versorgung erfolgte über die PES bzw. Second-Tier-Suppliers, wenngleich die Versorgung von Tarifkunden (bis zu 1 MW) zunächst als Monopol bestehen blieb. Nachfolgend wurde der Versorgungsmarkt jedoch schrittweise geöffnet. So wurde 1994 Kunden mit einer Abnahme von mehr als 100 kW erlaubt, ihren Versorger selbst auszuwählen.[329] Von September 1998 bis Mai 1999 wurde schließlich der gesamte Versorgungsmarkt freigegeben und so das Monopol der PES´ endgültig beseitigt.

Wesentlich an der Marktstruktur Großbritanniens ist, dass strikt zwischen Erzeugung, Übertragung und Versorgungsmarkt entflochten worden ist. Lediglich der Versorgungssektor blieb zunächst vertikal integriert bestehen und wurde nur durch ein Unbundling of Accounts entflochten. Dies hat sich mit dem Utility Act von 2000 grundlegend geändert. Trotz der weitgehenden Entflechtung der einzelnen Marktsegmente bestand zunächst ein Duopol und später ein enges Oligopol an Erzeugern auf der Großhandelsebene, welches durch die einseitig auf die Erzeugung ausgerichtete Struktur des obligatorischen Strompools von England und Wales noch zusätzlich verstärkt wurde, so dass sich kein freier Wettbewerb entwickeln konnte.

Das Ergebnis der Umstrukturierung des britischen Strommarktes scheint daher in zweierlei Hinsicht fragwürdig. Zum einen ist überaus problematisch, dass der Schritt zu einer gesellschaftsrechtlichen Trennung zwischen Versorgung und Verteilung nicht vollzogen wurde. Solange der Versorgungsmarkt noch nicht dem Wettbewerb preisgegeben wurde, also weiterhin monopolistisch strukturiert war, ist in dieser Integration kein wesentliches Problem zu sehen. Mit der zwischen September 1998 bis Mai 1999 vollzogenen Öffnung des Versorgungsmarktes bedurfte es auch hier einer Umstrukturierung, also einer Trennung von Verteilungs- und Versorgungstätigkeit. Andernfalls würde den REC´s, welche als bereits etablierte Versorger ohnehin in einer marktstarken Position sind, ermöglicht, diese Position Konkurrenten gegenüber leicht zu behaupten. Zum einen hätten sie einen erheblichen Informationsvorsprung gegenüber Konkurrenten und ferner die Möglichkeit, durch Quersubventionierung des wenig gewinnträchtigen Versorgungsbereiches mit Gewinnen aus der Verteilungstätigkeit einen vorstoßenden Wettbewerb zu verhindern, wogegen auch keine aufwendige Regulierung helfen dürfte.[330] Insoweit kann auf die Erfahrungen bei der Liberalisierung des Gasmarktes verwiesen werden, wo zunächst British Gas als integriertes Unternehmen bestehen blieb.

---

327 *Simmonds,* Regulation, S. 6.

328 *Simmonds,* Regulation, S. 6.

329 *Simmonds,* Regulation, S. 7; *Hicks,* Regulation, S. 5, 24 f.

330 S.a.: *Schneider,* Liberalisierung des Strommarktes durch regulative Marktorganisation, S. 206.

Diese Tendenzen haben dazu geführt, dass der DGES verschiedene Gegenmaßnahmen bis hin zur vollständigen gesellschaftsrechtlichen Ausgliederung des Verteilungsgeschäftes – die einzig konsequente Lösung – erwog, wobei er hier einerseits auf die positiven Erfahrungen mit der NGC zurückgriff und andererseits noch Diskussionsbedarf erkannte.[331] Zu einer solchen Ausgliederung des Leitungssystems ist es mit der Neustrukturierung des Strom- und Gasmarktes durch den Utility Act von 2000 gekommen, da nunmehr eine sog. Distribution Licence eingeführt worden ist, die die Weiterverteilung des Stromes regelt und unabhängig von einer Supply Licence erteilt wird.

Weiterhin fragwürdig ist die zwangsweise Veräußerung der NGC. Hierzu kam es, obwohl keinerlei wettbewerbswidriges Verhalten der NGC vorgelegen hatte. Dies zeigt, dass der Netzbetrieb durchaus weiterhin in der kooperativen Verantwortung der REC´s hätte verbleiben können, da ohnehin durch die Schaffung der Holding der Einfluss der einzelnen REC´s minimal war. Es ist deshalb kein plausibler Grund für diese „übertriebene" vertikale Desintegration ersichtlich. Eine solche weitergehende Maßnahme wäre nur dann plausibel, wenn sie der Beseitigung wettbewerbswidrigen Einflusses der REC´s auf die NGC dienen sollte, ansonsten erscheint die Schaffung eines vertikal völlig desintegrierten Netzbetreibers als unnötige, staatlich veranlasste Umstrukturierung. Solche negativen Einflüsse sind aber nicht festzustellen gewesen. Die einzig plausible Erklärung für diese Maßnahme ist, dass die bei der Liberalisierung des Gasmarktes gemachten Fehler um jeden Preis verhindert werden sollten, wenngleich die parallel verlaufenden Entwicklungen auf dem Gasmarkt, welche durch die MMC-Berichte von 1993 ausgelöst worden, ein anderes Vorgehen aufzeigen. Hier wurde British Gas Gelegenheit gegeben, ein umfassendes Legal Unbundling eigenständig vorzunehmen. Hier sah der DGGS also im Gegensatz zum DGES keine Notwendigkeit eines Ownership Unbundlings des Netzbetriebes.

IV. Die Reform des britischen Strommarktes: Der Utility Act des Jahres 2000

Die im Jahr 1998 vollzogene vollständige Marktöffnung des Strommarktes traf auf ein Marktsystem, welches im Vorsorgungsbereich nur unzureichend entflochten war, da die REC sowohl das Verteilungsnetz als auch die Versorgung von Endkunden betrieben. Zum Teil waren die REC auch im Erzeugungsbereich tätig. Diese vertikale Integration von Verteilung und Versorgung war solange unproblematisch, wie der Versorgungsmarkt ein Monopol darstellte. Mit der nun vollzogen vollständigen Öffnung galt es auch diesen Markt so zu strukturieren, dass sich ein effizienter Wettbewerb einstellen konnte.[332]

---

331 *Littlechild,* in: Beesley (Hrsg.), Challenge and Response, S. 101 (113 f.); *Surrey,* in: ders. (Hrsg.), The British Electricity Experiment, S. 250, 252 f.; *Brough,* Block or Division?, in: Energy Utilities 5/1996, S. 26 (29); *Vickers,* in: Beesley (Hrsg.), Time for Change, S. 97 (104).

332 *DTI,* A Fair Deal for Consumers, S. 25.

Neben diesen strukturellen Problemen hatte sich Ende der 90er Jahre der Strompool als ineffiziente Handelsplattform erwiesen und nicht den gewünschten Wettbewerb im Großhandel etablieren können. Auch hier galt es Alternativen zu entwickeln.[333]

Ein weiteres Phänomen, das erheblichen Einfluss auf die Wettbewerbsentwicklung sowohl im Gas- als auch im Stromsektor hatte, war die Bildung von Multi-Utility-Unternehmen. Zahlreiche Versorger hatten seit Mitte der 90er Jahre begonnen, auch die Versorgung von Gaskunden zu übernehmen, um so ein breiteres Angebot gegenüber ihrer Konkurrenz zu finden. Auf der anderen Seite begannen Unternehmen wie Centrica ihrerseits wiederum in den Elektrizitätsmarkt vorzudringen, um wettbewerbsfähig bleiben zu können.[334]

In den Jahren 2000 und 2001 kam es daher zu gravierenden Änderungen in der Organisationsstruktur des Strom- und Gasmarktes, die eine Vereinheitlichung der Strukturen beider Märkte zur Folge hatten. Ausgelöst wurden diese Veränderungen durch den Utility Act vom 28. März 2000. Begonnen hat diese Entwicklung mit dem „Greenpaper“ der Regierung zur Reform des gesamten Versorgungssektors.[335]

1. Das „Greenpaper“ der britischen Regierung

Die britische Regierung hatte erkannt, dass aus den genannten Gründen eine grundlegende Reform der Marktstrukturen notwendig wurde. Die Regulierungsstrukturen müssten mit der Entwicklung der Marktstrukturen mithalten, so das DTI.[336] Das DTI schlug daher in seinem „Greenpaper“ zur Reform des Versorgungssektors nachfolgend erläuterte Änderungen der Rahmengesetzgebung vor, welche auch im wesentlichen durch eine Änderung des Electricity Act von 1989 und durch den Utility Act im Jahr 2000 umgesetzt wurden.

Offer und Ofgas sollten durch eine einzige Regulierungsbehörde ersetzt werden, das spätere Office of Gas and Electricity Markets (Ofgem). Hierdurch sollte der zusammengewachsenen Struktur des Strom- und Gasmarktes Rechnung getragen werden. Zahlreiche Untenehmen hatten durch Fusionen und eine Ausweitung ihrer Tätigkeitsfelder begonnen sowohl im Gas- als auch im Stromsektor geschäftliche Tätigkeiten zu

---

333 *DTI,* A Fair Deal for Consumers, S. 66; zu den aufgetretenen Problemen im Großhandel über den Pool und zur Reformdisskussion: *DTI,* Presseerklärungen v. 23.10.1997 (P/97/689); v. 28.1.1998 (P/98/049); v. 24.3.1998 (P/98/227); *Offer,* Presseerklärungen v. 23.10.1997 (R 48/97); v. 5.11.1997 (R 50/97); v. 28.1.1998 (R 5/98); v. 24.3.1998 (R 20/98); *dass.,* Report on Trading outside the Pool; *House of Commons Trade and Industry Committee,* Energy Regulation, Tz. 82 ff.; *Hicks,* Regulation, S. 21; *Simmonds,* Regulation, S. 5; zu den einzelnen CfD: *MMC,* PowerGen/Midlands Electricity, S. 126; *Beharrel,* The Electricity Pool in England and Wales, in: JENRL 9 (1991), S. 45 (61 f.); *Thomas,* in Surrey (Hrsg.), The British Electricity Experiment, S. 40 (82, 85 f.); *Offer,* Decision on a Monopolies and Mergers Commission Reference; *Dow,* Post-Privatisation Phase, S. 39 f.; *Lewington,* Lehren aus der britischen Elektrizitätswirtschaftsreform, in: ET 1995; S. 591 (592); siehe auch: *Schneider,* Liberalisierung der Stromwirtschaft durch regulative Marktorganisation, S. 158 ff. ; *Reichert-Clauß,* Durchleitung von Strom, S. 28ff.

334 *DTI,* A Fair Deal for Consumers, S. 26.

335 *DTI,* A Fair Deal for Consumers, auch “Greenpaper” genannt.

336 *DTI,* A Fair Deal for Consumers, S. 26: “Regulatory structures need to keep pace with the market structures.”

übernehmen. Das DTI sah hierdurch die Gefahr, dass verschiedene Regulierungsbehörden auf Grund ihrer nur auf einen Markt bezogenen Sichtweise Entscheidungen treffen könnten, welche sich negativ auf den jeweils anderen Markt auswirken könnten. Ein Regulator müsse daher beide Märkte (Strom und Gas) bei seinen Entscheidungen berücksichtigen.[337]

Der wichtigste Entschluss der britischen Regierung war die Tätigkeit der PES zu separieren. Im Gasbereich waren Verteilung und Versorgung bereits unterschiedlich lizenzierte Tätigkeiten und vollkommen getrennt. Im Strombereich bestand bisher keine Separierungspflicht und Versorgung und Verteilung waren zusammen in der PES-Licence geregelt. Um nun zu einer einheitlichen Marktstruktur und damit einheitlichen Regulierungstätigkeit kommen zu können, war eine Trennung von Versorgung und Verteilung auch im Strommarkt essenziell.[338]

Zunächst dachte das DTI noch darüber nach, eine solche Separierung mit Hilfe des Offer durch den Abschluss freiwilliger Abkommen und notfalls unter dem Druck der MMC durchsetzen zu können. Bei diesem Ansatz könne aber weiterhin nur eine Lizenz für Versorgung und Verteilung ausgestellt werden und das gemeinsame Eigentum von Versorgungs- und Verteilungseinrichtungen verbliebe jeweils bei den PES. Hierdurch würde aber eine innovative Entwicklung, wie sie durch den Wettbewerbsdruck nach 1998 notwendig werde, verhindert. Dem Verbraucher würden damit Vorteile genommen. Das DTI präferierte daher eine Änderung des Electricity Act von 1989 und eine separate Lizenzierung für Verteilung und Versorgung. Durch die separate Lizenzierung sollte das natürliche Verteilungsmonopol effektiv vom wettbewerbsfähigen Versorgungsmarkt getrennt werden. Die genaue Ausgestaltung der Lizenzen übernahm Offer bzw. später Ofgem, als dessen Nachfolger.[339]

Die Notwendigkeit das Poolmodell zu überdenken ergab sich aus den Ende der 90er Jahre aufgetretenen Problemen und war Folge der 1997 durchgeführten umfassenden Untersuchung der Poolhandels regeln.

2. *Die wesentlichen Innovationen des Utility Act*

Der Utility Act von 2000 reformierte sowohl den institutionellen als auch den regulatorischen Rahmen sowie die legislativen Eckpunkte, die die Struktur der Versorgungsindustrie festlegten.[340] Im Hinblick auf den regulativen und institutionellen Rahmen wurde durch den Utility Act folgendes geändert:[341]

- der DGES und der DGGS wurden durch ein Regulierungsgremium, die Gas and Electricity Markets Authority, ersetzt;
- Ofgas und Offer wurden am 16. Juni 1999 zu einer einheitlichen Regulierungsbehörde, dem Office of Gas and Electricity Markets (Ofgem), fusioniert;
- die bisherigen electricity consumer committees wurden durch Energywatch, ein unabhängiges Verbrauchergremium für Strom und Gas, ersetzt;

337 *DTI*, A Fair Deal for Consumers, S. 26.
338 *DTI*, A Fair Deal for Consumers, S. 27.
339 *DTI*, A Fair Deal for Consumers, S. 27; *Offer/Ofgas*, Separation of Businesses, S. 3.
340 *Simmonds*, Regulation, S. 8.
341 Zum folgenden: *Simmonds*, Regulation, S. 9.

- die primären Pflichten des Secretary of State for Trade and Industry und des Regulierungsgremiums sowie die Verantwortungsverteilung zwischen dem Secretary of State und Ofgem wurden verändert;
- neue Regulierungskompetenzen für das Regulierungsgremium und den Secretary of State wurden geschaffen.[342]

Diese Änderungen wurden im wesentlichen durch eine Überarbeitung des Electricity Act von 1989 erreicht und entsprachen weitgehend den Vorstellungen der britischen Regierung, wie sie im „Greenpaper“ von 1998 zum Ausdruck kamen.

Zudem änderte der Utility Act von 2000 in erheblichem Umfang die Konzeption des britischen Versorgungsmarktes. Zum einen wurde die individuelle Ausgestaltung der Lizenzen für die Versorgungstätigkeit auf dem Strommarkt aufgegeben und nur noch eine einzige und einheitliche landesweite Lizenz für alle Versorger eingeführt, um so die Tätigkeit der Supplier auf eine einheitliche rechtliche Basis zu stellen.[343] Hierdurch wurde eine wesentliche Angleichung an den britischen Gasmarkt erreicht, wo die Struktur der Lizenzen bereits durch die Standard Conditions einheitlich gestaltet war.

a) Die Trennung der Verteilungs- von der Versorgungstätigkeit durch die neue Distribution Licence

Neben den bereits angesprochenen Veränderungen des gesetzlichen Ordnungsrahmens führte der Utility Act vor allem zu einer gesetzlichen Separierung der Versorgungs- und Verteilungstätigkeit, welche die PES zuvor vertikal integriert wahrgenommen hatten. Hierzu wurde eine gesetzlich vorgeschriebene und separate Lizenzierung der Verteilungstätigkeit eingeführt. Diese gesetzliche Änderung hatte erheblichen Einfluss auf die Strukturen der Eigentumsverhältnisse in der Elektrizitätswirtschaft.[344] Diese Änderung ist letztlich Ausfluss der vollständigen Öffnung des Versorgungsmarktes und der nach wie vor vorherrschenden und richtigen Ansicht, dass das Leitungssystem ein natürliches Monopol sei, welches von den übrigen wettbewerbsfähigen Tätigkeiten zu trennen sei.[345]

Die Trennung der Bereiche Distribution und Supply wurde maßgeblich durch Offer bzw. später Ofgem gestaltet. Offer hielt ein Ownership Unbundling nicht für notwendig, obwohl dies das DTI in seinem „Greenpaper“ zumindest angedacht hatte. Aufgrund der Lizenzen musste jedoch das Eigentum am Verteilungsnetz auf eine eigenständige Tochtergesellschaft ausgelagert werden. Verteilung und Versorgung sollten von selbständigen Unternehmen wahrgenommen werden, die im gemeinsamen Eigentum einer Muttergesellschaft verbleiben durften.[346] Allerdings mussten die Verträge, die der Verteilungs- mit dem Versorgungsbereich abschließt, denen entsprechen, die dieses Unternehmen mit anderen nicht nahe stehenden Versorgern abschließt.[347] Hier-

342 Zu diesen neuen Regulierungskompetenzen, s.: *Simmonds*, Regulation, S. 43 ff.
343 *Simmonds*, Regulation, S. 9.
344 *Simmonds*, Regulation, S. 9.
345 So weiterhin die Sichtweise von Ofgem: *Simmonds*, Regulation, S. 28.
346 *Offer/Ofgas*, Separation of Businesses, S. 10.
347 *Offer/Ofgas*, Separation of Businesses, S. 7.

durch sollte eine Abtrennung des Leitungsmonopols erreicht werden, um Quersubventionen und den Austausch vertraulicher Informationen zu unterbinden.[348] Sie sahen demnach ein Legal und Management Unbundling der Verteilungstätigkeit vor. Gleichwohl war Offer der Ansicht, dass diese Separierung durch die Lizenzen auch eine gänzliche eigentumsrechtliche Trennung ermögliche und auch nach sich ziehen werde.[349]

In dieser Sicht wurde Offer durch die weitere Entwicklung bestätigt: Mittlerweile hat sich der Verteilermarkt konsolidiert. Hierdurch wurden eine Kostensenkung und eine Steigerung der Effizienz der Verteilungstätigkeit erreicht. Dies ist nicht zuletzt auf wirtschaftliche Synergieeffekte auf Grund von Economies of Scope zurückzuführen.[350] Im Rahmen dieser Konsolidierungsphase haben sich einige ehemalige PES gänzlich von ihrem Versorgungsgeschäft getrennt und sich zu eigenständigen Verteilerunternehmen entwickelt.[351] Im Jahr 2002 waren neun als regionale Monopole fortbestehende Verteilerunternehmen in zwölf autorisierten Versorgungsgebieten tätig. Davon waren noch sechs zusammen mit dem Versorgungsgeschäft in eine Konzernstruktur eingebunden, die restlichen eigenständig.[352]

Alle Unternehmen haben für jedes Gebiet eine Lizenz erhalten, die den wesentlichen Ordnungsrahmen festlegt.[353] Als fortbestehendes Monopol wird die Verteilertätigkeit streng reguliert. Hierbei konzentriert sich die Regulierung vor allem auf die Durchleitungspreise und die Vorhaltung eines leistungsfähigen Netzes, um die Versorgungssicherheit hinreichend zu gewährleisten.[354] Zudem unterliegen die Verteilerunternehmen einer allgemeinen Anschlusspflicht für jeden Kunden, der Strom in einem bestimmten Gebiet beziehen möchte.[355] Außerdem schreibt der Utility Act den Verteilerunternehmen anhand bestimmter Standard Conditions gesetzlich vor, ein effizientes und kooperatives System der Verteilungstätigkeit zu entwickeln und beizubehalten und sich in allen Tätigkeitsfeldern nicht diskriminierend zu verhalten.[356]

Aus dem verbleibenden natürlichen Monopol der Verteilungstätigkeit versucht das Ofgem Schritt für Schritt wettbewerbsfähige Bereiche auszugliedern, um zu einer steten Verbesserung der Wettbewerbssituation zu gelangen. Konkret sollen Installation, Ablesen von Zählern sowie die Anschlussherstellung von der Distributiontätigkeit ausgenommen werden, obwohl sie traditionell zu dieser monopolistischen Tätigkeit zugerechnet worden sind.[357]

---

348 *Offer/Ofgas*, Separation of Businesses, S. 3 ff.

349 *Offer/Ofgas*, Separation of Businesses, S. 3.

350 *Simmonds*, Regulation, S. 28.

351 *Simmonds*, Regulation, S. 28.

352 *Simmonds*, Regulation, S. 133 f.

353 *Simmonds*, Regulation, S. 28.

354 *Simmonds*, Regulation, S. 28.

355 *Simmonds*, Regulation, S. 28.

356 *Simmonds*, Regulation, S. 28; zu den Einzelheiten der gesetzlich vorgeschriebenen Standard Conditions, s.: *Simmonds*, Regulation, S. 58 ff.

357 Hierzu: *Simmonds*, Regulation, S. 28 f.

b) *Die Vereinheitlichung des Versorgungsmarktes durch die neue Supply Licence*

Die bisherige Unterteilung der Lizenzen in Public Electricity Suppliers Licence und Second-Tier-Suppliers-Licence ist mit dem Utility Act von 2000 aufgegeben worden. Nur den ehemaligen PES wurden einige zusätzliche Auflagen gemacht, da sie in ihren vormals ausschließlichen Versorgungsgebieten eine marktbeherrschende Stellung haben. Zudem unterlagen sie bis April 2002 einer Preiskontrolle.[358]

Zurzeit gibt es landesweit nur noch eine Lizenz für die Versorgungstätigkeit, mit der jeder Versorger jeden Kunden mit Strom beliefern kann. Es besteht keine Versorgungspflicht mehr, jedoch muss jeder Versorger seine Versorgungsbedingungen zur Verfügung stellen, sofern dies ein Kunde verlangt.[359]

Die Versorgung der Kunden erfolgt über das von der Verteilergesellschaft zu nichtdiskriminierenden Bedingungen zur Verfügung gestellte Leitungsnetz. Hierfür erhält der Netzbetreiber ein entsprechendes Netznutzungsentgelt.[360]

Zurzeit sind in England und Wales zwölf Versorger lizenziert. Dabei ist der Marktanteil der ehemaligen PES jährlich um 10% zurückgegangen und Ende September 2001 war in den ehemaligen Versorgungsgebieten ein Verlust an Kunden von rund 30 % zu verzeichnen.[361] In den letzten Jahren hat sich der Domestic Market durch eine Reihe von Fusionen und Übernahmen konsolidiert, so dass ein Zuwachs an weiteren Versorgungsunternehmen trotz des Marktverlustes der ehemals marktmächtigen PES kaum zu erwarten sein dürfte.

c) *Die Abschaffung des Strompools durch das New Electricity Trading Arrangement (NETA)*

Durch den Utility Act von 2000 wurden ebenfalls Vorkehrungen getroffen, um das New Electricity Trading Arrangement (NETA) zu etablieren.[362] Es ersetzte hierbei den 1989 mit der Privatisierung eingeführten Electricity Pool of England and Wales.[363] Nach der 1997 erfolgten Untersuchung der Poolhandelsregeln durch den DGES standen die wettbewerblichen Defizite des Pool-Modells endgültig fest. 1998 wurde dessen Ablösung beschlossen.[364] Ein neues Handelssystem wurde durch das NETA am 27. März 2001 eingeführt.[365]

---

358 *Simmonds,* Regulation, S. 30.

359 *Simmonds,* Regulation, S. 30; zu den Standard Conditions der Supply Licence: s. *Simmonds,* Regulation, S. 63 ff.

360 Hierzu: *Simmonds,* Regulation, S. 30 f.

361 *Simmonds,* Regulation, S. 31.

362 *Simmonds,* Regulation, S. 9.

363 *Simmonds,* Regulation, S. 9; *Reichert-Clauß,* Durchleitung von Strom, S. 30; *Bauknecht/Colella,* NETA und die Folgen, in: ET 2002, S. 415; *Ruge,* Die Abschaffung des Pool-Modells, in: ET 2000, S. 45 (46).

364 *Simmonds,* Regulation, S. 9; *Reichert-Clauß,* Durchleitung von Strom, S. 30; *Bauknecht/Colella,* NETA und die Folgen, in: ET 2002, S. 415; *Ruge,* Die Abschaffung des Pool-Modells, in: ET 2000, S. 45 (46).

365 *Simmonds,* Regulation, S. 9, 25; *Reichert-Clauß,* Durchleitung von Strom, S. 30; *Bauknecht/Colella,* NETA und die Folgen, in: ET 2002, S. 415; *Ruge,* Die Abschaffung des Pool-Modells, in: ET 2000, S. 45 (46 f.).

Die wesentlichen Änderungen, die der Handel von Strom durch das NETA erfahren hat, sind:

- die Einführung von bilateralen Handelsbeziehungen für den Stromhandel zwischen Erzeugern, Versorgern, Händlern und Verbrauchern, so dass ein Handel über einen zentralen Markt, den Pool, nicht mehr verbindlich stattfindet;[366]
- die Bildung einer Strombörse auf bilateraler Basis für den kurzfristigen Handel mit Strom;[367]
- die Schaffung eines Ausgleichsmarktes (balancing mechanism), in dem NGC als System Operator einziger feststehender Vertragspartner ist;[368]
- Die Bildung von Regelungsmechanismen, um Kosten des System Operators auszugleichen, die ihm bei der Aufrechterhaltung der Netzspannung und der Koordination der Ein- und Ausspeisung entstehen..[369]

Durch das NETA wurde nicht nur der Electricity Pool abgeschafft, sondern es wurden auch zahlreiche Änderungen der Lizenzen notwendig sowie die Entwicklung neuer Verträge und Regelungen bzgl. des Termin-, Tages- und Börsenhandels, des Balancing Mechanism und bzgl. der Ausgleichzahlungen.[370] Auf eine Darstellung soll jedoch verzichtet werden, da diese Änderungen keine Auswirkungen auf das Unbundling haben.[371]

V. Das Unbundling von Messdienstleistungen (Metering)

Genau wie Ofgas begann auch Offer bereits 1998 konsequent weitere wettbewerbsfähige Marktsegmente vom natürlichen Leitungsmonopol zu trennen. Hierbei wurde vor allem versucht, einen Wettbewerbsmarkt für Messdienstleistungen (Metering) zu etablieren, da dieses Segment nicht länger als Teil des Verteilungsmarktes angesehen wurde. Im November publizierte Offer ein Consultation Document über eine mögliche Separierung des Metering-Geschäftes.[372]

Im Bereich der Messdienstleistungen war die Einführung von Wettbewerb bis April 2000 geplant. Hierbei wurden zwei unterschiedliche Ansätze von Offer diskutiert. Nach Ansatz A sollte der Versorgungsbereich der ehemaligen PES für die Messdienstleistungen verantwortlich werden, wohingegen der Verteilungsbereich weiterhin das

366 *Simmonds,* Regulation, S. 9; *Reichert-Clauß,* Durchleitung von Strom, S. 30 f.

367 *Simmonds,* Regulation, S. 26; *Reichert-Clauß,* Durchleitung von Strom, S. 30; *Bauknecht/Colella,* NETA und die Folgen, in: ET 2002, S. 415; *Ruge,* Die Abschaffung des Pool-Modells, in: ET 2000, S. 45 (46 f.).

368 *Simmonds,* Regulation, S. 26; *Reichert-Clauß,* Durchleitung von Strom, S. 31; *Bauknecht/Colella,* NETA und die Folgen, in: ET 2002, S. 415; *Ruge,* Die Abschaffung des Pool-Modells, in: ET 2000, S. 45 (46 f.).

369 *Simmonds,* Regulation, S. 26; *Reichert-Clauß,* Durchleitung von Strom, S. 31; *Bauknecht/Colella,* NETA und die Folgen, in: ET 2002, S. 415; *Ruge,* Die Abschaffung des Pool-Modells, in: ET 2000, S. 45 (46 f.).

370 *Reichert-Clauß,* Durchleitung von Strom, S. 31.

371 Zu den einzelnen Mechanismen siehe ausführlich: *Simmonds,* Regulation, S. 26 ff.; *Ruge,* Die Abschaffung des Pool-Modells, in: ET 2000, S. 45 (47 f.).

372 *Offer/Ofgas,* Separation of Businesses, S. 14; *Simmonds,* Regulation, S. 29, 91 f.; siehe ferner: *Offer,* Reviews of Public Electricity Suppliers 1998-2000

Eigentum an den Zählereinrichtungen behalten sollte. Hierbei sollte der Versorgungsbereich diese Dienstleistungen bei Dritten nachfragen können, jedoch nicht unmittelbar bei dem eigenen Verteilungsbereich. Dieser durfte nur die Messanlagen zur Verfügung stellen. Um hierbei Quersubventionierungen und andere Diskriminierungen zu vermeiden, sollten eine separate Buchführung eingeführt werden und die Messanlagen auf nicht diskriminierende Weise zur Verfügung gestellt werden.[373]

Ansatz B hingegen verfolgte eine eigentumsrechtliche Trennung des Metering-Geschäftes. Die PES sollten ihre Messanlagen und das dazu gehörige Geschäft versteigern und so neuen Eigentümern einen Marktzutritt ermöglichen. Alternativ könnte auch nur die Versteigerung der Anlagen in Betracht gezogen werden, ohne das Dienstleistungsgeschäft mit zu veräußern.[374]

Die meisten PES bevorzugten den Ansatz A. Hierdurch würde der Einfluss der Verteilungs- auf die Messdienstleistungstätigkeit minimiert, da diese künftig gesellschaftsrechtlich von der Verteilungstätigkeit zu trennen war. Aber selbst diejenigen, die Ansatz B präferierten, erkannten Probleme. Zum einen lag der wirkliche Wert des Messdienstleistungsgeschäft nicht nur im Eigentum der Messanlagen, sondern auch in den vorhandenen Verträgen über Dienstleistungen. Wären nun die Versorger gezwungen worden, von einem Käufer der Anlagen für eine bestimmte Zeit auch Dienstleistungen nachzufragen, wäre nur ein Monopol durch ein neues Monopol ersetzt worden. Zudem wäre Ansatz B in dem kurz gesteckten Zeitrahmen bis April 2000 kaum zu realisieren gewesen.[375]

Ein weiterer Ansatz bestand darin, A und B zu kombinieren und einen Verkauf der Anlagen nach April 2000 voranzutreiben, aber gleichzeitig eine Trennung von Anlageneigentum und Dienstleistung zu erreichen.[376]

Im Ergebnis wurde in den Jahren 1998 bis 1999 ein eigenes, von der Verteilungstätigkeit unabhängiges Entgelt für die Nutzung der Messanlagen und für Messdienstleistungen eingeführt. Von 1999 bis 2000 wurde ein „Agent-Competition-System" eingeführt, welches den PES ermöglichte, den Anbieter von Messdienstleistungen frei zu wählen.[377] Bereits im September 2000 kam Ofgem zu der Überzeugung, dass sich bei der Herstellung von Messanlagen ein stabiler und relativ intensiver Wettbewerb etabliert habe. Nur im Dienstleistungsbereich hätten die PES noch ein De-Facto-Monopol und würden nicht hinreichend transparente und damit vergleichbare Preise anbieten. Daher sollte eine höhere Transparenz geschaffen werden und das Recht der Verbraucher gestärkt werden, ihre eigenen Messanlagen zu installieren.[378]

Der Bereich Messdienstleistungen ist damit durch ein Legal und Management Unbundling von der Tätigkeit als Verteiler getrennt. Diese Trennung ist Folge der Einführung der Distribution Licence und des „Agent-Competition-Systems", auf deren Grundlage die Versorgungsunternehmen die Messdienstleistungen übernommen haben

373 *Offer/Ofgas*, Separation of Businesses, S. 14.
374 *Offer/Ofgas*, Separation of Businesses, S. 14.
375 *Offer/Ofgas*, Separation of Businesses, S. 15.
376 *Offer/Ofgas*, Separation of Businesses, S. 15 f.
377 *Simmonds*, Regulation, S. 29, 91.
378 *Simmonds*, Regulation, S. 92.

und diese auf andere Unternehmen als das mit ihnen verbundene Verteilungsunternehmen auslagern können.

Während die meisten Verteilungsunternehmen noch immer eine dominante Position im Metering-Markt besitzen, haben zwei ehemalige PES inzwischen ihr Metering-Geschäft verkauft. TXU verkaufte nur seinen Dienstleistungsbereich ohne Anlagen an Siemens; SEEBOARD verkaufte sein gesamtes Geschäft an Invensys.[379] Die Verkaufsabsichten dieser Unternehmen waren eine prompte Reaktion auf die im April 2000 von Ofgem geäußerten Pläne zur Einführung einer solchen Separierung. Ofgem hielt diese Entwicklung für grundsätzlich wettbewerbsfördernd und genehmigte die Veräußerungen.[380] Es bleibt abzuwarten, ob weitere Verkäufe folgen werden.

VI. Zusammenfassung und Bewertung

Der britische Strommarkt ist 1989 mit dem Electricity Act bereits zu einem sehr frühen Zeitpunkt stark entflochten worden. Erzeugung, Übertragung sowie Versorgung und Verteilung wurden durch ein Ownership Unbundling aufgespalten, um auf diese Weise das natürliche Leitungsmonopol abzutrennen. Damit hatte man in Großbritannien, nicht zuletzt durch die schwierige Entwicklung des Wettbewerbs auf dem Gasmarkt bereits sehr früh erkannt, wie wesentlich eine strikte Trennung von Leitungsmonopol und wettbewerbsfähigem Restmarkt ist. Dieser Schritt vollzog sich in Großbritannien zu einem Zeitpunkt, zu dem im restlichen Europa über eine konsequente Liberalisierung des Energiesektors noch nicht nachgedacht wurde. Insoweit kommt Großbritannien eine Vorreiterrolle zu.

Gleichwohl wurden entscheidende Fehler gemacht, die erst langsam in der Folgezeit behoben wurden. Einmal wurde NGC nicht so konsequent entflochten wie oftmals behauptet, da NGC zunächst bis 1995 im gemeinsamen Eigentum der REC stand, wenngleich deren Einfluss auf Grund der Beteiligungsstrukturen an der NGC-Holding gering blieb. Ebenso behielt NGC bis Dezember 1995 zwei Pumpspeicherkraftwerke und war damit auch als Erzeuger tätig.

Weit wesentlicher war der Fehler, den Erzeugungsbereich aus Gründen der nationalen Atompolitik nicht in eine größere Anzahl von Unternehmen aufzuteilen. Aufgrund der Bildung des Duopols bestehend aus PowerGen und National Power konnte sich kein wirklicher Wettbewerb entwickeln. Diese negative Wettbewerbsentwicklung wurde durch den vor wenigen Jahren noch als Innovation[381] gefeierten obligatorischen Strompool zusätzlich verstärkt.

Ebenfalls als konzeptioneller Fehler erwies sich die unterlassene Entflechtung des Verteilungsbereiches von der Versorgungstätigkeit. Solange dieser Bereich insgesamt als Monopol fortbestand, sollte sich diese fehlende Entflechtung nicht auswirken, mit der vollständigen Marktöffnung im Jahre 1998 stellte sich hier jedoch ein beachtliches Problem, weil Versorgung und Leitungsmonopol noch vertikal integriert waren.

379 *Simmonds*, Regulation, S. 29.

380 *Ofgem*, Sales of metering businesses of Public Electricity Suppliers, Executive Summary.

381 So *Durach*, Die Einführung kompetitiver Strukturen, S. 148; er bezeichnet den Pool als „innovativstes Element“.

Viele dieser Systemfehler wurden bereits bis 1998 gelöst: Die REC mussten ihre Beteiligungen an NGC auf 1 % beschränken. NGC wurde veranlasst, seine Pumpspeicherkraftwerke zu veräußern. Zudem drangen viele neue Erzeuger mit Gaskraftwerken auf den Erzeugermarkt, so dass das Duopol entscheidend geschwächt wurde.

Dass viele PES auch in den Gasmarkt vordringen würden und umgekehrt Gasversorger auch im Elektrizitätsbereich tätig werden sollten, erwies sich als eine nicht absehbare Entwicklung, die weiteren Reformbedarf auslöste. Mit dem Utility Act von 2000 wurde diesen neuen Marktbedingungen Rechnung getragen.

Durch die Einführung der neuen Distribution Licence ist in Großbritannien die Desintegration der Leitungsinfrastruktur von den wettbewerbsfähigen Marktteilen konsequent weiterverfolgt worden. Dadurch, dass Verteilung und Versorgung zu getrennt lizenzierten Aufgaben wurden, kam es auch im Verteilungsbereich zu einer Ausgliederung des Netzbetriebes. Das durchgeführte Legal und Management Unbundling macht nunmehr auch im Verteilungsnetz einen gleichberechtigten und freien Netzzugang möglich.

Der Strompool wurde durch das NETA ersetzt. Damit war eine Handelsplattform geschaffen, die wettbewerbsfördernd auf den Großhandel und damit auf den Erzeugungsbereich wirkte und wirkt.

Abschließend kann festgestellt werden, dass die Reform des britischen Strommarktes ein innovativer und konsequenter Schritt in die richtige Richtung war. Denn zum einen wurden überholte, zu starre Handelsvorgaben des Strompools zugunsten eines freien bilateralen Marktes beseitigt, und zum anderen wurde das Verteilungs- ebenso wie das Übertragungsnetz als natürliches Monopol effektiv von den wettbewerbsfähigen Marktteilen getrennt.

Darüber hinaus betreibt Ofgem konsequent die Entwicklung weiterer Wettbewerbsmärkte, namentlich im Bereich Metering, voran, um so das natürliche Monopol immer weiter von den restlichen wettbewerbsfähigen Segmenten zu trennen. Damit ist Großbritannien wieder einmal einen Schritt weiter als Europa und u.U. erneut Vorreiter einer neuen Entwicklung.

Tabellarische Darstellung des Unbundlings im Strommarkt

Tätigkeit	Art des Unbundling	wann	Grund für das Unbundling
Übertragung	Ownership	1989 bis 1991	gesetzliche Regelung des Electricity Act sowie Vorgabe des DGES
Erzeugung	Ownership	1989	gesetzliche Regelung des Electricity Act
Verteilung	Legal und Management, teilweise Ownership	2000	gesetzliche Regelung des Utility Act sowie Vorgabe von Ofgem im Rahmen der neuen Distribution und Supply Licence, freiwillige Maßnahme im Zusammenhang mit der Konsolidierung der ehemaligen REC´s
Versorgung von Endkunden	Legal und Management, teilweise Ownership	2000	gesetzliche Regelung des Utility Act sowie Vorgabe von Ofgem im Rahmen der neuen Distribution und Supply Licence, freiwillige Maßnahme im Zusammenhang mit der Konsolidierung der ehemaligen REC
EnMO Ltd. (OCM)	Legal und Management	2002	Im Zusammenhang mit der Fusion von NGC und Lattice
Metering assets and metering services	Legal und Management, zum Teil Ownership	2000	Vorgabe von Ofgem, Trennung erfolgte im Zusammenhang mit der Einführung der Distribution Licence, TXU and SEEBOARD verkauften freiwillig
Stromerzeugungstätigkeit der Lattice Group in Cleveland	Ownership	bis 15. April 2004	Auflage im Zusammenhang mit der Fusion von NGC und Lattice

Stand: April 2004

C. Vergleich des britischen Strom- und Gasmarktes

Mit fortschreitendem Ausmaß der Liberalisierung haben sich der britische Strom- und Gasmarkt in ihrer Struktur immer mehr angeglichen. Durch die Bildung von Multi-Utility Unternehmen, die Fusion von NGC mit TransCo und den Bau von Gaskraftwerken durch Independent Power Producers gerieten beide Märkte in zunehmende Abhängigkeit voneinander. Diesem Zusammenwachsen der Märkte trug die britische Regierung durch eine Änderung des regulativen Rahmens Rechnung. Offer und Ofgas wurden im Juni 1999 zu einer Regulierungsbehörde, Ofgem, zusammengelegt, um nicht länger durch die getrennte Regulierung der Märkte negative Wechselwirkungen hervorzurufen.

Weiterhin wurde die Entflechtung der REC stärker vorangetrieben. Für die vorhandenen Lizenzen erfolgte eine Beschränkung auf eine Distribution und eine Supply Licence. Auch hierdurch kam es zu einer Angleichung der beiden Märkte. Auf dem Gasmarkt war bereits Mitte der 90er Jahre das Verteilungsnetz rechtlich von der Versorgungstätigkeit getrennt worden.

Nahezu parallel verlaufen die Bestrebungen der Regulierungsbehörde, das Geschäftsfeld Metering, vom Netzbetrieb zu trennen und auch dort Wettbewerb einzuführen.

Konträr zeigte sich die Entwicklung beider Märkte zu Beginn ihrer jeweiligen Liberalisierung. Im Gasbereich wurde 1986 auf eine Zerschlagung der British Gas gänzlich verzichtet. Erst sukzessiv durch die Einschaltung der MMC und mit Hilfe intensiver Verhandlungen mit den Betroffenen wurde eine rechtliche Entflechtung des Netzbetriebes erreicht. Diese Bestrebungen endeten in einem freiwilligen Ownership Unbundling durch die Aufteilung der British Gas in BG plc. und Centrica plc.

Im Strombereich waren die Entflechtungsbestrebungen der britischen Regierung wesentlich intensiver. Von vornherein wurde das CEGB eigentumsrechtlich entflochten. Es wurde in zwei unabhängige Erzeuger aufgespalten und der Netzbetrieb wurde auf NGC übertragen. Versorgung und Verteilung übernahmen die PES. Dieses Ownership Unbundling wurde nicht wie Gasbereich durch Verhandlungen und Untersuchungen der MMC erreicht. Es beruhte daher nicht auf zum Teil freiwilligen Selbstverpflichtungen wie bei British Gas im Jahre 1993, sondern wurde durch den Electricity Act von 1989 gesetzlich vorgegeben. Damit war der Strommarkt wesentlich vorstrukturierter als der Gasmarkt. Dies lag ursächlich daran, dass die Liberalisierung des Strombereiches zu einer Zeit erfolgte, als die Liberalisierung des Gasmarktes keinen wirklichen Erfolg zeigte. Folgerichtig wollte die britische Regierung die Fehler auf dem Gasmarkt nicht wiederholen und griff gleich zu Beginn zu drastischeren Entflechtungsmaßnahmen.

Ob eine so strikte Entflechtung von vornherein notwendig war, kann bezweifelt werden. Zum einen gab es keine Anhaltspunkte für ein wettbewerbswidriges Verhalten von NGC, so dass eine so starke Entflechtung, wie sie bis 1995 erfolgte, nicht notwendig gewesen wäre. Zum anderen zeigen die Entwicklungen im Gasbereich ab 1993 deutlich, dass auf dem Verhandlungswege genauso effektive Entflechtungsansätze gefunden werden und der Markt selbst nach einer stärkeren Entflechtung fragte. Die Abspaltung von Centrica geschah freiwillig, ausschließlich aus wirtschaftlichen Gründen. Einer so starken staatlichen Intervention hätte es demnach auf dem Strommarkt wahrscheinlich nicht bedurft.

Eine Kehrtwendung dieser restriktiven Politik der Regierung zeigt sich bei den Reformbestrebungen ab dem Jahr 1998, ausgelöst durch das Greenpaper. Die Entflechtung der Verteilungstätigkeit erfolgt nicht durch Gesetz als Ownership Unbundling, sondern wird der Ausgestaltung der Lizenzen überlassen. Ofgem entschließt sich, lediglich ein Legal und Management Unbundling zu fordern. Ebenso verlaufen die Entflechtungsbestrebungen für den Bereich Metering parallel zu denen im Gasbereich. Es werden keine strikten Vorgaben gemacht, stattdessen wird dieses Marktsegment vorsichtig und schrittweise entflochten.

Interessant ist, dass sich die Unternehmen trotz dieser eher zurückhaltenden Entflechtungsvorgaben wiederum selbst zu weitergehenden Maßnahmen entschieden haben. Mittlerweile haben einige ehemalige PES ihr Verteilungsgeschäft veräußert und somit ein Ownership Unbundling von Verteilung und Versorgung erreicht. Diese Veräußerungen waren Folge der einsetzenden Konsolidierung des Versorgungsmarktes nach dessen vollständiger Marktöffnung und damit Folge von Wirtschaftlichkeitsüberlegungen. Diese Entwicklung ist mit der ab 1997 bei British Gas einsetzenden Überlegung vergleichbar, den Handelsbereich zu veräußern. Hierdurch kam es zur Bildung von Centrica und BG plc.

In folgenden Jahren wuchsen beide Märkte zusammen. Begonnen hat diese Entwicklung mit dem Bau von Gaskraftwerken durch Independent Power Producer. Diese Entwicklung führte zu einer Steigerung der Nachfrage an Gas, mit der Folge, dass von British Gas freigegebenes Gas nicht in den Gasmarkt floss, sondern für die Stromerzeugung genutzt wurde. Hierdurch wurde eine Förderung des Wettbewerbs im Gasbereich bereits negativ beeinflusst.

Der zweite Schritt war, dass die REC erkannten, dass ein Einstieg in den Gasbereich ein lohnendes Geschäft war. Sie eroberten dort erfolgreich Marktanteile und brachten etablierte Unternehmen wie British Gas in eine wirtschaftliche Schieflage. Die Antwort hierauf war die Abspaltung des Handelsarms und die Übertragung auf Centrica. Centrica begann nun seinerseits in den schrittweise weiter geöffneten Strommarkt einzudringen.

Durch die Fusion von NGC und Lattice wurde mit der NGT ein einziger Betreiber sowohl für das Stromübertragungsnetz als auch das fast gesamte Gasnetz geschaffen. Damit waren die Märkte praktisch komplett integriert. Eine solche Zusammenführung wäre ohne ein Ownership Unbundling nicht möglich gewesen. Ein integriertes Unternehmen, welches beide Netzwerke betrieben hätte, hätte eine solche Marktmacht gehabt, dass es praktisch alle anderen Unternehmen aus dem Markt hätte drängen können, so dass die Fusion nie hätte genehmigt werden können. So bestanden aber keine wettbewerblichen Schwierigkeiten, da das Leitungsnetz ohnehin ein natürliches Monopol darstellt und folgerichtig die Zusammenfassung beider Monopole nicht wettbewerbsschädlich sein konnte.

Ebenso wäre British Gas als integriertes Unternehmen ein Einstieg in den Strommarkt nie erlaubt worden, da es auf Grund der Integration zu marktbeherrschend geworden wäre. Damit brachte die Abspaltung von Centrica neue Marktchancen für das

Unternehmen mit sich. Das Unbundling kann damit als eine Chance zu Erschließung gänzlich neuer Geschäftsfelder angesehen werden, die andernfalls verschlossen blieben.

Interessant an der britischen Entwicklung ist auch die Art der Durchsetzung des Unbundling. Mit Ausnahme der anfänglich sehr regulativ geprägten Bestrebungen der britischen Regierung bei Beginn der Liberalisierung des Strommarktes wurde das Unbundling ausschließlich durch Verhandlungen zwischen Regulator und den betroffenen Unternehmen umgesetzt und gründete auf freiwilligen Zusagen der Unternehmen. Als Beispiele seien nur die Entflechtung von British Gas beginnend mit dem Jahr 1993, die Fusion von NGC und Lattice, das Unbundling der REC´s und die Marktöffnung des Bereiches Metering genannt. Erst nach Erreichung solcher Kompromisse wurden die Entflechtungsbestrebungen in den Lizenzen festgeschrieben. Der einzige Druck war eine mögliche MMC-Untersuchung mit noch weiter reichenden Konsequenzen. Das beste Beispiel ist hier wohl die Untersuchung der MMC aus dem Jahre 1992. Hier schlug die MMC ein Ownership Unbundling von British Gas vor, und man einigte sich auf ein Legal und Management Unbundling nach den Vorschlägen von British Gas.

Bedenken gegen eine restriktive Entflechtung, etwa verfassungsrechtlicher Art, wurden zu keiner Zeit angeführt, obwohl zum Zeitpunkt der Entflechtungsbestrebungen gerade die Unternehmen im Gasmarkt bereits privatisiert waren und damit einem Schutz ihrer Eigentumsrechte unterlagen. Auch wenn in Großbritannien diese Rechte nicht durch eine geschriebene Verfassung gewährt werden, bestehen sie gleichwohl und sind zudem über die europäischen Grundrechte garantiert. Im Gegensatz hierzu haben die stärkeren Entflechtungsbestrebungen der Europäischen Union in Deutschland zu einer verfassungsrechtlichen Grundsatzdiskussion geführt, wenn auch ohne Erfolg. Gerade was diese freiwilligen Bestrebungen der Unternehmen und die Art der Durchsetzung der staatlichen Interessen durch Verhandlungen betrifft, kann Großbritannien für eine künftige europäische und insbesondere deutsche Entwicklung ein Vorbild sein.

Zum Teil bremst die britische Regierung sogar die Entflechtungsbestrebungen der Unternehmen, da sie negative Ausflüsse auf den Markt befürchtet. Hier seien nur die geplante Abtrennung der LNG-Anlagen und ihre Übertragung auf eine unabhängige NGT-Tochtergesellschaft sowie der geplante Verkauf von Teilen des Verteilungsnetzes im Gasbereich angeführt.

Tabellarische Darstellung des Unbundling im Bereich des Strom- und Gasmarktes

Tätigkeit	Strom	Gas
Übertragung/ Hochdrucknetz	Ownership	
Erzeugung/ Gasgewinnung	Ownership	
Verteilung	Legal und Management, teilweise Ownership	Ownership
Versorgung von Endkunden	Legal und Management, teilweise Ownership	Ownership
EnMO Ltd. (OCM)	Legal und Management	
Metering assets and metering services	Legal und Management, zum Teil Ownership	Legal und Management Unbundling
Stromerzeugungstätigkeit der Lattice Group in Cleveland	Ownership	

Stand: April 2004

Drittes Kapitel
Das Unbundling in Deutschland

A. Das Unbundling nach bisher geltendem Recht

Das deutsche Energiewirtschaftsgesetz vom 24. April 1998 dient der Umsetzung der Richtlinie Elektrizität vom 29. Dezember 1996 und hat die Regelungen der Richtlinie Elektrizität bzgl. des Unbundling im wesentlichen übernommen. Eine Umsetzung der Richtlinie Gas vom 22. Juni 1998 erfolgte bis zum Jahr 2002 nicht. Zum besseren Verständnis des deutschen Rechts sollen kurz die Vorgaben nach den Richtlinien Elektrizität und Gas dargestellt werden.

I. Vorgaben der bis zum 1. Juli 2004 geltenden europäischen Richtlinien

Auf dem europäischen Kontinent wurde ein Department Unbundling und Unbundling of Accounts mit den Richtlinien Elektrizität und Gas verbindlich eingeführt.[1]

Die Richtlinien sehen in Art. 14 Abs. 3 RiLi Elektrizität und Art. 13 Abs. 3 RiLi Gas eine Entflechtung der Unternehmen der Elektrizitäts- und Gasversorgung in die Bereiche Erzeugung, Übertragung, Verteilung und sonstige außerhalb des Elektrizitätsbereiches stattfindende Aktivitäten bzw. bei der Gasversorgung in die Bereiche Fernleitung, Verteilung, Speicherungstätigkeiten und sonstige außerhalb des Gassektors stattfindende Aktivitäten vor.

Entflechtet wird durch eine buchhalterische Trennung der einzelnen Aktivitäten der rechtlich weiterhin vertikal integrierten Unternehmen. Bei der buchhalterischen Entflechtung müssen die Unternehmen demnach lediglich ihre einzelnen Tätigkeitsbereiche getrennt in ihrer Jahresbilanz ausweisen.[2] Es erfolgt keine tatsächliche gesellschaftsrechtliche Trennung der einzelnen Tätigkeitsfelder. Insoweit kann das Versorgungsunternehmen als Gesamtgebilde weiter bestehen. Das Unternehmen ist jedoch verpflichtet, die einzelnen Bereiche so zu bilanzieren, als ob die einzelnen Tätigkeiten von separaten Firmen ausgeführt würden. Für jede Tätigkeit ist somit eine vollständige Bilanz und Ergebnisrechnung in den Anhang des Jahresabschlussberichtes aufzunehmen.[3] Darüber hinaus muss das Unternehmen die Regeln angeben, wie das Aktiv- und Passivvermögen sowie ausgewiesene Aufwendungen und Erträge den separat geführ-

1 Siehe hierzu auch: *Dannischewski*, Unbundling im Energierecht, S. 34 f.
2 Art. 14 Abs. 3 S. 1 2. HS RiLi Elektrizität; Art. 13 Abs. 2 S. 1 2. HS RiLi Gas.
3 Art. 14 Abs. 3 S. 2 RiLi Elektrizität; Art. 13 Abs. 3 S. 2 RiLi Gas.

ten Konten zugewiesen werden.[4] Ferner sind diese Bilanzrechnungen öffentlich zugänglich zu machen.[5]

Die Grundidee der buchhalterischen Entflechtung ist, durch eine bilanztechnische Aufschlüsselung der einzelnen Unternehmensbereiche Transparenz in die internen Unternehmensvorgänge zu bringen. Diese Transparenz soll dazu führen, dass Quersubventionierungen und sonstige Wettbewerbsverzerrungen verhindert werden,[6] da ein solches Fehlverhalten durch die Aufschlüsselung in der Bilanz erkennbar würde.

Ferner muss gem. Art. 7 Abs. 6 RiLi Elektrizität die Verwaltungsebene des Übertragungsnetzbetreibers unabhängig von den übrigen Tätigkeiten organisiert sein, und somit ein Department Unbundling vollzogen werden. Dies gilt jedoch nicht für nachgelagerte Netzebenen. Für den Gasbereich fehlt eine solche Regelung.

Nach Art. 9, 12 RiLi Elektrizität und Art. 8, 11 RiLi Gas sind sensible Informationen, von denen das Unternehmen durch seine Tätigkeit als Netzbetreiber Kenntnis erlangt, vertraulich zu behandeln.

II. Die fehlende Umsetzung der Richtlinie Gas in deutsches Recht

Eine Umsetzung der Richtlinie Gas in deutsches Recht ist bis zum 22. Mai 2003 nicht erfolgt. Erst mit der Reform des Energiewirtschaftsgesetzes, beginnend mit dem Regierungsentwurf vom 9. Mai 2001, erfolgte eine Umsetzung der wesentlichen Vorschriften der Richtlinie Gas in nationales Recht, indem das EnWG entsprechend geändert wurde.

Bisher wurde der Netzzugang zum Leitungssystem im Gasmarkt ausschließlich auf Grund von § 19 Abs. 4 Nr. 4 GWB ermöglicht, ohne nähere Regelungen bzgl. des Netzzuganges zu erlassen. Eine Entflechtung hat nicht stattgefunden und es gab auch keinerlei gesetzliche Grundlage für eine solche.[7] Lediglich die Verbändevereinbarung zum Netzzugang bei Erdgas vom 4. Juli 2000 gab eine gewisse Hilfestellung zur Organisation des Netzzuganges, wenngleich sie wie die Verbändevereinbarung zum Strom lediglich empfehlenden Charakter hatte.[8] Mittlerweile ist diese Vereinbarung durch die Verbändevereinbarung zum Netzzugang bei Erdgas vom 3. Mai 2002 abgelöst worden.

Eine Umsetzung der wesentlichen Vorgaben der Richtlinie Gas erfolgte erst mit dem Regierungsentwurf vom 9. Mai 2002, nachdem bereits ein Vertragsverletzungsverfahren der Kommission gegen Deutschland eingeleitet worden war. Folglich ist der

---

4 Art. 14 Abs. 4 RiLi Elektrizität; Art. 13 Abs. 4 RiLi Gas.

5 Art. 14 Abs. 2 RiLi Elektrizität; Art. 13 Abs. 2 RiLi Gas.

6 Art. 14 Abs. 3 S. 1, 1. HS RiLi Elektrizität; Art. 13 Abs. 3 S. 1, 1. HS RiLi Gas.

7 S. auch: *Rosin/Heinlein*, Die Verbändevereinbarung, Teil 1, in: ET 2002, S. 350 ff.; *Dannischewski* würde den Leitungszugang über § 19 Abs. 4 GWB bereits als eine Entflechtungsmaßnahme ansehen: *ders.*, Unbundling im Energierecht, S. 90 ff. Da hier aber dem engen Unbundling-Begriff gefolgt wird, ist der Zugang über § 19 Abs. 4 EnWG nicht als Unbundlingmaßnahme einzustufen.

8 Zur Verbändevereinbarung im Gasbereich v. 4.7.2000 s: *BDI/VIK/BGW/VKU*, VV Erdgas I; ferner deren Besprechung bei: *Rosin/Heinlein*, Die Verbändevereinbarung, Teil 1, in: ET 2002, S. 350 ff.; *dies.*, Die Verbändevereinbarung, Teil 2, in: ET 2002, S. 426 ff.

eigentlich durch die Liberalisierung und die Richtlinienvorgaben notwendig gewordene Umstrukturierungsprozess erst mit dieser Gesetzesnovelle in Gang gebracht worden.

III. Das Unbundling nach dem Energiewirtschaftsgesetz von 1998

Die Vorschriften über das Unbundling in § 9 EnWG gleichen den Vorgaben der Richtlinie Elektrizität und sind damit auf eine buchhalterische Entflechtung der Unternehmen sowie ein Department Unbundling des Übertragungsnetzes angelegt.

Gem. § 9 Abs. 1 S. 1 EnWG müssen nunmehr alle Elektrizitätsversorgungsunternehmen der allgemeinen Versorgung, auch wenn sie nicht in der Rechtsform einer Kapitalgesellschaft betrieben werden, einen Jahresabschluss nach Maßgabe der geltenden Vorschriften des Ersten und Dritten Unterabschnittes des Zweiten Abschnittes des Dritten Buches des Handelsgesetzbuches erstellen und diesen Jahresabschluss gem. § 9 Abs. 1 S. 2 EnWG öffentlich zugänglich machen. Innerhalb ihrer Bilanz haben die Elektrizitätsunternehmen der allgemeinen Versorgung gem. § 9 Abs. 2 S. 1 EnWG getrennte Konten für die Bereiche Erzeugung, Übertragung und Verteilung sowie für Aktivitäten außerhalb des Elektrizitätsbereiches zu führen.

Mit „Übertragung“ ist der Transport von Strom durch ein Hochspannungsverbundnetz zum Zwecke der Stromversorgung von Endverbrauchern oder Verteilern gemeint. „Verteilung“ meint den Transport von Strom über Verteilernetze mittlerer oder niederer Spannung zum Zwecke der Versorgung von Kunden.[9]

Für jede Aktivität und die zusammengefassten Aktivitäten außerhalb des Elektrizitätsbereiches ist gem. § 9 Abs. 2 S. 2 EnWG eine Bilanz sowie eine Gewinn- und Verlustrechnung aufzustellen und in den Anhang des Jahresabschlusses aufzunehmen. Soweit eine Zuordnung der einzelnen Aktivitäten unmöglich ist bzw. einen unverhältnismäßigen Aufwand bedeuten würde, hat die Zuordnung der Konten gem. S. 3 durch Schlüsselung der Konten, die sachgerecht und für Dritte nachvollziehbar sein muss, zu erfolgen. Ferner sind gem. Abs. 3 im Anhang des Jahresabschlusses die Regeln anzugeben, nach denen die Gegenstände des Aktiv- und Passivvermögens sowie die ausgewiesenen Aufwendungen und Erträge den Konten zugewiesen werden. Geschäfte größeren Umfangs, die mit verbundenen oder assoziierten Unternehmen oder mit Unternehmen derselben Aktionäre getätigt worden sind, sind ebenfalls gem. § 9 Abs. 4 EnWG gesondert darzustellen.

Weitere Regelungen zum Unbundling finden sich in den § 4 Abs. 4 EnWG und § 7 Abs. 4 EnWG. Gem. § 4 Abs. 4 EnWG ist der Betrieb des Übertragungsnetzes als eigene Betriebsabteilung, getrennt von Erzeugung und Verteilung sowie den übrigen Tätigkeiten, die nicht mit ihm zusammenhängen, zu führen. Insoweit wird über die reine bilanztechnische Trennung auch eine minimale organisatorische Aufspaltung des Unternehmens gefordert, indem es eine eigene Abteilung für den Netzbetrieb schaffen muss. Eine weitergehende Abspaltung des Netzbetriebes wird jedoch nicht verlangt.

§ 7 Abs. 4 EnWG verlangt eine Trennung der Tätigkeit als Single Buyer von den Tätigkeiten im Bereich der Verteilung und Erzeugung. Hier wird nicht nur die getrenn-

9 Art. 2 Nr. 5 und 6 RiLi Elektrizität.

te Verwaltung verlangt, sondern es ist auch ein interner Informationsaustausch unzulässig. So dürfen nach § 7 Abs. 4 S. 2 EnWG keine Informationen zwischen der Tätigkeit als Single Buyer und der Erzeugungs- und Verteilungstätigkeit vermittelt werden, außer in den Fällen, in denen diese Informationen für die Wahrnehmung der Pflichten als Single Buyer unerlässlich sind. Ein solches Informationsaustauschverbot ist sonst nirgends angeordnet.

1. *Organisatorische Entflechtung nach § 4 Abs. 4 EnWG*

Der Betrieb des Übertragungsnetzes muss als eigene Betriebsabteilung, getrennt von Erzeugung und Verteilung sowie von den übrigen Tätigkeiten, organisiert sein (§ a sb. 4 EnWG). Nach dem Gesetzeswortlaut ist es nicht erforderlich, die Betriebsabteilung für den Betrieb des Übertragungsnetzes räumlich von den übrigen Tätigkeiten zu trennen oder erhaltene vertrauliche Informationen intern geheim zu halten. Eine Einführung von Chinese Walls ist damit durch § 4 Abs. 4 EnWG nicht vorgesehen. Außerdem gilt § 4 Abs. 4 EnWG nur für das Übertragungsnetz, für die Verteilungsebene ist eine solche getrennte Betriebsführung nicht vorgesehen. § 4 Abs. 4 EnWG kann mithin nur als einen wenig gelungenen Versuch eines Department Unbundlings gesehen werden.

2. *Entflechtungsmaßnahmen gem. § 9 EnWG*

Gem. § 9 Abs. 1 EnWG sind alle Elektrizitätsversorgungsunternehmen, die eine allgemeine Versorgung betreiben, verpflichtet, unabhängig von ihrer Rechtsform einen Jahresabschluss nach den für Kapitalgesellschaften geltenden Vorschriften des Ersten und Dritten Unterabschnittes des Zweiten Abschnittes des Dritten Buches des HGB zu erstellen. In ihrer Buchführung haben diese Unternehmen getrennte Konten für die Bereiche Erzeugung, Übertragung und Verteilung sowie für Aktivitäten außerhalb des Elektrizitätsbereichs zu führen gem. § 9 Abs. 2 S. 1 EnWG. Ferner muss für jeden dieser Bereiche eine Bilanz sowie eine Gewinn- und Verlustrechnung in den Anhang des Jahresabschlusses gem. § 9 Abs. 2 S. 2 EnWG aufgenommen werden. Soweit hierbei eine direkte Zuordnung zu den einzelnen Aktivitäten nicht möglich ist oder mit unvertretbarem Aufwand verbunden wäre, hat die Zuordnung durch Schlüsselung der Konten gem. § 9 Abs. 2 S. 3 EnWG zu erfolgen, welche sachgerecht und für Dritte nachvollziehbar sein muss. Nach § 9 Abs. 3 EnWG muss im Anhang des Jahresabschlusses weiterhin angegeben werden, nach welchen Regeln die Gegenstände des Aktiv- und Passivvermögens sowie die ausgewiesenen Aufwendungen und Erträge den Konten zugewiesen worden sind. Eine ausnahmsweise vorgenommene Änderung dieser Regeln ist zu erläutern und zu begründen. Darüber hinaus sind gem. § 9 Abs. 4 EnWG alle Geschäfte größeren Umfangs, welche mit verbundenen oder assoziierten Unternehmen sowie mit Unternehmen derselben Aktionäre getätigt worden sind, gesondert darzustellen. Ziel dieser buchhalterischen Maßnahmen ist die Schaffung eines

Höchstmaßes an Transparenz zur Vermeidung von Quersubventionierungen und Wettbewerbsverzerrungen.[10]

a) Die betroffenen Unternehmen

Betroffen von der Bilanzierungspflicht sind gem. § 9 Abs. 1 EnWG alle Energieversorgungsunternehmen der allgemeinen Versorgung. Das deutsche EnWG definiert jedoch nicht, welche Unternehmen Energieversorgungsunternehmen der allgemeinen Versorgung sind. Gem. § 2 Abs. 3 EnWG wird nur definiert, dass Energieversorgungsunternehmen solche Unternehmen sind, die andere mit Energie versorgen oder ein Netz für die allgemeine Versorgung betreiben. Eine Definition, was allgemeine Versorgung ist, unterbleibt. Folglich lässt der Wortlaut von § 9 Abs. 1 EnWG damit einen Interpretationsspielraum zu, welche Energieversorgungsunternehmen sog. allgemeine Versorgung betreiben und unter die Bilanzierungspflichten fallen.

Denkbar wäre, unter den Begriff des Energieversorgungsunternehmens der allgemeinen Versorgung etwa nur Unternehmen zu subsumieren, die ausschließlich oder überwiegend sog. Tarifkunden versorgen, was den Anwendungsbereich der vorzunehmenden Entflechtung erheblich einschränken würde. Für eine solche restriktive Auslegung des Begriffes der allgemeinen Versorgung spricht, dass nur im Tarifkundenbereich eine Versorgung mit Strom zu allgemeinen Tarifen und Versorgungsbedingungen nach Maßgabe der BTOElt. bzw. AVB stattfindet. Der gesamte Sonderkundenbereich wird hingegen auf Grund individuell ausgehandelter Bedingungen und Tarife versorgt.

Eine solche restriktive Auslegung des Begriffes würde allerdings der Intention der durch § 9 EnWG zu treffenden Entflechtungsmaßnahmen zuwiderlaufen. Denn Ziel der Entflechtung muss nach Maßgabe der Richtlinie (vgl. Art. 2 Ziff. 17 RiLi Elektrizität) sein, ein Höchstmaß an Transparenz auf dem Strommarkt zu schaffen, um auf diese Weise Wettbewerbsverzerrungen und Quersubventionierungen zu verhindern. Folglich muss das konzeptionelle Defizit des § 9 EnWG im Wege einer richtlinienkonformen Auslegung des Begriffes „allgemeine Versorgung" behoben werden. Gem. Art. 2 Ziff. 16 RiLi Elektrizität ist Versorgung die Lieferung und/oder Verkauf von Elektrizität an Kunden. Aus der Intention der Richtlinie Elektrizität, eine hinreichende Transparenz zur Vermeidung von Wettbewerbsverzerrungen und Quersubventionierungen durch das Unbundling zu schaffen (vgl. Art. 2 Ziff. 17 RiLi Elektrizität), lässt sich ferner herleiten, dass „allgemeine Versorgung" nicht nur die Versorgung von Tarifkunden zu allgemeinen Bedingungen und Tarifen erfasst.[11] Vielmehr muss die Rechnungslegung aller Unternehmen, die auf dem Elektrizitätsmarkt agieren und an Kunden Strom liefern oder verkaufen, erfasst sein, um eine hinreichende Transparenz zur Vermeidung von Wettbewerbsverzerrungen und Quersubventionierungen zu schaffen.[12]

---

10 *ÖFA*, Diskussionspapier, FN-IDW Nr. 8/1998, S. 372 (374).
11 *ÖFA*, Diskussionspapier, FN-IDW Nr. 8/1998, S. 372 (374).
12 *ÖFA*, Diskussionspapier, FN-IDW Nr. 8/1998, S. 372 (374).

Damit unterliegen der Anwendung von § 9 Abs. 1 EnWG bei richtlinienkonformer Auslegung alle Unternehmen, die ihre Produkte auf dem Elektrizitätsmarkt anbieten, also auch diejenigen, die ausschließlich Sonderkunden mit Strom beliefern.[13] Einzig die Unternehmen, welche Strom im wesentlichen für ihren Eigenbedarf produzieren, fallen somit nicht unter die Anwendung von § 9 EnWG.[14]

Alle Energieversorgungsunternehmen, die eine allgemeine Versorgung betreiben, sind ungeachtet ihrer Rechtsform zur Rechnungslegung nach den Grundsätzen des HGB für Kapitalgesellschaften verpflichtet. Erfasst werden somit auch die Personenhandelsgesellschaften und die Firma eines Einzelkaufmannes sowie die kommunalen Eigenbetriebe, auch wenn diese als Anstalt des öffentlichen Rechts organisiert sind. Diesen kommunalen Eigenbetrieben wird zwar meist in dem Eigenbetriebsrecht der jeweiligen Bundesländer die sinngemäße Anwendung der Rechnungslegungsvorschriften für Kapitalgesellschaften ohnehin vorgeschrieben.[15] Allerdings gilt dies nur, soweit sich aus dem Eigenbetriebsrecht nicht ein anderes ergibt (z.B. § 21 EigVO).[16] Die für die Rechnungslegung dieser Eigenbetriebe getroffenen Abweichungen von den Vorschriften des HGB stellen in der Regel jedoch sogar höhere Anforderungen an die Rechnungslegung, so dass anzunehmen ist, dass ein Jahresabschluss nach den Vorschriften der EigVO der jeweiligen Länder den durch § 9 Abs. 1 EnWG gestellten Anforderungen des Jahresabschlusses nach HGB ausreichen wird.[17] Damit wird für diese Betriebe ein zweiter Jahresabschluss nach HGB entbehrlich sein, auch wenn der Wortlaut des § 9 Abs. 1 EnWG ein anderes vermuten lässt.

b) Die Vorgaben von § 9 Abs. 2 EnWG zur Rechnungslegung

aa) Abgrenzungsprobleme zwischen den einzelnen Tätigkeitsfeldern

Gem. § 9 Abs. 2 EnWG sind die Energieversorgungsunternehmen verpflichtet, getrennte Konten für die Bereiche Erzeugung, Übertragung und Verteilung sowie für Aktivitäten außerhalb des Elektrizitätsbereiches zu führen. Eine Definition dieser Begriffe fehlt im EnWG, wobei auch wiederum hier ohne Schwierigkeiten auf die Richtlinie Elektrizität zurückgegriffen werden kann, da die Begriffe dort in Art. 2 RiLi Elektrizität definiert sind. Danach ist

- gem. Art. 2 Ziff. 1 Erzeugung die Produktion von Elektrizität
- gem. Art. 2 Ziff. 5 Übertragung der Transport von Elektrizität über ein Hochspannungsverbundnetz zum Zwecke der Stromversorgung oder Verteilung und
- gem. Art. 2 Ziff. 6 Verteilung der Transport von Elektrizität mit mittlerer oder niedriger Spannung über Verteilernetze zum Zwecke der Stromversorgung von Kunden.

---

13 *ÖFA*, Diskussionspapier, FN-IDW Nr. 8/1998, S. 372 (374).
14 *ÖFA*, Diskussionspapier, FN-IDW Nr. 8/1998, S. 372 (374).
15 *ÖFA*, Diskussionspapier, FN-IDW Nr. 8/1998, S. 372 (374).
16 *ÖFA*, Diskussionspapier, FN-IDW Nr. 8/1998, S. 372 (374).
17 *ÖFA*, Diskussionspapier, FN-IDW Nr. 8/1998, S. 372 (374), für eine besondere Beachtung der EigVO: Danner/*ders.*, EnWG, § 9, Rn. 14.

- gem. Art. 2 Ziff. 16 Versorgung die Lieferung und/oder der Verkauf von Elektrizität an Kunden.

Wegen dieser gesonderten Definition von Versorgung und der daraus folgenden Abgrenzung von Versorgung und Verteilung bzw. Übertragung ergibt sich, dass mit den Tätigkeiten der Verteilung und Übertragung nur der Transport von Elektrizität und nicht auch der An- und Verkauf von Strom gemeint sein kann.[18] Denn der Verkauf von Strom ist nach der Definition bereits ordinäre Versorgungstätigkeit. § 9 Abs. 2 EnWG kann bei richtlinienkonformer Anwendung somit mit den Begriffen Übertragung und Verteilung nur den Netzbetrieb meinen. Alle weiteren Tätigkeiten, insbesondere der An- und Verkauf von Elektrizität, werden hiervon nicht erfasst.[19]

Denkbar wäre, den Ankauf von Strom zu den Erzeugungstätigkeiten zu rechnen, da hier an Stelle von eigenproduziertem Strom fremdproduzierter Strom zugekauft wird und damit eine vergleichbare Ausgangsposition gegeben ist. Allerdings ist Erzeugung nach der Definition der Richtlinie die Produktion von Elektrizität. Gemeint sein kann somit nur die Eigenproduktion, so dass unter den Begriff Erzeugung weder der Strombezug durch Zukauf von Fremdfirmen – der sog. Vertragsbezug – noch der Bezug von eigenen Beteiligungsgesellschaften fällt.[20] Für die Auslegung von § 9 Abs. 2 EnWG kann bei richtlinienkonformer Anwendung der Vorschrift nichts anderes gelten.[21]

Hieraus ergibt sich das Problem, dass von der getrennten Buchführung gem. § 9 Abs. 2 EnWG weder der interne oder externe Strombezug noch der Verkauf von Strom erfasst ist. Denn es handelt sich bei diesen Tätigkeiten um solche, die weder der Erzeugung, Übertragung noch der Verteilung zugeordnet werden können.[22] Bei diesen genannten Tätigkeiten handelt es sich auch nicht um solche, die außerhalb des Elektrizitätsbereiches liegen, vielmehr sind es typische Geschäftsfelder des Elektrizitätsbereiches selbst.[23]

Das Problem hieran ist, dass folglich für diese Aktivitäten gem. § 9 Abs. 2 EnWG keine getrennte Bilanzierungspflicht des Unternehmens besteht.[24] Hierdurch wird aber ein wichtiger Bereich aus der Entflechtung vollständig ausgeklammert, so dass es nur sachgerecht ist, für diese weiteren Tätigkeiten innerhalb des Elektrizitätsbereiches auch eine gesonderte Bilanz sowie Gewinn- und Verlustrechnung in den Jahresabschluss mit aufzunehmen, um so eine vollständige Rechnungslegung der gesamten Aktivitäten des Elektrizitätsbereiches zu erhalten.[25]

Gegen eine solche weitergehende Bilanzierungspflicht wenden sich der VDEW und der VKU. Ihrer Auffassung nach sei die Rechtsgrundlage für eine Entflechtung allein § 9 EnWG bzw. Art. 14 Abs. 3 RiLi Elektrizität, so dass eine weitergehende Entflechtung des Bereiches Verkauf überflüssig sei.[26] Verteilung sei zusammengefasst „der Transport von Elektrizität mittlerer oder niedriger Spannung über Verteilernetze zum

---

18 *ÖFA*, Diskussionspapier, FN-IDW Nr. 8/1998, S. 372 (374).
19 *ÖFA*, Diskussionspapier, FN-IDW Nr. 8/1998, S. 372 (375).
20 *ÖFA*, Diskussionspapier, FN-IDW Nr. 8/1998, S. 372 (375).
21 *ÖFA*, Diskussionspapier, FN-IDW Nr. 8/1998, S. 372 (375).
22 *ÖFA*, Diskussionspapier, FN-IDW Nr. 8/1998, S. 372 (375).
23 *ÖFA*, Diskussionspapier, FN-IDW Nr. 8/1998, S. 372 (375).
24 *ÖFA*, Diskussionspapier, FN-IDW Nr. 8/1998, S. 372 (375).
25 *ÖFA*, Diskussionspapier, FN-IDW Nr. 8/1998, S. 372 (375).
26 *VKU*, Stellungnahme v. 12.7.2002, S. 1 f.

Zwecke der Lieferung und/oder des Verkaufs von Elektrizität an Kunden"[27] und damit der Verkauf von dieser Aktivität miterfasst. In der Richtlinie und in § 9 EnWG seien für das buchhalterische Unbundling abschließend die Aktivitäten Erzeugung, Übertragung und Verteilung aufgeführt, so dass für eine vom IDW vorgenommene Einengung des Begriffes Verteilung auf den bloßen Netzbetrieb kein Raum sei.[28] Dieser Sichtweise würde auch entsprechen, dass das BMWi trotz Anfrage des IDW keine Änderung von § 9 EnWG vorgenommen hat.[29] Ferner sei die Umsetzung der Richtlinie Elektrizität in das deutsche Recht auch nicht von der Kommission beanstandet worden, so dass § 9 EnWG durchaus richtlinienkonform sei. Hieran könnten auch die von der Kommission vorgelegten Richtlinienänderungsentwürfe nichts ändern, da der Vorschlag der Kommission, eine vierte Aktivität „Versorgung" in Art. 14 Abs. 3 RiLi Elektrizität aufzunehmen, keine Klarstellung, sondern eine Neuregelung sei.[30] Weiterhin habe der deutsche Gesetzgeber bei der Umsetzung der Richtlinie Gas abweichend von Art. 14 Abs. 3 RiLi Gas in § 9a Abs. 2 S. 1 EnWG ausdrücklich eine Entflechtung des Gashandels und -vertriebes neben Fernleitung, Verteilung und Speicherung angeordnet, woraus zu schließen sei, dass der Gesetzgeber eine solche weitergehende Entflechtung gerade nicht im Strombereich wollte, da er § 9 EnWG nicht geändert habe.[31]

Wird auf den reinen Wortlaut von § 9 EnWG abgestellt, so scheint in der Tat zutreffend, nur zwischen Übertragung, Erzeugung und Verteilung buchhalterisch zu entflechten. Eine solche Auslegung der Vorschrift scheint aber von ihrem Zweck, Diskriminierungen und Quersubventionierungen zu vermeiden, problematisch. Wird nicht zwischen Verkauf bzw. Versorgung und Transport über ein Mittel- oder Niederspannungsnetz entflochten, so bleibt in diesem Bereich eine vollständige Integration von Leitungsmonopol und wettbewerbsfähigem Versorgungsmarkt bestehen, was zu erheblichen Wettbewerbsverzerrungen führen kann. Bestätigt wird dies dadurch, dass die Kommission eine solche Entflechtung in ihren Änderungsentwürfen vorschlägt, im Gasbereich eine solche Trennung vorgenommen wurde und auch in Großbritannien die Tätigkeit der Supplier in Verteilung und Versorgung aufgeteilt worden ist. Zunächst erfolgt hier eine buchhalterische und anschließend mit der Freigabe des Tarifmarktes eine vollständige tatsächliche Entflechtung. Folglich entspricht die Sichtweise des IDW am ehesten einer sinnvollen Entflechtung, auch wenn diese vom Wortlaut her nicht notwendig scheint. Es spricht jedoch nichts dagegen, bereits vor den Änderungen des Ordnungsrahmens durch die europäischen Vorgaben eine weitergehende Aufsplittung vorzunehmen, um sich auf diese Weise über den defizitären Wortlaut der Vorschrift hinwegzusetzen.

Ein vergleichbares Problem stellt sich bei der Tätigkeit eines Unternehmens als sog. Alleinabnehmer gem. § 7 Abs. 4 S. 1 EnWG. Die Tätigkeit des Alleinabnehmers umfasst die Abnahme des von den in seinem Gebiet ansässigen Endverbrauchern bei anderen Unternehmen gekauften Stromes sowie die Vergütung desselben. Bei diesen Tätigkeiten handelt es sich weder um eine Verteilungs- noch um eine Erzeugungs-

27 *VKU,* Stellungnahme v. 12.7.2002, S. 2.
28 *VKU,* Stellungnahme v. 12.7.2002, S. 2.
29 *VKU,* Stellungnahme v. 12.7.2002, S. 2.
30 *VKU,* Stellungnahme v. 12.7.2002, S. 2 f.
31 *VKU,* Stellungnahme v. 12.7.2002, S. 2.

oder Übertragungstätigkeit und auch um keine Aktivität außerhalb des Elektrizitätsbereiches, so dass die Tätigkeit als Alleinabnehmer ebenfalls von der Bilanzierungspflicht gem. § 9 Abs. 2 EnWG nicht erfasst ist.[32] Gleichwohl wird durch § 7 Abs. 4 EnWG deutlich, dass diese Tätigkeit als Alleinabnehmer getrennt von den Tätigkeiten der Erzeugung und Verteilung ausgeübt werden muss.[33] Ferner schreibt § 7 EnWG ausdrücklich vor, dass keinerlei Informationen, die durch die Tätigkeit als Alleinabnehmer erlangt werden, für andere Aktivitäten genutzt werden dürfen, es sei denn, dies ist zur Erfüllung der Aufgabe als Alleinabnehmer zwingend notwendig. Somit muss eine organisatorische Trennung vollzogen werden, was eine getrennte Bilanzierung geradezu herausfordert.[34] Ergo ist es auch hier nur sachgerecht, eine getrennte Ausweisung dieser Tätigkeit im Anhang des Jahresabschlusses zu fordern, wenngleich auch hier die gesetzliche Grundlage aus § 9 Abs. 2 EnWG fehlt.[35]

Gegen eine solche zusätzliche Ausweisung der Single-Buyer-Tätigkeit wendet sich der VKU ebenfalls.[36] Auch hier würde § 9 Abs. 3 EnWG eine solche buchhalterische Trennung ausdrücklich nicht verlangen. Ferner führe die organisatorische Entflechtung des Unbundlings nicht zur notwendigen getrennten Kontenführung, da eine rein organisatorische Trennung und Sicherstellung eines unterbundenen Informationsaustausches ausreichend sei und da ein Zugriff auf sensible Daten der Buchführung für Personen des Alleinabnehmersystems auszuschließen sei. Darüber hinaus sei mit einer relevanten Anzahl von Alleinabnehmern ohnehin nicht mehr zu rechnen, weil das System einen erheblichen organisatorischen Mehraufwand bedeuten würde, so dass die Anzahl an Alleinabnehmern in den nächsten Jahren drastisch abnehmen dürfte und damit das System ohnehin hinfällig würde.

Diese Argumentation des VKU entspricht im wesentlichen seiner Argumentation zur getrennten Ausweisung des Verkaufes, da wieder auf den Wortlaut von § 9 EnWG verwiesen wird. Der Sinn von § 9 EnWG führt allerdings wiederum zu dem Ergebnis, dass eine getrennte Ausweisung der Single-Buyer-Tätigkeit im Hinblick auf die Abtrennung des Leitungsmonopols sinnvoll und damit eine über den Wortlaut von § 9 EnWG hinausgehende freiwillige getrennte Ausweisung notwendig ist. Das Argument des VKU, dass der Single-Buyer ohnehin abgeschafft werde, mag nicht überzeugen, da es zurzeit solche Systeme gibt und hier eine entsprechende Entflechtung wesentlich für einen funktionierenden Wettbewerb ist.

Insgesamt zeigt sich an dieser Diskussion um den Umfang der vorzunehmenden Entflechtung jedoch sehr deutlich, dass § 9 EnWG insoweit defizitär gestaltet worden ist und ein Nachbesserungsbedarf besteht, sofern eine rein buchhalterische Entflechtung nicht gänzlich abzulehnen ist.

---

32 *ÖFA*, Diskussionspapier, FN-IDW Nr. 8/1998, S. 372 (376).
33 *ÖFA*, Diskussionspapier, FN-IDW Nr. 8/1998, S. 372 (375).
34 *ÖFA*, Diskussionspapier, FN-IDW Nr. 8/1998, S. 372 (376).
35 *ÖFA*, Diskussionspapier, FN-IDW Nr. 8/1998, S. 372 (376).
36 Zum folgenden: *VKU*, Stellungnahme v. 12.7.2002, S. 3.

bb) Anforderungen an die Bilanzen sowie Gewinn- und Verlustrechnungen

Nach § 9 Abs. 1 EnWG ergibt sich, dass sich die in den Jahresabschluss aufzunehmenden getrennten Bilanzen und Gewinn- und Verlustrechnungen nach dem HGB richten. Die Art und Weise der Trennung hat so zu erfolgen, dass von der Fiktion getrennter Unternehmen auszugehen ist. Insoweit schreibt Art. 14 Abs. 3 RiLi Elektrizität eine solche fiktive Trennung vor. Dies bedeutet jedoch nicht, dass Bilanzierungs- und Bewertungswahlrechte in den einzelnen Aktivitätsbilanzen wie bei rechtlich selbständigen Unternehmen ausgeübt werden können.[37] Somit kommt die erneute Ausübung von Wahlrechten, wie z.B. die Inanspruchnahme steuerlicher Sonderabschreibungen, der Ansatz von Aufwandsrückstellungen gem. § 249 Abs. 2 HGB, in den jeweiligen Einzelbilanzen nicht mehr in Betracht.[38] Maßgeblich ist vielmehr die Ausübung dieser Wahlrechte im Jahresabschluss des Gesamtunternehmens.[39] Es sollen folglich lediglich die Konten des Gesamtunternehmens den einzelnen Aktivitäten zugeordnet werden, was auch aus dem Wortlaut von § 9 Abs. 2 S. 3 EnWG deutlich wird, da dieser nicht von der Fiktion getrennter Unternehmen ausgeht.[40]

Ein weiteres Problem, das sich aus dieser lediglich fiktiven Trennung ergibt, ist, dass die einzelnen Aktivitäten nicht über jeweils gezeichnetes Kapital verfügen und die Regeln über den Ausweis des Eigenkapitals gem. §§ 266, 268, 272 HGB nur für das Gesamtunternehmen Bedeutung haben.[41] Damit ist es sachgerecht, den jeweiligen Aktivitäten Eigenkapital zuzuordnen und in einer Position „zugeordnetes Eigenkapital" zu erfassen und nur das Jahresergebnis gesondert auszuweisen.[42]

Eine solche aktivitätenbezogene Anlagespiegelung und Ausweisung der Eigenkapitalentwicklung der einzelnen Aktivitäten hält der VKU für nicht erforderlich, da § 9 Abs. 1 u. 2 EnWG für eine solche Aufteilung keine Grundlage geben würden.[43] Nach seiner Auffassung soll es möglich sein, die Finanzierung durch Fremd- oder Eigenkapital als Aktivität außerhalb des Elektrizitätsbereiches zu führen, da die Kapitalfinanzierung das Gesamtunternehmen betreffe. Deshalb solle auch das Fondsfinanzierungskonzept ausdrücklich zugelassen werden und eine Klarstellung erfolgen.

Gegen diese Sicht des VKU spricht erneut der Sinn und Zweck der Entflechtungsmaßnahmen, eine möglichst hohe Transparenz zu schaffen, um Quersubventionierungen zu vermeiden. Würde das gesamte Kapital eines Unternehmens jedoch als eigenständiger Bereich außerhalb des Elektrizitätsmarktes geführt, wäre eine eindeutige Zuordnung zu den einzelnen Bereichen kaum nachzuvollziehen und damit die Möglichkeit verdeckter Subventionierungen gegeben.

Ein vergleichbares Problem ergibt sich bei aus Leistungsbeziehungen zwischen den einzelnen Aktivitäten entstandenen Verrechnungsposten. Hierbei handelt es sich um Aktivitäten desselben Unternehmens, so dass ein Ausweis dieser Positionen unter Forderungen oder Verbindlichkeiten gegenüber verbundenen Unternehmen nicht in Be-

37 *ÖFA*, Diskussionspapier, FN-IDW Nr. 8/1998, S. 372 (376).
38 *ÖFA*, Diskussionspapier, FN-IDW Nr. 8/1998, S. 372 (376).
39 *ÖFA*, Diskussionspapier, FN-IDW Nr. 8/1998, S. 372 (376).
40 *ÖFA*, Diskussionspapier, FN-IDW Nr. 8/1998, S. 372 (376).
41 *ÖFA*, Diskussionspapier, FN-IDW Nr. 8/1998, S. 372 (376).
42 *ÖFA*, Diskussionspapier, FN-IDW Nr. 8/1998, S. 372 (376).
43 Zum folgenden: *VKU*, Stellungnahme v. 12.7.2002, S. 4.

tracht kommt. Auch hier erscheint es sachgerecht, eine neue Position in der Bilanz „Forderungen und Verbindlichkeiten gegenüber anderen Unternehmensaktivitäten" zu schaffen.[44]

In den Gewinn- und Verlustrechnungen der jeweiligen Aktivitäten sind Aufwendungen und Erträge, die aus Leistungsbeziehungen zwischen den einzelnen Aktivitäten entstehen, unter dem Posten auszuweisen, welcher aus Sicht der jeweiligen Aktivität in Betracht käme, wenn die erbrachte oder bezogene Leistung an oder von einem anderen rechtlich selbständigen Unternehmen bezogen bzw. erbracht worden wäre.[45] So wäre beispielsweise die Lieferung von Elektrizität durch die Aktivität Erzeugung an die „übrigen Tätigkeiten innerhalb des Elektrizitätsbereiches" in der Gewinn- und Verlustrechnung der Aktivität Erzeugung unter dem Punkt „Umsatzerlöse" zu erfassen; bei den „übrigen Aktivitäten innerhalb des Elektrizitätsbereiches" wäre eine solche Lieferung wiederum unter dem Posten „Materialaufwand" zu erfassen.[46] Ein gesonderter Ausweis der Erträge und Aufwendungen zwischen den Aktivitäten ist nicht notwendig.[47]

Hier deutet sich bereits ein nicht unerhebliches Problem der buchhalterischen Entflechtung an. Dadurch, dass von der bloßen Fiktion getrennter Unternehmen auszugehen ist und damit lediglich eine buchhalterische Segmentierung des Gesamtunternehmens stattzufinden hat, können bestimmte Positionen bilanzrechtlich nicht gesondert zugeordnet bzw. ausgewiesen werden. Hierzu bedarf es der Hilfskonstruktion über die Schaffung von Positionen, die eine Zuordnung der Einzelpositionen kenntlich machen. Problematisch hieran ist, dass diese Zuweisung auf einer theoretischen und nicht tatsächlichen Vornahme beruht. Wenn also beispielsweise einem Bereich ein bestimmtes Eigenkapital zugewiesen wird, bleibt dieses Kapital rechtlich und damit tatsächlich das des Gesamtunternehmens. Die Folge hiervon ist, dass diese theoretischen Segmentierungen letztendlich dem Unternehmen überlassen bleiben, da sie keine Auswirkung auf die Gesamtbilanz haben. Es fragt sich damit, ob diese nur auf dem Papier stattfindende und nach den Vorstellungen des Unternehmens erfolgende Segmentierung tatsächlich hinreichende Transparenz zum Schutz vor Quersubventionierungen und Wettbewerbsverzerrungen schaffen kann.

cc) Die Führung getrennter Konten

Gem. § 9 Abs. 2 S. 1 EnWG wird verlangt, für die Bereiche Erzeugung, Übertragung, Verteilung sowie außerhalb des Elektrizitätsbereiches stattfindende Aktivitäten getrennte Konten zu führen. Mit dieser Führung getrennter Konten wird in erster Linie der Zweck verfolgt, für diese Aktivitäten eine Bilanz sowie eine Gewinn- und Verlustrechnung erstellen zu können.[48] Da diese Einzelabschlüsse der Aktivitäten Bestandteile der externen Rechnungslegung sind, unterliegen sie den Anforderungen des Handelsrechtes, so dass die ihnen zugrunde liegende Buchführung und die damit verbun-

44 *ÖFA*, Diskussionspapier, FN-IDW Nr. 8/1998, S. 372 (377).
45 *ÖFA*, Diskussionspapier, FN-IDW Nr. 8/1998, S. 372 (377).
46 *ÖFA*, Diskussionspapier, FN-IDW Nr. 8/1998, S. 372 (377).
47 *ÖFA*, Diskussionspapier, FN-IDW Nr. 8/1998, S. 372 (377).
48 *ÖFA*, Diskussionspapier, FN-IDW Nr. 8/1998, S. 372 (377).

dene getrennte Kontenführung nach Maßgabe der handelsrechtlichen Vorschriften zu erfolgen hat.[49]

aaa) Verrechnungspreise versus pagatorisch tatsächlich angefallener Kosten

Die vorgenannte handelsrechtliche Bindung der Kontenführung hat nach Ansicht des *ÖFA* zur Folge, dass der „dem Handelsrecht zugrunde liegende Grundsatz der Pagatorik" auch für die Erfassung der zwischen den einzelnen Aktivitäten bestehenden Leistungsbeziehungen gilt.[50] Damit sind nur die tatsächlich angefallenen Aufwendungen und Erträge im Rahmen dieser Leistungsbeziehungen erfassbar.[51] Dies bedeutet wiederum, dass diese Aufwendungen und Erträge nicht mit einem kalkulatorischen Gewinnaufschlag erfasst werden können.[52] Ebenso ist „eine Orientierung an Marktpreisen für vergleichbare Leistungen, welche bei der Verrechnung in der die Leistung abgebenden Aktivität zu einem Gewinn oder Verlust führen kann", nicht möglich.[53] Gewinne und Verluste können insofern nur bei Geschäften mit Dritten realisiert werden.[54]

Auf Grund des handelsrechtlichen Grundsatzes der Pagatorik besteht daher auch nach Ansicht des *ÖFA* bei der Trennung kein Gestaltungsspielraum, als dass nicht jede Beziehung zwischen den Aktivitäten abgebildet werden kann, die bei einer rechtlichen Selbständigkeit der Aktivität gegeben wäre. Insbesondere ist es nicht möglich, gemeinsam genutzte Anlagen einer bestimmten Aktivität zuzuordnen und deren Nutzung durch eine andere Aktivität im Wege von fiktiven Nutzungsverträgen abzurechnen.[55]

Die Elektrizitätsunternehmen verfolgen hingegen organisatorisch und hinsichtlich ihrer innerbetrieblichen Leistungsabrechnung das sog. „Profit-Center-Konzept".[56] Bei dem Profit-Center-Konzept werden statt der pagatorisch tatsächlich angefallenen Aufwendungen und Erträge sog. Verrechnungspreise, welche u.a. einen kalkulatorischen Gewinnaufschlag enthalten, zur Abrechnung der einzelnen innerbetrieblichen Leistungsbeziehungen in Ansatz gebracht. Damit führt dieses Konzept zu einer Vergütung der jeweiligen Leistung zwischen den einzelnen Aktivitäten, die der Vergütung entspricht, die rechtlich selbständige Firmen untereinander in Ansatz bringen würden. Zu diesen unternehmensintern in Ansatz gebrachten Verrechnungspreisen sollen dann auch gegenüber Drittunternehmen erbrachte Leistungen, z.B. Durchleitungen durch das Versorgungsnetz, abgerechnet werden.[57]

---

49 *ÖFA*, Diskussionspapier, FN-IDW Nr. 8/1998, S. 372 (377).

50 *ÖFA*, Diskussionspapier, FN-IDW Nr. 8/1998, S. 372 (377); *Ebeling/Schmidt/ Drüppel*, Möglichkeiten der Kontentrennung für die Rechnungslegung nach §§ 9, 9a EnWG, in: Versorgungswirtschaft 4/2001, S. 77 (78 f.).

51 *ÖFA*, Diskussionspapier, FN-IDW Nr. 8/1998, S. 372 (377).

52 *ÖFA*, Diskussionspapier, FN-IDW Nr. 8/1998, S. 372 (377); *Ebeling/Schmidt/ Drüppel*, Möglichkeiten der Kontentrennung für die Rechnungslegung nach §§ 9, 9a EnWG, in: Versorgungswirtschaft 4/2001, S. 77 (79).

53 *ÖFA*, Diskussionspapier, FN-IDW Nr. 8/1998, S. 372 (377).

54 *ÖFA*, Diskussionspapier, FN-IDW Nr. 8/1998, S. 372 (377).

55 *ÖFA*, Diskussionspapier, FN-IDW Nr. 8/1998, S. 372 (377).

56 *Theisen*, Ökonomische Aspekte des Unbundling in der Energiewirtschaft, S. 4.

57 *Theisen*, Ökonomische Aspekte des Unbundling in der Energiewirtschaft, S. 7.

Von den Elektrizitätsversorgungsunternehmen wird dieses Konzept zum einen aus der durch die Richtlinie Elektrizität getroffene Fiktion von separaten Unternehmen sowie aus dem Umstand, dass sie jederzeit die Aktivitäten als rechtlich selbständige Tochterunternehmungen organisieren können, hergeleitet; das Profit-Center-Konzept ist damit nur ein Ersatz der noch nicht vollzogenen gesellschaftsrechtlichen Entflechtung.[58] Bei einer gesellschaftsrechtlichen Trennung der einzelnen Aktivitäten ist die Berechnung eines Leistungspreises zzgl. eines Gewinnaufschlages auch unternehmensintern ohne weiteres möglich, da es dann auf den Grundsatz der pagatorisch tatsächlich angefallenen Aufwendungen und Erträge nicht mehr ankommt. Damit könne es auf die gesellschaftsrechtliche und kapitalmäßige Verbundenheit der Aktivitäten nicht ankommen.[59]

Der Unterschied, ob nur die pagatorisch tatsächlich angefallenen Aufwendungen und Erträge der sog. Verrechnungspreise in Ansatz gebracht werden, ergibt sich aus § 6 Abs. 1 S. 1 EnWG. Danach müssen die Elektrizitätsversorgungsunternehmen ihr Leitungsnetz fremden Unternehmen zu Bedingungen zur Verfügung stellen, die nicht ungünstiger sind als die, die sie innerbetrieblich tatsächlich oder kalkulatorisch in Rechnung stellen. Werden der Rechnungslegung der einzelnen Aktivitäten nur die pagatorisch tatsächlich angefallenen Erträge und Aufwendungen zugrunde gelegt, ein kalkulatorischer Gewinnaufschlag demnach nicht erfasst, so ergibt sich hieraus, dass auch Dritten gegenüber für die Nutzung des Leitungssystems nur diese pagatorisch tatsächlich angefallenen Aufwendungen in Rechnung gestellt werden können. Denn unternehmensintern ist kein anderer Betrag zwischen der Aktivität Netzbetrieb und den anderen Aktivitäten in Ansatz gebracht worden, so dass gem. § 6 Abs. 1 S. 1 EnWG genau dieser Betrag maßgebend wäre. Wird hingegen ein Verrechnungspreis als zulässige buchhalterische Aufschlüsselung erachtet, so kann dieser kalkulatorische Gewinnaufschlag auch Dritten als Netznutzungsentgelt in Rechnung gestellt werden, da auch unternehmensintern genau dieser Betrag in Ansatz gebracht worden ist. Folglich wird die Art und Weise der Kontentrennung entscheidend für die Frage der zu berechnenden Durchleitungsentgelte.

Der Vorteil des Profit-Center-Konzeptes liegt eindeutig in der Möglichkeit, mit dem Netzbetrieb sowohl unternehmensintern als auch extern Gewinn zu machen. Des weiteren kann sich ein solcher Verrechnungspreis im Gegensatz zu den pagatorisch tatsächlich angefallenen Aufwendungen und Erträgen auch an einem sich bildenden Marktpreis für Durchleitungen orientieren,[60] so dass das Profit- Center- Konzept nicht nur für das Unternehmen, sondern auch für die Nachfrageseite sinnvoll sein kann, etwa dann, wenn sich ein niedriger Durchleitungspreis als Marktpreis durchsetzen würde. Dieses Konzept setzt jedoch damit „einen funktionierenden, auch an Dritten orientierten Markt“ sowie „stark erhöhte Nachweispflichten für den Ansatz derartiger Preise sowohl dem Grunde als auch der Höhe nach“ voraus.[61]

In dem Bestehen eines solchen funktionierenden, an Dritten orientierten Marktes liegt jedoch das Hauptproblem. Zum einen kann sich auf Grund der zurzeit bestehen-

58 *Theisen*, Ökonomische Aspekte des Unbundling in der Energiewirtschaft, S. 4, 7.
59 *Theisen*, Ökonomische Aspekte des Unbundling in der Energiewirtschaft, S. 7 f.
60 *Theisen*, Ökonomische Aspekte des Unbundling in der Energiewirtschaft, S. 7.
61 *Theisen*, Ökonomische Aspekte des Unbundling in der Energiewirtschaft, S. 7.

den Wettbewerbssituation zwischen den einzelnen Elektrizitätsunternehmen nicht an einem Marktpreis wie bei vollkommener Konkurrenz orientiert werden.[62] Es lässt sich sogar behaupten, dass ein solcher Marktpreis für die Durchleitung nie entstehen wird, weil der Netzbetrieb ein natürliches Monopol ist und damit vollkommene Konkurrenz in diesem Marktsegment nicht entstehen kann. Folglich kann allenfalls ein Quasi-Marktpreis aus der Zusammenschau der Durchleitungen ermittelt werden, welcher letztendlich aber Ermessenssache ist und bleiben wird.

Ein weiteres Problem ist, dass „auch bei der Anwendung von Verfahren zur Bestimmung von Verrechnungspreisen, die im nationalen wie internationalen Steuerrecht anerkannt sind (z.B. Kostenaufschlagsmethode), erhebliche Spielräume hinsichtlich des zugrunde liegenden (wertmäßigen versus pagatorischen) Kostenbegriffs, der relevanten (direkten und indirekten) Kostenarten, des Zeitbezuges (Ist-, Normal- oder Plankosten) sowie des Sachumfangs (Voll- versus Teilkosten) der Kosten“ bestehen.[63]

Darüber hinaus stellt sich das Problem, dass die Unternehmen bei der Abrechnung eines Verrechnungspreises ihrer innerbetrieblichen Leistungsbeziehungen, welcher mangels eines tatsächlichen Marktpreises von den Unternehmen als solcher bezeichnet wird, die gesetzlich vorgesehene Transparenz der pagatorisch tatsächlich angefallenen Aufwendungen der einzelnen Aktivitäten erheblich einschränken, da insoweit nur noch der Verrechnungspreis dokumentiert wird.[64] Damit wird der Aussagegehalt der externen Rechnungslegung des Unternehmens auf den zwischen verbundenen Unternehmen üblichen Rahmen beschränkt.[65]

Eine solche gesetzlich vorgesehene Transparenz der pagatorisch tatsächlich angefallenen Aufwendungen und Erträge kann nur bei einer sog. Segmentierung, wie sie die *ÖFA* vornehmen will, erreicht werden. Bei diesem Ansatz wird von einem rechtlich und wirtschaftlich einheitlichen Unternehmen ausgegangen, so dass es bei der Zuteilung der gesamten Konten auf die einzelnen Aktivitäten nicht zu einer Verrechnung auf Grundlage von in Ansatz gebrachten Marktpreisen kommen kann.[66]

Der Nachteil einer solchen pagatorischen Trennung liegt aber in der mangelnden Gewinnerzielungsmöglichkeit bei der Durchleitung. Hierdurch ist zu befürchten, dass ein Investitionsinteresse der Unternehmen in die Leitungsinfrastruktur gegen Null tendieren wird, da solche Investitionen, soweit sie nicht den anderen Aktivitäten nutzen, wirtschaftlich sinnlos werden.

Den Unternehmen kommt jedoch zugute, dass sie jederzeit die Aktivitäten in rechtlich selbständige Unternehmungen aufgliedern können und so zum Ansatz von Markt- bzw. Verrechnungspreisen gelangen können.[67] Der Ansatz solcher Marktpreise eignet sich „formell geradezu vorbildhaft“, auch eine Quersubventionierung der verschiedenen Aktivitäten zu vermeiden.[68] Hier stellt sich allerdings das Problem, welcher Marktpreis in Ansatz zu bringen ist. Da ein Marktpreis im Sinne vollkommener Kon-

62 *Theisen*, Ökonomische Aspekte des Unbundling in der Energiewirtschaft, S. 8.
63 *Theisen*, Ökonomische Aspekte des Unbundling in der Energiewirtschaft, S. 8.
64 *Theisen*, Ökonomische Aspekte des Unbundling in der Energiewirtschaft, S. 8.
65 *Theisen*, Ökonomische Aspekte des Unbundling in der Energiewirtschaft, S. 8.
66 *Theisen*, Ökonomische Aspekte des Unbundling in der Energiewirtschaft, S. 7.
67 *Theisen*, Ökonomische Aspekte des Unbundling in der Energiewirtschaft, S. 8.
68 *Theisen*, Ökonomische Aspekte des Unbundling in der Energiewirtschaft, S. 8.

kurrenz nicht besteht und auch nicht zu erwarten ist, bedarf es einer objektiven Ermittlung eines solchen Preises. Solange dies nicht möglich ist, besteht eine nicht unerhebliche Gefahr der Diskriminierung durch den Ansatz zu hoher Marktpreise, wodurch eine rein pagatorische Trennung zunächst sinnvoller scheint, da sie eine solche Diskriminierung aufdecken würde.

Die buchhalterische Entflechtung führt also zu einem kaum lösbaren Dilemma: wird versucht ein Höchstmaß an Transparenz zu schaffen, indem auf Basis der pagatorisch angefallenen Aufwendungen und Erträge entflochten wird, wird den Unternehmen die Gewinnmöglichkeit genommen. Werden hingegen vermeintliche Marktpreise wie zwischen selbständigen Unternehmen in Ansatz gebracht, geht diese Transparenz verloren, aber es besteht ein wirtschaftlicher Anreiz, da Gewinne auch unternehmensintern erzielt werden können. Die Lösung liegt hier nur in einer gesellschaftsrechtlichen Trennung der einzelnen Aktivitäten und einer eventuellen staatlichen Festlegung oder Bestimmung der Marktpreise, also einer Regulierung, sofern sich ein reeller Marktpreis nicht herausbilden wird.[69]

bbb) Art der Kontentrennung

In welcher Weise die Trennung der einzelnen Konten zu erfolgen hat, schreibt das EnWG nicht vor. Unter Berücksichtigung der Richtlinie Elektrizität ergibt sich jedoch, dass die getrennten Konten in der Art geführt werden müssen, als ob separate Firmen diese Tätigkeiten der einzelnen Bereiche ausgeführt hätten. Hieraus ist aber nach Sicht des *ÖFA* nicht der Schluss zu ziehen, dass eine Fiktion rechtlich selbständiger Unternehmen, die geschäftlich miteinander in Kontakt treten können, zu ziehen ist, sondern diese Fiktion betreffe nur die Art und Weise der Kontentrennung.[70] Wird dem gefolgt, muss „eine Zuordnung von Vermögensgegenständen, Schulden, Rechnungsabgrenzungsposten sowie Erträgen und Aufwendungen zu den einzelnen Aktivitäten erfolgen".[71]

Ausgehend von der Intention der Kontentrennung, dass eine getrennte Gewinn- und Verlustrechnung für jede Aktivität erstellt werden kann, scheint hierbei zulässig, die Kontentrennung durch die Führung von Unterkonten für die jeweiligen Aktivitäten bzw. bei den für das gesamte Unternehmen geführten Konten eine aktivitätenbezogene Zusatzkontierung (Kennzeichnung) der Buchungen durchzuführen.[72]

Die getrennte Kontenführung hat den Grundsätzen einer ordnungsgemäßen Buchführung und hierbei insbes. § 239 Abs. 2 u. 3 HGB zu entsprechen. Bei der Kontentrennung durch eine aktivitätenbezogene Zusatzkontierung sind zur Sicherstellung einer ordnungsgemäßen Buchführung vor allem die Vollständigkeit durch obligatorische

---

69 Hinsichtlich des Regulierungsbedarfes s.a.: *Theisen*, Ökonomische Aspekte des Unbundling in der Energiewirtschaft, S. 8.

70 *ÖFA*, Diskussionspapier, FN-IDW Nr. 8/1998, S. 372 (377).

71 *ÖFA*, Diskussionspapier, FN-IDW Nr. 8/1998, S. 372 (378); hierzu auch: *Ebeling/Schmidt/Drüppel*, Möglichkeiten der Kontentrennung für die Rechnungslegung nach §§ 9, 9a EnWG, in. Versorgungswirtschaft 4/2001, S. 77 (79 f.); *Padberg, C./Padberg, T.*, Das Segmentergebnis von Elektrizitätsunternehmen, in: Versorgungswirtschaft 11/2001, S. 249 (250 f.).

72 *ÖFA*, Diskussionspapier, FN-IDW Nr. 8/1998, S. 372 (378).

Zusatzkontierungen, die ordnungsgemäße Stornierung aktivitätenbezogener Zusatzkontierungen und die Soll-/ Habengleichheit durch Abstimmung der mit solchen Zusatzkontierungen versehenen Buchungsbeträge zu gewährleisten.[73]

Ferner ist das Verfahren einschließlich aller getroffenen Sicherungsmaßnahmen korrekt zu dokumentieren.[74]

ccc) Art und Weise der Schlüsselung

Soweit eine direkte Zuordnung zu den einzelnen Aktivitäten nicht möglich ist oder mit einem unvertretbaren Aufwand verbunden wäre, kann eine Schlüsselung gem. § 9 Abs. 2 S. 3 EnWG erfolgen. Diese Schlüsselung muss gem. § 9 Abs. 2 S. 3 EnWG ihrerseits sachgerecht und für Dritte nachvollziehbar sein. Hieraus folgt, dass diese Schlüsselung auf Grund nachvollziehbarer Kriterien zu erfolgen hat, die der Inanspruchnahme durch die jeweiligen Aktivitäten weitestgehend entsprechen.[75]

Nicht zulässig erscheint daher die Zurechnung der Konten, die einer bestimmten Aktivität nicht unmittelbar zugeordnet werden können (wie z.B. gemeinsam genutztes Anlagevermögen, liquide Mittel, Verbindlichkeiten gegenüber Kreditgebern), zu den sonstigen Aktivitäten außerhalb des Elektrizitätsbereiches.[76] Solche Konten müssen vielmehr sinnvoll und nachvollziehbar den jeweiligen Aktivitäten zugeordnet bzw. aufgeschlüsselt werden.

Sofern die Bestands- und Erfolgskonten nach unterschiedlichen Schlüsseln zugerechnet werden, stimmt das in der Bilanz ausgewiesene Jahresergebnis der Aktivität nicht mehr mit dem durch die Gewinn- und Verlustrechnung ermittelten Jahresergebnis der jeweiligen Aktivität überein. Die sich hierdurch ergebende Differenz sollte in der Bilanz innerhalb des Eigenkapitals als Ausgleichsposten gesondert ausgewiesen werden. Bei einer wesentlichen Abweichung ist eine Erläuterung im Anhang des Jahresabschlusses erforderlich.[77]

Ebenso ist eine Änderung der Zuordnungsregeln, welche ohnehin nur in Ausnahmefällen gem. § 9 Abs. 3 S. 2 EnWG zulässig ist, im Anhang näher darzulegen und zu begründen.[78]

Die Schlüsselung der Konten ist nur, soweit eine direkte Zuordnung nicht möglich ist oder mit unverhältnismäßig hohem Aufwand verbunden ist, zulässig. Der Aspekt des unverhältnismäßig hohen Aufwandes trägt dem Gedanken der Wirtschaftlichkeit der Rechnungslegung Rechnung, welche auch z.B. in der Konzernrechnungslegung (vgl. §§ 296 Abs. 1 Nr. 2; 304 Abs. 2 S. 1 HGB) berücksichtigt wird.[79] Ein unvertretbarer Aufwand ist jedoch nur dann gegeben, „wenn zwischen dem Aufwand für eine

73 *ÖFA*, Diskussionspapier, FN-IDW Nr. 8/1998, S. 372 (378).
74 *ÖFA*, Diskussionspapier, FN-IDW Nr. 8/1998, S. 372 (378).
75 *ÖFA*, Diskussionspapier, FN-IDW Nr. 8/1998, S. 372 (378).
76 *ÖFA*, Diskussionspapier, FN-IDW Nr. 8/1998, S. 372 (378).
77 *ÖFA*, Diskussionspapier, FN-IDW Nr. 8/1998, S. 372 (378 f.).
78 *ÖFA*, Diskussionspapier, FN-IDW Nr. 8/1998, S. 372 (378).
79 *ÖFA*, Diskussionspapier, FN-IDW Nr. 8/1998, S. 372 (378).

direkte Zuordnung und dem hierdurch erreichten Informationsgewinn kein angemessenes Verhältnis besteht".[80]

Sinn und Zweck der buchhalterischen Entflechtung ist die Vermeidung von Wettbewerbsverzerrungen und Quersubventionierungen, so dass die von § 9 Abs. 2 S. 2 EnWG gegebene Möglichkeit der Schlüsselung der Konten restriktiv auszulegen ist.[81] Eine Berufung auf einen unverhältnismäßig hohen Aufwand der direkten Zuordnung der Konten kommt daher nur in Betracht, wenn ein deutliches Missverhältnis von Aufwand und Informationsgewinn besteht.[82]

In zahlreichen Fällen (z.B. bei Vermögensgegenständen der Betriebs- und Geschäftsausstattung) wird eine direkte Zuordnung nur zu einem geringen und für die einzelne Aktivität unbedeutenden Informationsgewinn führen[83], so dass hier eine Schlüsselung zulässig erscheint. Bei der Abwägung, ob eine direkte Zuordnung oder bloße Schlüsselung zu erfolgen hat, ist sowohl der Aufwand für die erstmalige Trennung der Konten als auch der Aufwand für die Pflege der künftig getrennt zu führenden Konten zu berücksichtigen.[84] Hierher gehört auch das mit einer getrennten Kontenführung verbundene Risiko in Bezug auf Kontierungs- und Buchungsfehler.[85]

Diese stark einzelfallbezogene Abwägung aller Umstände führt zwar zu einer für das Unternehmen aus wirtschaftlicher Sicht akzeptablen Lösung, es fehlt aber eine einheitliche Festschreibung der Zuordnungsregeln, was für eine vergleichbare und damit aussagekräftige Entflechtung der jeweiligen Unternehmen nachteilhaft sein kann. Bei der Feststellung, wann eine direkte Zuordnung oder eine Schlüsselung der Konten zu erfolgen hat, stellt sich folglich das Problem, einen einheitlichen, für alle Unternehmen gültigen Maßstab zu finden, der eindeutig festschreibt, wann eine direkte Zuordnung nicht mehr zumutbar ist. Es bedarf also einer genauen Definition des unbestimmten Terminus des „deutlichen Missverhältnisses" von Informationsgewinn und Aufwand der Trennung. Hierbei ist davon auszugehen, dass die Unternehmen aus Kostengründen eher zu einer Schlüsselung tendieren werden, wohingegen in Hinblick auf die zu schaffende Transparenz eine direkte Zuordnung in der Regel sinnvoller sein wird.

c) Angaben im Anhang des Jahresabschlusses

Dieses Defizit der Vergleichbarkeit der getroffenen Zuweisungen soll die Angabe der Zuordnungs- bzw. Schlüsselungsregeln, nach denen das jeweilige Unternehmen vorgegangen ist, ausgleichen. Denn hierdurch soll nachvollziehbar werden, wie die Entflechtung vollzogen worden ist. Den zur Verfügung stehenden Spielraum, wie die Entflechtung im einzelnen vorgenommen wird, beschränkt diese Angabe jedoch nicht.

Weiterhin sind im Anhang Geschäfte größeren Umfangs mit verbundenen oder assoziierten Unternehmen gem. § 9 Abs. 4 EnWG gesondert anzugeben, wodurch auch die

80 *ÖFA*, Diskussionspapier, FN-IDW Nr. 8/1998, S. 372 (378).
81 S.a.: *ÖFA*, Diskussionspapier, FN-IDW Nr. 8/1998, S. 372 (378).
82 *ÖFA*, Diskussionspapier, FN-IDW Nr. 8/1998, S. 372 (378).
83 *ÖFA*, Diskussionspapier, FN-IDW Nr. 8/1998, S. 372 (378).
84 *ÖFA*, Diskussionspapier, FN-IDW Nr. 8/1998, S. 372 (378).
85 *ÖFA*, Diskussionspapier, FN-IDW Nr. 8/1998, S. 372 (378).

Möglichkeit von Wettbewerbsverzerrungen und Quersubventionierung durch solche Geschäfte beschränkt werden soll.

aa) Angaben über die Regeln der Zuordnung bzw. Schlüsselung

Im Anhang des Jahresabschlusses des Unternehmens sind gem. § 9 Abs. 3 S. 1 EnWG die Regeln anzugeben, nach denen das Unternehmen die Gegenstände des Aktiv- und Passivvermögens sowie die ausgewiesenen Aufwendungen und Erträge den jeweiligen Konten der getrennten Aktivitäten zugewiesen hat. Hierbei sind für die Posten der Bilanz sowie der Gewinn- und Verlustrechnung die Methode (direkte Zuordnung oder Schlüsselung) anzugeben, mit deren Hilfe die Rechnungen entwickelt wurden.[86] Ferner sollten bei Konten von wesentlicher Bedeutung die Kriterien der Schlüsselung erwähnt werden.[87] Eine Quantifizierung der Schlüsselung kann jedoch grundsätzlich unterbleiben. Diese wird jedoch dann sinnvoll, wenn sich bei unveränderter Schlüsselgröße gegenüber dem Vorjahr eine erhebliche Verschiebung des durch die unveränderte Schlüsselung ermittelten Anteils einer Aktivität ergibt und dieser Anteil erhebliche Auswirkungen auf den zugeordneten Betrag hat.[88]

Eine nur ausnahmsweise zulässige Änderung der Zuordnungsregeln ist ebenfalls im Anhang gesondert darzustellen und zu begründen. Hinsichtlich der Art und des Umfanges der Angabepflichten gelten die für die Durchbrechung der Bewertungsstetigkeit maßgeblichen Grundsätze analog.[89] Eine Darstellung des Einflusses der Änderung auf die Finanz-, Ertrags- und Vermögenslage, wie sie gem. § 284 Abs. 2 Nr. 3 HGB für die Änderung von Bilanzierungs- und Bewertungsmethoden vorgeschrieben ist, kann jedoch unterbleiben.[90]

bb) Angaben über Geschäfte mit verbundenen Unternehmen

Gem. § 9 Abs. 4 EnWG sind im Anhang des Jahresabschlusses Geschäfte größeren Umfangs, die mit verbundenen oder assoziierten Unternehmen oder mit Unternehmen derselben Aktionäre getätigt worden sind, gesondert darzustellen. Von dieser Angabepflicht sind alle Unternehmen erfasst, die gem. § 9 Abs. 1 EnWG der getrennten Bilanzierungspflicht unterliegen. Auf die rechtliche Organisationsform des Unternehmens kommt es nicht an.[91]

Zur Bestimmung der assoziierten und verbundenen Unternehmen sind die §§ 271 Abs. 2 bzw. 311 Abs. 1 HGB maßgebend. Unternehmen derselben Aktionäre sind vom Sinn und Zweck der Vorschrift, Wettbewerbsverzerrungen und Quersubventionierungen zu vermeiden, auch solche Unternehmen, die nur in Mehrheitsbesitz eines Gesellschafters bzw. einer Körperschaft des öffentlichen Rechts stehen oder von diesem

86 *ÖFA*, Diskussionspapier, FN-IDW Nr. 8/1998, S. 372 (379).
87 *ÖFA*, Diskussionspapier, FN-IDW Nr. 8/1998, S. 372 (379).
88 *ÖFA*, Diskussionspapier, FN-IDW Nr. 8/1998, S. 372 (379).
89 *ÖFA*, Diskussionspapier, FN-IDW Nr. 8/1998, S. 372 (379).
90 *ÖFA*, Diskussionspapier, FN-IDW Nr. 8/1998, S. 372 (379).
91 S.a.: *ÖFA*, Diskussionspapier, FN-IDW Nr. 8/1998, S. 372 (379).

bzw. dieser abhängig sind. Insoweit kann auf die §§ 16, 17 AktG entsprechend zurückgegriffen werden.[92]

Hinsichtlich des Gesellschafters ist eine maßgebliche Beteiligung nach Sinn und Zweck der Vorschrift vorauszusetzen. Eine solche Beteiligung liegt vor, wenn die Voraussetzungen von § 311 Abs. 1 HGB mit der Maßgabe erfüllt sind, dass der Gesellschafter kein Unternehmen im Sinne des HGB sein muss.[93]

Geschäfte größeren Umfanges sind solche Geschäfte, die wesentlich für die Beurteilung sind, ob Quersubventionierungen oder Wettbewerbsverzerrungen vorliegen. Demnach bedarf es bei solchen angabepflichtigen Geschäften auch der Angabe von Leistung und Gegenleistung. Eine Zusammenfassung gleichartiger Geschäfte scheint jedoch dann zulässig, wenn der Aussagegehalt der Angaben nicht beeinträchtigt wird.[94]

Diese Angabepflichten gelten sowohl für Geschäfte innerhalb wie außerhalb des Elektrizitätsbereiches.[95] Die Berichterstattung über die angabepflichtigen Geschäfte sollte in einem separaten Teil des Anhanges dargestellt werden.[96]

d) Zusammenfassung

Abschließend kann die These aufgestellt werden, dass die in Deutschland durch § 9 EnWG getroffene buchhalterische Entflechtung die bereits durch § 6 EnWG hervorgerufene Einzelfallabhängigkeit der Netznutzung noch zusätzlich verstärkt.[97]

Dies beruht zum einen auf der defizitären Konzeption von § 9 EnWG, wodurch der An- und Verkauf von Strom nur durch eine Hilfskonstruktion im Rahmen der Kontentrennung überhaupt erfasst werden kann. Außerdem ist in weiten Teilen auf Grund fehlender Definitionen bzw. durch die Verwendung unbestimmter Begriffe, wie z.B. der Unzumutbarkeit der direkten Kontenzuordnung, eine einheitliche, für jedes Unternehmen gleiche Aussage kaum zu treffen. Darüber hinaus unterliegt die Bewertung und Separierung der einzelnen Konten dem Ermessensspielraum des Unternehmens. Die Trennung muss nur nachvollziehbar und den Grundsätzen einer ordnungsgemäßen Buchführung entsprechen. Ob somit eine wirkliche und vergleichbare Aussage durch die jeweils vollzogenen Entflechtungen getroffen werden kann, ist fraglich, so dass die zu erreichende Transparenz zur Vermeidung von Quersubventionierungen und Wettbewerbsverzerrungen kaum erreicht werden kann.[98]

Das Hauptproblem liegt jedoch in der Frage, ob eine Trennung nach Maßgabe der pagatorisch tatsächlich angefallenen Aufwendungen und Erträge oder nach Maßgabe des Profit-Center-Konzeptes erfolgen soll. Der Vorteil der pagatorischen Separierung

---

92 *ÖFA*, Diskussionspapier, FN-IDW Nr. 8/1998, S. 372 (379).

93 *ÖFA*, Diskussionspapier, FN-IDW Nr. 8/1998, S. 372 (379).

94 *ÖFA*, Diskussionspapier, FN-IDW Nr. 8/1998, S. 372 (379).

95 *ÖFA*, Diskussionspapier, FN-IDW Nr. 8/1998, S. 372 (379).

96 *ÖFA*, Diskussionspapier, FN-IDW Nr. 8/1998, S. 372 (379).

97 Zur Einzelfallabhängigkeit nach § 6 EnWG siehe nur: *Schneider*, Die Liberalisierung der Stromwirtschaft durch regulative Marktorganisation, S. 454 ff.;

98 So auch: *Padberg, T./Gubelt/Padberg, C.*, Zur Aussagekraft der Segmentinformationen von Elektrizitätsunternehmen nach § 9 EnWG, in: Versorgungswirtschaft 4/2001, S. 81 f.

ist, dass sie weitestgehend Transparenz schafft. Ihr Preis ist jedoch, dass die Unternehmen mit dem Netz extern und vor allem auch intern keinen Gewinn erwirtschaften können und folglich ein Interesse am Erhalt der Leitungsinfrastruktur auf ein Minimum reduziert wird. Hier liegt der eindeutige Vorteil des Profit-Center-Konzeptes: Dieses erlaubt, auch intern einen Marktpreis mit Gewinnaufschlag zu verrechnen, so dass mit dem Netz Geld verdient werden kann und folglich auch Investitionen Sinn machen. Der Nachteil dieses Modells liegt aber darin, dass es einen Marktpreis als Maßstab voraussetzt, der sich im Leitungsbereich auf Grund der natürlichen Monopoleigenschaft aber nicht bilden kann, so dass das Profit-Center-Konzept nur zusammen mit einer Preisregulierung der Durchleitungsentgelte funktionieren kann. Auf diese hat der deutsche Gesetzgeber aber bewusst verzichtet.

Letztendlich spricht jedoch einiges dafür, dass sich das Profit-Center-Konzept durchsetzen wird, da die Unternehmen ohnehin bereits so umstrukturieren, dass sie die einzelnen Aktivitäten rechtlich selbständigen Unternehmen zuweisen und auf diese Weise auch intern einen Gewinnaufschlag in Ansatz bringen können. Damit lässt sich mit gutem Grund behaupten, dass die rein buchhalterische Entflechtung auch ohne staatliche Intervention bereits ein Auslaufmodell ist.

e) Nur defizitäre Erkenntnisgewinnung aus dem Jahresabschluss

Die Erkenntnisgewinnung aus dem Jahresabschluss (Bilanz, Gewinn- und Verlustrechnung sowie Anhang) eines Unternehmens ist nur begrenzt. Der Jahresabschluss eines Unternehmens dient in erster Linie der Bestimmung der Liquidität, also der finanziellen Stabilität, und des Ertrages für das vergangene Jahr.[99] Sobald andere als diese Ziele mit der externen Auswertung einer Bilanz verfolgt werden, kann die Analyse nicht mehr umfänglich die gewünschten Erkenntnisse liefern. Dies gilt bereits für künftige Investitionsentscheidungen im Hinblick auf zu erwartende Gewinne oder Kreditentscheidungen im Hinblick auf die künftigen Tilgungsmöglichkeiten des Unternehmens.[100]

Der defizitäre Erkenntnisgewinn aus dem Jahresabschluss beruht auf der Vergangenheitsbezogenheit der Bilanz, der mangelnden Vollständigkeit der Daten, den Bewertungsmethoden innerhalb der Bilanz und der Ausnutzung von Spielräumen innerhalb der Bewertung.

aa) Vergangenheitsbezogenheit der Bilanz

Die Rechnungslegung und damit die zur Verfügung gestellten Informationen innerhalb des Jahresabschlusses beziehen sich nur auf einen vergangenen Zeitraum, meistens das vergangene Jahr. Aussagen über künftige Entwicklungen des Unternehmens können damit nur in sehr begrenztem Umfang getroffen werden. Allenfalls durch einen Vergleich mehrer aufeinander folgender Abschlüsse können gewisse Entwicklungstenden-

99 *Coenenberg*, Jahresabschluss und Jahresabschlussanalyse, S. 563 f.; *Scheffler*, Bilanzanalyse, S. 161.

100 *Coenenberg*, Jahresabschluss und Jahresabschlussanalyse, S. 564.

zen extrapoliert werden. Auf Grund der steigenden Marktdynamik und des sich stetig ändernden Unternehmensumfeldes ist dieser Erkenntnisgewinn nur begrenzt.[101]

Sichere Erkenntnisse könnten nur erlangt werden, wenn Daten kürzerer Zeiträume berücksichtigt würden. Vierteljahres- oder Monatsabschlüsse werden von den Unternehmen aber nur zu internen Zwecken erstellt. Allenfalls bei größeren Kapitalsgesellschaften besteht nach § 289 Abs. 2 Nr. 2 HGB die Pflicht eine Prognose der voraussichtlichen Entwicklung der Gesellschaft bekannt zu geben. Da diese Informationen aber gleichzeitig im Regelfall nicht Konkurrenten offen gelegt werden sollen, wird es schwierig objektive Informationen aus dieser Prognose gewinnen zu können. Hierdurch wird für den externen Analytiker eine Prognoseentscheidung erschwert. Zudem erlangt der externe Betrachter im Regelfall erst nach geraumer Zeit nach dem Bilanzstichtag die Informationen. Bei der AG oder KGaA (§ 175 Abs. 1 S. 2 AktG) sowie bei mittleren und großen GmbH (§ 42a Abs. 2 S. 1 GmbHG) sind die Informationen den Anteilseignern spätestens nach acht Monaten und bei einer kleinen GmbH nach 11 Monaten nach dem Bilanzstichtag zur Verfügung zu stellen.[102]

Die zur Verfügung stehenden Informationen bilden demnach einen Zeitraum ab, der je nach Unternehmen 20 bis 23 Monate zurück liegt.

bb) Mangelnde Vollständigkeit der Daten

Die in dem Jahresabschluss offenlegungspflichtigen Informationen umfassen nicht alle für eine finanz- und erfolgswirtschaftliche Bewertung des Unternehmens erforderlichen Angaben. Die Bilanz bildet als solche nur finanzielle Transaktionen des Unternehmens ab. Die Rechnungslegung enthält nur in Geld quantifizierbare Aussagen. Andere bedeutsame Aussagen, wie Qualität des Managements, Know-how des Unternehmens, Entwicklungsprojekte und etwa die Marktstellung fehlen, da diese monetär nicht quantifizierbar sind.[103]

Hinzu kommt, dass der Jahresabschluss auf die Abbildung tatsächlicher Geschäftstransaktionen beschränkt ist, potentielle wichtige Transaktionen bleiben damit weitestgehend verborgen.[104]

cc) Bewertungsprinzipien und Bewertungsspielräume

Die Bewertung innerhalb des Jahresabschlusses hat gem. § 252 Abs. 1 Nr. 4 HGB nach einer vorsichtigen Vermögensdarstellung und Erfolgsermittelung zu erfolgen (sog. Vorsichtsprinzip). Hierdurch können Unterbewertungen des Reinvermögens bzw. von Vorrechnungen von Aufwendungen entstehen.[105]

---

101 *Coenenberg*, Jahresabschluss und Jahresabschlussanalyse, S. 564; *Scheffler*, Bilanzanalyse, S. 163.

102 *Coenenberg*, Jahresabschluss und Jahresabschlussanalyse, S. 564 f.

103 *Coenenberg*, Jahresabschluss und Jahresabschlussanalyse, S. 565; *Scheffler*, Bilanzanalyse, S. 162.

104 *Coenenberg*, Jahresabschluss und Jahresabschlussanalyse, S. 565.

105 *Coenenberg*, Jahresabschluss und Jahresabschlussanalyse, S. 565.

Schließlich besteht die Möglichkeit im Rahmen von Wahlrechtung und der Ausnutzung von Bewertungsspielräumen den Vermögens- und Erfolgsausweis der Bilanz erheblich zu beeinflussen. Dieser Beeinflussung sind jedoch durch bestimmte rechtliche Vorgaben Grenzen gesetzt. Im wesentlichen sind dies:[106]

- der Grundsatz der Bewertungsstetigkeit, § 252 Abs. 1 Nr. 6 HGB; danach ist eine einmal gewählte Bewertungsmethode beizubehalten und ein Wechsel nur in Ausnahmefällen erlaubt und im Anhang anzugeben (§§ 252 Abs.2; 284 Abs. 2 Nr. 3 HGB);
- die Offenlegungspflicht für durch steuerrechtliche Vorschriften bedingte Verzerrungen der Vermögens- und Erfolgsabbildung (§§ 281 Abs. 1 u. 2; 280 Abs. 3; 285 Nr. 5 HGB);
- die Berichtspflicht für angewandte Bewertungsmethoden im Anhang (§ 284 Abs. 2 Nr. 1 HGB);
- der gesonderte Ausweis des Unterschiedsbetrages zwischen dem Bilanzwert und einer Bewertung mit dem Börsenkurs, Marktpreis, Gruppenbewertung nach § 240 Abs. 4 HGB oder der Sammelbewertung nach § 256 HGB, sofern dieser Betrag erheblich ist (§ 284 Abs. 2 Nr. 4 HGB);
- der gesonderte Ausweis von außerplanmäßigen Abschreibungen;
- Aktivierungsgebote;
- das Umwandlungsrecht des Passivierungswahlrechtes für Pensionszusagen.[107]

Gleichwohl ergeben sich Möglichkeiten, den Vermögens- und Erfolgsausweis erheblich zu beeinflussen. Beispielhaft seien genannt:

- Spielräume bei der Bemessung von Herstellungskosten sowie aktivierten Eigenleistungen (§ 255 Abs. 2 HGB);
- Wahlrechte zur Aktivierung von Ingangsetzungs- und Erweiterungsaufwendungen sowie latenten Steuern (§§ 269; 274 Abs. 2 HGB);
- Wahlrecht zur Bilanzierung bestimmter Aufwandsrückstellungen (§ 249 Abs. 2 HGB);
- Wahlrecht zur offenen Absetzung erhaltener Anzahlungen (§ 268 Abs. 5 S. 2 HGB).[108]

Der hierdurch begrenzten Aussagefähigkeit kann durch den Einsatz leistungsfähiger Auswertungsmethoden Rechnung getragen werden. Sie kann damit teilweise kompensiert werden.[109]

dd) Schlussfolgerungen für das Unbundling

Es fragt sich allerdings, ob die Ziele der buchhalterischen Entflechtung auf Grund der bestehenden Erkenntnisgewinne aus dem Jahresabschluss erreicht werden können.

---

106 *Coenenberg*, Jahresabschluss und Jahresabschlussanalyse, S. 565 f.

107 Vgl hierzu ausführlich: *Coenenberg*, Jahresabschluss und Jahresabschlussanalyse, S. 566; *Scheffler*, Bilanzanalyse, S. 164 ff.

108 Vgl hierzu ausführlich: *Coenenberg*, Jahresabschluss und Jahresabschlussanalyse, S. 567.

109 Vgl hierzu ausführlich: *Coenenberg*, Jahresabschluss und Jahresabschlussanalyse, S. 567 ff.; *Scheffler*, Bilanzanalyse, S. 168 ff.

Diese liegen in der Verhinderung von Quersubventionierungen und sonstigem diskriminierendem Verhalten und in der Schaffung von Transparenz.

Unterstellt es ließe sich der Fluss monetärer Mittel innerhalb der einzelnen Geschäftsfelder durch die Auswertungsmethode umfassend vollständig nachweisen, so wäre der Nachweis von Quersubventionierungen ohne weiteres möglich. Dieser Nachweis könnte aber nur für die Vergangenheit erfolgen. Dieser Zeitraum läge dann 20 bis 23 Monate zurück. Die Folge hiervon ist, dass das Unbundling of Accounts keine präventive Verhinderung solcher Quersubventionierungen ermöglicht. Um Wettbewerbsverzerrungen aber effektiv unterbinden zu können, wäre gerade ein solch präventiver Ansatz von Vorteil. Wettbewerbsverzerrungen könnten im Zeitraum vor Erstellung der Bilanz gegriffen und erfolgreich den Zutritt neuer Marktteilnehmer verhindert haben, ehe diese überhaupt offen gelegt wären. Zwar bestände für das Unternehmen im Nachhinein die Gefahr, kartellrechtlich zur Verantwortung gezogen zu werden, etwa nach §§ 19, 20 GWB; war die Diskriminierung aber erfolgreich und der Marktzutritt unterbunden, nützt diese nachträgliche Bestrafung der Förderung des Wettbewerbs wenig. Damit liegt der Hauptnachteil des reinen Unbundling of Accounts in seiner vergangenheitsbezogenen Betrachtungsweise.

Zudem werden andere diskriminierende Verhaltensweisen, wie interne Absprachen und nachteilige Geschäftspraktiken, in der Bilanz nicht ausgewiesen, sofern sie nicht monetär darstellbar sind. Damit wird aber ein weites Feld von diskriminierenden Möglichkeiten aus der Betrachtung gänzlich ausgeschlossen. Diese Informationen müssten erst in einem denkbaren Kartellverfahren nach §§ 19, 20 GWB anderweitig ermittelt werden.

Im Sinne einer strikten Trennung und Schaffung möglichst großer Transparenz ist das ausschließliche Unbundling of Accounts somit wenig geeignet.

IV. Die Umsetzung der Richtlinie Gas

Am 9. Mai 2001 brachte die Bundesregierung einen „Entwurf eines Ersten Änderungsgesetzes zur Neuregelung des Energiewirtschaftsgesetzes“ ein.[110] Dieses Änderungsgesetz dient der weiteren Liberalisierung des deutschen Gasmarktes und der vollständigen Umsetzung der Richtlinie Gas in nationales Recht.[111] Zur Umsetzung der Richtlinie Gas wurden Änderungen und Ergänzungen derjenigen Vorschriften des EnWG notwendig, die vor allem den Netzbetrieb und das Unbundling betreffen. Es galt, diese Vorschriften an die Situation des Gasmarktes anzupassen. Im Zuge der weiteren Beratungen im Bundestag wurde das EnWG zudem dahingehend verändert, dass für eine ordnungsgemäße Durchleitung iSv. § 6 bzw. § 6a EnWG n.F. ein stärkerer Bezug auf die neuen Verbändevereinbarungen genommen wird.[112] Am 20. Mai 2003 trat das neue EnWG in Kraft.

---

110 *Bundesregierung,* BT-Drucks. 14/5969.

111 *Bundesregierung,* BT-Drucks. 14/5969, S. 1.

112 *BT-Ausschuss für Wirtschaft und Technologie,* BT-Drucks. 14/9081, S. 3 f.; ferner: *Jung,* Bericht des BT- Ausschusses für Wirtschaft und Technologie, BT-Drucks. 14/9081, S. 7 f.

Die wesentlichen Änderungen, die sich aus der Umsetzung der Richtlinie Gas ergeben, sind die Einfügung einer Definition der Gasversorgungsnetze (§ 2 Abs. 3 EnWG n.F.), die Regelung des Netzbetriebes (§ 4a EnWG n.F.), die Regelung des Netzzuganges (§ 6a EnWG n.F.) sowie das vorzunehmende Unbundling im Gassektor (§ 9a EnWG n.F.).[113] Im folgenden werden kurz die für das Unbundling wesentlichen Vorschriften erörtert.

1. Die Änderung des § 2 EnWG

Der Gesetzgeber definiert in § 2 Abs. 3 EnWG n.F. entsprechend Art. 2 Ziff. 12 RiLi Gas den genauen Adressatenkreis.[114] Hiernach zählen zu den Gasversorgungsnetzen die Fernleitungs- und Verteilungsnetze, Direktleitungen, Anlagen für verflüssigtes Erdgas (LNG-Anlagen) und alle sonstigen Anlagen, die für die Fernleitung und Verteilung erforderlich sind. Hierzu zählen auch die Speicherungsanlagen, soweit sie in technischer Hinsicht für einen wirksamen Netzzugang notwendig sind.[115] Eine Speicheranlage im Sinne dieser Vorschrift ist eine solche Anlage, die einem Gasversorgungsunternehmen gehört oder von ihm oder für ihn betrieben wird, ausgenommen der Teil einer solchen Anlage, der für die Gasgewinnung genutzt wird.[116] Ausgenommen von der Netzdefinition und damit von dem Anwendungsraum dieses Gesetzes werden solche Anlagen, die nur der örtlichen Gasproduktion dienen.[117]

Ferner ist das vorgelagerte Rohrnetz ebenfalls von dieser Netzdefinition und dem Anwendungsbereich des Gesetzes ausgenommen, da es separat definiert wird und ausdrücklich nicht zur Definition des Gasversorgungsnetzes gefasst wird.[118] Vorgelagerte Rohrleitungen sind nach dem Gesetz solche Rohrleitungen, die dazu verwendet werden, Erdgas aus Öl- oder Gasgewinnungsvorhaben zu einer Übergabestation zu leiten, in der die Übergabe an das Fernleitungs- oder Verteilungsnetz erfolgt. Eine solche Übergabestation ist in der Regel eine Aufbereitungsstation, in der marktfähiges Erdgas hergestellt wird.[119]

Gasversorgungsunternehmen sind nach Ansicht der Bundesregierung gem. Art. 2 Ziff. 1 RiLi Gas solche juristischen oder natürlichen Personen, die mindestens eine der Funktionen von Gasgewinnung, Fernleitung, Verteilung, Lieferung, Kauf oder Speicherung von Erdgas, einschließlich verflüssigtem Erdgas (LNG), wahrnehmen.[120] Eine

---

113 S. *Bundesregierung,* BT-Drucks. 14/5969, S. 5; *Kühne/Brodowski,* Die Reform des Energiewirtschaftsrechts, NVwZ 2003, 769.

114 *Bundesregierung,* BT-Drucks. 14/5969, S. 8; *Kühne/Brodowski,* Die Reform des Energiewirtschaftsrechts, NVwZ 2003, 769, 773.

115 *Bundesregierung,* BT-Drucks. 14/5969, S. 5, 8; *Kühne/Brodowski,* Die Reform des Energiewirtschaftsrechts, NVwZ 2003, 769, 773.

116 *Bundesregierung,* BT-Drucks. 14/5969, S. 5.

117 *Bundesregierung,* BT-Drucks. 14/5969, S. 5, 8.

118 So auch: *Bundesrat,* BT-Drucks. 14/5969, S. 11; ferner: *Büdenbender,* Grundfragen des energierechtlichen Netzzuganges in der Gaswirtschaft nach der Gasnovelle (§ 6a EnWG), in: RdE 2001, S. 165 (166); *Kühne/Brodowski,* Die Reform des Energiewirtschaftsrechts, NVwZ 2003, 769, 773; zur Gesetzesreform auch: *Neveling/Theobald,* ZNER 2001, 64 ff.

119 *Bundesregierung,* BT-Drucks. 14/5969, S. 8.

120 *Bundesregierung,* BT-Drucks. 14/5969, S. 8.

gesonderte Definition erfolgt im Gesetz nicht; durch diesen eindeutigen Bezug auf die Richtlinie dürften sich aber im Wege der gesetzeskonformen Auslegung des Gesetzes auch keine Schwierigkeiten ergeben, den betroffenen Personenkreis eindeutig zu ermitteln, so dass eine Regelung auch überflüssig ist. Definitionsschwierigkeiten, wie bei der Stromversorgung, dürften sich damit im Gasbereich nicht ergeben.

Die getroffenen Definitionen entsprechen den Definitionen des Gasversorgungsnetzes sowie der Speicheranlagen in Art. 2 Ziff. 12 RiLi Gas und den dazu ergangenen Protokollerklärungen sowie der Abgrenzung der vorgelagerten Rohrleitungen in Art. 2 Ziff. 2 RiLi Gas bzw. der Abgrenzung der Speicheranlagen in Art. 2 Ziff. 9 RiLi Gas sowie den Ausführungen in Art. 23 Abs. 1 RiLi Gas zu Anlagen der örtlichen Gasproduktion.[121]

2. *Der Leitungsbetrieb nach § 4a EnWG*

Nach § 4a Abs.1 EnWG sind die Gasversorgungsunternehmen zu einem Betrieb des Versorgungsnetzes nach den Maßgaben des § 1 EnWG verpflichtet, was der Regelung in § 4 Abs. 1 EnWG entspricht.[122] Damit ist eine Anknüpfung an die Umweltverträglichkeit und Versorgungssicherheit sowie Preiswertigkeit der Versorgung erreicht. Diese Anknüpfung an § 1 EnWG lässt jedoch eine ausdrückliche Förderung des Wettbewerbs vermissen, wie sie etwa in Großbritannien vorgenommen wurde. Eine solche kann nur über die Preiswertigkeit der Versorgung erreicht werden, was aber zu einem Abwägungskonflikt zwischen den anderen von § 1 EnWG zu erreichenden Zielen führen kann. Insgesamt wäre hier, was auch für den Strombereich genauso gilt, eine deutliche Anknüpfung an den Wettbewerb wünschenswert gewesen, da dies die Durchsetzung kompetitiver Strukturen erleichtert hätte.

In § 4a Abs. 2 EnWG n.F. ist wie in § 4 Abs. 2 EnWG die Aufstellung und Veröffentlichung nichtdiskriminierender technischer Standards für die Netznutzung geregelt, insoweit besteht kein Unterschied zu § 4 EnWG. Im Gegensatz zu § 4 EnWG, der nur das Übertragungsnetz betrifft, erfasst § 4a EnWG n.F. alle Gasversorgungsnetze nach § 2 Abs. 3 EnWG n.F., also auch das Verteilungsnetz sowie Speicheranlagen etc. Hierin ist ein deutlicher Fortschritt zum Stromsektor zu sehen, da für alle wesentlichen Netzteile eine nichtdiskriminierende technische Regelung zu finden ist und vor allem öffentlich zugänglich sein muss, was im Strombereich für das Verteilungsnetz nicht notwendig ist. Damit wurde zumindest für den Gasbereich ein Defizit der Strommarktliberalisierung beseitigt. Unverständlich bleibt jedoch, warum dieser Schritt nicht auch für den Strommarkt vollzogen wurde, um so auch das Verteilungsnetz einem öffentlich zugänglichen Nutzungsstandard verpflichtend zu erschließen.

---

121 *Bundesregierung*, BT-Drucks. 14/5969, S. 8.

122 *Kühne/Brodowski*, Die Reform des Energiewirtschaftsrechts, NVwZ 2003, 769, 773.

3. Das Unbundling nach § 9a EnWG

Das Unbundling nach § 9a EnWG n.F. entspricht im wesentlichen dem nach § 9 EnWG.[123] Auch hier soll durch eine fiktive Trennung zwischen den einzelnen Tätigkeitsbereichen entflochten werden, indem für diese einzelnen Aktivitäten eigene Bilanzen sowie Gewinn- und Verlustrechnungen aufzustellen sind. Damit gelten hier gleichermaßen die Ausführungen zu § 9 EnWG.

Der einzige Unterschied zum Strombereich ist, dass im Gassektor neben getrennten Konten für die Bereiche Fernleitung, Verteilung, Speicherung sowie außerhalb des Gassektors stattfindende Aktivitäten auch getrennte Konten für die Gashandels- und -vertriebsaktivitäten zu führen sind. Damit ist für den Gasbereich klargestellt worden, dass auch für den Kauf und Verkauf von Gas ein eigenes Konto zu führen ist und diese Aktivität nicht z.B. zur Verteilung gezählt werden kann, was ja im Strombereich diskutiert wird. Unverständlich ist aber auch wiederum hier, dass für den Strombereich § 9 EnWG nicht angepasst wurde und ein separates Konto für den Verkauf und Kauf von Strom gesetzlich festgeschrieben wurde, um so den Streit über den sich ergebenden notwendigen buchhalterischen Entflechtungsumfang zu erledigen.

V. Legal Unbundling als Auflage der Fusion E.on/Ruhrgas

Den ersten Schritt in Richtung eines Legal und Management Unbundling hat der deutsche Staat mit der Ministererlaubnis zum Zusammenschluss der Ruhrgas AG und der E.on Energie AG gemacht.[124] Er ordnete ein Legal und Management Unbundling des Leitungsnetzes im Wege einer Auflage an.[125] Damit wird das größte deutsche Gasunternehmen, welches durch die Fusion entstanden ist, bereits einer gesellschaftsrechtlichen Entflechtung unterzogen.

Bis zum 1. Januar 2004 musste Ruhrgas ein Legal Unbundling nach folgend dargestellten Maßgaben durchführen: Ruhrgas musste eine rechtlich selbständige Gesellschaft gründen, der das Ergastransportgeschäft durch das Ferngasleitungsnetz der Ruhrgas AG übertragen wurde. Diese Transportgesellschaft muss für den Betrieb, die Wartung und Unterhaltung des Ferngasnetzes wirksame Einflussmöglichkeiten haben. Ebenso muss die Entscheidungsbefugnis über den Ausbau des Netzes bei ihr liegen, sofern dessen Ausbau durch die Einnahmen aus Transportgeschäften finanziert werden kann und für die Transportgesellschaft wirtschaftlich ist. Der Transport von Erdgas muss diskriminierungsfrei zu nicht ungünstigeren Entgelten erfolgen, wie sie in vergleichbaren Fällen der Ruhrgas AG oder verbundenen und assoziierten Unternehmen tatsächlich oder kalkulatorisch in Rechnung gestellt werden.[126]

---

123 *Kühne/Brodowski,* Die Reform des Energiewirtschaftsrechts, NVwZ 2003, 769, 774.

124 *BMWi,* Ministererlaubnis, I B 1-220840/129.

125 Inwieweit, eine solche Auflage nach §§ 42 Abs. 2 S. 2; 40 Abs. 3 S. 2 GWB zulässig ist weil sie verhaltensbedingt sein kann, soll nicht erörtert werden. Durch die Anfang 2003 erfolgte Rücknahme sämtlicher Beschwerden gegen die Ministererlaubnis ist diese bestandskräftig geworden und damit die Unbundlingauflage wirksam. Eine solche Auflage als laufende Verhaltenskontrolle ablehnend: OLG Düsseldorf, Beschl. v. 16. Dezember 2002, Kart. 25/02 (V), S. 53 ff.

126 *BMWi,* Ministererlaubnis, I B 1-220840/129, S. 11.

Die für das Gastransportgeschäft zuständigen Personen dürfen nicht den betrieblichen Einrichtungen angehören, „die direkt oder indirekt für die Erdgasgewinnung, den Erdgashandel oder die Endverteilung der Ruhrgas zuständig sind.“[127]

Diese Auflage entspricht im wesentlichen den Vorgaben der neuen Richtlinie Gas,[128] greift dieser nur zeitlich vor.

Das Legal Unbundling soll die Wettbewerbssituation auf dem deutschen Gasmarkt, insbesondere im Bereich der Belieferung von Weiterverteilern, verbessern.[129] Ruhrgas verfügt über das längste Ferngasleitungsnetz in Deutschland und sein Anteil am deutschlandweiten Gasabsatz betrug im Jahr 2001 60 %.[130] Das Unbundling soll hierbei die negativen Effekte des Zusammenschlusses derart kompensieren, dass der Durchleitungswettbewerb gefördert wird. Durch das Legal Unbundling würde zu einer Neuverteilung von Netzkapazitäten nach Marktbedingungen beigetragen.[131] Damit wäre nach Meinung des *BMWi* ein effektiver Zugang zum größten deutschen Fernleitungsnetz sichergestellt. Ob sich die Wettbewerbssituation tatsächlich verbessert und insbesondere die negativen Folgen des Zusammenschlusses kompensiert werden, wird sich zeigen.

Die Ruhrgas AG setzte diese Auflage zum 1. Januar 2004 um, indem das Fernleitungsnetz auf die Ruhrgas Transport AG & Co. KG, eine E.on-Konzerntochter, ausgegliederte. Die Ruhrgas Transport besitzt die Verfügungshoheit über das gesamte Ruhrgasnetz und kann den künftigen Ausbau des Netzes weitgehend eigenverantwortlich gestalten. Sie verfügt über eigene, von den übrigen Tätigkeiten getrennte Geschäftsräume und über rund 50 eigene Mitarbeiter.[132] Wie eigenständig die Ruhrgas Transport tatsächlich handeln kann, muss sich noch zeigen. Zurzeit befindet sich die Gesellschaft in einer Konsolidierungsphase, die es abzuwarten gilt.

VI. Bisherige freiwillige Entflechtungsbestrebungen der Unternehmen

Der in den letzten Jahren in Deutschland eingesetzte Umstrukturierungsprozess innerhalb der bestehenden bis dato vertikal integrierten Versorgungsunternehmen lässt eine deutliche Entwicklung zur Bildung von rechtlich selbständigen Tochtergesellschaften für die einzelnen Tätigkeitsbereiche erkennen. Nach der Fusion von RWE und VEW haben die Unternehmen eine vollständige Neustrukturierung des Konzerns vorgenommen.

Im Jahre 2003 erfolgte eine erneute Restrukturierung des Unternehmens. Die RWE Group unterteilt sich nun wie folgt: Das RWE Group Center ist die Konzernmutter, die u.a. die Anteile an den im Energiebereich tätigen Gesellschaften des RWE-Konzerns hält (RWE Power, RWE Energy, RWE Innogy, RWE Trading). RWE Power und RWE Innogy sind über ihre Tochtergesellschaften in den Bereichen der Stromerzeugung, Gas- und Ölgewinnung tätig. RWE Innogy ist zudem noch als Händler tätig.

127 *BMWi*, Ministererlaubnis, I B 1-220840/129, S. 11.
128 *BMWi*, Ministererlaubnis, I B 1-220840/129, S. 91.
129 *BMWi*, Ministererlaubnis, I B 1-220840/129, S. 92.
130 *BMWi*, Ministererlaubnis, I B 1-220840/129; S. 16.
131 *BMWi*, Ministererlaubnis, I B 1-220840/129, S. 92.
132 *Ruhrgas AG*, Mitteilung v. 5. Dezember 2003, www.ruhrgas-transport.de/ deutsch/news.

RWE Trading betreibt den Großhandel für Strom und Gas. RWE Energy ist über seine Töchter im Bereich des regionalen Strom- und Gasvertriebes in Deutschland tätig und fungiert als Gesellschafterin einer unabhängigen Netzgesellschaft, welche das Strom- und Gasnetz von RWE betreibt. Die ehemaligen Gesellschaften RWE Plus, RWE Gas-Gruppe, RWE Net sowie RWE Solutions sind in dieser Holding aufgegangen.[133]

Diese erheblichen organisatorischen Umstrukturierungsmaßnahmen wurden von den Unternehmen größtenteils aus wirtschaftlichen Beweggründen ergriffen. Die Bildung solcher Tochtergesellschaften bietet für die Unternehmen den Vorteil, dass sie konzernintern – wie beim Profit-Center-Konzept – mit Gewinnaufschlägen arbeiten können und auf diese Weise auch zwischen den einzelnen Tätigkeitsfeldern Gewinne erwirtschaften können, was bei einer buchhalterischen Entflechtung nach den Grundsätzen der Pagatorik eben nicht möglich wäre.

Weiterhin bietet eine solche konzerninterne Entflechtung den Vorteil, dass sich die einzelnen Geschäftsfelder direkt auf ihren Bereich konzentrieren können und effektiver gesteuert werden können. Hierdurch werden eventuelle betriebswirtschaftliche Nachteile einer gesellschaftsrechtlichen Entflechtung kompensiert, die im Verlust der Synergieeffekte, namentlich den Economies of Scope and Economies of Scale zu sehen sind. Ob dies auch auf kleinere Unternehmen zutreffen mag, ist fraglich.[134]

Ein weiterer wichtiger Aspekt ist darin zu sehen, dass die Unternehmen durch ihre freiwilligen Maßnahmen bereits dem Gesetzgeber zuvor gekommen sind. Die letzte Umstrukturierung der RWE erfolgte zu dem Zeitpunkt, als deutlich wurde, dass die Reformvorschläge der Kommission umgesetzt würden und eine weitergehende Entflechtung vom Gesetzgeber verlangt werden wird.[135] Bestätigt wird diese These durch die britische Entwicklung im Bezug auf die Entflechtung von British Gas. Als die MMC 1993 einen Verkauf des Handelsgeschäftes, also ein Ownership Unbundling forderte, schlug British Gas freiwillige Maßnahmen vor, um eine Verhandlungsposition gegenüber der britischen Regierung zu haben, mit Erfolg, wie die Reaktion der damaligen britischen Regierung zeigt.

Andere Unternehmen sind weiterhin als vertikal integrierte Versorgungsunternehmen auf dem deutschen Markt tätig. Dies gilt insbesondere für die meisten Gasgesellschaften.

B. Der Gesetzesentwurf vom 27. Februar 2004

Am 27. Februar 2003 hat die deutsche Regierung einen Gesetzesentwurf vorgelegt, der das EnWG grundlegend reformiert. Er dient der Umsetzung der neuen Richtlinienvorgaben der europäischen Union. Im folgenden sollen daher zunächst diese Vorgaben erläutert werden.

---

133 www.rwe.com/generator.asp/property.

134 Vgl. auch: *Dannischewski*, Unbundling im Energierecht, S. 72.

135 So auch: *Dannischewski*, Unbundling im Energierecht, S. 72 f.

I. Die Vorgaben der neuen Richtlinien

1. Der Reformvorschlag der Kommission vom 13. März 2001

Am 13. März 2001 hat die Kommission einen Entwurf zur Änderung der Richtlinien Elektrizität und Gas vorgelegt, der am 13. März 2002 die erste Lesung des Parlamentes passiert hat und einige noch darzulegende Änderungen durch das Parlament und den Rat erfahren hat. Mit diesem Entwurf der Europäischen Kommission zur Änderung der Richtlinien zeichnet sich ein deutlicher Wandel der europäischen Liberalisierungspolitik ab. Die Kommission macht in ihrem Änderungsentwurf neben sog. „quantitativen Vorschlägen" vor allem eine Reihe wichtiger sog. „qualitativer Vorschläge", die auf eine strukturelle Verbesserung der europäischen Elektrizitäts- und Erdgasmärkte abzielen.[136] Nach Ansicht der Kommission ist es mittlerweile „allgemein anerkannt, dass der Zugang Dritter auf der Grundlage veröffentlichter und nichtdiskriminierender Tarife sowie ein hohes Maß an Entflechtung einem echten Wettbewerb nicht nur förderlich sind, sondern ihm als wesentliche Voraussetzung zugrunde liegen", so dass die „vollständige Liberalisierung der Nachfrage" allein nicht ausreiche, sondern vielmehr „effiziente Marktstrukturen vorhanden" sein müssten, um den Energiebinnenmarkt vollenden zu können.[137] Darüber hinaus soll der Änderungsvorschlag der Kommission der Anpassung der Richtlinien „an den heutigen Stand" dienen, wodurch insbesondere die Bestimmungen über das buchhalterische Unbundling klarer gestaltet werden sollen.[138]

Um sicherzustellen, dass die Entflechtung im Elektrizitäts- und Gasmarkt europaweit den gleichen Standard hat, schlägt die Kommission vor, dass „die Mitgliedstaaten mindestens sicherstellen, dass die Übertragung bzw. Fernleitung über ein Tochterunternehmen abgewickelt wird, dessen Tagesgeschäft in rechtlicher und funktioneller Hinsicht vollständig von den Tätigkeitsbereichen Produktion und Vertrieb des Mutterunternehmens getrennt ist".[139] Um auch künftig zu gewährleisten, dass dieses Tochterunternehmen den Netzbetrieb unabhängig von den Interessen der Muttergesellschaft ausführt, seien folgende Mindestanforderungen an die funktionelle Entflechtung des Netzbetriebes zu stellen:[140]

- Bei integrierten Unternehmen dürfen die für den Netzbetrieb zuständigen Personen „nicht Teil betrieblicher Einrichtungen sein, die direkt oder indirekt für den laufenden Betrieb in den Bereichen Erzeugung bzw. Gewinnung und Versorgung zuständig sind".[141]

---

136 *Kommission,* Mitteilung v. 13. März 2001, Kom (2001) 125 endg., S. 37 f.
137 *Kommission,* Mitteilung v. 13. März 2001, Kom (2001) 125 endg., S. 38.
138 *Kommission,* Mitteilung v. 13. März 2001, Kom (2001) 125 endg., S. 38.
139 *Kommission,* Mitteilung v. 13. März 2001, Kom (2001) 125 endg., S. 40.
140 *Kommission,* Mitteilung v. 13. März 2001, Kom (2001) 125 endg., S. 40.
141 *Kommission,* Mitteilung v. 13. März 2001, Kom (2001) 125 endg., S. 40.

- Ferner ist dafür Sorge zu tragen, dass die persönlichen Interessen der Unternehmensleitung des Netzbetriebes so berücksichtigt werden, dass deren Handlungsunabhängigkeit gewährleistet ist.[142]
- Außerdem übt der Netzbetreiber „die volle Kontrolle über alle für den Betrieb, die Wartung und den Ausbau des Netzes notwendigen Vermögenswerte aus."[143]
- Zudem ist von dem Netzbetreiber ein „Gleichbehandlungsprogramm" zu erstellen, welches darlegt, wie ein diskriminierendes Verhalten unterbunden werden soll. Dieses Programm muss die besonderen Pflichten der Mitarbeiter darlegen, die einen nichtdiskriminierenden Netzzugang sicherstellen. Erstellt wird dieses Programm von einem durch die Leitung des integrierten Unternehmens benannten Mitarbeiter, der auch für die Einhaltung der aufgestellten Maßnahmen zuständig ist. Ferner hat dieser „Gleichbehandlungsbeauftragte" einer nationalen Regulierungsbehörde jährlich zu berichten und die getroffenen Maßnahmen zu veröffentlichen.[144]

Weiterhin plant die Kommission, auch das Verteilungsnetz nach den genannten Grundsätzen abzutrennen, da viele Teilnehmer der Anhörung geltend machten, dass auch die Verteilung in ähnlicher Weise entflochten werden solle.[145] Denn auf Grund der hohen Investitionskosten in ein Verteilungsnetz, die im Gasbereich etwa doppelt so hoch sind wie für Fernleitungen bzw. in einem Land ohne eigene Gasgewinnung sogar 70 % bis 80 % der Gesamtinvestitionen in die Versorgungskette ausmachen können, ist ein diskriminierungsfreier Zugang zum Verteilungsnetz elementar.[146] Diese Entflechtung soll auf dem Strommarkt 2003 und auf dem Gasmarkt 2004 erfolgen, wenngleich den Mitgliedstaaten erlaubt wird, eine Untergrenze festzulegen, um nicht kleineren lokalen Versorgungsunternehmen unverhältnismäßige Entflechtungsmaßnahmen aufzuerlegen.[147]

Eine solche Entwicklung stelle zwar für den Erdgassektor einen wesentlich größeren Einschnitt als für den Strombereich dar, da die Richtlinie Gas lediglich eine getrennte interne Buchführung für den Fernleitungsbetrieb sowie Sicherungsmechanismen für vertrauliche Informationen vorsehe.[148] Es seien aber bereits sechs Mitgliedstaaten zu einer gesellschaftsrechtlichen Entflechtung oder zu einer Entflechtung auf Verwaltungsebene der Unternehmen übergegangen oder beabsichtigten eine solche Entflechtung.[149] Weiterhin seien bereits mehrere Gasunternehmen bestrebt, eine Trennung von Betrieb und Verwaltung der Ferngasleitungen von den übrigen Tätigkeiten vorzunehmen,[150] was nicht zuletzt an den Vorteilen des Profit-Center-Konzeptes liegen dürfte. Es werde weiterhin allgemein davon ausgegangen, dass solche neuen Strukturen einen förderlichen Einfluss auf die Entwicklung einer ausgeglichenen

142 *Kommission*, Mitteilung v. 13. März 2001, Kom (2001) 125 endg., S. 40.
143 *Kommission*, Mitteilung v. 13. März 2001, Kom (2001) 125 endg., S. 40.
144 *Kommission*, Mitteilung v. 13. März 2001, Kom (2001) 125 endg., S. 40 f.
145 *Kommission*, Mitteilung v. 13. März 2001, Kom (2001) 125 endg., S. 41.
146 *Kommission*, Mitteilung v. 13. März 2001, Kom (2001) 125 endg., S. 41 u. Fn. 6 (S. 41).
147 *Kommission*, Mitteilung v. 13. März 2001, Kom (2001) 125 endg., S. 41.
148 *Kommission*, Mitteilung v. 13. März 2001, Kom (2001) 125 endg., S. 41.
149 *Kommission*, Mitteilung v. 13. März 2001, Kom (2001) 125 endg., S. 41.
150 *Kommission*, Mitteilung v. 13. März 2001, Kom (2001) 125 endg., S. 41.

Wettbewerbstruktur im gesamten Binnenmarkt haben und auch neue Marktteilnehmer einen nichtdiskriminierenden Zugang vorfinden werden.[151]

Zahlreiche Teilnehmer der Anhörung sprachen sich darüber hinaus dafür aus, im Erdgasbereich eine weitergehende Entflechtung der Speicher- und LNG-Anlagen vorzunehmen sowie einen geregelten Netzzugang zu schaffen. Zudem sollte der Bereich der Übertragung bzw. Fernleitung durch eine vollständige Entflechtung der Eigentumsverhältnisse neu gestaltet werden.[152]

Die Kommission ist sich zwar der zentralen Rolle solcher Anlagen bewusst, geht in ihrem Vorschlag jedoch nicht so weit wie zum Teil gefordert. Ihrer Auffassung nach ist es zunächst ausreichend, dass die Bedeutung des Zuganges zu solchen Speicheranlagen herausgestellt wird und für den Zugang Dritter zu solchen Anlagen und dem Verteilernetz erweiternde Bestimmungen beschlossen werden.[153] Ferner sollen die Erdgasunternehmen verpflichtet werden, getrennte Betreiber für Speicher- und LNG-Anlagen zu benennen, was zu einer Erhöhung der Transparenz führen soll.[154] Auf weitergehende Maßnahmen hat die Kommission zunächst verzichtet, will jedoch eine turnusmäßige Überprüfung der Marktzugangssituation vornehmen und dem Rat sowie dem Parlament berichten, um ggf. weitere Maßnahmen zu ergreifen.[155]

Um einen diskriminierungsfreien Netzzugang Dritter zu gewährleisten, soll ein geregelter und veröffentlichter Netznutzungsstandard geschaffen werden, der für alle Marktteilnehmer die gleichen Bedingungen enthält.[156] Daher schlägt die Kommission vor, in beiden Märkten „als Minimalvorgabe eine Tarifstruktur mit veröffentlichten und geregelten Tarifen für die Übertragung bzw. Fernleitung und Verteilung einzuführen."[157]

Um einen nichtdiskriminierenden Zugang tatsächlich auch gewährleisten zu können, „müssen die Mitgliedstaaten und nationalen Regulierungsbehörden das Verhalten der rechtlich getrennten Übertragungs- bzw. Fernleitungs- und Verteilernetzbetreiber genau überwachen."[158] Hierbei muss insbesondere sichergestellt werden, dass ein Antrag auf Netzzugang innerhalb einer angemessenen Frist bearbeitet wird, wobei hier eine Frist von zwei Wochen als angemessen angesehen wird.[159] Weiterhin muss gewährleistet werden, dass die Netzbetreiber keine Informationen bzgl. Herkunft, Lieferungsort oder weiterer Transportwege der durchzuleitenden Energie erfahren, sofern dies für ihre Aufgabenwahrnehmung nicht unerlässlich ist.[160]

Ein weiterer wesentlicher Änderungsvorschlag der Kommission bezieht sich auf die Bildung nationaler Regulierungsbehörden, da diesen bzgl. der Gewährleistung eines nichtdiskriminierenden Netzzuganges eine Schlüsselfunktion zukomme.[161] Denn an-

151 *Kommission,* Mitteilung v. 13. März 2001, Kom (2001) 125 endg., S. 41.
152 *Kommission,* Mitteilung v. 13. März 2001, Kom (2001) 125 endg., S. 42.
153 *Kommission,* Mitteilung v. 13. März 2001, Kom (2001) 125 endg., S. 42.
154 *Kommission,* Mitteilung v. 13. März 2001, Kom (2001) 125 endg., S. 42.
155 *Kommission,* Mitteilung v. 13. März 2001, Kom (2001) 125 endg., S. 42.
156 *Kommission,* Mitteilung v. 13. März 2001, Kom (2001) 125 endg., S. 42.
157 *Kommission,* Mitteilung v. 13. März 2001, Kom (2001) 125 endg., S. 43.
158 *Kommission,* Mitteilung v. 13. März 2001, Kom (2001) 125 endg., S. 43.
159 *Kommission,* Mitteilung v. 13. März 2001, Kom (2001) 125 endg., S. 43.
160 *Kommission,* Mitteilung v. 13. März 2001, Kom (2001) 125 endg., S. 43.
161 *Kommission,* Mitteilung v. 13. März 2001, Kom (2001) 125 endg., S. 43.

ders als die nationalen Wettbewerbsbehörden kann eine Regulierungsbehörde präventiv Tarife und Bedingungen kontrollieren, genehmigen oder festlegen, bevor diese verbindlich werden.[162] Darüber hinaus sorgen solche Behörden „für Kontinuität und Transparenz in den marktbezogenen Rechtsvorschriften".[163] Daher schlägt die Kommission mit den neuen Richtlinien vor, die Mitgliedstaaten zu verpflichten, solche unabhängigen Regulierungsbehörden zu schaffen, welche Tarife und Bedingungen zum Netzzugang genehmigen, kontrollieren oder festlegen.[164] Die Genehmigung solcher Tarife und Bedingungen kann auf Vorschlag der Betreiber erfolgen, welche ihre Bedingungen zuvor mit den Netznutzern abstimmen können, bevor sie sie zur Genehmigung vorlegen.[165] Weiterhin müssen diese Regulierungsbehörden trotz ihrer Unabhängigkeit eng mit anderen Regierungsstellen, insbesondere mit den Wettbewerbsbehörden, zusammenarbeiten, da diese weiterhin für die Beilegung anderer Streitigkeiten im Zusammenhang mit dem Netzzugang Dritter zuständig sind.[166]

Zur Aktualisierung der in den Richtlinien Elektrizität und Gas vorgegebenen Regelungen schlägt die Kommission die Abschaffung des Ausschreibungsverfahrens im Bereich Erzeugung und die Abschaffung des Alleinabnehmersystems (Single Buyer) vor.[167] Diese Regelungen haben sich „als weniger geeignet [gezeigt], die Entstehung wettbewerbsorientierter Märkte herbeizuführen" und sind von keinem Mitgliedstaat aufgegriffen worden.[168] Allerdings seien die Mitgliedstaaten zur Sicherstellung von ausreichenden Kapazitäten gehalten, in Ausnahmefällen ein solches Ausschreibungsverfahren durchzuführen.[169] Diese Änderungen seien erforderlich, um zu gewährleisten, dass gleiche Ausgangsbedingungen für Beitrittsländer bestehen und somit eine einheitliche Marktstruktur auf dem Energiebinnenmarkt bestehen bleibt.[170]

Weiterhin soll nach Ansicht der Kommission das Vorlageverfahren bei Verweigerungen der Genehmigung zum Bau neuer Erzeugungsanlagen gestrichen werden, da dieses Verfahren mit einem unverhältnismäßig hohen Aufwand verbunden sei und auf rein planerischen Erwägungen beruhe.[171] Betroffenen Unternehmen soll aber im Einzelfall möglich sein, weiterhin die Kommission anzurufen, damit diese sich in einem Verfahren mit der Verweigerung befasse.[172]

Im Rahmen der buchhalterischen Entflechtung nach Art. 13 Abs. 3 RiLi Gas und Art. 14 Abs. 3 RiLi Elektrizität haben verschiedene Unternehmen angeführt, dass auf Grund der Begriffsbestimmungen in Art. 2 Ziff. 5 u. 6 RiLi Elektrizität und Art. 2 Ziff. 3 und 5 RiLi Gas eine getrennte Buchführung für Verteilungs- und Versorgungsaktivi-

162 *Kommission,* Mitteilung v. 13. März 2001, Kom (2001) 125 endg., S. 43.
163 *Kommission,* Mitteilung v. 13. März 2001, Kom (2001) 125 endg., S. 43.
164 *Kommission,* Mitteilung v. 13. März 2001, Kom (2001) 125 endg., S. 43.
165 *Kommission,* Mitteilung v. 13. März 2001, Kom (2001) 125 endg., S. 43.
166 *Kommission,* Mitteilung v. 13. März 2001, Kom (2001) 125 endg., S. 43.
167 *Kommission,* Mitteilung v. 13. März 2001, Kom (2001) 125 endg., S. 44.
168 *Kommission,* Mitteilung v. 13. März 2001, Kom (2001) 125 endg., S. 44.
169 *Kommission,* Mitteilung v. 13. März 2001, Kom (2001) 125 endg., S. 44.
170 *Kommission,* Mitteilung v. 13. März 2001, Kom (2001) 125 endg., S. 44.
171 *Kommission,* Mitteilung v. 13. März 2001, Kom (2001) 125 endg., S. 44.
172 *Kommission,* Mitteilung v. 13. März 2001, Kom (2001) 125 endg., S. 44.

täten überflüssig sei.[173] Diese Auffassung teilt die Kommission nicht, will aber durch eine entsprechende Änderung der Richtlinien ihre Auffassung klarstellen.[174]

Nach Ansicht der Kommission gehört es zu den wichtigsten Zielen, mit der Vollendung des Energiebinnenmarktes die gemeinwirtschaftlichen Aufgaben der Energieversorgung dauerhaft sicherzustellen und zu verbessern. Obwohl die bestehenden Richtlinien bereits diese Ziele hinreichend geschützt hätten, sei vor dem Hintergrund einer vollständigen Marktöffnung dieser Schutz noch verbesserungsbedürftig.[175] Die Mitgliedstaaten sollen daher verpflichtet werden, im Elektrizitätsbereich eine Grundversorgung mit „hochwertiger Elektrizität sicherzustellen" (Art. 3 Abs. 3 d. Änderungsvorschlages). Darüber hinaus enthält der Änderungsvorschlag in Art. 3 Abs. 3 u. 4 eine Reihe von Verpflichtungen zur Sicherstellung der gemeinwirtschaftlichen Ziele.[176] Zu diesen gemeinwirtschaftlichen Zielen zählen insbesondere:[177]

- „der Schutz sozial schwächerer Kunden"; hier sollen die Mitgliedstaaten solche Kunden vor einem ungerechtfertigten Ausschluss von der Versorgung bewahren;
- „der Schutz der Grundrechte der Endkunden"; die Mitgliedstaaten müssen gewährleisten, dass Vertragsbedingungen bestimmten Mindestanforderungen genügen, eine hinreichende Transparenz gewährleistet wird und kostengünstige Schlichtungsverfahren geschaffen werden;
- „der soziale und wirtschaftliche Zusammenhalt"; neben der angesprochenen Grundversorgung sollen die Mitgliedstaaten für eine flächendeckende Versorgung „z.B. in Randgebieten" sicherstellen;
- „der Umweltschutz" sowie
- „die Versorgungssicherheit"; hier geht es vor allem um die Sicherstellung einer angemessenen Wartung und eines Ausbaus der Infrastruktur.

Um den Mitgliedstaaten „alle notwendigen Instrumente zur Sicherstellung der Netzwartung und des Netzausbaus zur Verfügung" zu stellen, soll über das zuvor Genannte mit Art. 8 Abs. 5 d. Änderungsvorschlages RiLi Elektrizität und Art. 7 Abs. 5 d. Änderungsvorschlages RiLi Gas den Mitgliedstaaten die Möglichkeit gegeben werden, den Übertragungs- bzw. Fernleitungsnetzbetreibern „bestimmte Mindestinvestitionen in die Wartung und den Ausbau des Übertragungs- bzw. Fernleitungsnetzes einschließlich der Verbindungskapazitäten" vorzuschreiben.[178]

Interessant an den Schlussfolgerungen der Kommission ist, dass sie im wesentlichen der bereits vor Jahren stattgefundenen Entwicklung auf dem britischen Gasmarkt entspricht. Auch hier wurde zunächst lediglich buchhalterisch entflochten, bis es dann auf Grund der MMC-Berichte von 1993 zu einer gesellschaftsrechtlichen Trennung von British Gas und dem Netzbetreiber kam. Seitdem ist TransCo eine 100%ige Tochtergesellschaft von British Gas. Auch die von der Kommission geäußerten Argumente

173 *Kommission,* Mitteilung v. 13. März 2001, Kom (2001) 125 endg., S. 44.
174 *Kommission,* Mitteilung v. 13. März 2001, Kom (2001) 125 endg., S. 44.
175 *Kommission,* Mitteilung v. 13. März 2001, Kom (2001) 125 endg., S. 45.
176 *Kommission,* Mitteilung v. 13. März 2001, Kom (2001) 125 endg., S. 45.
177 Für die folgende Aufzählung s.: *Kommission,* Mitteilung v. 13. März 2001, Kom (2001) 125 endg., S. 45.
178 *Kommission,* Mitteilung v. 13. März 2001, Kom (2001) 125 endg., S. 46.

entsprechen im wesentlichen denen der Monopolies and Mergers Commission in ihren Berichten von 1993.

2. *Der Änderungsvorschlag vom 7. Juni 2002*

Am 13. März 2002 hat das Europäische Parlament in erster Lesung eine Reihe von Änderungen des Kommissionsvorschlages vorgenommen. In den Hauptpunkten hat das Parlament dem Vorschlag jedoch zugestimmt. Im folgenden hat die Kommission die Änderungen, soweit von ihr akzeptiert, in den geänderten Vorschlag der Richtlinien v. 7. Juni 2002 eingearbeitet.[179] Aus diesen übernommenen Änderungen ergeben sich im Detail Unterschiede; die grundsätzliche Erwägung, die gesellschaftsrechtliche Abtrennung des Übertragungs- und Fernleitungsnetzes vorzunehmen sowie eine entsprechende Regelung im Verteilungsbereich einzuführen, bleibt erhalten.[180]

Durch die Änderungen wurde der Begriff der Kostenlegung umformuliert, um Unterschiede bei der Internalisierung externer Kosten zu verhindern, da sich hierdurch ein verzerrter Vergleich ergeben würde. Zudem werden die Begriffe der Speicheranlage und LNG-Anlage gegeneinander abgegrenzt, indem die Schnittstelle klar zugeordnet wird. Art. 7 Abs. 6 c wurde dahingehend geändert, dass dem Netzbetreiber eine ausreichende Entscheidungsbefugnis im Hinblick auf das Vermögen zugebilligt wurde, welches dieser für die Wartung und den Ausbau des Netzes benötigt. Die nationalen Regulierungsbehörden erhalten ein Einsichtsnahmerecht in die Buchführung der Unternehmen, auch wenn diese Unternehmen nicht in ihre einzelnen Tätigkeitsbereiche getrennt sind.[181]

Die Kommission lehnte die Forderung nach einer eigentumsrechtlichen Entflechtung ab. Vielmehr sollen die Mitgliedstaaten, die keine eigentumsrechtliche Entflechtung vollziehen wollen, nachweisen, ob ein diskriminierungsfreier Netzzugang gewährleistet wird wie bei einer eigentumsrechtlichen Entflechtung. Hierüber wird die Kommission in Zukunft wachen.[182]

Die Kommission wies eine Heraufsetzung der 100.000-Kunden-Schwelle zurück, da dann zu viele Unternehmen von der Unbundlingpflicht befreit würden. Ebenso lehnte sie eine Entschärfung der buchhalterischen Entflechtung ab. Hier war vorgeschlagen worden, nur zwischen Übertragungs- und Verteilungstätigkeiten einerseits und Erzeugungs- und Versorgungstätigkeiten andererseits zu differenzieren. In einer solchen Entschärfung sah die Kommission die Gefahr, dass Quersubventionierungen erleichtert würden.[183]

Insgesamt stellen damit die vorgenommenen Änderungen nur Klarstellungen in Detailfragen dar, die auf die grundsätzliche Konzeption der vorgeschlagenen Reform der Richtlinien keine gravierende Auswirkung hatten.

---

179 *Kommission,* Mitteilung v. 7. Juni 2002, Kom (2002) 304 endg., 2001/0077 (COD), 2001/0078 (COD).

180 S. hierzu: *Kommission,* Mitteilung v. 7. Juni 2002, Kom (2002) 304 endg., S. 3 ff., insbes.: S. 9, 10, 13, 14, 15.

181 *Kommission,* Mitteilung v. 7. Juni 2002, Kom (2002) 304 endg., S. 9.

182 *Kommission,* Mitteilung v. 7. Juni 2002, Kom (2002) 304 endg., S. 13.

183 *Kommission,* Mitteilung v. 7. Juni 2002, Kom (2002) 304 endg., S. 14.

3. *Die Diskussion um die rechtliche Zulässigkeit der Änderungsvorschläge*

Besonders in Deutschland sind die Reformvorschläge der Kommission auf heftige Kritik und Gegenwehr der Versorgungsindustrie und von Teilen der Wissenschaft gestoßen. Ohne auf Details der Kritik eingehen zu wollen, wurden die Änderungsvorschläge als ein Verstoß gegen Art. 12 und 14 GG angesehen. Zudem wurde der Kommission die rechtliche Kompetenz abgesprochen, die geänderten Richtlinien zu erlassen. Nach Ansicht der Kritiker gäbe der EU-Vertrag keine rechtliche Handhabe zu solch gravierenden strukturellen Eingriffen in die Unternehmensstrukturen der Unternehmen.[184]

Gleichwohl wurde die Änderung der Richtlinien vom Rat beschlossen. Da inzwischen auch die Anfechtungsfristen für die neuen Richtlinien abgelaufen sind und diese bestandskräftig geworden sind, soll auf die geäußerte Kritik nicht näher eingegangen werden. Im folgenden soll vielmehr versucht werden, mögliche Probleme bei der Umsetzung in das deutsche Recht zu untersuchen. Die Frage, ob eine weitergehende Entflechtung kommen muss und wird, ist mit der Bestandskraft der Richtlinien beantwortet. Jetzt gilt es eine Antwort darauf zu finden, wie nach den neuen Vorgaben des EU-Rechtes entflochten werden soll.

4. *Die jetzt gültige Fassung der Richtlinien*

Am 26. Juni 2003 traten die neuen Richtlinien zur Änderung des Ordnungsrahmens im europäischen Strom- und Gasmarkt in kraft (Neue RiLi Elektrizität und Neue RiLi Gas).[185] Die Gültigkeit der bisherigen RiLi Elektrizität und der RiLi Gas wird nach Art. 29 Abs. 2 Neue RiLi Elektrizität bzw. Art. 32 Abs. 2 Neue RiLi Gas zum 1. Juli 2004 aufgehoben. Die neuen Richtlinien sehen eine grundlegende Änderung der bisherigen Struktur der Strom- und Gasmärkte vor. Aus den Änderungsvorschlägen wurde die Einführung eines Legal und Management Unbundling übernommen sowie die Bildung nationaler Regulierungsbehörden vorgeschrieben. Im einzelnen sehen die Richtlinien die nachfolgend beschriebenen Entflechtungsmaßnahmen vor.

---

184 Zu dieser Kritik siehe nur: *Büdenbender*, Möglichkeiten und Grenzen einer Deregulierung, DÖV 2002, 375 ff.; *Rasbach/Schreiber*, Legal Unbundling, ZNER 2003, 124 ff.; *Hohmann*, Geregelter Netzzugang und Unbundling, ET 2002, 337 ff.; grundsätzlich ablehnend: *Baur/Lückenbach*, Rechtliche Grenzen europäischer Wirtschaftsregulierung, ET 2002, 420 ff.; *dies.*, Fortschreitende Regulierung der Energiewirtschaft, VEnergR 105; *Scholz*, Freiheitlicher Binnenmarkt oder diktierte Marktstruktur, ET 2001, 678 ff.; pro Entflechtung: *Hohmann*, ET 2002, 337 ff.; zum teil wird von Autoren ein Ownership Unbundling bzw. eine Verstaatlichung des Netzbetriebes unter Hinweis auf den fehlenden Grundrechtsschutz bejaht, so grundlegend: *Hermes*. Staatliche Infrastrukturverantwortung; ihm folgend, wenn auch ein anderes Entflechtungsmodell bevorzugend: *Dannischewski*, Unbundling im Energierecht, S. 182 ff., insbes. S. 241; zu Recht gegen die Sichtweise von Hermes: *Schneider*, Liberalisierung der Stromwirtschaft durch regulative Marktorganisation, S. 120 ff.; *Pielow*, Grundstrukturen öffentlicher Versorgung, S. 628 ff., insbes. S. 654.

185 Richtlinie 2003/54/EG des europäischen Parlaments und des Rates vom 26. Juni 2003 über gemeinsame Vorschriften für den Elektrizitätsbinnenmarkt und zur Aufhebung der Richtlinie 96/92/EG, Amtsbl. EU 2003, L 176/37 ff.; Richtlinie 2003/55/EG des europäischen Parlaments und des Rates vom 26. Juni 2003 über gemeinsame Vorschriften für den Erdgasbinnenmarkt und zur Aufhebung der Richtlinie 98/30/EG, Amtsbl. EU 2003 L 176/ 57 ff.

a) *Entflechtung des Übertragungs-/ Fernleitungsnetzes*

Das Übertragungsnetz eines vertikal integrierten Unternehmens muss hinsichtlich seiner Rechtsform, Organisation und Entscheidungsgewalt unabhängig von den übrigen Tätigkeiten sein, welche nicht mit der Übertragung zusammenhängen. Es besteht keine Verpflichtung, auch das Eigentum des vertikal integrierten Unternehmens an Vermögenswerten des Übertragungsnetzes zu übertragen.[186]

Die Unabhängigkeit des Übertragungs-/ Fernleitungsnetzbetreibers soll durch folgende Maßnahmen gewährleistet sein:[187]

- die für die Leitung des Übertragungs-/ Fernleitungsnetz verantwortlichen Personen dürfen nicht betrieblichen Einrichtungen des integrierten Unternehmens angehören, die direkt oder indirekt für den laufenden Betrieb in den Bereichen Erzeugung bzw. Erdgasgewinnung, Verteilung und Versorgung tätig sind;
- Die berufsbedingten Interessen dieser Personen müssen durch geeignete Maßnahmen geschützt werden;
- Der Netzbetreiber muss bzgl. der Vermögenswerte, die für Betrieb, Wartung oder Ausbau des Netzes erforderlich sind, die tatsächliche Entscheidungsgewalt haben. Durch diese freie Entscheidungsgewalt des Netzbetreibers sollen solche Aufsichtsrechte des Mutterunternehmens nicht beeinträchtigt werden, die die Rentabilität des Netzbetriebes sicherstellen sollen. Die Mutter darf demnach jährliche Finanzierungspläne genehmigen und generelle Grenzen für eine Verschuldung der Netztochter bestimmen. Hierdurch wird der Mutter nicht gestattet, Weisungen in Bezug auf den laufenden Betrieb oder einzelne Entscheidungen über den Bau bzw. die Modernisierung des Netzes zu erteilen, die sich im Rahmen der vorher allgemein festgelegten Grenzen bewegen.
- Der Netzbetreiber hat ein Gleichbehandlungsprogramm aufzustellen. Dieses Programm muss verdeutlichen, welche Maßnahmen getroffen wurden, um diskriminierendes Verhalten zu verhindern.

Nach Art. 10 Neue RiLi Gas bzw. Art. 11 Neue RiLi Elektrizität müssen die Netzbetreiber solche wirtschaftlich sensible Informationen vertraulich behandeln, die sie im Rahmen ihrer Tätigkeit erlangen, soweit sie nicht gesetzlich zur Offenlegung verpflichtet sind. Eigene wirtschaftliche Informationen müssen sie diskriminierungsfrei zur Verfügung stellen, soweit diese offen gelegt werden.

b) *Entflechtung der Verteilungsnetze*

Die Entflechtungsvorgaben in Hinblick auf die Verteilernetze entsprechen denen des Übertragungs-/ Fernleitungsnetzes. Dies gilt auch für die Geheimhaltungspflichten. Allerdings können die Mitgliedstaaten beschließen, solche vertikal integrierten Unternehmen von der Entflechtungspflicht auszunehmen, an deren Netz weniger als

186 Art. 10 Abs. 1 Neue RiLi Elektrizität, Art. 9 Abs. 1 Neue RiLi Gas.

187 Siehe zum folgenden: Art. 10 Abs. 2 lit. a) bis d) Neue RiLi Elektrizität, Art. 9 Abs. 2 lit. a) bis d) Neue RiLi Gas.

100.000 Kunden angeschlossen sind oder die kleine isolierte Netze beliefern (sog. De Minimis Regelung).[188]

Die Mitgliedstaaten können von einer gesellschaftsrechtlichen Auslagerung des Geschäftsbereiches des Verteilernetzbetreibers nach Art. 15 Abs. 1 Neue RiLi Elektrizität bzw. nach Art. 13 Abs. 1 Neue RiLi Gas bis zum 1. Juli 2007 aufschieben.[189] Hiervon unberührt bleibt jedoch die Verpflichtung nach Art. 15 Abs. 2 Neue RiLi Strom bzw. Art. 13 Abs. 2 Neue RiLi Gas für die personelle Unabhängigkeit der Entscheidungsträger des Netzbetriebs zu sorgen. Zudem muss der Netzbetrieb über eigene finanzielle Entscheidungskompetenzen im Hinblick auf Unterhaltung, Instandsetzung und Ausbau des Netzes haben. Der einzige Unterschied zum Übertragungsnetz liegt damit darin, dass bis zum 1. Juli 2007 kein Legal Unbundling, sondern nur ein Management Unbundling, vollzogen werden muss.

c) Der Kombinationsnetzbetreiber

Die Unternehmen haben auch die Möglichkeit, einen sog. Kombinationsnetzbetreiber zu gründen, der sowohl das Übertragungs-/ Fernleitungsnetz wie auch das Verteilungsnetz betreibt. Diesen treffen aber die gleichen Entflechtungspflichten, wie bereits dargestellt, allerdings bedarf es dann keiner Trennung zwischen Verteilung und Übertragung/ Fernleitung mehr.[190]

d) Entflechtung der Buchhaltung

Die Versorgungsunternehmen müssen trotz der Verpflichtung zum Legal und Management Unbundling weiterhin buchhalterisch entflechten. Diese Verpflichtung ist notwendig, um mögliche Quersubventionierungen und Diskriminierungen aufzuzeigen. Zudem müssen auf Grund der De Minimis Regel nicht alle vertikal integrierten Unternehmen ein Legal und Management Unbundling vollziehen, so dass die buchhalterische Entflechtung weiterhin notwendig bleibt.

Die Vorgaben der neuen Richtlinien in Bezug auf die buchhalterische Entflechtung sind stark vereinfacht worden und lösen somit eine Reihe von aufgezeigten Problemen. Hierdurch weichen sie stark von den Vorgaben des zweiten Entwurfes ab. Die strikte Aufschlüsselung nach Versorgung, Verteilung, Übertragung/ Fernleitung, wie sie noch im zweiten Entwurf vorgesehen war, wurde aufgegeben.

Die Unternehmen müssen für ihre Netzaktivitäten (Übertragung, Fernleitung sowie Verteilung) separate Konten führen. Diese Kontenführung soll der separater Unternehmen entsprechen und jeweils eine Gewinn- und Verlustrechnung beinhalten. Für andere nicht mit dem Netzbetrieb zusammenhängende energiewirtschaftliche Tätigkeiten müssen zwar auch getrennte Konten geführt werden, diese dürfen allerdings konsolidiert sein. Zudem wird die genaue Zuordnung dieser Aktivitäten nicht mehr durch die Richtlinien vorgegeben. Bis zum 1. Juli 2007 müssen auch für sog. zugelassene und

188 Vgl. Art. 15 Abs. 2 Neue RiLi Elektrizität, Art. 16 Abs. 2 Neue RiLi Gas.
189 Art. 33 Abs. 2 Neue RiL1 Gas; Art. 30 Abs. 2 Neue RiLi Strom.
190 Art. 15Neue RiLi Elektrizität, Art.17 Neue RiLi Gas.

nicht zugelassene Kunden separate Konten geführt werden. Einnahmen aus dem Eigentum des Netzes, sofern dieses beim vertikal integrierten Unternehmen verbleibt, sind in den Konten getrennt auszuweisen. Ebenso sind außerhalb der Energieversorgung stattfindende Aktivitäten getrennt zu bilanzieren.[191]

5. *Zusammenfassung und Bewertung*

Die neuen Richtlinien sehen eine stärkere Trennung zwischen dem Netzbetrieb und den übrigen wettbewerbsfähigen Marktsegmenten vor. Hierbei muss nur der Betrieb des Netzes gesellschaftsrechtlich verselbständigt werden. Eine eigentumsrechtliche Übertragung der Vermögensgegenstände des Netzes ist nicht erforderlich. Diese Vermögenswerte können vielmehr im Wege eines langfristigen Pacht- oder Leasingvertrages der Netzbetriebsgesellschaft zur Nutzung übertragen werden. Der Schwerpunkt der europäischen Regelungen liegt damit mehr auf einem Management und organisatorischen denn auf einem Legal Unbundling. Um unverhältnismäßig hohe Kosten für kleine Unternehmen, insbesondere die deutschen Stadtwerke, zu verhindern, ist die Pflicht zur Entflechtung auf solche Unternehmen beschränkt, die weniger als 100.000 Kunden an ihr Netz angeschlossen haben.

Die Vorgaben zur buchhalterischen Entflechtung sind stark vereinfacht worden. Eine Entflechtung der übrigen energiewirtschaftlichen Tätigkeiten wird von der Richtlinie nicht genau vorgeben. Es ist zwar sinnvoll hier zwischen Erzeugung, Gasgewinnung, Handel und Versorgung zu differenzieren, die Zuordnung der Tätigkeiten bleibt aber letztlich dem Unternehmen überlassen. Damit kann der Handel z.B. der Versorgung oder der Zukauf von Strom/ Gas auch der Erzeugung zugeordnet werden. Die dargestellten Schwierigkeiten der Zuordnung des Handels mit Strom entfallen folglich. Zudem dürfen die Konten konsolidiert sein. Damit dürfte auch eine Umsetzung des Profit-Center-Konzeptes ohne weiteres möglich sein.

Einzig eine deutliche Trennung des Netzbetriebes wird verlangt. Diese ist aber für die größeren Unternehmen unproblematisch, da diese Tätigkeit ohnehin rechtlich auszulagern ist und damit das Tochterunternehmen eine eigene Bilanz erstellen muss. Sollte das Netz im Eigentum der Mutter verbleiben, stellen sich Probleme bzgl. einer Zuordnung der Kosten und des Eigenkapitals für das Netzeigentum.

Diese Vereinfachung der buchhalterischen Entflechtung ist sinnvoll, da durch das Legal und Management Unbundling ein diskriminierungsfreier Netzzugang weitgehend sichergestellt werden kann. Zudem muss das Netz getrennt bilanziert werden, so dass das natürliche Leitungsmonopol hinreichend abgeschirmt ist. Quersubventionierungen innerhalb der anderen wettbewerbsfähigen Bereiche sind unproblematischer, da sich hier Marktpreise bilden können und die Unternehmen – einen funktionierenden Markt vorausgesetzt – unter Wettbewerbsdruck geraten können, wodurch sie ihre jeweiligen Preise anpassen müssen.

Die getrennte Ausweisung von zugelassenen und nicht zugelassenen ist in Deutschland obsolet, da der Markt vollständig geöffnet ist.[192]

---

191 Art. 19 Abs. 3 Neue RiLi Elektrizität, Art. 18 Abs. 3 Neue RiLi Gas.

192 *Scholz/Strohe*, Unbundling, ET 2003, 80, 82.

Insgesamt können die neuen Richtlinien als ein Schritt in die richtige Richtung hin zu einem funktionierenden Wettbewerbsmarkt gewertet werden. Im folgenden werden die praktischen Probleme der Umsetzung dieser neuen Vorgaben anhand des EnWG-Gesetzesentwurfes des Bundesministeriums für Wirtschaft und Arbeit vom 27. Februar 2004 dargestellt. Besonderes Augenmerk soll hierbei auf die sich eventuell ergebenden Konflikte mit deutschem Gesellschaftsrecht gelegt werden.

II. Die Unbundlingvorgaben des EnWG- Gesetzesentwurfes von 2004

Der Gesetzesentwurf des EnWG vom 13. August 2004 (EnWG RegE) dient der Umsetzung der neuen Richtlinien.[193] Er beruht im wesentlichen auf dem Referentenentwurf des Bundesministeriums für Wirtschaft und Arbeit (BMWA) vom 27. Februar 2004.[194] Im folgenden werden die einzelnen Unbundlingvorgaben nach dem EnWG RegE und die daraus sich ergebenden Konsequenzen dargestellt. Die Regelungen zur Entflechtung finden sich in den §§ 6 bis 10 EnWG RegE. Diese Vorschriften gelten sowohl für vertikal integrierte Gas- wie Stromversorgungsunternehmen. Im wesentlichen entsprechen die Vorgaben des Regierungsentwurfes den Vorgaben der neuen Richtlinien.

1. Das Übertragungs-/ Fernleitungsnetz

Nach § 7 Abs. 1 EnWG RegE haben vertikal integrierte Unternehmen ihren Geschäftsbereich Netzbetrieb gesellschaftsrechtlich auszugliedern. Eine eigentumsrechtliche Übertragung der Vermögenswerte, welche zum Netzbetrieb gehören, sieht das Gesetz nicht vor. Diese Art der Entflechtung entspricht den Vorgaben von Art. 10 Abs. 1 Neue RiLi Storm und Art. 9 Abs. 1 Neue RiLi Gas.

Die Personen, die mit Leitungsaufgaben im Geschäftsbereich Netz betraut sind, dürfen keiner betrieblichen Einrichtung des vertikal integrierten Unternehmens angehören, die direkt oder indirekt für den laufenden Betrieb in den Bereichen Gasgewinnung, Erzeugung von Elektrizität und Versorgung tätig sind. Zudem müssen die Personen, welche mit wesentlichen Tätigkeiten des Netzbetriebes, insbesondere mit der Vermarktung der Netzkapazitäten und der Steuerung des Netzes betraut sind, dem Geschäftsbereich Netzbetrieb angehören. Andere Personen, die sonstige Tätigkeiten des Netzbetriebes wahrnehmen und anderen Geschäftsbereichen des vertikal integrierten Unternehmens angehören, müssen den Weisungen des Netzmanagements unterstellt sein. Personen, die im Bereich Strom-/ Gasvertrieb oder –handel tätig sind, dürfen keiner betrieblichen Einrichtung des Netzbereiches angehören.[195]

Diese Regelung entspricht den Vorgaben der Richtlinien, ist aber in Hinblick auf die vorzunehmende personelle Entflechtung weiter gefasst. Die Richtlinien schreiben in Art- 10 Abs. 2 lit. a) Neue RiLi Elektrizität und Art. 9 Abs. 2 lit. a) Neue RiLi Gas

---

193 *Bundesregierung,* Entwurf – Zweites Gesetz zur Neuregelung des Energiewirtschaftsrechts

194 *BMWA,* Entwurf eines Gesetzes zur Neufassung des Energiewirtschaftsgesetzes vom 27. Februar 2004.

195 § 8 Abs. 2 EnWG RegE.

nur eine Trennung des Personals vor, das mit der Leitung des Netzbetriebes betraut ist. Demnach müsste nur das Management ausgegliedert werden. Das deutsche Recht geht weiter, es verlangt auch auf operativer Ebene eine personelle Entflechtung, soweit die Personen mit wesentlichen Aufgaben des Netzbetriebes betraut sind. Hierdurch soll eine stärkere Anbindung dieser Personen an die Interessen der Netzgesellschaft erfolgen, um die Ziele der Entflechtung effektiver umsetzen zu können.[196]

In einer überarbeiteten Fassung soll nunmehr dieser Personenkreis stärker eingegrenzt werden. Danach sollen nur solche Personen betroffen sein, die „im Hinblick auf die Entflechtungsziele" mit wesentlichen Tätigkeiten betraut sind.[197]

Für das Management muss nach § 8 Abs. 3 EnWG RegE gewährleistet werden, dass deren berufliche Interessen so berücksichtigt werden, dass deren Entscheidungsfreiheit im Hinblick auf den Netzbetrieb nicht gefährdet wird. Hierdurch soll verhindert werden, dass durch die Ausübung von Druck auf die verantwortlichen Personen deren Entscheidungen zugunsten des vertikal integrierten Mutterunternehmens beeinflusst werden. Die Führungspersonen sollen nicht dem Risiko ausgesetzt sein, dass von ihnen getroffene Entscheidungen, die dem Mutter- oder Schwesterunternehmen gegenüber negative Auswirkungen haben, ihren beruflichen Werdegang gefährden können. Hierzu zählen etwa solche Maßnahmen, die verhindern, dass die Bezahlung und Erfolgshonorierung von anderen Leistungen abhängen, die nicht mit dem Netzbetrieb im Zusammenhang stehen.[198] Auch diese Vorgabe entspricht den neuen Richtlinien.

Der Geschäftsbereich Netzbetrieb muss unabhängig von den übrigen Tätigkeiten des vertikal integrierten Versorgungsunternehmens die tatsächlichen Entscheidungsbefugnisse in Bezug auf den Betrieb, die Wartung und den Ausbau des Netzes nach § 8 Abs. 4 EnWG RegE inne haben. Das vertikal integrierte Unternehmen darf nur im Rahmen seiner gesellschaftsrechtlichen Aufsichtsrechte, insbesondere über Weisungen, allgemeine Verschuldensobergrenzen festlegen und jährliche Finanzpläne des Netzbetriebes genehmigen. Diese Aufsichtsrechte sowie andere gleichwertige Instrumente sind nur zulässig, soweit sie zur Wahrnehmung der berechtigten Interessen des integrierten Unternehmens erforderlich sind. Unzulässig sind hingegen Weisungen, die den laufenden Betrieb des Netzes betreffen, sowie solche Weisungen, die sich auf einzelne Entscheidungen zu baulichen Maßnahmen an Leitungen und Anlagen beziehen, sofern sich diese Entscheidungen im Rahmen eines genehmigten Finanzplanes oder eines gleichwertigen Instrumentes bewegen.[199]

Nach § 8 Abs. 5 EnWG RegE muss das vertikal integrierte Unternehmen ein Gleichbehandlungsprogramm aufstellen, welches die diskriminierungsfreie Ausübung des Netzgeschäftes durch die Mitarbeiter des Netzbetriebes sicherstellen soll. Dieses Programm muss Regeln sowie entsprechende Sanktionen enthalten.[200]

---

196 *BMWA*, Entwurf eines Gesetzes zur Neufassung des Energiewirtschaftsgesetzes vom 27. Februar 2004, S. 74.

197 *BGW*, Rundschreiben v. 27. April 2004.

198 *BMWA*, Entwurf eines Gesetzes zur Neufassung des Energiewirtschaftsgesetzes vom 27. Februar 2004, S. 75.

199 § 8 Abs. 4 EnWG RegE.

200 *BMWA*, Entwurf eines Gesetzes zur Neufassung des Energiewirtschaftsgesetzes vom 27. Februar 2004, S. 76; zum Gleichbehandlungsprogramm s.: *Koenig/Rasbach*, IR 2004, 197 ff.

2. *Die Verteilernetze*

Entsprechend Art. 30 Abs. 2 Neue RiLi Elektrizität und Art. 33 Abs. 2 Neue RiLi Gas haben vertikal integrierte Versorgungsunternehmen nach § 7 Abs. 3 EnWG RegE erst ab dem 1. Juli 2007 eine gesellschaftsrechtliche Ausgliederung des Netzbetriebes nach § 7 Abs. 1 EnWG RegE vorzunehmen. Das nach § 8 Abs. 2 bis 5 vorgeschriebene Management Unbundling muss gleichwohl vorher vollzogen werden, da der Wortlaut ausdrücklich nur auf § 7 Abs.1 EnWG RegE Bezug nimmt.[201] Dies entspricht den Vorgaben der neuen Richtlinien.

3. *De Minimis Regel*

Nach §§ 7 Abs. 2; 8 Abs. 6 EnWG RegE gelten die Entflechtungsvorgaben nicht für Unternehmen, die weniger als 100.000 Kunden unmittelbar oder mittelbar an ihre Netz angeschlossen haben. Diese Regelung weicht von der Vorgabe der Richtlinie ab. Die Richtlinien sprechen nicht von angeschlossenen Kunden, sondern von belieferten Kunden. Im Ergebnis dürfte die unterschiedliche Formulierung jedoch keinen Unterschied machen. Mittelbar angeschlossene können nur solche Kunden sein, die das Unternehmen durch das Netz eines Dritten versorgt, indem es über sein Netz dort Strom oder Gas einspeist. Alle anderen Kunden wären unmittelbar angeschlossen.

Zurzeit ist zwischen den einzelnen Ministerien in der Diskussion, ob die De Minimis Grenze von 100.000 Kunden auf nur 25.000 Kunden herabgesetzt werden soll. Vermutlich dient diese Forderung des Bundesumweltministeriums nur der Stärkung seiner Verhandlungsposition, so dass zweifelhaft ist, ob diese Herabsetzung der Grenze ernstlich in betracht gezogen wird.[202] Käme es hierzu, müsste praktisch jedes Stadtwerk ein Legal Unbundling vollziehen.

4. *Entflechtung des Speicherbetriebes*

Der Betrieb der LNG- und sonstigen Speicheranlagen muss nicht organisatorisch verselbständigt werden.[203] Er kann vom Geschäftsbereich Netzbetrieb oder einem anderen Tätigkeitsbereich wahrgenommen werden. Eine solche Entflechtung ist auch nach der Neuen RiLi Gas nicht vorgehen gewesen.

Das deutsche Recht sieht jedoch eine buchhalterische und informatorische Entflechtung des Speicherbetriebes in §§ 6 Abs. 1; 10 Abs. 3 Nr. 5. und 6. EnWG RegE vor. Danach müssen sowohl die LNG-Speicherung als auch sonstige Speicheranlagen jeweils getrennt bilanziert werden. Die LNG- und Speicheranlagen unterliegen zudem den Geheimhaltungsvorschriften nach § 9 EnWG RegE (§ 6 Abs. 1 EnWG RegE). Der deutsche Gesetzesentwurf ist somit strenger gefasst als die RiLi Gas. Diese fordert lediglich eine Aufteilung nach Netzbetrieb und sonstigen Tätigkeiten, welche sinnvoll

---

201 Vgl. auch: *BMWA*, Entwurf eines Gesetzes zur Neufassung des Energiewirtschaftsgesetzes vom 27. Februar 2004, S. 77.

202 *Energate*, Pressemitteilung v. 21. Mai 2004 „BMWA und BMU uneinig über EnWG".

203 Eine solche Verselbständigung ist bisher auch nicht vorgesehen: *BGW*, Rundschreiben v. 27. April 2004.

aufgeschlüsselt werden sollen.[204] Hierdurch wird zwar indirekt eine getrennte Bilanzierung von Speicherung, Gasgewinnung und Handel veranlasst, die Anforderungen sind aber geringer, da die Bilanzierung auch durch konsolidierte Abschlüsse erfolgen darf. Zudem wäre eine Differenzierung zwischen LNG-Speicherung und sonstiger Speicherung nicht zwingend. Eine solche Differenzierung macht aber Sinn, da LNG-Anlagen und andere Speicheranlagen unterschiedlichen Speicherzwecken dienen (kurzfristige und saisonale Speicherung).

5. *Messdienstleistungen*

Eine Entflechtung von Messdienstleistungen ist nicht vorgesehen, weder organisatorisch noch zwingend buchhalterisch. Gleichwohl würde eine gesonderte Ausweisung dieser Dienstleistung in der Bilanz Sinn machen, da sie nicht unmittelbar mit dem Netzbetrieb zusammenhängt.

6. *Vertraulichkeit*

Der Netzbetreiber muss nach § 9 Abs. 1 EnWG RegE die Informationen vertraulich behandeln, die er durch seine Geschäftstätigkeit erlangt, sofern es sich um sensible wirtschaftliche Informationen dritter Unternehmen handelt. Auch dies entspricht den Regelungen der neuen Richtlinien und soll einen Wissensvorsprung der übrigen Tätigkeiten unterbinden, was zur Verhinderung von Diskriminierungen erforderlich ist. Hierzu müssen die Unternehmen insbesondere auf Datenverarbeitungsebene sicherstellen, dass der Zugriff auf Daten des Netzbetriebes nur durch autorisierte Personen erfolgen kann, die wiederum nicht den anderen Tätigkeiten zugeordnet sein dürfen. Dies gilt im besonderen Maße für solche Personen, die im Vertrieb und Handel tätig sind.[205]

Soweit Informationen weitergegeben werden, müssen diese auf nicht diskriminierende Weise offen gelegt werden (§ 9 Abs. 2 EnWG RegE).

7. *Die buchhalterische Entflechtung*

Die Unternehmen haben weiterhin ungeachtet ihrer tatsächlichen Rechtsform nach den für Kapitalgesellschaften geltenden Vorschriften einen Jahresabschluss zu erstellen, prüfen zu lassen und offen zu legen. Hierbei müssen sie zur Vermeidung von Quersubventionierungen jeweils getrennte Konten für 1. die Elektrizitätsübertragung, 2. die Elektrizitätsverteilung, 3. die Gasfernleitung, 4. die Gasverteilung, 5. die Gasspeicherung und 6. den Betrieb von LNG-Anlagen führen, als ob diese Tätigkeiten von rechtlich selbständigen Unternehmen ausgeführt würden.[206]

---

204 Art. 18 Abs. 3 RiLi Gas.

205 *BMWA*, Entwurf eines Gesetzes zur Neufassung des Energiewirtschaftsgesetzes vom 27. Februar 2004, S. 77.

206 § 10 Abs. 1 bis 3 S. 1 EnWG RegE.

Tätigkeit ist hierbei jede wirtschaftliche Nutzung eines Eigentumsrechtes an Elektrizitäts- oder Gasversorgungsnetzen, Gasspeichern oder LNG-Anlagen.[207] Die Bundesregierung hat diese Klarstellung in § 10 Abs. 3 EnWG RegE aufgenommen, da das Netz auch durch einen langfristigen Pachtvertrag vom vertikal integrierten Unternehmen an die Netzgesellschaft zur Nutzung übergeben werden kann.[208] Wirtschaftlich steht das Netz damit der Netzgesellschaft und nicht dem vertikal integrierten Unternehmen zur Verfügung.

Diese Klarstellung ist eigentlich überflüssig. Bilanzrechtlich wird die Zugehörigkeit von Vermögensgegenständen nicht nach juristischen, sondern nach wirtschaftlichen Aspekten beurteilt. Daher gehören zum wirtschaftlichen Vermögen einer Gesellschaft nicht nur die im juristischen Eigentum stehende Eigentumsmasse, sondern auch solche Gegenstände, die das Unternehmen betrieblich nutzt. Voraussetzung hierfür ist, dass das Unternehmen die Gegenstände wie eigene nutzen darf und für deren Verlust aufkommen muss. Nutzungsrecht und Gefahrtragung sind damit wesentliche Abgrenzungskriterien.[209]

Die Netzgesellschaft soll das Netz eigenverantwortlich betreiben und muss für dessen Instandhaltung und Ausbau selbst die Entscheidungshoheit besitzen (vgl. § 8 Abs. 4 EnWG RegE). Damit stellt auch das im Wege der Pacht oder des Leasings überlassene Netzeigentum das wirtschaftliche Eigentum der Netzgesellschaft dar, da sie es wie ihr Eigentum nutzen und instandzuhalten hat. Folglich muss es ohnehin in der Bilanz dieser Gesellschaft ausgewiesen werden, so dass es der Klarstellung in § 10 Abs. 3 S. 2 EnWG RegE nicht bedurft hätte.

Die übrigen Tätigkeiten im Bereich der Gas- und Elektrizitätssektoren ebenso wie Tätigkeiten außerhalb dieser Sektoren können innerhalb eines jeweiligen Sektors zusammengefasst werden.[210]

Soweit die Zuordnung der einzelnen Tätigkeiten mit einem unverhältnismäßig hohen Aufwand verbunden ist, kann eine Schlüsselung erfolgen. Für jeden Bereich ist eine Gewinn- und Verlustrechnung zu erstellen. Ebenfalls sind die Regeln über Abschreibungsmethoden, die Zuordnung des Aktiv- und Passivvermögens sowie der Aufwendungen und Erträge in der internen Rechnungslegung anzugeben.[211]

8. *Einflussnahmemöglichkeiten der Regulierungsbehörde*

Im ursprünglichen Entwurf des BMWA war vorgesehen, dass ein Verstoß gegen die Unbundlingvorschriften eine Ordnungswidrigkeit nach § 91 Abs. 1 Nr. 3 bis 9 EnWG RegE darstellt, welche die Verhängung eines Bußgeldes erlaubt. Zudem haben Beschwerden gegen eine Entscheidung der Regulierungsbehörde keine aufschiebende Wirkung nach § 71 Abs. 1 EnWG RegE. Dies wurde jedoch geändert. Erst wenn ein Unternehmen gegen eine vollziehbare Anordnung der Regulierungsbehörde verstößt,

---

207 § 10 Abs. 3 S. 2 EnWG RegE.

208 Vgl. auch: *BMWA*, Entwurf eines Gesetzes zur Neufassung des Energiewirtschaftsgesetzes vom 27. Februar 2004, S. 78.

209 *Coenenberg*, Jahresabschluss und Jahresabschlussanalyse, S. 75.

210 § 10 Abs. 3 S. 3 und 4 EnWG RegE.

211 § 10 Abs. 3 S. 5 und 6 EnWG RegE.

soll ein Verstoß gegen eine Unbundlingvorschrift eine bußgeldbewehrte Ordnungswidrigkeit sein. Demnach wird nicht bereits der Verstoß gegen die Vorschrift, sondern erst der Verstoß gegen die Anordnung selbst eine Ordnungswidrigkeit (vgl. § 95 Abs. 1 Nr. 3 EnWG RegE). Zudem haben nun Beschwerden von Unternehmen nach § 76 Abs. 1 EnWG RegE aufschiebende Wirkung, sofern sie gegen Entscheidungen nach § 7 EnWG RegE erhoben werden, die also speziell das rechtliche Unbundling betreffen.[212] Das organisatorische Unbundling nach § 8 EnWG RegE ist hiervon nicht betroffen; hier haben Beschwerden keine aufschiebende Wirkung.

Diese Änderungen stellen eine Abschwächung der Instrumentarien der Regulierungsbehörden dar, ein wirkungsvolles Unbundling nach den Vorgaben dieses Gesetzes zu ermöglichen. Wäre der Verstoß als solches unmittelbar bußgeldbewehrt, wären die Unternehmen vorsichtiger, um nicht gegen solche Vorschriften zu verstoßen. Zudem könnte durch die aufschiebende Wirkung ein Streit über Unbundlingmaßnahmen in die Länge gezogen werden, ohne dass das Unternehmen die Anordnungen befolgen müsste. Im Extremfall könnte es so mehrere Jahre diskriminierend tätig bleiben, ohne dass hiergegen effektiv etwas getan werden könnte.

Andererseits besteht die Gefahr, dass Unternehmen zu nicht gerechtfertigten Maßnahmen gezwungen werden. Müsste dieses Unternehmen die nicht gerechtfertigten Entflechtungsmaßnahmen aber vollziehen, wäre dies mit erheblichem Aufwand verbunden und wahrscheinlich nicht mehr so einfach behebbar, da es sich um Eingriffe in die Unternehmensstruktur handeln würde.

III. Die zu treffenden Umstrukturierungsmaßnahmen

Sowohl das deutsche EnWG RegE wie auch die Neuen Richtlinien lassen einen recht großen Spielraum bei der Frage, wie das neu vorgeschriebene Unbundling umzusetzen sei. Es werden lediglich einzuhaltende Mindestanforderungen definiert. Auf welche Weise diese Standards eingehalten werden sollen, wird nicht oder nur rudimentär vorgeschrieben.

Das EnWG RegE ebenso wie die Neue Richtlinien schreiben eine gesellschaftsrechtliche Ausgliederung des Netzbetriebes vor. Auf diese Gesellschaft müssen die zum Netzbetrieb gehörenden Vermögensgegenstände nicht eigentumsrechtlich übertragen werden. Verlangt wird nur, dass diese Netzgesellschaft alle wesentlichen im Zusammenhang mit dem Netzbetrieb stehenden Entscheidungen weisungsunabhängig trifft und insoweit auch eine eigene Finanzhoheit haben muss.

Diese Pflicht zur gesellschaftsrechtlichen Entflechtung trifft nur solche vertikal integrierten Unternehmen, an deren Netz 100.000 oder mehr Kunden unmittelbar oder mittelbar angeschlossen sind. Unternehmen, die auf der Verteilerebene tätig sind, müssen erst bis zum 1. Juli 2007 eine gesellschaftsrechtliche Entflechtung vornehmen. Bis dahin müssen sie nur organisatorisch entflechten.

Aufgrund dieser nur rudimentären Vorgaben stellen sich für die praktische Umsetzung zahlreiche Fragen, die im folgenden erörtert werden.

---

212 Vgl. auch: *BGW,* Rundschreiben v. 27. April 2004.

1. Umfang einer notwendigen Ausgliederung

Es fragt sich, wie eine solche unabhängige Netzgesellschaft ausgestaltet werden muss. Das heißt es ist zu klären, welche Betriebsabteilungen des bisher vertikal integrierten Unternehmens zwingend auf die Netzgesellschaft auszulagern sind bzw. welche betrieblichen Einrichtungen bei dieser Gesellschaft neu geschaffen werden müssen. Zudem fragt es sich, wie diese Gesellschaft eigenverantwortlich über den Netzbetrieb verfügen soll. Da eine eigentumsrechtliche Übertragung des Netzvermögens nicht zwingend vorgeschrieben ist, gilt es auch alternative Möglichkeiten in betracht zu ziehen, wenngleich eine eigentumsrechtliche Übertragung die einfachste Lösung wäre, um eine deutliche Trennung zwischen Netzbetrieb und sonstigen Tätigkeiten zu erreichen.

a) Ausgliederung des Managements

Nach § 8 Abs. 2 Nr. 1 EnWG RegE müssen die Personen, die mit Leitungsaufgaben im Geschäftsbereich Netzbetrieb tätig sind, eigenständig in der Netzgesellschaft tätig sein. Sie dürfen nicht zugleich betrieblichen Einrichtungen des vertikal integrierten Unternehmens angehören, die direkt oder indirekt für den laufenden Betrieb in den übrigen Bereichen der Gasgewinnung, Stromerzeugung oder der Versorgung tätig sind.

Unter den Begriff Leitungspersonal sind nach der Begründung des Gesetzesentwurfes solche Personen zu fassen, die Verantwortung und Aufgaben im Geschäftsbereich Netzbetrieb übernehmen. Sie können nur Aufgaben wahrnehmen, die mit dem Netzbetrieb im Zusammenhang stehen und keine Zuständigkeit für die Wettbewerbsbereiche in den Sektoren Strom und Gas begründen. Leitungspersonen sind hierbei solche Personen, die mit Blick auf die unternehmerische Verantwortung, Planung und die operative Gestaltung Einfluss auf die Unternehmenspolitik haben.[213]

Erfasst ist damit die Geschäftsführung des Netzbetriebes ebenso wie die darunter liegenden Führungsebenen, soweit sie eigenverantwortlich im Netzbereich tätig sind und in genanntem Sinne die Unternehmenspolitik des Netzbereiches beeinflussen. Diese Personen übernehmen Aufgaben des Netzbetriebes und tragen auch die Verantwortung für ihre Entscheidungen. Hieraus folgt, dass der Netzbetrieb ein eigenes Management haben muss, welches für alle Netzbereiche die Verantwortung trägt. Danach müssen auch Personen bis hin zur mittleren und unteren Managementebene dem Netzbetrieb angehören. Dies können ja nach Einzelfall sogar leitende Angestellte sein.[214]

b) Ausgliederung wesentlicher Tätigkeiten

Neben dem Management sind auch mit Blick auf die Entflechtungsziele wesentliche Tätigkeiten auf den Netzbetrieb auszulagern (§ 8 Abs. 2 Nr. 2 EnWG RegE). Das Ge-

213 *BMWA,* Entwurf eines Gesetzes zur Neufassung des Energiewirtschaftsgesetzes vom 27. Februar 2004, S. 74.

214 *BMWA,* Entwurf eines Gesetzes zur Neufassung des Energiewirtschaftsgesetzes vom 27. Februar 2004, S. 74.

setz nennt hier beispielhaft zwei zentrale Funktionen: die Vermarktung von Netzkapazitäten und die Steuerung des Netzes. Als wesentlich sind nach der Gesetzesbegründung vor allem „die Bedarfs-, Einsatz- und gegebenenfalls Bauplanung der Kapazitäten, die Kapazitätsprüfung von Transport- und Speicheranfragen sowie die Optimierung des Netzes auf der Grundlage der Nominierungen aller Netzkunden". Nicht erfasst sind „Tätigkeiten dienender Funktionen, die keine erheblichen Gestaltungs- und Einwirkungsmöglichkeiten auf die Wettbewerbsinteressen des vertikal integrierten Energieversorgungsunternehmens bieten".[215]

Personen, die in diesen Bereichen arbeiten, müssen ebenfalls organisatorisch auf den Netzbetrieb ausgelagert werden.[216] Es fragt sich, welche einzelnen Tätigkeitsbereiche hiervon betroffen sind.

aa) Vertrieb und operatives Geschäft

Eindeutig erfasst sind der gesamte Vertrieb für den Netzbereich, also das Marketing und die kaufmännische Seite, soweit sie nur für den Netzbetrieb tätig sind. Weiterhin zu übertragen sind alle Tätigkeiten im Zusammenhang mit der Netzsteuerung und Kapazitätsplanung, also der gesamte operative Bereich.

bb) Dienende Tätigkeiten

Unklar ist jedoch, welche Tätigkeiten alle unter den Begriff der sog. dienenden Tätigkeiten zu fassen sind und damit ebenfalls auf den Netzbetrieb auszulagern wären. Maßgeblich ist hierbei, ob die Tätigkeiten erheblichen Einfluss auf die Gestaltungs- und Einwirkungsmöglichkeiten auf die Wettbewerbsinteressen des vertikal integrierten Unternehmens bieten.

aaa) Serviceeinrichtungen und Wartung des Netzbetriebes

Serviceeinrichtungen zur Wartung von technischen Anlagen und Geräten sollen nicht auszulagern sein. Diese können vielmehr unter Beachtung der Bestimmungen zur informationellen Entflechtung von allen Betriebsabteilungen gemeinsam genutzt werden.[217] Danach dürfen IT-Support, Gebäudemanagement etc. als gemeinsam genutzte Betriebsabteilung ausgestaltet werden.

Hiervon nicht erfasst ist aber die Wartung des Leitungsnetzes. Denn nach § 3 Abs. 1 Nr. 2, 3, 5, 7 EnWG RegE ist ein Betreiber eines Verteilernetzes bzw. Fernleitungs- oder Übertragungsnetzes „eine natürliche oder juristische Person, die [...] verantwortlich ist für den Betrieb, die Wartung sowie erforderlichenfalls den Ausbau" des Net-

215 *BMWA*, Entwurf eines Gesetzes zur Neufassung des Energiewirtschaftsgesetzes vom 27. Februar 2004, S. 75.

216 *BMWA*, Entwurf eines Gesetzes zur Neufassung des Energiewirtschaftsgesetzes vom 27. Februar 2004, S. 74.

217 *BMWA*, Entwurf eines Gesetzes zur Neufassung des Energiewirtschaftsgesetzes vom 27. Februar 2004, S. 75.

zes. Damit ist der Netzbetreiber dadurch definiert, dass er die Wartung des Netzes durchführt. Folglich kann diese Aufgabe auch nicht vom Netzbetrieb abgesondert werden. Auch nach dem Telos des Unbundlings muss die Wartung des Netzes beim Betreiber verbleiben. Das Unbundling soll Quersubventionierungen und Diskriminierungen verhindern. Würde nun die sehr kostenintensive Wartung des Netzes beim vertikal integrierten Unternehmen verbleiben, könnte dieses über die Kosten dieser Dienstleistung die Durchleitungsentgelte maßgeblich mitbeeinflussen. Der Netzbetrieb wäre praktisch gezwungen diese Dienstleistung beim Mutterunternehmen zu dessen vorgegebenen Konditionen nachzufragen, was wiederum zu einer Vermischung der Interessen des Netzbetriebes und denen des Mutterunternehmens führen könnte.

Der Fuhrpark, das Gebäudemanagement, Reinigungsservice usw. dürften zentral gesteuert werden, da sie keine Gestaltungs- und Einflussmöglichkeiten auf Wettbewerbsinteressen des vertikal integrierten Unternehmens bieten. Auch ein zentrales Marketing und die Öffentlichkeitsarbeit können gemeinsam wahrgenommen werden, soweit hierdurch nicht Wettbewerbsinteressen betroffen werden. Somit kann sich ein solches gemeinsames Marketing allenfalls auf allgemeine Dinge, wie einen einheitlichen Marktauftritt (Corporate Identity) und eine Darstellung des Gesamtunternehmens, beschränken. Sobald einseitig für einen Bereich Werbestrategien festgelegt werden sollen, bedarf es der Trennung, da hierdurch Einflussnahmemöglichkeiten auf die Wettbewerbsinteressen des integrierten Unternehmens genommen werden.

Als Maßstab dürfte bei den zentral wahrnehmbaren Dienstleistungen gelten, dass sie nur eine untergeordnete Rolle für den Netzbetrieb spielen und auch üblicher Weise von Unternehmen an unabhängige Dritte ausgelagert würden.

bbb) Messdienstleistungen

Der gesamte Bereich der Messdienstleistungen sollte dem Netzbetrieb zugeordnet werden. Durch diese Dienstleistung werden Netzkapazitäten und die Auslastung des Netzes errechnet und Daten auch von Wettbewerbern des vertikal integrierten Unternehmens erfasst. Diese Daten können von zentralem Interesse für das Unternehmen sein. Außerdem können so Daten über besonders lukrative Kunden gesammelt werden, so dass diesen Kunden günstigere Angebote übermittelt werden können. Da die Messdienstleistungen unmittelbar mit der Netzsteuerung zusammenhängen, sind diese auch dem Netzbetrieb zuzuordnen. Ziel des Unbundlings ist es ja gerade, diesen Informationsfluss zu unterbinden. Sinnvoller wäre nur, diesen Bereich ebenfalls auszugliedern, um so auch hier wie in Großbritannien schrittweise einen Wettbewerbsmarkt zu etablieren.

ccc) Speicherung

Der Betrieb der Speicherung, insbesondere der LNG-Anlagen, kann dem Netzbetrieb zugeordnet werden. Einmal muss ohnehin die Kapazitätsprüfung für Speicheranfragen vom Netzbetreiber wahrgenommen werden[218] und zum anderen ist eine Steuerung der Speicherung untrennbar mit der Berechnung der Netzkapazitäten verbunden, um eine gleichmäßige Auslastung des Netzes zu ermöglichen. Andererseits bedarf gerade der Handel aufgrund der saisonalen Absatzschwankungen und der üblicher Weise vereinbarten Bandlieferungen zum Bezug von Erdgas auch Speicherkapazitäten. Folglich kann dieser Bereich genauso gut dem Handel zugeordnet werden. In diesem Fall muss dem Netzbetrieb aber eine bestimmte Speichermarge fest zur Verfügung stehen, um ein effektives Netzmanagement sicher zu stellen. Denkbar wäre daher auch, die Speicherkapazitäten von vornherein zwischen Handel und Netz aufzuteilen.

Auch hier wäre, dem Vorbild Großbritanniens folgend, eine eigenständige Ausgliederung der Speicheranlagen sinnvoll, da hierdurch ein Wettbewerb um Speicherkapazitäten effektiv ermöglicht würde.

ddd) Controlling

Die Aufgaben des Controllings des Netzbetriebes müssen auf diesen ausgelagert werden. Zwar ließe sich eine vertrauliche Behandlung der Informationen auch durch effektive Chinese Walls gewährleisten, die im Controlling erhobenen Daten sind aber für die Wettbewerbsinteressen des vertikal integrierten Unternehmens wesentlich.

Die Aufgaben des Controllings sind die Planung der Ergebniswerte des Unternehmens und eine mittelfristige Budgetplanung für das nächste Jahr sowie längerfristige Prognoseentscheidungen für einen Zeitraum von zwei bis vier Jahren. Von zunehmender Bedeutung sind sog. unterjährige Forecasts. Dies sind Hochrechnungen, die aufgrund der Planzahlen und der zu erwartenden Ist-Zahlen des Unternehmens Abweichungen im Ergebnis feststellen. Aufgrund dieser Zahlen übernimmt das Controlling Steuerungsfunktionen im Unternehmen, indem es in sog. Economic Assumptions Bewertungsmaßstäbe ändert, neue Preisgestaltungen, Sonderprojekte vorschlägt und zu Grundsatzfragen der Unternehmensstrategie Stellung nimmt. Zudem werden innerbetriebliche Leistungsbeziehungen neu bewertet und Prozessabläufe im Unternehmen optimiert. Diese Arbeit dient als unmittelbare Entscheidungshilfe für das Management, welche die Controlling-Vorschläge dann umsetzt.

Damit hat das Controlling unmittelbaren Einfluss auf alle wesentliche Unternehmensbereiche. Von besonderer Bedeutung wird die Aufgabe des Controllings bei der längerfristigen Strategieplanung des Unternehmens, insbesondere bei der Frage nach dem Ausbau neuer Netzkapazitäten, weil es hierbei Prognoseentscheidungen über die Wirtschaftlichkeit einer solchen Maßnahme trifft. Die Aufgabe des Controllings ist demnach auf die künftige Entwicklung des Unternehmens gerichtet.

eee) Buchhaltung

Die reine Buchhaltung kann hingegen durch eine gemeinsame Abteilung durchgeführt werden. Die Buchhaltung beschäftigt sich nur mit bereits abgeschlossenen Vorgängen

218 *BMWA*, Entwurf eines Gesetzes zur Neufassung des Energiewirtschaftsgesetzes vom 27. Februar 2004, S. 75.

und ordnet diese den verschiednen Leistungsbeziehungen logisch zu. Hierbei wird kein Einfluss auf die Tätigkeit des Unternehmens genommen. Es werden nur vergangene Vorgänge dokumentiert. Bei buchhalterischen Aufgaben handelt es sich um Aufgaben, die Unternehmen üblicher Weise auch auf dritte Unternehmen auslagern, um Kosten zu sparen.

fff) Rechtsabteilung

Die Bildung einer eigenständigen Rechtsabteilung für den Netzbetrieb ist ebenfalls sinnvoll. Kommt es zu innerbetrieblichen Konflikten, insbesondere in Fragen der Netznutzung, muss der Netzbetrieb objektiv und unabhängig von den Interessen des Mutterunternehmens rechtlich beraten werden. Am besten kann diese Aufgabe nur eine eigene Rechtsabteilung wahrnehmen. Würde eine gemeinsam genutzte Rechtsabteilung diese Aufgaben wahrnehmen, könnte es innerhalb dieser Abteilung zu Interessenkollisionen kommen.

Hier müssen die gleichen Grundsätze wie für Rechtsanwälte gelten. Nach § 43a Abs. 4 BRAO darf ein Rechtsanwalt keine widerstreitenden Interessen vertreten. Dies gilt nach § 59m Abs. 2 BRAO sinngemäß auch für Rechtsanwaltsgesellschaften. Bei einer Rechtsanwaltsgesellschaft würde es demnach nicht ausreichend sein, wenn diese Gesellschaft durch Chinese Walls eine Trennung zwischen den widerstreitenden Interessen errichten würde. Sie dürfte nur eine Seite in dem Rechtsstreit vertreten, um nicht ihre vom Gesetz geforderte Objektivität zu verlieren.

Bei einer Rechtsabteilung ist die Interessenlage keine andere. Die jeweilige Betriebsabteilung beauftragt die Rechtsabteilung wie einen (hausinternen) Rechtsanwalt mit der Wahrnehmung ihrer Interessen. Müsste dieser nun beide Seiten vertreten, könnte er nicht mehr objektiv sein.

Folglich muss der Netzbetrieb entweder über eine eigene Rechtsabteilung verfügen, oder aber er muss das Recht haben, im Falle eines Konfliktes mit dem Mutterunternehmen einen externen Rechtsberater einzuschalten. Soweit die Rechtsabteilung in anderen Fällen für den Netzbetrieb tätig würde, läge kein Interessenskonflikt iSv. § 43a Abs. 4 BRAO vor, so dass sie tätig werden könnte, die erhaltenen Informationen nur vertraulich behandeln müsste.

Die Rechtsabteilung kann somit gegenüber Dritten für alle Betriebsabteilungen tätig werden, nur nicht zwischen den Betriebsabteilungen.

c) Vollfunktionsunternehmen als Maßstab

Als Maßstab für die Ausgliederung sollte der Begriff des „Vollfunktionsunternehmens" herangezogen werden. Vollfunktionsunternehmen bedeutet, dass die Netzgesellschaft alle notwendigen Abteilungen haben soll, die ein normales, am Markt voll funktionsfähiges und eigenständiges Unternehmen üblicher Weise hat. Erfasst sind danach alle Tätigkeiten, die ein Unternehmen nicht auf einen unabhängigen Dritten übertragen würde. Ein Unternehmen hat üblicher Weise ein Management, ein Controlling, eine Marketing- und Vertriebsabteilung sowie eine Abteilung für das operative Geschäft. Zudem muss der Netzbetreiber per Definition in § 3 Abs. 2 EnWG RegE auch die Wartung des Netzes übernehmen, kann hier aber unabhängige Dritte für Teilbereiche beauftragen, ohne die Gesamtverantwortung abzugeben oder sich langfristig zu binden.

Bei Tätigkeiten, die auch bei anderen Unternehmen regelmäßig ausgelagert werden, wie z.B. die Buchhaltung, der IT-Support oder die Rechtsabteilung, muss sich gefragt werden, ob die Ausgliederung sinnvoll ist und ob insbesondere diese Tätigkeiten von einer gemeinsam genutzten Abteilung des vertikal integrierten Unternehmens wahrgenommen werden können, was insbesondere bei der Rechtsabteilung problematisch ist.

Die Kommission fordert daher auch, dass bei Aktivitäten eine vorherige Ausgliederung erwogen worden sein muss, wenn diese gemeinsam genutzt werden sollen. Zudem müssen diese gemeinsam genutzten Dienstleitungen zu solchen Marktbedingungen angeboten werden, die einem Drittvergleich standhalten (at arm´s length).[219]

Zudem sollte ein solches Vollfunktionsunternehmen eigene Betriebsräume haben, welche von denen des Mutterunternehmens getrennt sind. Denn ein voll funktionsfähiges Unternehmen verfügt in der Regel über eigene Geschäftsräume. Zudem kann auf diese Weise verhindert werden, dass Mitarbeiter des Mutterunternehmens erfahren, welche Kunden die Netzgesellschaft besuchen, was der Förderung der Vertraulichkeit nach § 9 EnWG RegE dient.

2. *Übernahme anderer Tätigkeiten*

Die Netzgesellschaft kann weitere Tätigkeiten mit übernehmen. Diese Tätigkeiten dürfen allerdings nicht im Zusammenhang mit den wettbewerbsfähigen Tätigkeiten des Mutterunternehmens stehen. Folglich kann sie z.B. im öffentlichen Nahverkehr (ÖPNV), Gebäudemanagement etc. tätig werden.[220]

Es fragt sich jedoch, ob die Netzgesellschaft nicht im Strom-/ Gashandel tätig werden kann, wenn sie kein entsprechendes Netz betreibt oder keine Unbundlingpflicht in diesem Bereich besteht. Nach den zwei neuen Richtlinien bezieht sich die jeweilige Unbundlingpflicht nur auf den jeweiligen von der Richtlinie betroffenen Sektor. D.h. Gasunternehmen müssen ihr Gasnetz ausgliedern und Stromunternehmen ihr Stromnetz. Folglich kann der Stromnetzbetreiber im Gasbereich tätig werden, sofern er kein Gasnetz betreibt, und umgekehrt der Gasnetzbetreiber im Strombereich.

Das deutsche EnWG RegE Gesetz verbietet hingegen wörtlich dem Netzbetreiber jede Tätigkeit im Bereich Vertrieb von Energie an Kunden (§ 8 Abs. 2 Nr. 2 EnWG RegE). Nach § 3 Nr. 14 EnWG RegE ist Energie Elektrizität und Gas, soweit sie zur leitungsgebundenen Energieversorgung verwendet werden. Kunden sind hierbei nach § 3 Nr. 24 EnWG RegE Großhändler, Letztverbraucher und Unternehmen, die Energie kaufen. Dies bedeutet, dass dem Netzbetreiber ein Tätigwerden im Strom- oder Gashandel untersagt ist, unabhängig davon, ob er in diesem Markt ein Netz betreibt.

Unproblematisch hingegen ist, dass ein Netzbetrieb als Kombinationsbetreiber sowohl im Gas- wie Strombereich tätig wird. Die neuen Richtlinien sehen diese Möglichkeit ausdrücklich vor. Das EnWG RegE enthält hierzu keine Vorgaben, aber der

219 *Koenig/Haratsch/Rasbach*, ZNER 2004, 10, 14.
220 S.a.: *Schoon*, ET 2004, 606 f.

Wortlaut von § 8 EnWG RegE erlaubt die kombinierte Wahrnehmung der Aufgaben ohne weiteres, da er nur ein Tätigwerden im wettbewerbsfähigen Segment verbietet. Insbesondere kann die Netzgesellschaft auch die Netze für die Wasser- oder Fernwärmeversorgung betreiben, was gerade bei kleineren integrierten Versorgungsdienstleistern wie Stadtwerken zu erheblichen Synergie- und damit Einsparungseffekten führen kann.

3. *Struktur der Netzbetriebsgesellschaft*

Im Hinblick auf die Struktur des zu schaffenden Netzbetreibers gibt das EnWG RegE nur wenige genaue Vorgaben. Unklar bleiben die Rechtsform der neuen Gesellschaft und die Möglichkeit der Übertragung der Netzverantwortung. Lediglich die notwendige Autonomie des zu schaffenden Netzbetreibers wird deutlich herausgestellt.

a) *Freie Rechtswahl bzgl. der Rechtsform der Gesellschaft*

Die Rechtsform des neuen Netzbetriebes bleibt nach dem Willen des Gesetzgebers im Ermessen des vertikal integrierten Unternehmens. Das EnWG RegE will keine Änderung des gesellschaftsrechtlichen Rahmens vornehmen, noch ist dieser vorgesehen.[221] Somit steht den Unternehmen offen, den Netzbetrieb in Form einer nach geltendem deutschen Gesellschaftsrecht zu gründenden Gesellschaft zu organisieren. Theoretisch reicht die Bandbreite von der OHG, der KG auch in Form der GmbH/AG & Co. KG, der KGaA bis hin zur GmbH und AG. Alle diese Gesellschaften wären von ihrer Rechtsform her unabhängig vom vertikal integrierten Unternehmen. Die Eignung der einzelnen Gesellschaftsformen soll später ausführlich diskutiert werden.

b) *Eigentumsrechtliche Übertragung des Vermögens oder Pacht/ Leasing*

Die Vermögensgegenstände des Netzbetriebes müssen nicht eigentumsrechtlich auf die Netzbetriebsgesellschaft übertragen werden. Denkbar ist vielmehr diese Vermögensgegenstände der Netzbetriebsgesellschaft zu verpachten oder diese im Wege des Leasings zur Verfügung zu stellen. Eine weitere Möglichkeit bestände auch darin, die Betriebsführung auf die Netzgesellschaft zu übertragen.[222]

Problematisch ist allerdings die Bemessung des Pachtzinses bzw. der Leasingraten. Wird die Rate zu hoch angesetzt, kann das vertikal integrierte Unternehmen die Höhe der Netzpreise manipulieren. Fraglich ist hier insbesondere, ob eine Verzinsung des Eigenkapitals in Ansatz gebracht werden kann und wie hoch diese Verzinsung sein darf.[223]

---

221 *BMWA*, Entwurf eines Gesetzes zur Neufassung des Energiewirtschaftsgesetzes vom 27. Februar 2004, S. 73.

222 *Appel/Beisheim*, ET, 2004, 242, 245; *Beisheim*, ew 2003, 26 ff.; *Hohmann/Makatsch*, ET 2003, 833, 835 f.

223 *Hohmann/Makatsch*, ET 2003, 833, 835 f.

Unabhängig von der rechtlichen Konstruktion der Übertragung der Vermögensgegenstände zur Nutzung durch die Netzgesellschaft muss deren Eigenverantwortlichkeit bzgl. des Netzvermögens gewährleistet werden. D.h. das Netzvermögen muss dieser wie ihr Eigentum zur Verfügung stehen. Dies lässt sich sowohl im Wege der Pacht, des Leasings als auch durch eine Betriebsführung erreichen.

Entscheidet sich das vertikal integrierte Unternehmen, sein Netzvermögen im Wege des Leasings oder der Pacht der Netzgesellschaft zur Verfügung zu stellen, stellt sich die Frage, wie hoch der zu entrichtende Pachtzins bzw. die Leasingrate sein darf. über die Höhe der Rate kann das vertikal integrierte Unternehmen erheblichen Einfluss auf die Kostenstruktur des Netzunternehmens nehmen. Damit stellt sich die Frage nach einem angemessenen bzw. marktüblichen Pachtzins. Ob sich ein solcher marktüblicher Zins entwickeln kann ist fraglich. Da ein Netz per Definition ein natürliches Monopol ist, kann auch kein wettbewerbsfähiger Markt entstehen, so dass die Festsetzung des Pachtzinses dem Monopolinhaber überlassen bleibt. Folglich bedarf es einer regulativen Festsetzung zumindest von Rahmenbedingungen zur Festlegung der Höhe des Pachtzinses bzw. der Leasingrate.

Nach § 65 EnWG RegE könnte die Regulierungsbehörde hierzu auch ermächtigt sein. Sie kann das vertikal integrierte Unternehmen und den Netzbetreiber zur Einhaltung der §§ 6 bis 10 EnWG RegE verpflichten. Nach § 29 EnWG RegE ist die Regulierungsbehörde auch ermächtigt, die Rahmenbedingungen zur Findung des Netznutzungsentgeltes aufzustellen. Eine unmittelbare Kompetenz der Regulierungsbehörde zur Überprüfung der Höhe der Pachtzinsvereinbarung besteht nicht. Da der Pachtzins oder vergleichbare Überlassungsentgelte aber direkten Einfluss auf das Netznutzungsentgelt Dritter haben, besteht folglich auch eine Annexkompetenz der Regulierungsbehörde diese Überlassungsentgelte des vertikal integrierten Unternehmens auf ihre Angemessenheit zu überprüfen. Die Festlegung des Netznutzungsentgeltes fällt in die Kompetenz der Behörde nach § 29 EnWG RegE. Wird nun ein unangemessenes Überlassungsentgelt zwischen Netzbetreiber und vertikal integriertem Unternehmen vereinbart, so wird auch die Höhe des Netznutzungsentgeltes unangemessen. Folglich kann die Behörde den Netzbetreiber anweisen ein angemessenes Entgelt zu fordern und Sanktionen gegen diesen verhängen. Senkt dieser nun sein Entgelt, so wird seine eigene finanzielle Bewegungsfreiheit eingeschränkt, da er zu hohe Netznutzungskosten hat, so dass die Unterhaltung und der Ausbau des Netzes gefährdet sein können. Dies wäre aber wiederum ein Verstoß gegen § 8 Abs. 2 EnWG RegE, was wiederum nach § 65 EnWG RegE die Behörde ermächtigen würde, auch gegen das vertikal integrierte Unternehmen vorzugehen. Damit unterliegt auch die Höhe des Überlassungsentgeltes der regulativen Kontrolle.

Problematisch hieran ist, dass durch das Überlassungsentgelt ein zusätzlicher Regulierungsbedarf geschaffen wird. Die Regulierungsbehörde muss nicht nur das Netznutzungsentgelt, welches Dritten in Rechnung gestellt wird, regulativ überprüfen, sondern gleichzeitig auch die Höhe des Überlassungsentgeltes. Hierdurch wird aber eine Tätigkeit auch des vertikal integrierten Unternehmen der Regulierung unterworfen, was eigentlich durch die Verselbständigung des Netzbetriebes gerade verhindert werden sollte. Dies wäre bei einer eigentumsrechtlichen Übertragung des Netzvermögens nicht der Fall. Durch die klare eigentumsrechtliche Trennung hat das vertikal integrierte Unternehmen keinen Einfluss mehr auf die laufenden Kosten des Netzbetriebes und unterläge damit auch keiner Regulierung mehr.

Im Sinne der Schaffung eines Vollfunktionsunternehmens spricht zudem vieles dafür, auch das Vermögen auf die Netzgesellschaft zu übertragen. Gleichwohl bleibt dies dem Ermessen des vertikal integrierten Unternehmens überlassen und ist abhängig von der unternehmerischen Entscheidung, ob eine starke und vermögende Netzgesellschaft gewünscht wird oder lieber das Restunternehmen vermögend bleiben soll.

Sollten durch die Art und Weise der Vermögensübertragung wiederum nachteilige Kosten für das Netzunternehmen entstehen, die gegen die §§ 6 bis 10 EnWG RegE verstoßen oder mittelbar die Höhe des Netznutzungsentgeltes negativ beeinflussen, müsste die Regulierungsbehörde wiederum diese Kosten auf ihre Angemessenheit hin überprüfen. Wird das Vermögen nicht im Tausch gegen Anteile im Wege der Abspaltung nach dem Umwandlungsgesetz übertragen, sondern durch Veräußerung, muss der Verkaufspreis durch die Behörde überprüft werden; hierzu kann auf die Erfahrungen bei der Übertragung von Netzen nach Ablauf der Konzessionsdauer verwiesen werden. Der sinnvollste Weg scheint, das Netzvermögen im Wege der Abspaltung zu übertragen, da hierbei keine stillen Reserven aufzudecken sind und folglich auch die Übertragung steuerlich neutral erfolgen kann. Erwerbsvorgänge, die nach § 1 Grunderwerbssteuergesetz grundsätzlich steuerpflichtig wären, sollen bei der Entflechtung nach § 6 Abs. 3 EnWG RegE steuerfrei erfolgen können, womit ein erhebliches Hindernis bei der Ausgliederung des Netzeigentums beseitigt werden soll.

c) Selbständigkeit der Entscheidungsträger

Ungeachtet der rechtlichen Konstruktion der Vermögensübertragung muss der Netzbetrieb nach § 8 Abs. 4 EnWG RegE die tatsächliche Entscheidungsbefugnis zur Nutzung des Netzanlagevermögens für den Betrieb, die Wartung und den Ausbau des Netzes haben. Hierbei beziehen sich diese Vorgaben in erster Linie auf den Betrieb und die Wartung des Netzes.[224]

aa) Weisungsrechte

Weisungen des vertikal integrierten Unternehmens sind insoweit unzulässig. Dies gilt auch für den Netzausbau, soweit sich dieser im Rahmen eines zuvor genehmigten Finanzplanes oder vergleichbarer Vorgaben hält.[225]

Das vertikal integrierte Unternehmen darf zur Wahrnehmung seiner berechtigten Interessen an der rentablen Geschäftsführung des Netzbetriebes und soweit die Einschränkung der Entscheidungsfreiheit der Netzgesellschaft nicht zu diskriminierenden Zwecken dient gesellschaftsrechtliche Leitungs- und Aufsichtsrechte wahrnehmen.[226] Dies

---

224 *BMWA*, Entwurf eines Gesetzes zur Neufassung des Energiewirtschaftsgesetzes vom 27. Februar 2004, S. 76.

225 *BMWA*, Entwurf eines Gesetzes zur Neufassung des Energiewirtschaftsgesetzes vom 27. Februar 2004, S. 76.

226 *BMWA*, Entwurf eines Gesetzes zur Neufassung des Energiewirtschaftsgesetzes vom 27. Februar 2004, S. 76.

schließt solche Weisungen ein, die nicht in den laufenden Betrieb eingreifen, sondern sich auf allgemeine wirtschaftliche Vorgaben beziehen. Einzelanweisungen zu bestimmten Geschäften sind nicht erlaubt, soweit diese netzspezifische Fragen betreffen sollten. Hingegen wären solche Weisungen erlaubt, die bestimmte Arten von Geschäften betreffen, die nicht im Zusammenhang mit dem Netzbetrieb stehen, z.B. die Anschaffung von Fahrzeugen, Gebäuden usw. Ebenso erlaubt ist, allgemeine Verschuldensobergrenzen festzulegen und Finanzpläne zu prüfen und zu genehmigen.[227]
Sobald jedoch durch die gesellschaftsrechtlichen Kontroll- und Aufsichtsrechte in den laufenden Geschäftsbetrieb eingegriffen wird oder aber vertrauliche Informationen erfragt werden, sind diese nach § 8 Abs. 4 EnWG RegE unzulässig.

bb) Besetzung des Aufsichtrates

Ein eventuell vorhandener Aufsichtsrat der Netzgesellschaft kann mit Mitgliedern des vertikal integrierten Unternehmens besetzt werden. Umgekehrt dürfen jedoch die Geschäftsführer der Netzgesellschaft nicht in Leitungsgremien des vertikal integrierten Unternehmens tätig sein, da deren Zuständigkeit und Gesamtverantwortung zu Interessenkollisionen führen könnte.[228] Folglich kann die Geschäftsleitung keine Aufsichtratsfunktion im vertikal integrierten Unternehmen wahrnehmen. Allenfalls denkbar wäre eine Mitgliedschaft im Aufsichtsrat einer Holding, die die Anteile an den einzelnen Betriebsgesellschaften des ehemals integrierten Unternehmens hält. Allerdings dürfte es hier dann entscheidend auf die Einflussnahmemöglichkeit dieser Holding auf die nachgelagerten Töchter ankommen. Je stärker deren Einfluss auf die wettbewerbsfähigen Bereiche ist, desto unwahrscheinlicher wird die Möglichkeit einer Mitgliedschaft im Aufsichtsrat der Holding.

cc) Keine Beherrschungsverträge

Weiterhin darf zwischen der Netzgesellschaft und dem vertikal integrierten Unternehmen kein Beherrschungsvertrag geschlossen werden. Ein solcher Beherrschungsvertrag würde eine zu starke Einflussnahmemöglichkeit des integrierten Unternehmens auf die Netzgesellschaft ermöglichen.[229]

Fraglich ist, ob ein Gewinnabführungsvertrag zulässig ist. Gegen einen solchen Vertrag spricht, dass die Netzgesellschaft eigene finanzielle Mittel zum Betrieb, zur Wartung und zum Ausbau des Netzes haben muss. Folglich muss ihr auch grundsätzlich überlassen sein zu entscheiden, wie die Gewinne zu verwenden sind. Erlaubt der Gewinnabführungsvertrag jedoch die Bildung angemessener Rücklagen zum Ausbau und Erhalt des Netzes, können überschüssige Gewinne an das vertikal integrierte Un-

227 *BMWA*, Entwurf eines Gesetzes zur Neufassung des Energiewirtschaftsgesetzes vom 27. Februar 2004, S. 76.
228 *BMWA*, Entwurf eines Gesetzes zur Neufassung des Energiewirtschaftsgesetzes vom 27. Februar 2004, S. 74.
229 *Klees*, Legal Unbundling und Deutsches Gesellschaftsrecht, in: Versorgungswirtschaft 11/2003, 245, 251 f.

ternehmen abgeführt werden. Es darf aber zu keinem „Ausbluten" der Netzgesellschaft kommen.

4. *Struktur der gemeinsam genutzten Geschäftsbereiche*

Gemeinsam genutzte Geschäftsbereiche müssen nach den folgend aufgeführten Kriterien geführt werden.

a) Weisungsrechte

Geschäftsbereiche, die im Rahmen des zulässigen gemeinsame Dienstleistungen erbringen, müssen, soweit sie diese für den Netzbereich erbringen, ausschließlich der Weisungsbefugnis des Leitungspersonals der Netzgesellschaft unterliegen.[230] Soweit diese Dienstleistungen durch Verträge erbracht werden, die dienst- oder werkvertraglichen Charakter haben, unterliegen die Mitarbeiter der gemeinsam genutzten Bereiche keiner ausschließlichen Weisungsbefugnis des Auftraggebers. Ein solches ausschließliches Weisungsrecht muss gesondert in den Verträgen zur Übernahme der Dienstleistungen vereinbart werden.

Wird ein solches Weisungsrecht vereinbart, so stellt sich die Frage, ob nicht mit den Mitarbeitern des Dienstleistungserbringers insoweit ein Arbeitsverhältnis begründet wird. Arbeitnehmer ist, wer eine im wesentlichen durch einen Dritten bestimmte Tätigkeit übernimmt. Anhand von § 84 Abs. 1 S. 2 HGB ist zu differenzieren, ob eine Tätigkeit als selbständig oder unselbständig zu qualifizieren ist, im letzteren Fall handelt es sich um ein Arbeitsverhältnis. Nach § 84 Abs. 1 S. 2 HGB ist kein Arbeitnehmer, wer im wesentlichen frei seine Tätigkeit gestalten und Arbeitszeit und -ort bestimmen kann.[231]

Werden nun die Arbeitnehmer des Dienstleistungserbringers nach § 8 Abs. 2 EnWG RegE ausschließlich den Weisungen des Netzbetriebes unterstellt, so kann der Dienstleistungserbringer nicht mehr frei über die Ausführung seiner Tätigkeit bestimmen. Folglich kann ein Arbeitsverhältnis zwischen dem weisungsabhängigen Dienstleistungserbringer und der anweisenden Netzgesellschaft entstehen.

Dies würde jedoch zu kaum lösbaren Problemen führen. Die Arbeitnehmer des Dienstleistungserbringers wären dann sowohl bei der Netzgesellschaft wie weiterhin beim vertikal integrierten Unternehmen angestellt. Diese doppelte Beschäftigung kann zu einkommensteuerrechtlichen Problemen (Mehrfachbeschäftigung) sowie zu Problemen bei Fragen des Kündigungsschutzes, der Berechnung des Gehaltes (wie setzt sich dieses aus den einzelnen Beschäftigungsverhältnissen zusammen?) und bei Fragen der Mitbestimmung und der Betriebsverfassung führen (welchem Unternehmen sind diese Arbeitnehmer zuzurechnen?).

Gelöst werden kann dieses Problem nur dadurch, dass bei der Übernahme einer Dienstleistung durch Mitarbeiter des gemeinsamen Dienstleisters ein tatsächlicher Er-

---

230 *BMWA*, Entwurf eines Gesetzes zur Neufassung des Energiewirtschaftsgesetzes vom 27. Februar 2004, S. 75.

231 BAG, ZIP 1997, 1714, 1715; BGH, ZIP 1998, 2176, 2178.

folg geschuldet wird. Denn weder Arbeitnehmer noch selbständig Dienstverpflichteter ist, wer versprochen hat, einen bestimmten Erfolg zu schulden. In diesem Fall handelt es sich um einen Werkvertrag iSv. §§ 631 BGB ff.[232]

Folglich muss bei der vertraglichen Ausgestaltung der Übernahme gemeinsamer Dienstleistungen darauf geachtet werden, dass bei Erbringung der Dienstleistung ein bestimmter Erfolg geschuldet wird. Dies führt allerdings zu dem Risiko, dass der Betriebsteil für die ordnungsgemäße Erfüllung nach §§ 633 ff. BGB haftet.

b) Chinese Walls

Die Erbringung der Dienstleistung muss nach Maßgabe des § 9 Abs. 1 EnWG RegE erfolgen. Dies bedeutet, dass der gemeinsam genutzte Betriebsteil dafür zu sorgen hat, dass vertrauliche und wirtschaftlich sensible Informationen des Netzbetreibers geheim gehalten und dem vertikal integrierten Unternehmen nicht bekannt werden.

Dies kann nur durch die Einführung sog. Chinese Walls geschehen. D.h. es müssen organisatorische und personelle Maßnahmen getroffen werden, die zu einer internen Trennung der Tätigkeit für den Netzbetrieb führen, soweit dieser mit solchen sensiblen Informationen zu tun hat.

5. Die De Minimis Grenze

Nach §§ 7 Abs. 2; 8 Abs. 6 EnWG RegE trifft die dargestellte Entflechtungspflicht nur solche vertikal integrierten Unternehmen, die 100.000 oder mehr Kunden beliefern. Hierbei ist die Grenze für Strom- und Gaskunden getrennt zu ermitteln. Somit kann das Unternehmen in einem Bereich zur Entflechtung gezwungen sein, in dem anderen aber nicht.

Es fragt sich jedoch, wie die Kundenzahl genau zu ermitteln ist. Das deutsche EnWG RegE geht von direkt oder indirekt angeschlossenen Kunden aus. Hieraus lässt sich schließen, dass alle zu versorgenden Kunden einzubeziehen sind, wie dies den Richtlinien entsprechen würde.

Es fragt sich aber, ob auch solche Kunden miteinzubeziehen sind, die von Wettbewerbern des vertikal integrierten Unternehmens versorgt werden, sofern diese anderen Unternehmen iSv. Art. 3 FKVO bzw. § 37 GBW beherrscht werden. Nach § 3 Nr. 33 EnWG RegE sind „vertikal integrierte Energieversorgungsunternehmen" solche Unternehmen, „deren gegenseitige Beziehungen in Art. 3 Abs. 3 der Verordnung (EG) Nr. 159/2004 des Rates vom 20. Januar 2004 über die Kontrolle von Unternehmenszusammenschlüssen [FKVO] (ABl. L 24 vom 29. Januar 2004, S. 2) festgelegt sind". §§ 7 Abs. 2; 8 Abs. 6 EnWG RegE spricht wörtlich von „vertikal integrierten Energieversorgungsunternehmen", so dass dieser Begriff auch nur iSd. Definition des § 3 Nr. 38 EnWG RegE verstanden werden kann. Hieraus folgt, dass alle Kunden eines iSv. Art. 3 Abs. 3 FKVO beherrschten Unternehmens zusammen zu zählen sind. Damit kann die Entflechtungspflicht auch solche Unternehmen treffen, die selbst weniger als 100.000 Kunden beliefern, aber iSv. Art. 3 Abs. 3 FKVO von einem Energieversor-

232 BGH, NJW 1963, 1100, 1101 f..

gungsunternehmen beherrscht werden und zusammen mit den Kunden des beherrschenden Unternehmens über die De Minimis Schwelle kommen.[233]

Generell kann auch kleineren Unternehmen vom Versuch abgeraten werden, durch eine geschickte Begrenzung der Kundenzahl unter der De Minimis Schwelle bleiben zu wollen. Hierdurch würden sie ihre künftigen Entwicklungsmöglichkeiten erheblich einschränken. Es kann daher – eine expandierende Perspektive vorausgesetzt – sinnvoll sein, bereits vor Erreichen der De Minimis Schwelle zu entflechten, um flexibel auf neue Marktperspektiven reagieren zu können.[234]

Ebenso kann es sinnvoll sein, sowohl im Gas- wie im Strommarkt zu entflechten, auch wenn nur für einen dieser Märkte eine solche Pflicht bestände. Durch die Möglichkeit, einen Kombinationsnetzbetreiber zu gründen, kann das Unternehmen im Netzbereich u.U. erhebliche Synergieeffekte erzielen, die eine solche weitergehende Entflechtung durchaus sinnvoll erscheinen lassen.

IV. Eventuelle Kollisionen mit deutschem Gesellschaftsrecht

Das EnWG RegE überlässt die Wahl der Rechtsform der Netzgesellschaft dem vertikal integrierten Unternehmen. Folglich kommen all Rechtsformen nach deutschem Gesellschaftsrecht in betracht. Eine Änderung des bestehenden Gesellschaftsrechts ist nicht vorgesehen.[235] Folglich müssen die Unternehmen mit dem rechtlich zur Verfügung stehenden gesellschaftsrechtlichen Rahmen versuchen, die Vorgaben der Entflechtung nach § 8 EnWG RegE umzusetzen. Hierfür eignen sich die unterschiedlichen Gesellschaftsformen jedoch unterschiedlich gut. Im folgenden soll untersucht werden, welche Rechtsform die geeigneteste ist, um die Zielvorgaben des EnWG RegE zu erreichen. Hierbei können sich Wertungswidersprüche mit dem Gesellschaftsrecht ergeben, die u.U. eine theoretisch denkbare Rechtsform als nicht oder nur wenig geeignet erscheinen lassen, weil diese Gesellschaftsform z.B. zwingend Mitbestimmungsrechte der Gesellschafter erfordert, die gegen die Vorgaben des §§ 7; 8 EnWG RegE verstoßen würden.

1. Mögliche Rechtsformen der Netzgesellschaften nach deutschem Gesellschaftsrecht

Im folgenden werden die möglichen Gesellschaftsrechtsformen nach deutschem Gesellschaftsrecht auf ihre Eignung zur Umsetzung des Unbundlings nach §§ 7, 8 EnWG RegE untersucht. Nicht erörtert wird hierbei die Gesellschaft bürgerlichen Rechts (BGB-Gesellschaft) nach §§ 705 ff. BGB, da der Netzbetrieb nicht in Form der BGB-Gesellschaft organisiert werden kann, sondern kraft Gesetzes immer eine OHG wäre.

Der Netzbetrieb erfordert nach § 1 Abs. 2 HGB vom Umfang der Tätigkeit her einen in kaufmännischer Weise eingerichteten Geschäftsbetrieb. Ob ein in kaufmänni-

233 *Hohmann/Makatsch*, ET 2003, 833 f.

234 *Diebitz/Rzepa*, ET 2003, 667 f.; *Dudenhausen/Latkovic/Schulz*, zfk 3/2003, *Dudenhausen/Dohrer/Schulz*, zfk 2/2004; *dies.*, ET 2004, 8 ff.

235 *BMWA*, Entwurf eines Gesetzes zur Neufassung des Energiewirtschaftsgesetzes vom 27. Februar 2004, S. 73.

scher Weise eingerichteter Betrieb notwendig ist, ist anhand des Gesamtbildes zu ermitteln. Umstände, aus denen sich Rückschlüsse ziehen lassen, sind der Gesamtumsatz, das Vorhandensein einer Buchhaltung, die Größe des Betriebes und der Umfang der Tätigkeiten.[236]

Mit dem Netzbetrieb wird ein erhebliches Umsatzvolumen generiert und es müssen alle Personen, die direkt mit dem Netzbetrieb zu tun haben, beim Netzbetreiber angestellt werden, so dass ein umfangreich zu organisierender Betriebsablauf besteht. Wird der Netzbetrieb im Sinne eines Vollfunktionsunternehmens organisiert, sind auch alle typischen Merkmale eines kaufmännischen Geschäftsbetriebs vorhanden. Der Netzbetrieb verwaltet nicht nur eigenes Vermögen. Folglich ist der Netzbetrieb immer Kaufmann iSd. § 1 Abs. 2 HGB. Damit kann der Netzbetreiber keine BGB-Gesellschaft sein, sondern wäre kraft Gesetzes auch ohne Eintragung in das Handelsregister nach § 105 Abs. 2 HGB immer eine OHG.

a) Die OHG/ KG

Die Netzgesellschaft könnte in der Rechtsform einer offenen Handelsgesellschaft (OHG) nach § 105 ff. HGB oder als Kommanditgesellschaft (KG) nach §§ 161 ff. HGB geführt werden. Nach § 124 Abs. 1 HGB wären sowohl die OHG als auch die KG insoweit rechtsfähig, als dass sie eigene Verbindlichkeiten eingehen und Eigentum sowie andere dingliche Rechte erwerben können. Zudem kann sie vor Gericht klagen und verklagt werden. Somit können durch eine OHG bzw. KG die nach § 7 Abs. 1 RegE geforderte rechtliche Selbständigkeit des Netzbetriebes erreicht werden.

Die OHG und die KG, mit Ausnahme der GmbH/AG & Co. KG sowie der KGaA, sind ungeeignet, die Ziele von § 8 EnWG RegE zu erreichen. Aufgrund der persönlichen Haftung der Gesellschafter nach § 128 HGB bzw. §§ 161, 128 HGB stehen den persönlich haftenden Gesellschaftern auch die Geschäftsführungs- und Vertretungsbefugnis für die OHG/KG sowie umfassende Kontroll- und Weisungsrechte zu (§§ 114, 118, 125 HGB).

Diese Rechte können bei der OHG auch nicht allen Gesellschaftern entzogen werden. Zwar können einzelne Gesellschafter der OHG von der Geschäftsführungs- und Vertretungsbefugnis ausgeschlossen werden, einer der Gesellschafter muss aber zwingend vertretungs- und geschäftsführungsbefugt bleiben. Dies folgt aus dem Grundsatz der Selbstorganschaft der Personengesellschaft. Der Grundsatz der Selbstorganschaft folgt aus der persönlichen Haftung der Gesellschafter. Danach können idR. nur die Gesellschafter selbst die Vertretung der Gesellschaft ausüben.[237] Hierin liegt ein wichtiger Unterschied zu den Kapitalgesellschaften (AG, GmbH), bei denen eine Drittorganschaft die Regel ist.[238] Aus dieser Selbstorganschaft folgt, dass mindestens ein persönlich haftender Gesellschafter die Vertretungsbefugnis für die Gesellschaft haben

236 Absolut h.M., siehe nur: BGH, NJW 1982, 577 f.; OLG Frankfurt, BB 1983, 335, OLG Celle, BB 1983, 659; *Baumbach/Hopt*, HGB, § 1 Rn. 23.

237 BGHZ 26, 330, 333; 33, 105, 108; 41, 369, 367; NJW 1982; 1817 f.; *Baumbach/Hopt*, HGB, § 125 Rn. 5.

238 *Baumbach/Hopt*, HGB, § 125 Rn. 5.

muss.[239] Zwar kann ein Dritter umfassend zur Betriebsführung und Vertretung ermächtigt und ein Einzelweisungsrecht der Gesellschafter ausgeschlossen werden, die Kontroll- und Planungsbefugnis muss aber den Gesellschaftern erhalten bleiben.[240]

Folglich können die Gesellschafter auf den laufenden Betrieb und die Netzplanung weiterhin Einfluss nehmen, diese Rechte können ihnen auch nicht entzogen werden. Damit kann durch eine OHG die Entscheidungsselbständigkeit der Netzgesellschaft kaum erreicht werden. Im Regelfall dürfte das vertikal integrierte Unternehmen Gesellschafter der Netzgesellschaft werden und folglich auch zwingend die Kontroll- und Weisungsrechte als Folge der Selbstorganschaft innehaben. Die einzige Möglichkeit wäre, einen unabhängigen weiteren Gesellschafter an der Netzgesellschaft zu beteiligen und diesem im Gesellschaftsvertrag alle Geschäftsführungs- und Vertretungsbefugnisse zu übertragen und insoweit das vertikal integrierte Unternehmen gänzlich nach §§ 114 Abs. 2, 125 Abs. 1 HGB von der Geschäftsführungs- und Vertretungsbefugnis auszuschließen.

Für die KG gelten gem. § 161 Abs. 2 HGB die §§ 114, 116, 125 HGB auch für den persönlich haftenden Gesellschafter der KG. Nur der Kommanditist ist nach § 164 HGB von der Geschäftsführungsbefugnis und nach § 170 HGB von der Vertretungsbefugnis ausgeschlossen. Da § 164 HGB dispositives Recht ist, kann dem Komplementär die Geschäftsführungsbefugnis zugunsten eines Kommanditisten entzogen werden.[241] Die Vertretungsbefugnis muss aber, soweit nur ein persönlich haftender Gesellschafter vorhanden ist, auch bei diesem verbleiben.[242] Damit ist die KG jedenfalls dann ungeeignet, wenn das vertikal integrierte Unternehmen Komplementär der Netz KG würde. Ist ein unabhängiger Dritter oder z.B. eine GmbH oder AG, deren Stimmmehrheit das vertikal integrierte Unternehmen inne hat, Komplementär, kann die KG eine denkbare Gesellschaftsform sein, um das Unbundling nach §§ 7, 8 EnWG RegE umzusetzen. Die GmbH/AG & Co. KG werden im folgenden auf ihre Tauglichkeit hin untersucht (d).

Das persönlich Haftungsrisiko für die Gesellschafter bei der OHG und KG (hier nur für den Komplementär) ist viel zu hoch, als dass der Betrieb des Netzes mit all seinen inne wohnenden Gefahren in dieser Rechtsform sinnvoll organisiert werden könnte. Damit dürfte diese Gesellschaftsform in der Praxis keine oder nur eine sehr untergeordnete Rolle spielen. Die einzigen Ausnahmen dürften hier die KGaA und die GmbH/AG & Co. KG sein.[243]

---

239 BGHZ 41, 369, 367; *Baumbach/Hopt*, HGB, § 114 Rn. 24.

240 BGH, NJW 1982, 1817 f.; *Baumbach/Hopt*, HGB, § 114 Rn. 24.

241 BGHZ 51, 198, 200 f.; *Baumbach/Hopt*, HGB, § 164 Rn. 7; *Grunewald*, in: Münchener Kommentar, HGB, § 164 Rn. 22 f.; *Klees*, Legal Unbundling und Deutsches Gesellschaftsrecht, in: Versorgungswirtschaft 11/2003, 245, 250.

242 BGHZ 51, 198, 200 f.; *Gummert*, in: MünchHb KG, § 52 Rn. 6, 9; *Baumbach/Hopt*, HGB, § 164 Rn. 7; *dies.*, *ebd.*, § 170 Rn. 1.

243 So auch: *Klees*, Legal Unbundling und Deutsches Gesellschaftsrecht, in: Versorgungswirtschaft 11/2003, 245, 249.

b) Die GmbH

Die GmbH dürfte aus Sicht der unbundlingpflichtigen Unternehmen die wohl nahe liegendste Gesellschaftsform sein, da zumindest die kommunalen Versorger größtenteils in Form der GmbH geführt werden. Laut dem Verband kommunaler Unternehmen sind von 965 kommunalen Versorgern 568 als GmbH und lediglich 54 als AG strukturiert. Der Rest sind Eigenbetriebe, Körperschaften öffentlichen Rechts oder kommunale Zweckverbände. Weiterhin ist der Gründungsaufwand einer GmbH relativ gering und sie unterliegt im Vergleich zur Aktiengesellschaft weniger zwingenden Vorschriften und ist daher leichter handhabbar. Als juristische Person wirft sie auch in der Regel keine haftungsrechtlichen Probleme wie die OHG oder KG auf. Konzernrechtlich lässt sich die GmbH ebenfalls problemlos einbinden, so dass sie die ideale Gesellschaftsform zumindest für kleinere entflechtungspflichtige Versorgungsunternehmen sein dürfte.[244]

Es fragt sich aber, ob in einer GmbH auch die Vorgaben nach § 8 Abs. 4 EnWG RegE umgesetzt werden können. Als juristische Person unterliegt die GmbH dem Grundsatz der Drittorganschaft. Sie wird durch ihre Geschäftsführer nach § 35 Abs. 1 GmbH vertreten. Zwar kann auch ein Gesellschafter der GmbH zugleich Geschäftsführer sein, anders als bei den Personengesellschaften ist dies jedoch keine zwingende Voraussetzung zur Geschäfts- und Vertretungsbefugnis. Damit kann ein unabhängiger Dritter Geschäftsführer der GmbH sein und zugleich können die Gesellschaftsanteile im Eigentum des vertikal integrierten Unternehmens verbleiben. Folglich ist eine Entscheidungsunabhängigkeit der Geschäftsleitung iSd. § 8 Abs. 4 EnWG RegE möglich, sofern die Gesellschafter nicht erhebliche anderweitige Einflussrechte auf die Geschäftsführung der GmbH haben.

aa) Einflussmöglichkeiten der Gesellschafter der GmbH auf die Geschäftsführung

aaa) Weisungsrechte der Gesellschafter

Den Gesellschaftern einer GmbH stehen nach §§ 37, 47 GmbHG umfangreiche Weisungsrechte gegenüber den Geschäftsführern zu. Die Weisungen können durch Gesellschafterbeschluss erteilt werden und die durch Gesetz zugewiesene Geschäftsführungsbefugnis genauso beschränken, wie dies durch die Satzung geschehen könnte.[245] Dieses Weisungsrecht besteht allerdings nur soweit, als eine solche Regelung auch im Gesellschaftsvertrag getroffen werden könnte.[246]

Die Gesellschafter können das Weisungsrecht nach eigenem Ermessen ausüben. Die Grenze findet das Weisungsrecht nur dort, wo es gegen satzungsrechtliche Bestimmungen verstoßen würde oder de facto den Spielraum des Geschäftsführers derart ein-

---

244 *Klees*, Legal Unbundling und Deutsches Gesellschaftsrecht, in: Versorgungswirtschaft 11/2003, 245, 249; ferner 252 (Fn. 61).

245 *Lenz*, in: Michalski, GmbHG, § 37 Rn. 16; *Klees*, Legal Unbundling und Deutsches Gesellschaftsrecht, in: Versorgungswirtschaft 11/2003, 245, 249 (Fn. 38).

246 OLG Düsseldorf, ZIP 1984, 1476, 1478; *Lenz*, in: Michalski, GmbHG, § 37 Rn. 16.

schränken würde, dass seine Selbständigkeit in Frage gestellt würde.[247] Eine satzungswidrige Weisung ist allerdings dann wirksam, wenn sie einstimmig erteilt wird.[248] Hält folglich das vertikal integrierte Unternehmen alle Anteile der GmbH, könnten auch satzungswidrige Weisungen erteilt werden, ohne dass diese unwirksam wären. Halten sich die Gesellschafter an die satzungsmäßigen Grenzen, geht das Gesellschafterweisungsrecht soweit, dass bis in Einzelheiten der Geschäftsführung eingegriffen werden kann.[249]

Dieses Weisungsrecht der Gesellschafter kann nach herrschender Meinung nicht gänzlich durch Satzungsregelung ausgeschlossen werden.[250] Überdies wäre eine solche Satzungsbestimmung mit der entsprechenden Mehrheit jederzeit aufhebbar. Eine Ewigkeitsklausel, die eine Aufhebung eines solchen Verbotes beschränken würde, wäre insoweit gesellschaftsrechtswidrig, da die Möglichkeit zur Änderung des Gesellschaftsvertrages zwingendes Recht ist.[251]

Damit scheint auf den ersten Blick auch die GmbH ungeeignet, den Netzbetrieb unabhängig vom vertikal integrierten Unternehmen zu führen. Durch die umfassenden Weisungsmöglichkeiten der Geschäftsführer könnte das vertikal integrierte Unternehmen als Gesellschafter der Netz-GmbH jederzeit in die Geschäftsführung eingreifen. Durch eine entsprechende Gestaltung der Satzung lässt sich dieses Problem nicht beseitigen.[252]

Die Kommission erwog daher in ihrem ersten Entwurf ihrer Auslegungsnote von November 2003 die Aktiengesellschaft wegen des umfassenden Weisungsrechtes als vorzugswürdigere Gesellschaft gegenüber der GmbH darzustellen. Im Ergebnis verzichtete die Kommission jedoch auf eine solche Einschätzung.[253]

Allerdings sind sitten-, treu- oder gesetzeswidrige Weisungen nichtig und vom Geschäftsführer nicht zu befolgen.[254] Es fragt sich damit, ob solche Weisungen, die gegen § 8 Abs. 4 EnWG RegE verstoßen würden, damit nicht als nichtig anzusehen sind. Dann könnte das vertikal integrierte Unternehmen nicht mehr über sein Weisungsrecht auf die Geschäftsführung Einfluss nehmen und ein Unbundling iSd. § 8 EnWG RegE wäre problemlos durchführbar. Die Gesellschafter der Netz-GmbH könnten dann ihr Weisungsrecht nur im Rahmen des nach § 8 Abs. 4 EnWG RegE Zulässigen ausüben, also nur auf die Einhaltung von allgemeinen Finanzplänen oder vergleichbaren Instrumentarien hinwirken. Sobald sie Einzelweisungen zum Netzbetrieb treffen würden, wären diese nichtig und nicht zu befolgen.

---

247 *Lenz*, in: Michalski, GmbHG, § 37 Rn. 18; *Lutter/Hommelhoff*, GmbHG, § 37 Rn. 18.

248 *Lenz*, in: Michalski, GmbHG, § 37 Rn. 18.

249 *Klees*, Legal Unbundling und Deutsches Gesellschaftsrecht, in: Versorgungswirtschaft 11/2003, 245, 250; *Lenz*, in: Michalski, GmbHG, § 37 Rn. 18; *Scholz/Schneider*, GmbHG, § 37 Rn. 30.

250 *Römermann*, in: Michalski, GmbHG, § 45 Rn. 41; für eine solche satzungsrechtliche Beschränkung, ohne deren Unwirksamkeit zu beachten: *Koenig/Haratsch*, ZNER 2004, 10, 13.

251 Allg. Meinung: *Hoffmann*, in: Michalski, GmbHG, § 53 Rn. 3; *Klees*, Legal Unbundling und Deutsches Gesellschaftsrecht, in: Versorgungswirtschaft 11/2003, 245, 250.

252 So im Ergebnis: *Klees*, Legal Unbundling und Deutsches Gesellschaftsrecht, in: Versorgungswirtschaft 11/2003, 245, 250 u. 251 unter e).

253 *Kommission*, Interpreting Note, B. I. 3.2; vgl. auch: *Koenig/Haratsch*, ZNER 2004, 10, 13.

254 BGH NJW 1974, 1088, 1089; *Baumbach/Hueck/Zöllner*, GmbHG, § 37 Rn. 12; *Lenz*, in: Michalski, GmbHG, § 37 Rn. 19.

bbb) § 8 Abs. 4 EnWG RegE als Verbotsgesetz?

Es bleibt damit zu prüfen, ob § 8 Abs. 4 EnWG RegE nicht als Verbotsgesetz auszulegen ist, mit der Folge, dass hiergegen verstoßende Weisungen nichtig wären.

Die römische Schuljurisprudenz unterschied Verbotsgesetze nach den sog. leges perfectae, welche bereits die Nichtigkeit des verbotswidrigen Geschäfts statuieren, den leges minus quam perfectae, die das verbotene Geschäft in seiner Gültigkeit nicht beeinträchtigen, aber die Vornahme unter Strafe stellten, und den leges imperfectae, die nur ein Verbot aussprachen, aber keine Sanktion für die Zuwiderhandlung begründeten.[255] Um zur Nichtigkeit des Rechtsgeschäftes zu kommen, muss das Verbotsgesetz ein lege perfecta sein.[256] Enthält das Gesetz selbst keine Nichtigkeitsfolge, ist nach den Grundsätzen der Auslegung zu ermitteln, ob die Nichtigkeit des Rechtsgeschäftes dem Sinn des Verbotsgesetzes entspricht.[257]

Handelt es sich um ein lege perfecta, wird ein Rückgriff auf § 134 BGB nicht gebraucht. Diese Gesetze sprechen bereits selbst die Nichtigkeitsfolge aus. Solche Gesetze sind beispielsweise § 1 GWB für wettbewerbsbeschränkende Verträge und § 14 GWB für Verträge über die Preisgestaltung oder die Geschäftsbedingungen.[258]

§ 8 Abs. 4 besagt wörtlich: „Weisungen zum laufenden Netzbetrieb sind nicht erlaubt; ebenfalls unzulässig sind Weisungen im Hinblick auf einzelne Entscheidungen zu baulichen Maßnahmen an Energieanlagen, solange sich diese Entscheidungen im Rahmen eines vom vertikal integrierten Energieversorgungsunternehmen genehmigten Finanzplanes oder gleichwertigen Instruments halten." Eine Sanktion regelt § 8 Abs. 4 EnWG RegE für den Fall einer Zuwiderhandlung nicht. Ein Verstoß stellt auch erst dann eine Ordnungswidrigkeit dar, wenn gegen eine vollziehbare Anordnung nach § 65 EnWG RegE verstoßen wurde (§ 95 Abs. 1 Nr. 3 EnWG RegE), so dass aus einem Verstoß gegen § 8 EnWG RegE keine direkte Sanktion folgt.

Für die Einordnung als Verbotsgesetz ist aber nicht entscheidend, ob eine Sanktion an den Gesetzesverstoß geknüpft ist. Um ein lege perfecta zu sein, muss sich nur zweifelsfrei die zivilrechtliche Nichtigkeit aus der Vorschrift ergeben. Der Wortlaut von § 8 Abs. 4 EnWG RegE spricht von „nicht erlaubt" und „nicht zulässig".

Aus der Formulierung „nicht zulässig" könnte sich bereits eine gewollte Einschränkung der rechtsgeschäftlichen Verfügungsmacht ergeben, so dass das Rechtsgeschäft bereits unwirksam ist, weil es gar nicht vorgenommen werden kann.[259] Ein Verbotsgesetz liegt hingegen dann vor, wenn die Vornahme des Rechtsgeschäfts grundsätzlich möglich ist, aber die Rechtsordnung die Vornahme dieses bestimmten Rechtsgeschäftes nicht akzeptieren will. Hierbei muss sich das Verbot gegen die Vornahme richten.[260]

Grundsätzlich sind den Gesellschaftern einer GmbH umfassende Weisungsrechte gegenüber den Geschäftsführern erlaubt und möglich, d.h. diese einseitigen Erklärun-

255 *Flume*, Allg. Teil des BGB, II Das Rechtsgeschäft, S. 340 f.

256 *Flume*, Allg. Teil des BGB, II Das Rechtsgeschäft, S. 341; *Medicus*, BGB-AT, Rn. 644.

257 BGHZ 45, 322, 326; 46, 24, 26; *Flume*, Allg. Teil des BGB, II Das Rechtsgeschäft, S. 341.

258 *Medicus*, BGB-AT, Rn. 644; zu § 1 GBW: BKartA WuW/E DE-V 209, 214 „Stellenmarkt Deutschland II"; *Bechthold*, GWB, § 1 Rn. 60.

259 BGHZ 13, 179, 184; 40, 156, 160; *Larenz*, § 22 II; Palandt/*Heinrichs*, § 134 Rn 5.

260 BGH NJW 1983, 2873.

gen können vorgenommen werden. Es kann daher aus der Formulierung „nicht zulässig" nicht auf eine generelle Einschränkung der Gestaltungsmacht geschlossen werden.

Es fragt sich daher, ob § 8 Abs. 4 EnWG die Vornahme nur bestimmter Weisungen untersagen möchte, so dass diese nichtig wären. Die Diktion des Gesetzes spricht für eine solche Nichtigkeitsfolge. Die Formulierungen „nicht erlaubt" bzw. „nicht zulässig" sind ein Synonym für „ist verboten". § 1 GWB verwendet die Diktion „sind verboten". Für diese Vorschrift ist allgemein anerkannt, dass es sich um ein Verbotsgesetz handelt, welches zur zivilrechtlichen Nichtigkeit des vorgenommenen Rechtsgeschäftes führt.[261]

Für die Frage, ob ein Gesetz die zivilrechtliche Nichtigkeit statuieren möchte, ist im Regelfall nicht nur der Wortlaut, sondern vor allem ihr Telos von entscheidender Bedeutung.[262] Bei der Auslegung eines Gesetzes ist dabei darauf zu achten, dass die Rechtsordnung widerspruchsfrei bleibt. Es kann nicht eine Handlung gesetzlich verboten sein und gleichzeitig die zivilrechtliche (vertragliche) Pflicht zur Vornahme einer solchen Handlung statuiert werden dürfen.[263]

§ 8 Abs. 4 EnWG RegE soll die Entscheidungsunabhängigkeit des Netzbetriebes umfassend sichern. Alle entgegenstehenden Weisungen sollen nach der Gesetzesbegründung unzulässig sein.[264] Der Gesetzgeber will also einen weisungsunabhängigen Netzbetrieb schaffen. Wäre nun ein Geschäftsführer vertraglich verpflichtet, entgegenstehende Weisungen der Gesellschafter zu befolgen, wäre dieses gesetzgeberische Ziel, welches mit § 8 Abs. 4 EnWG RegE als Pflicht statuiert wurde, unterlaufen. Die Rechtsordnung wäre damit nicht mehr widerspruchsfrei. Das Gesetz kann nicht gleichzeitig einem Geschäftsführer und den Gesellschaftern Pflichten auferlegen, bestimmte Weisungen nicht zu erteilen, und gleichzeitig die Befolgung entgegenstehender Weisungen billigen.

Ziel von § 8 Abs. 4 EnWG RegE ist es vielmehr die rechtlichen Grenzen für erlaubte Weisungen einzugrenzen, nämlich nur auf solche, die die Unabhängigkeit des Netzbetriebes nicht gefährden. Folglich ist die Vornahme entgegenstehender Weisungen verboten. § 8 Abs. 4 EnWG RegE ist damit ebenso wie § 1 GWB im Sinne der römischen Schuljurisprudenz eine lex perfecta, welches die zivilrechtliche Nichtigkeit selbst anordnet.

Hieraus folgt, dass Weisungen, die die Entscheidungsunabhängigkeit der Geschäftsführung der Netz-GmbH beschränken würden, unwirksam sind und nicht von den Geschäftsführern zu befolgen sind. Somit besteht kein gesellschaftsrechtliches Problem mit der Weisungsbefugnis der Gesellschafter einer GmbH.[265]

---

261 *Medicus*, BGB-AT, Rn. 644; *Emmerich*, KartR, S. 59; Berg. zum RegE, BT-Drucks. 13/9720, S. 46; BKartA WuW/E DE-V 209, 214 „Stellenmarkt Deutschland II"; *Bechthold*, GWB, § 1 Rn. 60.

262 BGHZ 71, 358, 361; 78, 263, 265; 85, 39, 43; 88, 240, 242.

263 *Medicus*, BGB-AT, Rn. 647.

264 *BMWA*, Entwurf eines Gesetzes zur Neufassung des Energiewirtschaftsgesetzes vom 27. Februar 2004, S. 76.

265 So im Ergebnis für die Vorgaben der Neuen Richtlinien: *Ehricke*, IR 2004, 170, 171 f.

ccc) Auskunftsrechte

Nach § 51a Abs. 1 GmbHG müssen die Geschäftsführer einer GmbH jedem Gesellschafter auf dessen Verlangen unverzüglich Auskunft über die Angelegenheiten der Gesellschaft geben und Einsicht in die Bücher und Geschäftsunterlagen gewähren. Dieses Informationsrecht ist umfassend und betrifft auch laufende Geschäftsvorgänge.[266]

Ein solch umfassendes Informationsrecht steht im Widerspruch zu den in § 9 Abs. 1 EnWG statuierten Geheimhaltungspflichten für wirtschaftlich sensible Informationen, von denen der Netzbetrieb durch seine Tätigkeit Kenntnis erlangt hat. Würde den Gesellschaftern ein umfassendes Informationsrecht nach § 51a Abs. 1 GmbHG zugesprochen, so wäre diese gesetzlich angeordnete Geheimhaltungspflicht obsolet. Das vertikal integrierte Unternehmen könnte als Gesellschafter der Netz-GmbH auf alle Informationen jederzeit zugreifen.

Es fragt sich, wie dieser scheinbare Widerspruch aufgelöst werden kann.

Nach § 51a Abs. 2 GmbHG dürfen die Geschäftsführer eine Auskunft oder Einsichtname eines Gesellschafters verweigern, wenn zu besorgen ist, dass der Gesellschafter die Informationen zu gesellschaftsfremden Zwecken verwendet und dadurch der Gesellschaft oder einem verbundenen Unternehmen ein nicht unerheblicher Nachteil zugefügt wird. Die Verwendung von sensiblen Informationen zugunsten des vertikal integrierten Unternehmens wäre sicherlich als gesellschaftsfremd einzuordnen. Gesellschaftsfremd sind solche Verwendungszwecke, die außerhalb ordnungsgemäßen mitgliedschaftlichen Verhaltens liegen.[267] Hier würde die Weitergabe der Informationen nicht zur Förderung der Netz-GmbH erfolgen, sondern um diese vertraulichen Informationen für Maßnahmen gegen Kunden der Netz-GmbH zu verwenden. Hierin läge ein gesellschaftsfremder Zweck. Der Netz-GmbH, droht hierdurch auch ein Nachteil, da ein Verstoß gegen die Geheimhaltungspflichten nach § 9 Abs. 1 EnWG RegE gem. § 65 EnWG RegE von der Regulierungsbehörde in Zusammenarbeit mit dem Bundeskartellamt geahndet wird.

Die Verweigerung setzt jedoch nach § 51a Abs. 2 S. 2 GmbHG einen Gesellschafterbeschluss voraus. Ist das vertikal integrierte Unternehmen alleiniger Gesellschafter der Netz-GmbH, würde ein solcher Verweigerungsbeschluss kaum getroffen werden, womit die Geschäftsführer die Weitergabe der Informationen nicht verweigern dürften.

Das Informationsrecht der Gesellschafter kann auch nicht durch die Satzung etwa ausgeschlossen werden, § 51a GmbHG ist zwingendes Recht (vgl. § 51a Abs. 3 GmbHG).

Da eine gesellschaftsvertragliche Beschränkung dieser Auskunftsrechte nach § 51a Abs. 3 GmbHG unwirksam ist, fragt es sich, wie dieses Informationsrecht nach § 51a Abs. 1 GmbHG iSd. § 9 Abs. 1 EnWG RegE beschränkt werden kann. Das Informationsrecht der Gesellschafter dürfte sich danach nicht auf vertrauliche und wirtschaftlich sensible Informationen der Netz-GmbH beziehen. Alle anderen Informationen könnten jederzeit abgefragt werden.

266 Vgl. nur: *Römermann*, in: Michalski, GmbHG, § 51a Rn. 21.

267 Scholz/*Schmidt*, GmbHG, § 51a Rn. 39; *Müller*, GmbHR, 1987, 88 ff.; *Römermann*, in: Michalski, GmbHG, § 51a Rn. 202.

Die Geschäftsführer können auch ohne einen Gesellschafterbeschluss die Weitergabe von Informationen verweigern, wenn es an der Informationsbedürftigkeit fehlt oder das Informationsbegehren missbräuchlich wäre.[268] Ein solcher Missbrauchstatbestand liegt aber nicht bereits dann vor, wenn die Gesellschafter Informationen zu gesellschaftsfremden Zwecken nachfragen; dies ist ein Fall des § 51a Abs. 2 GmbHG.[269] Auch durch illoyales Verhalten verliert der Gesellschafter nicht etwa jeden Informationsanspruch.[270] Ob eine Nachfrage von an sich nach § 9 Abs. 1 EnWG RegE vertraulichen Informationen auch zu gesellschaftsfremden Zwecken bereits rechtsmissbräuchlich ist, scheint daher fraglich.[271] Zumal genau dieser Fall von § 51a Abs. 2 GmbHG vollumfänglich geregelt ist. Eine Beschränkung über § 51a Abs. 2 GmbHG kann also nicht ohne weiteres über den allgemeinen Rechtsmissbrauchsgedanken hinausgehen, nur weil ein entsprechender Gesellschafterbeschluss nach § 51a Abs. 2 S. 2 GmbHG unwahrscheinlich ist. Vom Missbrauchsgedanken erfasst werden daher grundsätzlich nur solche Konstellationen, in denen es um die Art und Weise der Nachfrage geht, etwa die Nachfrage zur Unzeit erfolgt, als Schikane oder als unnötige und mutwillige zusätzliche Belastung für die Geschäftsführer gedacht ist.[272] In diesen Fällen fehlt oftmals bereits das Informationsbedürfnis des Gesellschafters.[273] Der Missbrauchsgedanke ist daher von der Rechtsprechung zu Recht sehr restriktiv ausgelegt worden.[274]

Teilweise wird anerkannt, dass die Gesellschafter mit Dritten eine Vertraulichkeitsvereinbarung treffen können, die den Gesellschaftern entgegengehalten werden kann.[275] Eine solche Vereinbarung soll dann wirksam sein, wenn der Dritte ein überwiegendes Interesse an der Geheimhaltung hat und der Gesellschaft durch die Preisgabe der Informationen ein nicht unerheblicher Nachteil entstehen würde.[276] Besteht kein solches schutzbedürftiges Interesse des Dritten, so kann eine Vertraulichkeitsvereinbarung wegen Missbrauchs der Vertretungsmacht oder nach §§ 134, 138 BGB unwirksam sein. Bei nicht reinen Kapitalanleger-Gesellschaften sind solche Absprachen da-

268 BayOLG, GmbHR 1989, 201 ff.; Scholz/*Schmidt*, GmbHG, § 51a Rn. 32; *ders.*, GesR, § 35 I 4 c; *ders.*, GmbHR 1982, 206 f.; *Baumbach/Hueck/Zöller*, GmbHG, § 51a Rn. 32; *Hachenburg/Hüffer*, GmbHG, § 51a Rn. 64; *Römermann*, in: Michalski, GmbHG, § 51a Rn. 223 f.; offen: BGHZ 135, 48 ff.; a.A.: *Lutter/Hommelhoff*, GmbHG, § 51a Rn. 29; wohl überholt: *Grunewald*, ZHR 146 (1982), 211, 232; sie vertritt mittlerweile selbst eine Einschränkung des Auskunftsrechts nach dem Missbrauchgedanken: *dies.*, GesR, 2.F. Rn. 104.

269 Scholz/*Schmidt*, GmbHG, § 51a Rn. 37.

270 KG, GmbHR 1988, 221, 223 f. = EWiR § 51a GmbHG 2/88, 273; Scholz/*Schmidt*, GmbHG, § 51a Rn. 37.

271 So ohne nähere Begründung: *Schlotjunker/Rubner*, ET 2004, 11, 13 f.

272 *Römermann*, in: Michalski, GmbHG, § 51a Rn. 223; Scholz/*Schmidt*, GmbHG, § 51a Rn. 37.

273 So: *Römermann*, in: Michalski, GmbHG, § 51a Rn. 223; Scholz/*Schmidt*, GmbHG, § 51a Rn. 37.

274 Vgl. die Nachweise bei: Scholz/*Schmidt*, GmbHG, § 51a Rn. 37; Auskunftsrecht bejaht: für bereits jahrelang zurückliegenden Jahresabschluss: KG, GmbHR 1988, 221, 223 f. = EWiR § 51a 2/88, 273; OLG Düsseldorf, GmbHR 1991, 18 f.; ZIP 1990, 1569 f.; LG Düsseldorf, DB 1989, 1077; trotz erteilter Zustimmung zum Jahresabschluss: OLG Düsseldorf, ZIP 1990, 1569 f.; für die Versäumung von Fragen in der Jahreshauptversammlung: OLG Düsseldorf, GmbHR 1991, 18 f..

275 Dazu: BayOLG, NJW-RR 1996, 994, 996 für die AG; OLG Frankfurt, GmbHR 1994, 114, 115; Scholz/*Schmidt*, GmbHG, § 51a Rn. 35; *Mertens*, in: FS Werner, S. 557, 570 ff.; einschränkend: *Römermann*, in: Michalski, GmbHG, § 51a Rn. 221 f.

276 Dazu: BayOLG, NJW-RR 1996, 994, 996 für die AG; Scholz/*Schmidt*, GmbHG, § 51a Rn. 35.

her grundsätzlich problematisch.[277] Grundsätzlich muss daher ein Dritter auch mit der Weitergabe von Informationen an die Gesellschafter rechnen.[278] Zum Teil wird auch die Auffassung vertreten, dass eine solche Vertraulichkeitsvereinbarung nur mit Zustimmung aller Gesellschafter getroffen werden kann.[279]

Nach überwiegender Auffassung könnte die Geschäftsführung der Netz-GmbH also eine Vertrauchlichkeitsklausel mit Dritten vereinbaren und so die Weitergabe sensibler Informationen nach § 9 Abs. 1 EnWG RegE unterbinden. Allerdings ist eine solche Klausel wenig geeignet. Hält sich die Netz-GmbH nicht an ihre vertragliche Vertraulichkeitsverpflichtung, löst dies nur nach §§ 241 Abs. 2, 280 Abs. 1 BGB eine Schadensersatzpflicht aus. Ob dies zu einem umfassenden Schutz reicht, ist fraglich. Weiterhin wäre der Dritte darauf angewiesen, dass die Netz-GmbH auch eine solche Klausel mit ihm vereinbart. Da der Dritte aber auf die Nutzung des Netzes angewiesen ist, hat er eine ungünstige Verhandlungsposition, um eine solche Vereinbarung auch durchzusetzen. Zudem bestände das Risiko, dass diese Klausel, wenn zu weit gehend, unwirksam sein könnte, mit der Folge, dass sämtliche Informationen nicht mehr geschützt wären. Hält man eine solche Klausel gar nur für wirksam, wenn alle Gesellschafter ihr zugestimmt haben, wird es kaum zu einer solchen Vereinbarung kommen können. Wirklich geschützt wäre der Dritte daher nur, wenn bereits kraft Gesetz die Weitergabe sensibler Informationen untersagt wäre.

Im Rahmen des Auskunftsrechtes nach § 51a Abs. 1 GmbHG ist anerkannt, dass die Geschäftsführer dann die Weitergabe von Informationen auch außerhalb von § 51a Abs. 2 GmbHG verweigern dürfen, wenn die Weitergabe der Information gegen ein gesetzliches Verbot verstoßen würde.[280] Hierbei ist zu bedenken, dass § 51a Abs. 1 GmbHG im Rahmen datenschutzrechtlicher Bestimmungen rechtfertigende Wirkung haben kann[281] und auch die Offenbarung nach § 51a Abs. 1 GmbHG keine unbefugte Offenlegung von Geschäftsgeheimnissen darstellt.[282] Auch aus etwa § 1 GWB ergibt sich kein Verweigerungsrecht, da ein geheimer Wettbewerb grundsätzlich nicht geschützt ist.[283]

§ 9 Abs. 1 EnWG RegE müsste folglich ein eindeutiges Verbot statuieren, an die Gesellschafter der Netz-GmbH sensible Informationen weiterzuleiten, sofern sie gleichzeitig Gesellschafter des vertikal integrierten Unternehmens sind oder das integrierte Unternehmen selbst Gesellschafter der Netz-GmbH ist. Der Wortlaut von § 9 Abs. 1 EnWG RegE spricht kein Verbot aus, er verpflichtet nur zur Geheimhaltung. Sinnlogisch folgt hieraus aber auch das gleichzeitige Verbot der Weitergabe, da die statuierte Pflicht sonst nicht beachtet werden kann. Allerdings besteht diese Pflicht nur „unbeschadet gesetzlicher Verpflichtungen zur Offenlegung", was bedeutet, dass gesetzliche Verpflichtungen zur Offenlegung von Informationen nicht eingeschränkt

277 Scholz/*Schmidt*, GmbHG, § 51a Rn. 35.

278 OLG Frankfurt, GmbHR 1994, 114, 115; Scholz/*Schmidt*, GmbHG, § 51a Rn. 35.

279 So: *Römermann*, in: Michalski, GmbHG, § 51a Rn. 222.

280 BGHZ 135, 48, 50; Scholz/*Schmidt*, GmbHG, § 51a Rn. 33; *Baumbach/Hueck/Zöller*, GmbHG, § 51a Rn. 30; *Hachenburg/Hüffer*, GmbHG, § 51a Rn. 55; *Römermann*, in: Michalski, GmbHG, § 51a Rn. 215 ff.

281 Scholz/*Schmidt*, GmbHG, § 51a Rn. 33; *Baumbach/Hueck/Zöller*, GmbHG, § 51a Rn. 31.

282 So für § 85 GmbHG: OLG Hamm, GmbHR 1988, 218 f.; Scholz/*Schmidt*, GmbHG, § 51a Rn. 33.

283 Scholz/*Schmidt*, GmbHG, § 51a Rn. 33.

werden sollen. § 51a GmbHG beinhaltet eine solche gesetzliche Offenlegungspflicht gegenüber den GmbH-Gesellschaftern. Nach dem Willen des Gesetzgebers ist eine Änderung des geltenden Gesellschaftsrecht auch nicht vorgesehen.[284]

Es fragt sich aber, ob § 9 Abs. 1 EnWG RegE gerade auch die gesetzliche Offenlegungspflicht gegenüber den Gesellschaftern meint, wenn von einer „gesetzlichen Verpflichtung zur Offenlegung" gesprochen wird.

Der Wortlaut lässt beide Interpretationsmöglichkeiten zu. Allerdings sprechen systematische Gründe dafür, dass gerade das Gesellschafterauskunftsrecht keine gesetzliche Offenlegungspflicht im Sinne des § 9 Abs. 1 EnWG RegE sein soll. Wäre dies der Fall, müssten solche Informationen, die einen wirtschaftlichen Vorteil bringen und im Rahmen des Auskunftsrechts nach § 51a GmbHG nachgefragt werden in nicht diskriminierender Weise offen gelegt werden (§9 Abs. 2 EnWG). Sie müssten also auch Dritten zugänglich gemacht werden. § 51a Abs. 1 GmbHG gibt aber den Gesellschaftern ein ausschließliches Informationsrecht, dass gerade Dritten nicht zusteht. Da es umfassend ist, müssten alle vertraulichen Informationen, soweit wirtschaftlich bedeutsam, Dritten nach § 9 Abs. 2 EnWG RegE offen gelegt werden. Eine solch umfassende Publizität kann aber nicht gewollt sein und stände auch im Widerspruch zu § 85 GmbHG, der gerade die Preisgabe vertraulicher Informationen durch den Geschäftsführer unter Strafe stellt. Es wäre ein unerträglicher Widerspruch, wenn der Geschäftsführer nach § 9 Abs. 2 EnWG zur Offenlegung von Geschäftsgeheimnissen gegenüber Dritten gezwungen würde, die an sich nur den Gesellschaftern zustehen und gerade dieses Verhalten von § 85 GmbHG unter Strafe gestellt würde.

Außerdem dient § 9 Abs. 1 EnWG RegE nach § 6 Abs. 1 EnWG RegE der Vermeidung von Diskriminierungen. Die Vertraulichkeit von wirtschaftlich sensiblen Informationen soll daher vor der Erlangung eines Informationsvorteils zugunsten des vertikal integrierten Unternehmens schützen.[285] Wie wichtig dieser Schutz ist, zeigt das Beispiel Großbritanniens; durch seinen Informationsvorsprung war British Gas in der Lage, sämtliche Gasfelder seiner Konkurrenz aufzukaufen und gezielt Kunden abzuwerben, da es über alle Daten seiner Konkurrenz genauestens informiert war. Die Folge war, dass praktisch kein Gas-zu-Gas-Wettbewerb etabliert werden konnte.

Aus der Regierungsbegründung und aus den Vorgaben der Neuen Richtlinien können keine Rückschlüsse auf die Auslegung des Begriffes „gesetzliche Offenbarungspflichten" gezogen werden. Die Begründung und die Richtlinien schweigen hierzu.

§ 9 Abs. 1 EnWG RegE ist jedoch teleologisch dahingehend zu reduzieren, dass der Begriff „gesetzliche Offenbarungspflichten" nicht das gesetzliche Gesellschafterinformationsrecht erfasst. Würde § 9 Abs. 1 EnWG RegE auch das gesetzliche Gesellschafterinformationsrecht erfassen, wäre § 9 Abs. 1 EnWG RegE zudem überflüssig. Die statuierte Pflicht zur Geheimhaltung würde aufgrund der umfassenden Rechte nach § 51a Abs. 1 GmbHG leer laufen. Da eine Änderung des Gesellschaftsrechts nicht vorgesehen ist, kann § 9 Abs. 1 EnWG RegE nur dahingehend interpretiert werden, dass nur solche gesetzlichen Offenbarungspflichten gemeint sein sollen, die eine

---

284 *BMWA*, Entwurf eines Gesetzes zur Neufassung des Energiewirtschaftsgesetzes vom 27. Februar 2004, S. 73.

285 *BMWA*, Entwurf eines Gesetzes zur Neufassung des Energiewirtschaftsgesetzes vom 27. Februar 2004, S. 77.

Offenlegung auch Dritten gegenüber regeln. D.h. die Netz-GmbH muss nur soweit Auskunft erteilen, wie sie dies auch Dritten gegenüber tun müsste. Eine solche teleologische Reduzierung des Wortlautes von § 9 Abs. 1 EnWG RegE entspricht auch der Gesetzessystematik. Nach § 9 Abs. 2 EnWG RegE wären diese ohnehin Dritten zu offenbarenden Informationen diskriminierungsfrei offen zu legen. Bei diesen gesetzlichen Publizitätsverpflichtungen sind auch nicht so weitgehende Informationspflichten wie durch § 51a Abs. 1 GmbHG statuiert, so dass auch kein Wertungswiderspruch mit § 85 GmbHG bestehen würde. Zudem wären die Ziele des Unbundling nach § 6 Abs. 1 EnWG RegE umfassend gewährt.

Damit ist § 51a Abs.1 GmbHG von § 9 Abs. 1 EnWG RegE nicht als gesetzliche Offenbarungspflicht erfasst. Folglich besteht auch die gesetzliche Verpflichtung zur Geheimhaltung wirtschaftlich sensibler Informationen. Somit darf ein Geschäftsführer von Gesetzes wegen nach § 51a Abs. 1 GmbHG keine Auskunft über solche Informationen erteilen.[286] Gleichwohl würde sich eine Klarstellung im neuen EnWG anbieten, um entsprechende Rechtssicherheit für alle Beteiligten zu schaffen.

ddd) Zusammenfassung

Wird der hier vorgeschlagenen Interpretation von § 8 Abs. 4 und § 9 Abs. 1 EnWG RegE gefolgt, so ergeben sich keine Widersprüche zwischen statuierten Unbundlingpflichten nach §§ 6 bis 10 EnWG mit den gesellschaftsrechtlichen Vorgaben des deutschen Rechts zur GmbH. Wird diese Interpretation des Gesetzes jedoch abgelehnt, bestehen unlösbare Kollisionen zwischen zwingendem GmbH-Recht und Unbundlingvorgaben.[287] Die GmbH wäre dann nach bisher geltendem Recht keine Gesellschaftsform, die für ein Unbundling des Netzbetriebs geeignet wäre. In Anbetracht der Vielzahl von gerade mittleren und kleinen Versorgungsunternehmen in der Rechtsform der GmbH würde dies zu erheblichen Umsetzungsschwierigkeiten führen, sofern dann nicht der Gesetzeswortlaut in erheblichem Maße geändert würde.

c) Die Aktiengesellschaft

Eine weitere Gesellschaftsform, in der die Netzgesellschaft geführt werden könnte, ist die Aktiengesellschaft (AG). Bei der Aktiengesellschaft führt der Vorstand der AG die Geschäfte grundsätzlich nach § 76 Abs. 1 AktG eigenverantwortlich. An Weisungen anderer Gesellschaftsorgane ist er nicht gebunden.[288] Der Aufsichtsrat hat keine generelle Weisungsbefugnis, sondern nur Aufsichtsrechte. Nach § 111 Abs. 4 S. 2 AktG können dem Aufsichtsrat jedoch in der Satzung Zustimmungsrechte zu bestimmten Geschäften eingeräumt werden. Solche Zustimmungsvorbehalte führen aber nur dazu, dass die entsprechende Maßnahme unterbleiben muss, ein Weisungsrecht erwächst

286 So im Ergebnis für die Neuen Richtlinien auch: *Ehricke*, IR 2004, 170, 172.

287 So auch das Ergebnis von *Klees*, Legal Unbundling und Deutsches Gesellschaftsrecht, in: Versorgungswirtschaft 11/2003, 245, 249 f., 215.

288 MünchKomm-*Hefermehl//Spindler*, AktG, § 76 Rn. 21; *Hüffer*, AktG, § 76 Rn. 10.

hieraus nicht.[289] Auch kann die Geschäftsführung nach § 111 Abs. 4 S. 1 AktG nicht dem Aufsichtsrat übertragen werden.

Der Zustimmungsvorbehalt muss in der Satzung festgelegt werden und muss sich auf bestimmte Arten von Geschäften beziehen, wobei hierunter auch unternehmensinterne Leitungsmaßnahmen fallen.[290] Aufgrund der Leitungsverantwortung des Vorstandes müssen die zustimmungsbedürftigen Geschäfte hinreichend konkret bestimmt sein. Eine Generalklausel wie z.B. „alle wesentlichen Geschäfte" wäre daher unwirksam.[291] In bestimmten Einzelfällen kann jedoch ein Zustimmungsrecht auch für Einzelgeschäfte begründet werden.[292]

Theoretisch könnte daher ein Zustimmungsvorbehalt für bestimmte Arten besonders bedeutsamer Durchleitungsgeschäfte ab einem bestimmten Größenvolumen bestimmt werden. Wäre nun der Aufsichtsrat der Netz-AG vom vertikal integrierten Unternehmen besetzt, könnte eine nach § 8 Abs. 4 EnWG unzulässige Einflussnahme zumindest eingeschränkt ermöglicht werden. Eine solche Satzungsbestimmung wäre aber wiederum unwirksam, da § 8 Abs. 4 EnWG RegE als gesetzliches Verbot ausgestaltet ist.

Der Aufsichtsrat der Netz-AG kann von vertikal integrierten Unternehmen besetzt werden. Die Mitglieder des Aufsichtsrates dürfen aber nach § 8 Abs. 1 EnWG RegE keiner betrieblichen Einrichtung des Elektrizitäts-, Gasvertriebs oder –handels des vertikal integrierten Unternehmens angehören. Insoweit ist die Auswahl an Aufsichtratsmitgliedern eingeschränkt. Gleichwohl stehen die Aufsichtsratsmitglieder in einer gewissen Abhängigkeit zum vertikal integrierten Unternehmen. Aufgrund seiner Überwachungsfunktion hat der Aufsichtsrat nach § 111 Abs. 2 AktG ein umfassendes Einsichtsrecht. Hierdurch würden Personen des vertikal integrierten Unternehmens auch Kenntnis von Unterlagen über wirtschaftlich sensible Informationen iSd. § 9 Abs. 1 EnWG RegE erhalten. Insoweit dürfen diese Unterlagen nur anonymisiert und nur soweit vorgelegt werden, wie sie zu Wahrung der Aufsichtrechte notwendig sind. Es gilt das zu § 51a GmbHG gesagte.

Die Aktionäre der Netz-AG haben nach § 131 AktG ohnehin ein nur sehr eingeschränktes Auskunftsrecht, welches sich nur auf Fragen und Auskünfte in der Hauptversammlung beschränkt. Die Auskunft darf nach § 131 Abs. 2 AktG durch den Vorstand dann verweigert werden, wenn nach vernünftiger kaufmännischer Beurteilung die Auskunft geeignet wäre, der Gesellschaft einen Nachteil zuzufügen. Anders als nach § 51a Abs. 2 AktG bedarf es hierzu keines Gesellschafterbeschlusses. Somit kann die Auskunft problemlos verweigert werden, wenn sensible Informationen iSd. § 9 Abs. 2 EnWG RegE preisgegeben werden müssten.

Die AG ist damit eine gut geeignete Rechtsform, um das Unbundling umzusetzen. Aufgrund der ohnehin sehr starken Position des Vorstandes nach § 76 AktG bedarf es weniger Korrekturen der Einflussrechte als bei der GmbH. Aus Unbundlingsicht ist sie

289 *Klees*, Legal Unbundling und Deutsches Gesellschaftsrecht, in: Versorgungswirtschaft 11/2003, 245, 250; *Hüffer*, AktG, § 111 Rn. 18.

290 *Hüffer*, AktG, § 111 Rn. 18; *Lutter/Krieger*, AR, § 3 Rn. 111.

291 *Hüffer*, AktG, § 111 Rn. 18.

292 Vgl. nur: OLG Stuttgart, WM 1979, 1296, 1300, *Hoffmann-Becking*, in: MünchHb AG, § 29 Rn. 39; *Boujong*, AG 1995, 203, 205; *Hüffer*, AktG, § 111 Rn. 18.

daher die beste Gesellschaftsform, wenngleich sie höhere rechtliche Anforderungen als die GmbH stellt und damit in der Praxis eher unbeliebt sein wird.[293]

d) Die GmbH/ AG & Co. KG

Soll die Netzgesellschaft in der Rechtsform einer GmbH & Co. KG oder AG & Co. KG geführt werden, stellt sich die Situation wie folgt dar: Nach § 164 HGB obliegt der GmbH bzw. AG die Geschäftsführungs- und Vertretungsbefugnis. Hält das vertikal integrierte Unternehmen zugleich die Gesellschaftsanteile an der GmbH bzw. AG, so gelten bezüglich des Komplementärs die Ausführungen zur AG bzw. GmbH. D.h. im Rahmen des nach § 8 Abs. 4 EnWG RegE Zulässigen kann das vertikal integrierte Unternehmen seine Weisungsrechte ausüben und auch im Rahmen von § 9 Abs. 1 EnWG RegE Auskünfte verlangen. Soweit das vertikal integrierte Unternehmen auch die Kommanditanteile hält, ist es nach § 164 von der Geschäfts- und Vertretungsbefugnis ausgeschlossen, kann also keinen Einfluss auf die Netzgesellschaft ausüben. Zwar kann den Kommanditisten auch die alleinige Geschäftsführungsbefugnis übertragen werden, soweit hierbei aber gegen § 8 Abs. 4 EnWG RegE verstoßende Weisungsrechte zugesprochen werden, wären diese unwirksam, da § 8 Abs. 4 EnWG RegE ein gesetzliches Verbot für solche Weisungsrechte statuiert. Auskunftsrechte nach § 166 Abs. 1 HGB dürften in der Regel unproblematisch sein, weil das Informationsrecht nur ein Einsichtsrecht für die Kommanditisten gewährt, um den Jahresabschluss zu prüfen. Laufende Geschäftsvorgänge dürften daher kaum betroffen sein.

Soweit § 166 Abs. 1 HGB den Zugriff auf solche sensiblen Informationen ausnahmsweise doch gestatten sollte, etwa weil der Jahresabschluss und das damit verbundene Einsichtsrecht in Geschäftsunterlagen über noch laufende Verträge ermöglichen würde, wäre § 166 Abs. 1 HGB entsprechend § 51a Abs. 1 GmbHG durch § 9 Abs. 1 EnWG RegE in seinem Auskunftsumfang beschränkt.

Sollten in der Satzung weitergehende Informationsrechte vereinbart werden, sind diese nach § 9 Abs. 1 EnWG dann unzulässig, wenn sie die Weitergabe wirtschaftlich sensibler Informationen ermöglichen würden.

Die GmbH/AG & Co. KG ist damit ohne besondere Maßnahmen als Rechtsform für die Netzgesellschaft geeignet. Es bedarf der von *Klees* vorgeschlagenen Hilfskonstruktion über einen geschäftsführenden Kommanditisten, der nicht mit dem vertikal integrierten Unternehmen in Kontakt steht nicht.[294] Zudem würde diese Hilfskonstruktion auch nicht wirklich zu einer Lösung beitragen: Zwar kann dem Komplementär die Geschäftsführungsbefugnis, nicht aber die Vertretungsbefugnis entzogen werden.[295] Damit hätte bei seiner vorgeschlagenen Lösung die vom vertikal integrierten Unternehmen beherrschte GmbH zumindest die Vertretungsbefugnis und damit auch Kenntnis der laufenden Geschäfte.

293 So im Ergebnis auch: *Klees*, Legal Unbundling und Deutsches Gesellschaftsrecht, in: Versorgungswirtschaft 11/2003, 245, 250 f.

294 *Klees*, Legal Unbundling und Deutsches Gesellschaftsrecht, in: Versorgungswirtschaft 11/2003, 245, 250.

295 BGHZ 51, 198, 200 f.; *Gummert*, in: MünchHb KG, § 52 Rn. 6, 9; *Baumbach/Hopt*, HGB, § 164 Rn. 7; *dies.*, *ebd.*, § 170 Rn. 1.

e) *Die KGaA (GmbH & KGaA)*

Wird die Netzgesellschaft in der Rechtsform einer KGaA geführt, bei der wegen der persönlichen Haftung der nach § 278 Abs. 1 AktG erforderliche persönlich haftende Gesellschafter regelmäßig eine GmbH sein wird, unterliegt diese Gesellschaft nach § 278 Abs. 2 AktG dem Recht der KG, soweit die Rechtsposition des Komplementärs betroffen ist. Danach sind §§ 164, 166 HGB anwendbar, so dass das oben zur GmbH/AG & Co. KG Gesagte gilt und sich keine Besonderheiten ergeben.

2. *Das Verhältnis der Netzgesellschaft zum vertikal integrierten Restunternehmen*

Unabhängig von der Rechtsform der Netzgesellschaft stellt sich die Frage, im welchem Verhältnis die Netzgesellschaft zum übrigen vertikal integrierten Unternehmen steht. Hierbei ist davon auszugehen, dass alle Gesellschaftsanteile bzw. Aktien der Netzgesellschaft im alleinigen Eigentum des vertikal integrierten Unternehmens verbleiben. Hieraus ergeben sich folgende rechtlichen Konsequenzen.

a) *Abhängiges Unternehmen iSd. § 17 AktG*

Da die Anteile an der Netzgesellschaft im alleinigen Besitz des vertikal integrierten Unternehmens verbleiben, ist die Netzgesellschaft iSd. § 17 Abs. 1 AktG ein abhängiges Unternehmen. Die Abhängigkeit wird durch den Mehrheitsbesitz nach § 17 Abs. 2 AktG vermutet. Diese Vermutung kann auch nicht durch einen Entherrschungsvertrag widerlegt werden, da das vertikal integrierte Unternehmen alle Anteile der Netzgesellschaft hält und damit immer als Gesellschafter entscheiden muss. Durch diesen Mehrheitsanteil besteht die zumindest mittelbare Möglichkeit, einen beherrschenden Einfluss auf die Netzgesellschaft auszuüben. Die Folge hiervon ist, dass die Besetzung der Geschäftsführungs- und Vertretungsorgane der Netzgesellschaft ausschließlich durch das vertikal integrierte Unternehmen erfolgt. Ebenso kann auf die Geschäftspolitik Einfluss genommen werden. Diese Rechte des beherrschenden Unternehmens werden aber durch §§ 8, 9 EnWG RegE eingeschränkt.

b) *Kein Konzern iSd. § 18 Abs. 1 AktG*

Einen Konzern iSd. § 18 Abs. 1 AktG können das vertikal integrierte Unternehmen und die Netzgesellschaft nicht bilden. Ein solcher Konzern würde voraussetzen, dass das abhängige Unternehmen unter der Leitung des herrschenden Unternehmens zusammengefasst würde, also vom vertikal integrierten Unternehmen auch die Geschäftsführung der Netzgesellschaft wahrgenommen würde. Nach § 18 Abs. 2 AktG ist ein Konzern dann anzunehmen, wenn zwischen den Unternehmen ein Beherrschungsvertrag geschlossen wurde (§ 291 AktG) oder das abhängige Unternehmen eingegliedert ist (§ 319 AktG). Ein Beherrschungsvertrag liegt dann vor, wenn die Leitung der Gesellschaft einem anderen Unternehmen unterstellt ist (vgl. Legaldefinition in § 291 Abs. 1 S. 1 AktG). Danach würde das vertikal integrierte Unternehmen direkten Einfluss auf die Geschäftsleitung der Netzgesellschaft erhalten. Nach § 308 AktG unterläge die Geschäftsführung der Netzgesellschaft direkten Weisungen der Leitung des vertikal integrierten Unternehmens. Dies ist aber nach § 8 Abs. 4 EnWG RegE gerade nicht gestattet. Die Netzgesellschaft muss in Bezug auf den Netzbetrieb entscheidungsunabhänig sein. Folglich sind Beherrschungsverträge iSd. § 291 Abs. 1 S. 1 AktG verboten und damit auch unwirksam.

Auch eine faktische Beherrschung im Sinne des § 311 AktG ohne Vorliegen eines Beherrschungsvertrages (sog. faktischer Konzern) ist unzulässig, soweit die Geschäftsführung der Netzgesellschaft faktisch den Weisungen der Leitung des vertikal integrierten Unternehmens unterstellt würde.

Eine Eingliederung der Netzgesellschaft nach § 319 AktG scheidet aus, da durch das Unbundling ja gerade die vertikale Integration des Netzes aufgelöst werden soll.

Die Folge ist, dass kein Konzern iSd. § 18 Abs. 1 AktG zwischen Netzgesellschaft und vertikal integrierten Unternehmen möglich ist.

c) Zulässigkeit von Gewinnabführungsverträgen

Eine weitere Möglichkeit von Unternehmensverträgen zwischen der Netzgesellschaft und dem vertikal integrierten Unternehmen wäre neben einem Beherrschungsvertrag der Abschluss eines Gewinnabführungsvertrages. In einem solchen Vertrag verpflichtet sich ein Unternehmen seinen ganzen Gewinn an das anderes Unternehmen abzuführen (vgl. Legaldefinition in § 291 Abs. 1 S. 1 AktG). Weitere Möglichkeiten der Gewinnabführung sind die Gewinngemeinschaft und der Teilgewinnabführungsvertrag. Eine Gewinngemeinschaft liegt vor, wenn sich ein Unternehmen verpflichtet, seinen Gewinn mit dem Gewinn anderer Unternehmen zusammenzulegen (vgl. Legaldefinition in § 292 Abs. 1 Nr. 1 AktG). Ein Teilgewinnabführungsvertrag liegt vor, wenn das Unternehmen verpflichtet wird, nur einen Teil seines Gewinns an ein anderes Unternehmen abzuführen (vgl. Legaldefinition in § 292 Abs. 1 Nr. 2 AktG).

Nach § 8 Abs. 4 EnWG RegE muss die Netzgesellschaft die tatsächliche Entscheidungsbefugnis über die Vermögenswerte des Netzes haben. Hieraus folgt, dass ein Gewinnabführungsvertrag nicht so weit gehen darf, dass der Netzgesellschaft jeglicher Entscheidungsspielraum für Investitionen oder Instandhaltungen genommen wird. Wäre dies der Fall, hätte das Unternehmen zwar rechtlich alle Entscheidungsbefugnisse über das Netzvermögen, könnte praktisch diese Befugnisse aber nicht ausüben, da ihm hierzu die Mittel fehlen würden. Hieraus folgt, dass ein Gewinnabführungsvertrag nur dann zulässig ist, wenn er einen hinreichenden Investitionspielraum offen lässt, also dem Unternehmen bei dem Gewinnverteilungsbeschluss ausreichend Spielraum lässt, Gewinne zu investieren oder aber einen allgemeinen Investitionsplan vorsieht, der ausreichenden Gestaltungsspielraum lässt. Die gesetzliche Rücklagenbildung nach § 300 AktG reicht hierfür nicht aus, weil sie nur der Sicherung der Gläubiger dienen soll und nur verwendet werden darf, wenn sie einen bestimmten Betrag übersteigen (§ 150 Abs. 4 AktG). Danach dürfen sie auch nur für bestimmte Maßnahmen verwendet werden, eine Investitionsplanung ist hiermit nicht möglich. Auch die Verlustübernahmeverpflichtung nach § 302 AktG deckt den Investitionsrahmen nur bedingt ab. Zwar erlangt die Netzgesellschaft für seine Verluste einen Freistellungsanspruch gegen das vertikal integrierte Unternehmen, ob es hierdurch aber ebenso kreditwürdig ist, als wenn seine Gewinne liquide zur Verfügung ständen, ist fraglich. Daher muss für eine angemessene Kapitalisierung der Netzgesellschaft gesorgt sein, was durch entsprechende Investitionspläne oder Patronatserklärungen, Bürgschaften usw. sichergestellt werden kann.

Die Teilnahme an sog. Cashpooling- bzw. Konzernclearingverfahren wäre danach nicht möglich. Erstens darf die Netzgesellschaft nicht zum Konzern gehören, zum anderen würde dem Netzunternehmen durch ein solches Clearingverfahren zur Verfügung stehende Liquidität genommen, wodurch Investitionen oder Instandhaltungen in unzulässiger Weise beschränkt werden könnten.

d) Zulässige Holdingstrukturen

Sollte das vertikal integrierte Unternehmen in eine Holding umstrukturiert werden, fragt es sich, welche Holdingstrukturen noch zulässig sind. Unter einer Holding versteht man grundsätzlich ein Unternehmen, dessen betrieblicher Hauptzweck ist, Beteiligungen an anderen Unternehmen dauerhaft zu halten.[296] Die Struktur der Holding kann nach dem oben Gesagten nur derart ausgestaltet sein, dass die Holdinggesellschaft die Beteiligung an der Netzgesellschaft hält und die Gesellschafterrechte im Rahmen der dargestellten Möglichkeiten ausübt. Zwischen der Holding und der Netzgesellschaft kann nur ein Gewinnabführungsvertrag nach den genannten Kriterien geschlossen werden. Dic Holding würde nämlich zugleich auch Gesellschafterrechte in den Bereichen Erzeugung, Gewinnung, Vertrieb und Handel ausüben. Um die Unabhängigkeit des Netzbetriebes zu wahren, kann somit nach § 8 Abs. 4 EnWG RegE auch nicht durch Zwischenschalten einer Holding ein Beherrschungsvertrag geschlossen werden. Das vertikal integrierte Unternehmen besteht in Form der Holding weiter. Zwischen den übrigen Tätigkeiten und der Holding kann ein solcher Beherrschungsvertrag geschlossen werden. Die Holding kann auch nicht dergestalt konstruiert werden, dass die Netzgesellschaft beherrscht wird, aber die anderen Tätigkeiten nicht beherrscht werden. In diesem Fall würde die Leitung der Netzgesellschaft nach § 308 AktG iSv. § 8 Abs. 4 EnWG RegE unzulässigen Weisungsrechten Dritter, nämlich der Holding, unterliegen.

Als mögliche Holdingstrukturen scheiden damit der Stammhauskonzern, die Führungsholding und die Mischholding zwingend aus. Alle diese Holdingstrukturen setzen einen Beherrschungsvertrag voraus. Unterschiedlich ist nur der Grad der Beherrschung.[297]

Die einzige mögliche verbleibende Holdingstruktur ist die der Finanzholding. Bei einer Finanzholding nimmt die Holding die Gesellschafterrechte beim Tochterunternehmen war, sonst beschränkt sich ihre Tätigkeit auf das Halten und Verwalten der gehaltenen Beteiligungen. Ein Beherrschungsvertrag ist bei dieser Holdingform nicht

296 Vgl. die Nachweise bei *Lutter,* Holdinghandbuch, A; *Klees,* Legal Unbundling und Deutsches Gesellschaftsrecht, in: Versorgungswirtschaft 11/2003, 245, 251.

297 Vgl. zu diesen Formen der Holding: *Lutter,* Holdinghandbuch, A 15 f.; *Klees,* Legal Unbundling und Deutsches Gesellschaftsrecht, in: Versorgungswirtschaft 11/2003, 245, 251; Dannischewski, Unbundling im Energierecht, S. 170 ff.

vorgesehen.[298] Mit der Muttergesellschaft, der Holding, kann dann ein Gewinnabführungsvertrag geschlossen werden. Dass die Holding die Gesellschafterrechte wahrnimmt, ist soweit unproblematisch, als diese nur im Rahmen des nach § 8, 9 EnWG RegE Zulässigen ausgeübt werden können. Ein Konflikt mit Unbundlingvorschriften besteht daher nicht.

3. Zusammenfassung und Bewertung

Das deutsche Gesellschaftsrecht steht nicht im Konflikt zu den Vorschriften des Unbundling nach §§ 6 bis 10 EnWG RegE. Abgesehen von der OHG und der „normalen" KG sind alle Gesellschaftsformen, insbesondere auch die GmbH, „unbundlingtauglich".[299] Die OHG und die „normale" KG, also nicht die GmbH/AG & Co. KG oder KGaA, werden wegen der unbeschränkten persönlichen Haftung keine Rolle spielen.

Dies setzt voraus, dass § 8 Abs. 4 EnWG RegE als Verbotsgesetz verstanden und § 9 Abs. 1 EnWG RegE wie hier vorgeschlagen restriktiv ausgelegt wird. Anderenfalls kann nur die AG als ideale Gesellschaftsform angesehen werden, wenngleich auch bei ihr gewisse Probleme im Rahmen von § 111 AktG bestehen, wenn §§ 8, 9 EnWG RegE nicht wie hier vorgeschlagen ausgelegt werden. In diesem Fall müsste das Gesetz entsprechend der hier vorgeschlagenen Auslegung nachgebessert werden, um die Ziele des Unbundlings zu erreichen.

Konzernstrukturen iSd. § 18 Abs. 1 AktG sind nicht zulässig. Es kann nur eine sog. Finanzholdingstruktur geschaffen werden, weil alle anderen Holdingstrukturen einen nicht zulässigen Beherrschungsvertrag voraussetzen würden. Das deutsche Gesellschaftsrecht bietet damit ausreichend Gestaltungsspielraum, um das Legal Unbundling des Netzbetriebes umzusetzen, ohne hier auf eine bestimmte Gesellschaftsform beschränkt zu sein.

V. Auswirkungen auf arbeitsrechtliche Aspekte

Durch die Notwendigkeit die Betriebsabteilung „Netzbetrieb" rechtlich zu verselbständigen, stellen sich einige arbeitsrechtliche Fragen, die im folgenden kurz beantwortet werden sollen. Im wesentlichen geht es hierbei um das Schicksal der bestehenden Arbeitsverträge der Mitarbeiter im Netzbereich, die Absicherung der Entscheidungsunabhängigkeit der Führungskräfte und die Einführung eines Gleichbehandlungsprogramms.

---

298 *Lutter,* Holdinghandbuch, A 21; *Klees,* Legal Unbundling und Deutsches Gesellschaftsrecht, in: Versorgungswirtschaft 11/2003, 245, 251; Dannischewski, Unbundling im Energierecht, S. 172.

299 A.A.: *Klees,* Legal Unbundling und Deutsches Gesellschaftsrecht, in: Versorgungswirtschaft 11/2003, 245 ff., insbes. 251.

1. Übergang der Arbeitsverträge nach § 613a BGB

Soweit der Netzbetrieb als rechtlich selbständige Gesellschaft ausgegliedert wird, gehen die bisherigen Arbeitsverträge im Wege des Betriebsüberganges nach § 613a BGB auf die neue Gesellschaft über. Diese bestehen somit unverändert fort. Gleiches gilt bei einer Verpachtung/ Leasing oder einer Betriebsfortführung durch die Netzgesellschaft. Da die hierzu notwendigen Arbeitnehmer dauerhaft den Weisungen des Netzbetriebs unterstellt sein müssen, gehen ihre Arbeitsverträge auch auf diese nach § 613a BGB über. Für die Arbeitnehmer besteht somit kein Risiko, ihren bisherigen Status zu verlieren.[300]

2. Schutzklauseln und Gleichbehandlungsprogramm

In die Verträge von leitenden Angestellten müssen Schutzklauseln aufgenommen werden, die ihre Unabhängigkeit vom vertikal integrierten Unternehmen absichern. Zudem muss ihre Gehalt unabhängig vom Erfolg des Gesamtunternehmens bestimmt werden. Hier bietet es sich an, erfolgabhängige Bestandteile an das Ergebnis der Netzgesellschaft zu knüpfen. Eine andere Anknüpfung wäre unzulässig.[301] Diese Änderungen können im Wege der Änderungskündigung durchgesetzt werden, da die Mitglieder der Geschäftsleitung nach § 14 KSchG nicht dem besonderen Kündigungsschutz nach dem Kündigungsschutzgesetz unterliegen. Soweit leitende Angestellte von einer solchen Änderungskündigung betroffen sind, wird zwar regelmäßig gem. § 14 Abs. 2 KSchG das Kündigungsschutzgesetz anwendbar sein und damit die Änderungskündigung nach § 2 KSchG auf ihre soziale Rechtfertigung hin überprüfbar. Die vorzunehmenden Änderungen ergeben sich aber aufgrund zwingender gesetzlicher Vorgaben, so dass solche Änderungen, soweit sie nur zur Umsetzung der Vorgaben von § 8 EnWG RegE notwendig sind, nicht sozialwidrig iSv. § 1, 2 KSchG sein können.

Ebenso muss arbeitsrechtlich abgesichert werden, dass die Mitarbeiter ein aufgestelltes Gleichbehandlungsprogramm einhalten. Ein solches Gleichbehandlungsprogramm sollte zur Klarstellung als vertraglicher Bestandteil des Arbeitsvertrages ausgestaltet sein, um so die Pflichten klar zu umreißen. Gleichwohl dürfte ein solches Gleichbehandlungsprogramm auch im Rahmen des Weisungsrechtes verbindlich durchsetzbar sein. Soweit zur Umsetzung Änderungskündigungen notwendig werden, sind diese wiederum nicht nach §§ 1, 2 KSchG sozialwidrig, da sie der Umsetzung von § 8 EnWG RegE dienen.

VI. Die buchhalterische Entflechtung nach neuem Recht

Die buchhalterische Entflechtung nach neuem Recht weicht stark von den bisherigen Vorschriften ab. Zum einen haben sich die Entflechtungstatbestände geändert und zum anderen sind die Anforderungen an die Entflechtung zumindest teilweise geringer ge-

---

300 Vgl.: *Beisheim*, ew 2003, 26 f.; *Hohmann/Makatsch*, ET 2003, 833, 835.

301 *BMWA*, Entwurf eines Gesetzes zur Neufassung des Energiewirtschaftsgesetzes vom 27. Februar 2004, S. 75.

worden. Gleich geblieben ist, dass die Unternehmen unabhängig von ihrer tatsächlichen Rechtsform nach den Vorschriften des Handelsgesetzbuches für Kapitalgesellschaften einen Jahresabschluss und eine Gewinn- und Verlustrechnung zu erstellen haben (§ 10 Abs. 1 EnWG RegE). Die Netzgesellschaft ist auch weiterhin in den Konzernabschluss einzubeziehen. Nach § 290 Abs. 2 Nr. 1 HGB besteht die Pflicht, einen Konzernabschluss durchzuführen, immer auch dann, wenn die Mehrheit der Stimmrechte der Gesellschafter einer Muttergesellschaft zustehen. Ein Konzerntatbestand iSd. § 18 AktG ist nicht erforderlich. Im Regelfall dürfte das vertikal integrierte Versorgungsunternehmen oder dessen Holding alle oder zumindest die Mehrheit der Stimmrechte an der Netzgesellschaft halten, so dass ein Konzernabschluss zwingend vorgeschrieben ist.

1. Die Entflechtungstatbestände

Neu ist die Einteilung der Entflechtungstatbestände und die Anforderung an deren Bilanzierung. Ein eigenständiger Abschluss, inklusive einer Gewinn- und Verlustrechnung, ist nur für die Tätigkeiten Elektrizitätsübertragung, -verteilung, Gasfernleitung, -verteilung, -speicherung und Betrieb von LNG-Anlagen aufzustellen. Die übrigen Tätigkeiten im Energiesektor können zusammengefasst ausgewiesen werden. Ebenso können eigenständig, aber auch zusammengefasst, die außerhalb des Elektrizitätsbereichs stattfindenden Aktivitäten ausgewiesen werden. Hierdurch entfällt somit die Pflicht eigenständige Konten für die Versorgung, Erzeugung und Gasgewinnung zu führen, wie sie §§ 9, 9a EnWG noch vorschreiben. Die Konten sind jedoch weiterhin wie bei eigenständigen Unternehmen zu führen.

Sinn dieser neuen buchhalterischen Entflechtung ist es verlässliche Daten für die Regulierung der Netznutzungsentgelte zu erhalten.[302] Um diese Daten zu gewinnen, ist es aber nur notwendig, dass der Netzbetrieb gesondert und detailliert im Jahresabschluss ausgewiesen ist. Die sonstigen wettbewerbsfähigen Sektoren unterliegen keiner Regulierung, so dass auch kein genaues Datenmaterial über diese Tätigkeiten von Nöten ist. Damit können sie zusammengefasst ausgewiesen werden. Auch zum Zwecke der Entflechtung ist dies nicht notwendig, da durch die organisatorische und rechtliche Trennung des Netzmonopols Diskriminierungen und Quersubventionierungen unterbunden werden bzw. diese ohnehin aus der Bilanz des Netzbetriebes erkennbar werden sollten.

Als wirtschaftliche Tätigkeit des Netzbetriebes ist jede wirtschaftliche Nutzung des Eigentums anzusehen (§ 10 Abs. 3 EnWG RegE). Damit muss das vertikal integrierte Unternehmen Einnahmen aus Verpachtung, Leasing oder Betriebsüberlassung gesondert und detailliert ausweisen. Hierdurch soll wiederum die notwendige Transparenz für die Regulierung der Netznutzungsentgelte gewährleistet werden.[303] Um diesen zusätzlichen Aufwand zu verhindern, bietet sich wiederum an, das Eigentum auf die Netzgesellschaft auszugliedern.

---

302 *BMWA*, Entwurf eines Gesetzes zur Neufassung des Energiewirtschaftsgesetzes vom 27. Februar 2004, S. 78 f.

303 *BMWA*, Entwurf eines Gesetzes zur Neufassung des Energiewirtschaftsgesetzes vom 27. Februar 2004, S. 78 f.

Die getrennte Bilanzierung der Netztätigkeiten ist wenig problematisch, da die Netzgesellschaft als eigenständiges Unternehmen ohnehin einen Jahresabschluss aufstellen werden muss. Allenfalls ein Kombinationsbetreiber muss daher in seinem Jahresabschluss getrennte Konten für Gas und Strom und die jeweiligen Verteilungsnetze führen.

2. *Kein Problem mit der Pagatorik*

Die buchhalterische Entflechtung sollte nach Maßgabe der pagatorischen Grundsätze erfolgen, um alle tatsächlichen Leistungsbeziehungen möglichst umfassend abbilden zu können. Die Bildung von Profit-Centern ist, da der Netzbetrieb ohnehin rechtlich zu verselbständigen ist, obsolet. Allenfalls bei einem Kombinationsnetzbetreiber könnten noch Profit Center für die einzelnen Tätigkeiten gebildet werden. Um aber ein möglichst umfassendes Datenmaterial für die Netzregulierung zur Verfügung zu stellen sollte auch hier nach pagatorischen Grundsätzen entflochten werden.

Probleme mit dieser pagatorischen Entflechtung bestehen nicht mehr. Das Netznutzungsentgelt wird reguliert und hängt damit nicht mehr wie bisher von den tatsächlich in Rechnung gestellten Beträgen ab. Folglich hat die Art und Weise der Entflechtung auch keinen Einfluss mehr auf die Bemessung des Netzentgeltes, wie bisher nach §§ 6, 6a EnWG.

C. Vergleich der deutsch-/ europäischen und britischen Entwicklung

I. Britischer Gasmarkt und EU

Die Entwicklung des britischen Gasmarktes weist erstaunliche Parallelen zu der des europäischen/deutschen Marktes auf. Obwohl die Strukturen der Märkte in Deutschland und Großbritannien gänzlich verschieden waren, gleicht sich die Entwicklung des Unbundlings sehr.

British Gas wurde 1986 zunächst als vertikal integriertes Unternehmen privatisiert und es wurde sukzessive Wettbewerb um Gaskunden eingeführt. Ein Unbundling erfolgte nicht. Erst im Laufe der Zeit, als erkannt wurde, dass Wettbewerb nur durch eine Trennung des Leitungsmonopols wirksam eingeführt werden konnte, wurden erste Unbundlingmaßnahmen ergriffen. Zunächst erfolgten nach dem ersten MMC-Bericht von 1988 ein Department Unbundling und Unbundling of Accounts. Diese Situation entspricht derjenigen, wie sie zurzeit in Deutschland ist. Das noch geltende EnWG sieht auch nur ein Department Unbundling im Übertragungs- bzw. Hochdrucknetz vor. Zudem sind die einzelnen Tätigkeiten der vertikal integrierten Unternehmen durch eine buchhalterische Entflechtung zu trennen. Gleichwohl war das Department Unbundling bei British Gas strikter, als es das noch geltende deutsche/europäische Recht vorsieht.

Ab dem Jahr 1993 vollzieht British Gas freiwillig in Absprache mit der britischen Regierung ein Legal und Management Unbundling. Ausgelöst wurde diese Entwicklung durch die zweite MMC-Untersuchung im Jahr 1992. Die MMC schlug in ihrem Bericht ein dem britischen Strommarkt vergleichbares Ownership Unbundling vor. Um diese Maßnahme abzuwenden, erarbeitete British Gas ein Konzept für ein wirkungsvolles Legal und Management Unbundling, welches auf die Zustimmung der britischen Regierung traf. Diese lehnte weitergehenden Maßnahmen solange ab, wie British Gas einen diskriminierungsfreien Netzzugang gewährleisten würde. Die Umstrukturierung von British Gas dauerte bis 1996.

Bereits ein Jahr später erarbeitete British Gas ein Konzept für ein Ownership Unbundling des Handelssektors. Zu dieser Entwicklung sah sich British Gas aus wirtschaftlichen Gründen, die im Zusammenhang mit der vollständigen Marktöffnung standen, gezwungen. Die britische Regierung sah keine Veranlassung, weitergehende Maßnahmen zu fordern, da das Unbundling von British Gas funktionierte bzw. noch keine gegenteiligen Ergebnisse erkennbar waren.

Bei den weitergehenden Entflechtungsbestrebungen von NGT im Bereich LNG und der Verteilernetze war die britische Regierung sogar skeptisch und zurückhaltend.

Die Entwicklung des britischen Gasmarktes entspricht der des deutschen bzw. der europäisch/deutschen Gesetzgebung: Zunächst sollten alle Energieversorgungsunternehmen vertikal integriert bleiben und nur teilweise durch ein Department Unbundling und Unbundling of Accounts entflochten werden. Erst als die Europäische Kommission erkannte, dass diese Entflechtungsmaßnahmen nicht ausreichen würden, um einen selbsterhaltenden Wettbewerb auf den europäischen Energiemärkten zu etablieren, schlug sie ein Legal und Management Unbundling des Netzbetriebes vor. Diese Situation gleicht der von 1993 auf dem britischen Gasmarkt. Mittlerweile ist das Legal und Management Unbundling in nationales Recht umzusetzen. Ob es den gleichen Erfolg wie in Großbritannien bringen wird, bzw. ob die Unternehmen ebenso wie in Großbritannien freiwillig weitergehende Entflechtungsbestrebungen ankündigen werden, wird sich noch zeigen, wenngleich einiges für eine solche Entwicklung spricht.

Sowohl die Entwicklung auf dem britischen Gasmarkt als auch die Erhebungen der Europäischen Kommission zeigen, dass ein Unbundling of Accounts und ein Department Unbundling nicht ausreichen, um einen selbsterhaltenden Wettbewerb auf den stark integrierten Energiemärkten zu etablieren. Zur Erreichung dieses Ziels scheint ein Legal und Management Unbundling unerlässlich zu sein.

II. Sonderstellung des britischen Strommarktes

Der britische Strommarkt ist einem Vergleich mit der europäischen/deutschen Entwicklung nur eingeschränkt zugänglich. Im Vergleich zum britischen Gasmarkt und der europäisch/deutschen Entwicklung des Unbundlings nimmt er eine Sonderstellung ein. Im britischen Strommarkt wurde mit einer Einführung des Wettbewerbs gleichzeitig ein Ownership Unbundling des Netzbereiches vollzogen, indem die NGC gegründet wurde. Die schrittweise Entwicklung vom Unbundling of Accounts und dem Organisatorischen Unbundling bis hin zum Legal und Management Unbundling fehlt auf der Übertragungsebene. auf Verteilerebene sind die Entwicklungslinien wiederum vergleichbar.

Die eigentumsrechtliche Ausgliederung von NGC war Folge der schleppenden Wettbewerbsentwicklung auf dem britischen Gasmarkt und in gewisser Weise eine Überreaktion der damaligen Regierung. Es gab keine Anhaltspunkte für ein diskriminierendes Verhalten beim Netzzugang. Gleichwohl stellt diese Art der Entflechtung die konsequenteste Lösung dar, um das natürliche Leitungsmonopol vom wettbewerbsfähigen Restmarkt zu trennen. Ob diese Lösung aber die einzig zwingende ist, kann anhand der Strommarktes nicht beantwortet werden, es fehlt ein vergleichbarer Versuch mit einem Legal und Ownership Unbundling.

Erst das Unbundling im Verteilungssektor entspricht der Entwicklung des britischen Gasmarktes und der europäisch/deutschen Entwicklung. Zunächst wurde hier nur ein Unbundling of Accounts vollzogen. Eine weitergehende Entflechtung der REC hielt die britische Regierung für nicht notwendig, weil die Verteilung zunächst als Monopol fortbestand. Erst mit der vollständigen Marktöffnung und der daraus resultierenden Marktreform durch den Utility Act wurde im Jahr 2000 ein Legal und Management Unbundling eingeführt. Auf ein Ownership Unbundling wurde interessanterweise verzichtet. Dieses sollte sich erst wie im Gasmarkt auf freiwilliger Basis aufgrund der wirtschaftlichen Konsolidierung des Verteilungsmarktes und der damit folgenden teilweisen Neuorientierung der ehemaligen REC vollziehen.

Der britische Strommarkt verdeutlicht zumindest auf Verteilungsebene, wie wichtig ein Legal und Management Unbundling für die Einführung von Wettbewerb ist und dass ein Ownership Unbundling nicht die einzig sinnvolle Lösung sein muss. Diese These wird auch dadurch bestätigt, dass das Ownership Unbundling von NGC eine Überreaktion war, für die es keinerlei sachliche Gründe gab.

Eine weitere Besonderheit des britischen Strommarktes war der Strompool. Diese Handelsform sollte letztlich zu erheblichen Schwierigkeiten bei der Liberalisierung führen und wurde letztlich abgeschafft.

III. Weitergehende Entflechtung in Großbritannien: Metering, LNG/ Speicherung, keine De Minimis

Der wesentliche Unterschied zwischen Großbritannien und der europäischen/deutschen Entwicklung liegt in der weitergehenden Entflechtung des Netzbetriebes. In Großbritannien entstand mit NGT eine einzige unabhängige Netzbetreiberin, die vollkommen unabhängig vom wettbewerbsfähigen Markt agiert. Vollzogen wurde ein freiwilliges Ownership Unbundling, damit wurde über das nach neuem europäischem Standard erforderliche Maß hinaus qualitativ entflochten. Darüber hinaus gibt es auch quantitative Unterschiede. Die Regulierungspolitik hat in den letzten Jahren konsequent versucht, weitere wettbewerbsfähige Marktsegmente vom Netzbetrieb zu trennen und so zu einem weitergehenden Unbundling als bisher nach den europäischen Vorgaben vorgesehen zu kommen. Die britische Regierung hat in ihrem konsequenten Ansatz, das natürliche Leitungsmonopol von wettbewerbsfähigen Marktsegmenten zu trennen, verstärkt darauf hingewirkt, dass der Geschäftsbereich Metering verselbständigt wurde, also durch ein Legal und Management Unbundling vom Netzbetrieb getrennt wurde. Zum Teil führte dies bereits zu freiwilligen Verkäufen dieses Bereiches, also zu einem Ownership Unbundling.

Gleiches gilt für die Speicheranlagen. Abgesehen von LNG wurden diese verkauft und vom Netz getrennt. Die LNG-Anlagen sollen nunmehr auf Bestreben von NGT ebenfalls durch ein Legal und Management Unbundling vom Netzbetrieb getrennt werden, um so einen wettbewerbsfähigen Markt zu schaffen und die Anlagen aus dem regulierten Bereich heraus zu lösen. Auch diese Entwicklung ist letztlich auf das Bestreben der britischen Regierung, durch Kapazitätsauktionen diesen Markt zu entregulieren, zurückzuführen.

Großbritannien bewegt sich damit wieder einen Schritt vor den europäischen Entwicklungen. Es bleibt abzuwarten, wann die europäische Politik nachziehen und ebenfalls ein Unbundling von Metering und Speicherung forcieren wird. Für eine solche Weiterentwicklung der europäischen Liberalisierungspolitik spricht jedenfalls, dass sie bisher parallel zu der Entwicklung des britischen Gasmarktes verlaufen ist: Erst ein Unbundling of Accounts und ein Department Unbundling, dann das Legal und Management Unbundling. Dies entspricht der Entwicklung des britischen Gasmarktes in den Jahren 1988 bis 1993.

IV. Großbritannien als Vorbild?

Aufgrund dieser bemerkenswerten parallelen Entwicklung zwischen britischem Gasmarkt und europäischer Gesetzgebung fragt es sich, inwieweit die britische Liberalisierungspolitik in ihrer weitergehenden Entwicklung ein Vorbild für die europäisch/deutsche Entwicklung sein kann.

In der bisherigen Fachliteratur ist eine solche Vorbildfunktion vor allem für den britischen Strommarkt und das britische Strompoolmodell diskutiert worden.[304] Der britische Strommarkt eignet sich nur sehr bedingt als Vorbild. Zum einen fehlt es an einer parallelen Entwicklung zur europäisch/deutschen Gesetzgebung, da sehr früh, ohne sachlichen Grund ein Ownership Unbundling vollzogen wurde. Und zum anderen wies er mit dem mittlerweile gescheiterten Poolmodell eine nicht verallgemeinerungsfähige Besonderheit auf. Die Diskussion um die Übertragbarkeit dieses Modells dürfte mit dessen Scheitern ohnehin obsolet geworden sein. Vergleichbar ist der Strommarkt nur insoweit, als auf die Entflechtung des Verteilungsmarktes Bezug genommen wird, da sie der europäisch/deutschen sehr ähnlich ist.

Soweit der britische Markt aufgrund seiner sehr starken vertikalen Integration ebenfalls Unterschiede zu Deutschland aufweist, ist eine Vorbildfunktion ebenfalls nur bedingt gegeben.

Gemeinsam ist beiden Entwicklungen in Deutschland/Europa und in Großbritannien, dass das natürliche Leitungsmonopol vom wettbewerbsfähigen Markt effizient durch ein Legal und Management Unbundling getrennt werden soll. Ebenfalls gemeinsam ist, dass das natürliche Leitungsmonopol der Regulierung unterliegen muss.

Hier kann auf eine langjährige Erfahrung der britischen Regulierungspraxis zurückgegriffen werden. Ohne auf die genaue Regulierungspraxis, insbesondere die Art der

304 Siehe hierzu nur: *Durach*, Die Einführung kompetitiver Strukturen; *Schneider*, Liberalisierung der Stromwirtschaft durch regulative Marktorganisation; ablehnend: *Baur/Moraing*, Rechtliche Probleme einer Deregulierung, VEnergR 72.

Preisregulierung eingehen zu wollen, ist hervorzuheben, dass die britische Regulierung konsequent durch ihre Preisregulierung die Unternehmen bewegt hat, freiwillig weitergehende Entflechtungsmaßnahmen zu ergreifen. Dies gilt insbesondere für den Bereich Speicherung.

Vorbildhaft erscheint ebenfalls die Art und Weise der Durchsetzung wichtiger Unbundlingmaßnahmen. Die wenigsten Maßnahmen wurden per Gesetz erlassen. Vielmehr wurde durch Beratung der MMC und in Verhandlungen mit den Unternehmen versucht einen tragfähigen Kompromiss zu finden, der dann durch freiwillige Zugeständnisse umgesetzt wurde. Diese Vorgehensweise zeigt sich 1993 nach der zweiten MMC-Untersuchung, wo der DGGS mit British Gas ein Legal Unbundling ausgehandelt hat, beim Unbundling des Metering, bei der Fusion von TransCo und NGT, bei der Entflechtung der REC und bei der Öffnung des Speichersektors. Alle Maßnahmen wurden durch Anhörungen und Verhandlungen mit den Unternehmen umgesetzt.

Diese Art der Regulierung bietet zahlreiche Vorteile; die Unternehmen können ihre Interessen vertreten und es kann ohne ein langwieriges formales Verfahren schnell reagiert werden, da fast alle Maßnahmen nicht per Gesetz, sondern per Vertrag vereinbart wurden.

Diese Vorgehensweise scheint für die weitere Entwicklung des Energiemarktes in Europa vorbildhaft. Es kann auf individuelle Bedürfnisse eingegangen werden und es bedarf keiner langwierigen Verfahren. Gleichwohl ist ein solches Vorgehen dem deutschen Rechtskreis fremd. Grundsätzlich darf eine Behörde nur aufgrund einer Ermächtigungsgrundlage einschreiten und hat ein formales Verfahren zu wahren, gegen welches es Rechtsschutzmöglichkeiten geben muss. So ist auch das Regulierungsverfahren nach dem EnWG RegE ausgestaltet worden. Hier ist nur zu befürchten, dass eine schnelle und flexible Handhabung auf der Strecke bleibt. Es müsste aber gerade im Interesse der Unternehmen liegen, möglichst flexibel handeln und in einem Zustand der Rechtssicherheit planen zu können. Solche Planungssicherheit lässt sich schnell und einfach durch Aushandeln von Kompromissen und vertraglichen Vereinbarungen erreichen. Im Rahmen von §§ 54 ff. VwVfG, insbesondere nach § 55 VwVfG kennt auch das deutsche Recht die Möglichkeit durch öffentlich-rechtlichen Vertrag, eine unklare Rechtslage zu klären. Es bleibt zu hoffen, dass hiervon im Rahmen des Unbundlings auch Gebrauch gemacht wird. Parallel hierzu sollte seitens der deutschen Regierung und der Unternehmen auch versucht werden, durch Selbstverpflichtungen, vergleichbar der Verbändevereinbarung, zu weitergehenden Schritten und einheitlichen Standards zu kommen. Ein solches Vorgehen ist mit erheblichen Vorteilen verbunden und erlaubt eine schnellere Marktanpassungsflexibilität, als auf ein formales Gesetzgebungsverfahren abzustellen und hiergegen ggf. vorzugehen.

Die Praktizierung eines solchen Vorgehens setzt allerdings voraus, dass die Unternehmen und vor allem die Verbände erkennen, dass das Unbundling erhebliche noch aufzuzeigende Chancen bietet und nicht nur einen sicherlich problematischen Eingriff in Grundrechte der Unternehmen bedeutet. Letztlich geht es hier um die Grundsatzfrage, ob die deutschen Unternehmen sich dem Wettbewerb stellen wollen oder in ihrer alten, staatlich geschützten Monopolstellung verharren wollen, was mit Sicherheit weitergehende Maßnahmen der Kommission auf den Plan rufen wird. Es geht also um die Grundsatzentscheidung, ob das gesellschaftspolitische Modell des Wettbewerbs auch in der Energieversorgung Einzug halten soll oder aber ob in staatlich kontrollierter Weise Wirtschaftspolitik gemacht werden soll.

In Großbritannien haben sich die Unternehmen dafür entschieden, sich dem Wettbewerb zu stellen. Zu dem Zeitpunkt, als British Gas entflochten wurde, war sie bereits privatisiert und unterlag daher auch einem Schutz des Eigentums. Gleichwohl hat keiner über eine Verletzung dieses Verfassungsrechtes ernsthaft nachgedacht. Ziel der damaligen Unternehmenspolitik war vielmehr, schlimmere Maßnahmen der Regierung zu verhindern und einen Kompromiss zu finden, mit dem British Gas gut arbeiten konnte. Wie schnell sich die Unternehmen mit der neuen Situation arrangiert haben, zeigt die ab 1997 rasant einsetzende weitergehende Entflechtung in die einzelnen Marktsegmente durch Verkäufe der jeweiligen Unternehmensteile. Die Unternehmen stellten sich den Wettbewerbsanforderungen und haben sich entsprechend neu aufgestellt. Hierin liegt auch die große Chance des Unbundlings.

Es bleibt zu hoffen, dass sich in Deutschland eine ähnlich dynamische Entwicklung einstellen wird, so dass der Markt tatsächlich wettbewerbsfähig und damit innovativ wird. Ein Festhalten an alten (überkommenen) Strukturen würde hier nur Stillstand und damit Rückschritt bedeuten, den die Unternehmen u.U. in mehreren Jahren im Vergleich zu ihrer europäischen Konkurrenz bedauern würden. Das Unbundling sollte deshalb als Herausforderung und nicht als notwendiges Übel verstanden werden.

V. Legal und Management Unbundling als Lösungsperspektive

Das Legal und Management Unbundling ist notwendig, um den Energiemarkt zu liberalisieren. Die britische Entwicklung zeigt deutlich, dass Wettbewerb sich ohne eine gesellschaftsrechtliche Trennung des Netzbetriebes nicht einstellen kann. Diese Erkenntnis wird auch durch die Untersuchungen der Kommission im Zusammenhang mit der Neureglung der Richtlinien verdeutlicht. Die einzig Alternative wäre ein Ownership Unbundling. Allerdings kann anhand der Untersuchung des britischen Marktes nicht gesagt werden, ob dieses wirklich notwendig wäre. Der britische Strommarkt ist hier als Beispiel ungeeignet, da NGC infolge einer Überreaktion ohne sachlichen Grund verselbständigt wurde. Ob das Stromnetz ebenso gut bei einem Legal Unbundling diskriminierungsfrei zur Verfügung gestanden hätte, ist damit offen.

Umgekehrt kann anhand der Analyse des britischen Gasmarktes auch nicht gesagt werden, dass ein Legal und Management Unbundling ausreichend ist. Dieses war nur knapp ein Jahr eingeführt, als British Gas ihr Handelsgeschäft (Centrica) veräußerte und damit ein freiwilliges Ownership Unbundling vollzog. Es bleibt daher in letzter Konsequenz abzuwarten, ob sich das Legal Unbundling als funktionsfähig erweist.

Fest steht jedenfalls, dass das Department Unbundling und Unbundling of Accounts nicht die gewünschte Unabhängigkeit des Netzbetriebes gewährleisten konnten, wie die Erfahrungen auf dem britischen Gasmarkt und die Feststellungen der Europäischen Kommission aufgezeigt haben. Mit den Neuen Richtlinien ist nunmehr eine Grundsatzentscheidung für ein Legal und Management Unbundling gefallen. Jetzt gilt es, diese Entscheidung funktionsfähig zu machen und in die Praxis umzusetzen. Die europäische Entwicklung steht an der Stelle, an der British Gas feiwillige Entflechtungsmaßnahmen als Reaktion auf die zweite MMC-Untersuchung im Jahr 1993 anbot. Die britische Regierung hat diese unter der Bedingung akzeptiert, dass dieses Legal Unbundling einen freien und diskriminierungsfreien Netzzugang sicherstellen müsse. Damit war British Gas aufgefordert, die Umsetzung dieser Bedingung unter Beweis zu stellen.

Die europäischen und insbesondere deutschen Unternehmen stehen nun vor der gleichen Situation. Sie müssen entflechten und unter Beweis stellen, dass sie im Rahmen des verbleibenden Spielraumes in der Lage sind, einen freien und diskriminierungsfreien Netzzugang zu gewährleisten. Gelingt dies nicht, bleiben nur zwei Möglichkeiten: Entweder es folgt ein verordnetes Ownership Unbundling, mit all seinen verfassungsrechtlichen Konsequenzen, oder aber das Modell eines liberalisierten Energiemarktes muss gänzlich neu überdacht werden und, falls ein notwendig werdendes Ownership Unbundling nicht durchsetzbar wäre, die gesamte Liberalisierungspolitik als solche in Frage gestellt werden.

Es ist also an den Energieversorgungsunternehmen, für eine sinnvolle Umsetzung des Unbundlings zu sorgen und hierdurch zu einem diskriminierungsfreien Netzzugang als unerlässliche Voraussetzung für einen wettbewerbsgesteuerten Energiemarkt beizutragen. Hierbei hängt es maßgeblich davon ab, ob die Unternehmen wirtschaftliche Chancen im Unbundling erkennen können.

Ausblick und Schlussfolgerungen

A. Unbundling als Chance?

Die Entwicklung auf dem britischen Strom- und Gasmarkt zeigt, dass das Legal Unbundling eine große Chance für eine völlige Neustrukturierung des Marktes eröffnet.[1] Sowohl im Versorgungssektor im Strombereich als auch im gesamten Gasmarkt hatte die beginnende Entflechtung zu einer Neuorientierung und gänzlichen Aufspaltung der Unternehmen geführt, also zu einem Ownership Unbundling. British Gas veräußerte seinen Handelsbereich und einen Teil seiner Speicheranlagen ausschließlich aus Wirtschaftlichkeitsüberlegungen. Die REC im Strombereich haben teilweise ihre Handelsgeschäfte veräußert und sich zu Netzgesellschaften zusammengeschlossen.

Diese Entwicklung zeigt, dass das Unbundling eine Chance bietet, durch weitergehende Umstrukturierungen auf die durch den Wettbewerb neu entstehenden Marktverhältnisse zu reagieren. Durch Fusionen und Kooperationen innerhalb der nun getrennten Marktsegmente können Economies of Scope und Economies of Scale realisiert werden. So hat die Neustrukturierung des britischen Energiemarktes in der Fusion von NGC und TransCo ihren Höhepunkt gefunden. Durch den Zusammenschluss der beiden Netzbetreiber ist ein Unternehmen entstanden, das fast das gesamte Gasnetz und das gesamte Übertragungsnetz in Großbritannien betreibt. Dieser Zusammenschluss bietet eine Vielzahl von Synergieeffekten. Diese wirken sich nicht nachteilig auf die Wettbewerbssituation aus, da das Netz ohnehin als ein natürliches Monopol fungiert. Dieses Monopol ist durch das Ownership Unbundling vollkommen unabhängig vom wettbewerbsfähigen Markt, so dass negative Synergien mit diesen Marktsegmenten nicht entstehen können.

Ein Zusammenschluss von NGC und TransCo wäre undenkbar gewesen, wenn British Gas vertikal integriert fortbestanden hätte. Ebenso hätte British Gas nicht eine wirtschaftliche Neuorientierung nach 1997 vornehmen können. British Gas wäre viel zu marktmächtig gewesen, um sich neue Geschäftsfelder zu erschließen und insbesondere um in den Strommarkt einzusteigen, wenn es vertikal integriert geblieben wäre und sich nicht von seinem Handelsgeschäft getrennt hätte.

Diese Entwicklung zur Neustrukturierung des Strom- und Gasmarktes hat im Vereinigten Königreich mit dem Legal Unbundling begonnen. Sowohl British Gas als auch die REC im Strombereich waren nur zu einer gesellschaftsrechtlichen Trennung und nicht zu einem Ownership Unbundling verpflichtet. Die gesellschaftsrechtliche Entflechtung kann als Dammbruch zu einem freiwilligen Ownership Unbundling be-

1 Zu den sich ergebenden Chancen, siehe auch: *Dudenhausen/Ellwanger*, ET 2003, 85 f.; *Seiferth/Wenzel/Cord/Neumann/Hartmann*, ET 2003, 225, 227; *Seiferth/Weidel*, ET 2003, 18 ff.; für die IT: *Decker*, ET 2004, 463 ff.

trachten werden. Zumindest war dies eine spezifische Folge bei British Gas und den REC in UK.[2]

Das Legal Unbundling bietet zudem die Chance zu einer wirksamen Trennung von Leitungsmonopol und wettbewerbsfähigem Markt zu kommen. Zwar können nicht alle Synergieeffekte eines zuvor vertikal integrierten Unternehmens beseitigt werden, es kann aber durch das Management Unbundling und die rechtliche Trennung des Netzbetriebes zumindest verhindert werden, dass verdeckt in diskriminierender Weise Einfluss genommen wird und verdeckte Quersubventionen in den wettbewerbsfähigen Markt fließen.

Dass ein Unbundling of Accounts und ein Department Unbundling keine Alternative darstellen, wird belegt durch die Entwicklungsgeschichte des britischen Gasmarktes. Bestätigt wird dies auch durch die ausführlichen Markterhebungen der Kommission. Abgesehen davon stellt sich diese Frage aufgrund der neuen europäischen Entwicklungen nicht mehr. Es geht nur noch um die Frage, ob ein Legal und Management Unbundling ausreichen, um das natürliche Leitungsmonopol vom wettbewerbsfähigen Markt getrennt zu halten und negative Synergien, namentlich Economies of Scope and Scale zu unterbinden. Hier sind die Unternehmen gefragt, auf eine wirksame Umsetzung zu achten. Liegt ihr Bestreben darin, die Vorschriften zum Legal Unbundling so zu unterlaufen, dass noch möglichst viele Synergien zum wettbewerbsfähigen Markt bestehen bleiben, kann auch das Legal Unbundling scheitern. In diesem Fall bleiben nur zwei Möglichkeiten: Erstens die europäische und nationale Regulierungspolitik zwingt die Unternehmen zu einem Ownership Unbundling oder die Liberalisierung des Strom- und Gasmarktes ist gescheitert. Erstere Lösung entspricht der Reaktion der britischen Regierung im Jahr 1993. Sie akzeptierte die Vorschläge von British Gas, ein Legal Unbundling durchzuführen, sofern hierdurch ein diskriminierungsfreier Netzzugang ermöglicht werden würde. Andernfalls wäre es sicher zu einem verordneten Ownership Unbundling gekommen.

Es bleibt abzuwarten, wie sich die nationale Regulierung und vor allem die Unternehmen auf die neue Situation einstellen werden. In ein paar Jahren wird sich zeigen, ob sich das Legal Unbundling als ausreichend erweist, einen wettbewerbsfähigen Markt zu gestalten oder ob ein Ownership Unbundling notwendig wird und dann verfassungsrechtlich durchsetzbar sein würde.

I. Kostensteigerung durch ein Legal Unbundling

Das Legal Unbundling bietet nicht nur Vorteile, sondern führt auch zu erheblichen Nachteilen. Diese liegen in erster Linie in einer Kostensteigerung für die Unternehmen und damit in der Gefahr einer Preissteigerung für Strom und Gas. Die Unternehmen können nicht mehr durch Economies of Scope und Scale zwischen Netzbetrieb und sonstigen Tätigkeiten zu einer Kostensenkung beitragen. Außerdem sind sie gezwungen, verschiedene Einrichtungen im Unternehmen zumindest doppelt vorzuhalten. Wird der Netzbetrieb als Vollfunktionsunternehmen ausgelagert, müssen Einrichtun-

2 Hierzu unten: Ausblick A. III.

gen wie ein Controlling, Rechtsabteilung, Management usw. nicht nur beim Restunternehmen, sondern auch bei der Netzgesellschaft geschaffen werden. Dies kann die Energiekosten insgesamt verteuern.[3]

Auf der anderen Seite wird ein dann hoffentlich funktionsfähiger Wettbewerb zu einer Kostensenkung bei Produktion und Handel führen, welche die Verteuerung des Netzbetriebes zu kompensieren in der Lage sein kann. Dieser funktionsfähige Wettbewerb kann aber ohne ein Legal Unbundling nicht eingeführt werden, so dass sich bei bestehender vertikaler Integration die Kosten nicht am Marktpreis, sondern an einem Monopolpreis, dem sog. Cournotischen Punkt, orientieren werden. Ob dies letzten Endes die preisgünstigere Variante ist, bleibt offen.

Zudem kann eine sinnvolle Regulierung des Netzentgeltes sowie die Nutzung der Kooperation im Netzbereich, welche wiederum zu einer Ausnutzung von Economies of Scope und Scale führt, zu einer Kostensenkung des Netzbetriebs führen. Diese Ausnutzung von Economies of Scope und Scale wäre bei einer fortbestehenden vertikalen Integration unmöglich, da hierdurch kein Wettbewerb in den anderen Marktsegmenten entstehen könnte. Letzten Endes würde so nur ein großer monopolistischer Versorger entstehen. Dass sich dieses Modell als ineffizient erweist, belegt die Erfahrung in Großbritannien.

Ein weiterer Vorteil liegt in der aus dem Unbundling folgenden Beschränkung der jeweiligen Sparte auf ihre Kernkompetenzen. Hierdurch kann sie sich nur auf ein Geschäftsfeld konzentrieren und ihren dortigen Marktauftritt optimieren, wodurch es wiederum zu Kosteneinspareffekten kommen dürfte.[4]

Ob damit eine wirklich Kostensteigerung am Markt für die Endkunden wahrnehmbar wird, scheint zweifelhaft. Dies gilt jedoch nur unter der Voraussetzung, dass sich ein funktionierender Wettbewerb einstellen wird und die Unternehmen das Unbundling als Chance zu neuen Kooperationen verstehen.

II. Die Kritik von Dannischewski am Legal Unbundling

Dannischewski kritisiert am Legal und Management Unbundling, oder der, wie er es nennt „kleinen gesellschaftsrechtlichen Lösung“, dass diese Lösung nicht tauglich sei, einen wettbewerbsfähigen Markt zu schaffen.[5] Er wendet gegen das Legal und Management Unbundling ein, dass es nicht in der Lage sei, zu einer Senkung der Netzzugangsentgelte zu führen. Gleiches gelte auch für das Ownership Unbundling („der großen gesellschaftsrechtlichen Lösung“).[6] Außerdem würden, anders als beim Ownership Unbundling die Möglichkeiten zur Quersubventionierung nicht wirksam unterbunden. Die Netzgesellschaft könnte ihre Gewinne weiterhin an das vertikal integ-

3 Hierzu: *Wiedmann/Langerfeldt*, ET 2004, 248 ff.; *Dudenhausen/Ellwanger*, ET 2003, 85 f.; *Seiferth/Wenzel/Cord/Neumann/Hartmann*, ET 2003, 225, 228.

4 *Seiferth/Weidel*, ET 2003, 18.

5 *Dannischewski*, Unbundling im Energierecht, S. 242 ff.

6 *Dannischewski*, Unbundling im Energierecht, S. 242.

rierte Restunternehmen ausschütten und damit defizitäre Geschäftsbereiche subventionieren.[7]

Dannischewski ist darin zuzustimmen, dass das Unbundling, gleichgültig, ob Legal oder Ownership, nicht zu einer Senkung der Netzzugangspreise führen kann. Das Netz bleibt ein natürliches Monopol, so dass sich der Zugangspreis immer am Cournotischen Punkt, also dem höchstmöglich erzielbaren Preis orientieren wird. Dies ist aber auch nicht die Aufgabe des Unbundling. Das Unbundling ist kein Instrumentarium zur Preisregulierung. Es soll einzig sicherstellen, dass negative Synergien, namentlich Economies of Scope und Scale zwischen Leitungsmonopol und wettbewerbsfähigem Markt bestehen. Die Frage der Zugangsentgelte ist einer Frage der Netzregulierung und nicht des Unbundlings. Die Entgeltregulierung ist aber eine vom Unbundling unabhängige Folge des natürlichen Leitungsmonopols. Die Preisregulierung soll einen Preisdruck und damit eine Kostensenkung für den Netzzugang schaffen und das Unbundling soll gewährleisten, dass die Leitungsinfrastruktur als Plattform für einen freien Handel jedermann offen steht und ein Unternehmen keine negativen Synergieeffekte aus dem Betrieb eben dieser Plattform hervorbringen kann.

Soweit *Dannischewski* einwendet, das Energieversorgungsunternehmen könne weiterhin die Gewinne der Netzgesellschaft abschöpfen und für die Subventionierung seiner wettbewerbsfähigen Teilmärkte nutzen,[8] ist ihm ebenfalls zuzustimmen. Auch hier ist richtig, dass diese Möglichkeit nur durch ein Ownership Unbundling unterbunden werden kann.

Er verkennt aber, dass durch das Legal Unbundling und den damit erforderlich werdenden Gewinnverwendungsbeschluss bei der Netzgesellschaft, die Subventionierung nicht mehr verdeckt, sondern offen erfolgen muss. Das Energieversorgungsunternehmen muss förmlich beschließen, die Gewinne einzuvernehmen. Hierdurch wird auch die Kostenstruktur innerhalb der wettbewerbsfähigen Segmente transparent. Das Unternehmen muss in diesen Bereichen seine Kostenstrukturen bilanzieren. Wird nun durch die Gewinnverwendung des Netzes unter den Erstehungskosten Energie produziert oder gehandelt, ist dies erkennbar. Bei einer bestehen bleibenden vertikal integrierten Struktur wäre diese Transparenz nur ausgesprochen schwierig zu erreichen.

Weiterhin wird durch das Management Unbundling der Einfluss der vertikal integrierten Unternehmens auf den Netzbetrieb minimiert. Es kann kein Einfluss mehr auf den laufenden Netzbetrieb genommen werden, wodurch eine Diskriminierung beim Netzzugang unterbunden sein sollte. Damit wird ein freier Netzzugang erst möglich.

Soweit eine offene Subventionierung durch den Netzbetrieb möglich ist, ist diese unproblematisch. Es gibt in jedem Wirtschaftszweig Unternehmen, die aufgrund ihrer Marktstärke in anderen Bereichen defizitäre Geschäftsbereiche subventionieren können. Im Regelfall werden Unternehmen dies aber nur vorübergehend tun. Entweder tun sie dies, um eine vorübergehende Flaute auf dem Markt zu überbrücken, da sie auf ein Anziehen des Geschäftes hoffen, oder aber um in einen neuen Markt vorstoßen oder um Konkurrenten verdrängen zu können. Dauerhaft wird kein wirtschaftlich agie-

7 *Dannischewski*, Unbundling im Energierecht, S. 245 f.

8 *Dannischewski*, Unbundling im Energierecht, S. 245 f.

rendes Unternehmen Quersubventionierungen vornehmen, da dies zu einer Senkung des Profites führen und damit gegen die Interessen der Anteilseigner verstoßen würde.

Soweit eine Krise zeitweise überwunden werden soll oder ein wettbewerblicher Vorstoß vorgenommen wird, ist die Quersubventionierung sogar wirtschaftlich positiv. Das Unternehmen erhält seine Kapazitäten und kann eine Krise ohne Vernichtung von eigenen Ressourcen überwinden. Es muss also kein Kapital vernichten. Stößt es in neue Märkte vor, führt dies zu einer Belebung des Wettbewerbs und der Konkurrenz, was für eine positive Wettbewerbsentwicklung nur wünschenswert sein kann.

Einzig problematisch sind die Fälle, in denen das Unternehmen durch die Subventionierung versucht, vorstoßende Konkurrenten abzuwehren oder andere Unternehmen aus dem Markt zu drängen, weil dies zu einer Unterbindung von Wettbewerb führen kann. Diese Situation ist aber keine energiewirtschaftlich spezifische, sondern tritt überall dort auf, wo ein Unternehmen in einem anderen Marktsegment marktbeherrschend ist. Würde also ein solches Unternehmen seine Produkte zu Preisen anbieten, die nicht einem Marktpreis entsprechen, weil es aufgrund seiner Marktbeherrschung in einem anderen Markt seine Preise quersubventionieren kann, könnte es durch sog. Kampfpreisunterbietungen Konkurrenten an einem Marktzugang hindern bzw. diese aus dem Markt drängen. Werden die Preise durch einen beherrschten Drittmarkt quersubventioniert, spricht man von einem sog. Missbrauchstransfer. Diese Art der missbräuchlichen Preisgestaltung ist nach § 19 Abs. 4 Nr. 1 GWB untersagt.[9]

Dieses wirtschaftliche Phänomen der Kampfpreise tritt daher allgemein auf und kann im Wege der Missbrauchskontrolle nach § 19 Abs. 4 Nr. 1 GWB umfassend bekämpft werden. Hierzu bedarf es keiner energierechtlichen Sonderbestimmung. Soweit *Dannischewski* einwendet, dass eine solche Kontrolle erst nachträglich, also nach Vollzug des missbräuchlichen Verhaltens, eingreifen würde und damit nicht effektiv sei,[10] ist anzumerken, dass auch dies ein generelles Problem und kein energiewirtschaftlich spezifisches ist. Da der Preismissbrauch in allen Wirtschaftszweigen auftritt, in denen ein Unternehmen marktbeherrschend ist, ist auch überall dort eine Preisdiskriminierung erst im nachhinein nach § 19 Abs. 4 Nr. 1 GWB zu ahnden. Würde eine solche nachträgliche Bekämpfung als nicht ausreichend empfunden, müsste konsequenter Weise jedem marktbeherrschenden Unternehmen seine Marktmacht dadurch genommen werden, dass es gezwungen würde, seinen beherrschten Markt zu veräußern oder ihm verboten würde, in andere Märkte vorzudringen. Genau dies entspräche der Forderung nach einem Ownership Unbundling. Eine solchermaßen weitgehende Wirtschaftslenkung ist aber kontraproduktiv und verhindert eine marktdynamische Entwicklung. Damit kann sich eine wettbewerbspolitische Steuerung des Preismissbrauches nur auf eine nachträgliche Kontrolle beschränken.

Gleiches muss in der Energiewirtschaft gelten. Solange das Unternehmen durch Quersubventionen, nicht mittels Kampfpreises, einen Verdrängungswettbewerb beginnt, sind die Quersubventionierungen unproblematisch und steigern allenfalls den

9 vgl. nur: BGHZ 129, 203, 210 ff. „Hitlisten-Urteil“; KG WuW/E OLG 1767 ff. „Kombinationstarif“; OLG Düsseldorf WuW/E OLG2642, 2647 ff. „Siegener Kurier“; OLG Karlsruhe WuW/E OLG 5395, 5398 f. „Badische Anzeigen-Zeitung“; BKartA, TB 1975, 76 f.; TB 1976, 81 f.; TB 1993/94, 120; *Emmerich,* KartellR, S. 201.

10 *Dannischewski,* Unbundling im Energierecht, S. 246.

Profit des Unternehmens. Sobald aber die Grenze des § 19 Abs. 4 Nr. 1 GWB überschritten wird, bedarf es einer Sanktionierung.

Eines Ownership Unbundling bedarf es nicht. Das Legal und Management Unbundling ermöglicht bereits, negative Synergien zwischen Netzbetrieb und wettbewerbsfähigem Markt zu unterbinden. Ein Einfluss des vertikal integrierten Unternehmens wird auf ein erträgliches Mindestmaß beschränkt und Quersubventionierungen können nicht mehr verdeckt, sondern nur noch offen, im Wege einer Gewinnausschüttung erfolgen. Das natürliche Leitungsmonopol wäre hinreichend abgeschottet. Hierdurch wird eine Missbrauchskontrolle nach § 19 Abs. 4 Nr. 1 GWB erheblich vereinfacht und dürfte damit ausreichen.

Dies gilt allerdings nur so lange, wie die Unternehmen ein sinnvolles Legal und Management Unbundling vollziehen und nicht versuchen, die negativen Synergien weitmöglichst aufrecht zu erhalten. Dann würde auch ein Legal Unbundling scheitern und nur noch ein Ownership Unbundling in Frage kommen, wenn der Liberalisierungsversuch nicht scheitern soll. Ein solch unzureichender Vollzug der Trennung des Leitungsmonopols wäre wiederum kein generelles, sondern aufgrund der Leitungsgebundenheit der Energieversorgung ein spezifisches Problem, was eine abweichende Regelung zu § 19 Abs. 4 Nr. 1 GWB sachlich rechtfertigen könnte. Hier gilt es abzuwarten, wie sich das Legal Unbundling künftig entwickeln wird.

III. Ownership Unbundling als europäische und deutsche Zukunft?

Nachdem die neuen Richtlinien bestandskräftig geworden sind, ist trotz aller bis dahin geäußerter Skepsis die Einführung des Legal Unbundlings in ganz Europa sicher. Lediglich die Ausgestaltung des Legal Unbundlings ist noch ungewiss, da der vorgegebene Rechtsrahmen den Mitgliedstaaten und den Unternehmen bei der Umsetzung der europäischen Vorgaben einen recht weiten Spielraum belässt.

Es fragt sich, ob mit Einführung des Legal Unbundling das Ende der europäischen Entflechtungsbestrebungen erreicht ist oder in ein paar Jahren ein Ownership Unbundling folgen wird. Staatlich verordnet ist dies kaum vorstellbar. Zwar mehren sich die Stimmen, die selbst einen solchen Eingriff in die Unternehmensstrukturen für verfassungsrechtlich unproblematisch halten, jedoch wird ein solch gravierender Schritt auf europäischer Ebene politisch in nächster Zeit kaum durchsetzbar sein. Dies zeigt allein schon, wie schwierig es war, das Legal Unbundling gegen den anfänglichen Widerstand von Deutschland und Frankreich verbindlich einzuführen. Denkbar wäre ein solcher staatlicher Schritt zu einem Ownership Unbundling nur dann, wenn auch das Legal Unbundling aufgrund fehlender Kooperationsbereitschaft unzulänglich umgesetzt wird und sich ein selbsterhaltender Wettbewerb nicht etablieren kann.

Es spricht einiges dafür, dass sich ein Ownership Unbundling freiwillig vollziehen wird. Die Entwicklung des britischen Gasmarktes und des Stromverteilungsmarktes zeigt, dass eine Konzentrierung der Unternehmen auf nur einen bestimmten Geschäftszweig im Rahmen der durch den einsetzenden Wettbewerb erforderlich werdenden Konsolidierung einsetzt und unweigerlich zur Aufspaltung der vertikal integrierten Strukturen führt. British Gas hat ihr defizitäres Handelsgeschäft verkauft und sich letztlich auf den Netzbetrieb und das internationale Geschäft konzentriert. Die REC haben sich teilweise entweder zu reinen Netzgesellschaften oder Versorgern entwickelt, um so durch Zusammenschlüsse Economies of Scale und Scope zu realisieren. Diese Zusammenschlüsse wurden aber nur dadurch möglich, dass die Unternehmen an anderer Stelle ihre vertikale Integration aufgaben und somit an Marktmacht verloren. Welches Potential in solchen Zusammenschlüssen liegt, zeigt die Fusion von TransCo und NGC. Hierdurch entstand ein integrierter Netzbetreiber, der fast das gesamte Gas- und Stromübertragungsnetz in Großbritannien betreibt. Die hierdurch entstehenden Synergieeffekte sind enorm. Dieser Zusammenschluss ist wettbewerbspolitisch unproblematisch, da das Netz ein natürliches Monopol ist, so dass ohnehin kein Wettbewerb in diesem Marktsegment entstehen kann. Da das Netz außerdem durch ein Ownership Unbundling vom wettbewerbsfähigen Restmarkt effektiv getrennt ist, konnte durch die Fusion auch kein negativer Effekt auf den wettbewerbsfähigen Markt ausstrahlen. Ohne ein Ownership Unbundling von TransCo und NGC wäre die Fusion zu NGT undenkbar gewesen.

Gleiche Konsolidierungsmöglichkeiten könnten sich nach einem vollzogenen Legal Unbundling auch in Deutschland ergeben. Gerade im Bereich der Stadtwerke oder kleinerer regionaler Versorger bestände ein erhebliches Potential für Kooperation im Netz- oder Verteilungsbereich. Solange diese Unternehmen aber vertikal integriert bleiben und damit faktisch regionale Monopolisten sind, wären größere Zusammenschlüsse hier problematisch. Spaltet sich ein regionaler Versorger aber auf, kann er im Netzbereich deutschlandweite Kooperationen eingehen, da diese wettbewerbsneutral wären. Diese Zusammenschlüsse würden erhebliche Economies of Scope und Scale realisieren, insbesondere, da das Netz ein natürliches Monopol ist. Folglich ließen sich Kostennachteile des Unbundling durch diese Effizienzsteigerung erheblich senken. Solche Kooperationen und Zusammenschlüsse werden aber höchst wahrscheinlich zu weitergehenden Entflechtungen führen und damit ein Ownership Unbundling nach sich ziehen.

Gleiches gilt für die Verteilung oder Erzeugung durch regionale bzw. lokale Unternehmen. Würden sich hier die regionalen und lokalen Unternehmen (ohne Netz) zu großen Einkaufgemeinschaften zusammenschließen, könnten sie das momentane Duopol aus RWE und E.on/Ruhrgas erheblich unter Druck setzen und zu einer Steigerung der Wettbewerbsfähigkeit des Marktes beitragen. Solche Zusammenschlüsse wären dann unproblematisch, wenn der Netzbetrieb hiervon getrennt wäre, da dann die bestehende Marktmacht im Netzbereich dieser Unternehmen bei der Beurteilung außer Betracht bleiben müsste. Dies lässt sich durch ein wirkliches Legal und Management Unbundling bereits jetzt erreichen, ohne dass es gleich zu einem Ownership Unbundling kommen muss. Bisher dürften solche Kooperationen im Bereich Handel noch an der sehr regional bzw. lokal geprägten Struktur der Verteiler und Versorger scheitern. Zudem ist der oftmals kommunalpolitische Einfluss der Gemeinden wenig hilfreich. Sollten diese regionalen und lokalen Grenzen in der unternehmerischen Planung und Strategie aber überwunden werden, bietet das Legal Unbundling eine große Chance, zu neuen Markt- und Wettbewerbschancen gerade für die kleineren Unternehmen beizutragen.

Erkennen diese ihre große Chance, so wird sich sicherlich ein selbsterhaltender Wettbewerb einstellen und durch Neuorientierungen und Konsolidierungen ein Ownership Unbundling unweigerlich kommen. Dies zeigt zumindest die britische Entwicklung bei den REC sehr deutlich. Das Legal Unbundling stellt damit einen gewissen Dammbruch dar, der zu weiteren Umstrukturierungen innerhalb der Unternehmensstrukturen führen kann. Es gilt daher umso mehr, das Unbundling als Chance und nicht als notwendiges, staatlich verordnetes Übel zu begreifen.

B. Zusammenfassung der wesentlichen Ergebnisse

Als wesentliche Ergebnisse dieser rechtsvergleichenden Untersuchung des Unbundlings in der deutschen und britischen Energiewirtschaft lassen sich folgende Erkenntnisse festhalten:

1. Der Betrieb des Strom- und des Gasleitungsnetzes ist ein natürliches Monopol; es ist damit nicht wettbewerbsfähig. Durch die bestehende vertikale Integration von Leitungsmonopol, Energieerzeugung, Handel und Versorgung bestehen negative Synergieeffekte zwischen wettbewerbsfähigem Markt und Leitungsmonopol (sog. Economies of Scope und Scale). Um einen wettbewerbsfähigen Markt für Strom- und Gas zu schaffen, ist es daher notwendig, das Leitungsnetz von den wettbewerbsfähigen Teilbereichen zu trennen und diese negativen Synergieeffekte zu unterbinden. Dies ist die Aufgabe des Unbundlings.
2. Das Unbundling kann keinen Einfluss auf die Gestaltung der Netzzugangsbedingungen nehmen, weil es das bestehende natürliche Leitungsmonopol nicht auflösen kann. Der Netzzugangspreis ist daher ein Monopolpreis und orientiert sich in seiner Höhe am sog. Cournotischen Punkt. Ein Marktpreis kann sich in dem natürlichen Monopol nicht bilden. Es bedarf daher einer gesonderten, vom Unbundling unabhängigen Netzregulierung.
3. In Großbritannien haben die Bestrebungen das natürliche Leitungsmonopol zu entflechten bereits Ende der 80er Jahre eingesetzt. Es wurde sehr früh erkannt, dass für die Schaffung eines wettbewerbsfähigen Strom- und Gasmarktes eine effektive Entflechtung des Leitungsmonopols notwendig ist. Die reichhaltige Erfahrung in Großbritannien reicht von einem bloßen Department Unbundling und Unbundling of Accounts zu Beginn der Gasmarktliberalisierung bis hin zu einem verordneten Ownership Unbundling des Übertragungsnetzes.
4. Diese Erfahrungen in Großbritannien zeigen deutlich, dass ein Ownership Unbundling nicht zwingend notwendig ist. Ebenso belegt die Entwicklung des britischen Gasmarktes bis zum Jahr 1993, dass ein Department Unbundling und ein Unbundling of Accounts ungeeignet sind, eine wirksame Entflechtung des Leitungsmonopols zu gewährleisten. Dies wird durch die Untersuchungen der Europäischen Kommission bestätigt.
5. Die Frage, ob ein Department Unbundling und Unbundling of Accounts ausreichend sind und ein Legal und Management Unbundling unterbleiben sollte, ist mit den Neuen Richtlinien zugunsten des Legal Unbundling entschieden. Diese Frage stellt sich damit nicht mehr.

6. Die verfassungsrechtliche und europarechtliche Zulässigkeit des Legal Unbundlings war umstritten. Da die Anfechtungsfristen für die Neuen Richtlinien abgelaufen sind, dürfte diese Frage keine praktische Relevanz mehr bekommen.
7. Darüber hinaus, ist das Legal und Management Unbundling eine sinnvolle Lösung, mit der eine wirksame Trennung des Leitungsmonopols erreicht werden kann. Dies wird durch die Entwicklung des britischen Gasmarktes vom Jahr 1994 an sowie die Entflechtung der REC im Strommarkt von 1998 an zweifelsfrei belegt. Die Wirksamkeit des Legal Unbundling hängt allerdings entscheidend von der Umsetzung und der Kooperationsbereitschaft der Unternehmen ab.
8. Bei der Umsetzung des Legal und Management Unbundling in das deutsche Recht, stellen sich gesellschaftsrechtliche und arbeitsrechtliche Probleme. Erstere betreffen in erster Linie die Einflussnahmerechte der Gesellschafter auf das laufende Geschäft der Netzgesellschaft (Geschäftsführungs- und Vertretungsbefugnis, Weisungsrechte) sowie Informationsrechte der Gesellschafter. Diese Schwierigkeiten lassen sich durch eine Auslegung der Unbundlingvorschriften als Verbotsgesetz beheben, da so die Einflussnahmerechte auf das nach dem Legal und Management Unbundling zulässig eingeschränkt werden.
   Ein weiteres gesellschaftsrechtliches Problem stellt sich bei der Frage der Zulässigkeit von Konzernstrukturen. Beherrschungsverträge sind nicht erlaubt, da sie einen Einfluss auf das laufende Geschäft der Netzgesellschaft erlauben würden. Die einzig zulässige Konzernstruktur bzgl. des Netzbetriebes ist damit die Finanzholding, soweit der Netzgesellschaft ausreichende finanzielle Mittel verbleiben, einen ordnungsgemäßen und unabhängigen Netzbetrieb zu gewährleisten.
   Aufgrund der Weisungsgebundenheit von Arbeitnehmern, welche gemeinsame Dienstleistungen für Netzgesellschaft und Restunternehmen erbringen, kann sich das Problem einer Doppelbeschäftigung ergeben. Sie wären in beiden Bereichen Arbeitnehmer. Daher muss die Dienstleistungserbringung als Werkvertrag ausgestaltet werden. Weitere Probleme ergeben sich bei der Umsetzung des Compliance Programms sowie der Änderung der Arbeitsverträge nach Maßgabe der Vorschriften über die Unabhängigkeit der Netzarbeitnehmer vom Restunternehmen. Durch die Entflechtung selbst werden die Verträge nicht betroffen, § 613a BGB findet Anwendung.
9. Die nach neuem Recht ausgestaltete buchhalterische Entflechtung ist ausreichend und kann problemlos nach dem Grundsatz der Pagatorik erfolgen.
10. Verglichen mit dem Vereinigten Königreich wäre eine weitergehende Entflechtung in Deutschland und Europa wünschenswert. In Großbritannien wurde durch eine konsequente Regulierungspolitik versucht, alle wettbewerbsfähigen Teilbereiche systematisch vom Netzbetrieb zu trennen. So wurden der Bereich Metering und auch die Gasspeicherung vom Netzbetrieb getrennt.
11. Die britische Regulierungspolitik ist ein gutes Vorbild für eine unkomplizierte Umsetzung eines Unbundlings unter Beteiligung aller Betroffenen. Im Vereinigten Königreich wurden praktisch alle wichtigen Regelungspunkte zuvor ausgehandelt und beruhen größtenteils auf freiwilligen Selbstverpflichtungen der Unternehmen. Dies gilt insbesondere für den gesamten Gasbereich.

12. Die Entwicklung in Großbritannien zeigt zudem, dass ein erhebliches Entwicklungspotential für den Markt und die Unternehmen im Legal Unbundling steckt. Aufgrund wirtschaftlicher Schwierigkeiten vollzog British Gas freiwillig ein Ownership Unbundling des Handelsbereiches. Die REC konsolidierten sich, indem sie teilweise nur noch ihr Leitungsnetz betreiben und ihre Versorgungssparte verkauft haben oder umgekehrt nur noch im Versorgungsbereich tätig sind. Zudem ermöglicht das Legal Unbundling oder ein hierauf freiwillig folgendes Ownership Unbundling die Bildung neuer Kooperationen im Bereich Netz oder Handel, die zuvor aufgrund der Marktbeherrschung und der Monopolstellung im Netzbereich kartellrechtlich ausgeschlossen gewesen wären. Das Paradebeispiel für eine solche Entwicklung ist die Fusion von TransCo und NGC, durch die das britische Gas- und Stromübertragungsnetz zusammengeschlossen wurden, wodurch enorme Synergieeffekte erzielt werden konnten. Diese wirken sich aber nicht nachteilig aus, weil das Netz ein natürliches Monopol ist und ohnehin nicht wettbewerbsfähig ist. Durch das Ownership Unbundling war das Netz auch vom wettbewerbsfähigen Markt strikt getrennt, so dass die Fusion auch hier keine Auswirkungen hatte.
    Dass das Unbundling weitere Vorteile bietet, zeigt auch das Bestreben von NGT, Teile seines Gasversorgungsnetzes zu veräußern und seine LNG-Anlagen auf eine nicht regulierte Gesellschaft auszugliedern, um diese anderweitig nutzen zu können.
13. Sollte das Legal Unbundling scheitern, bleibt nur noch ein erzwungenes Ownership Unbundling als potentielle künftige Lösung in Europa. Anderenfalls müsste die Liberalisierung als gescheitert betrachtet werden. Ob ein Ownership Unbundling staatlich erzwungen werden kann, ist freilich sehr zweifelhaft und umstritten.
14. Letzten Endes haben es die Unternehmen in der Hand, eine solche Entwicklung abzuwenden, indem sie das Legal Unbundling sinnvoll umsetzen und nicht versuchen, durch Minimallösungen den Sinn und Zweck des Unbundling zu unterlaufen. Dies war auch die 1993 von *Heseltine* geäußerte Bedingung, um das von British Gas vorgeschlagene Legal Unbundling zu akzeptieren und das von der MMC vorgeschlagene Ownership Unbundling abzulehnen. Gelingt also die praktische Umsetzung des Legal Unbundling durch die Unternehmen, bedarf es keiner weiteren Maßnahmen. Die Unternehmen sollten daher das Unbundling nicht als notwendiges Übel, sondern als Entwicklungschance begreifen, welche zu ganz neuen Marktkooperationen führen kann und auf diese Weise auch durch das Unbundling entstehende Mehrkosten wieder kompensiert werden können.

Literaturverzeichnis

A. Dokumente und Drucksachen

I. Bundesrepublik Deutschland

Bundesrat, Stellungnahme des Bundesrates v. 16. Februar 2001 zum Regierungsentwurf eines Ersten Gesetzes zur Änderung des Energiewirtschaftsgesetzes v. 9. Mai 2001 zu dem Gesetzesentwurf der Bundesregierung, BT-Drucks. 14/5969, S. 11 ff.

Bundesregierung, Entwurf eines Ersten Gesetzes zur Änderung des Gesetzes zur Neuregelung des Energiewirtschaftgesetzes v. 9. Mai 2001, BT-Drucks. 14/5969 (zit.: *Bundesregierung,* BT-Drucks. 14/5969)

Bundestagsausschuss für Wirtschaft und Technologie, Beschlussempfehlung und Bericht des Ausschusses für Wirtschaft und Technologie (9.Ausschuß) v. 15.5.2002, BT-Drucks. 14/9081
(zit.: *BT-Ausschuss für Wirtschaft und Technologie,* BT-Drucks. 14/9081)

Bundesverband der deutschen Gas- und Wasserwirtschaft e.V. (BGW) Mitgliederrundschreiben vom 27.4.2004 „Überarbeiteter Gesetzesentwurf Neufassung Energiewirtschaftsrecht"
(zit.: *BGW,* Rundschreiben v. 27. April 2004)

ders., Pressemitteilung vom 19.3.2004 „Engere Anlehnung des neuen Energiewirtschaftsrechts an EU-Vorgaben notwendig"
(zit.: *BGW,* Pressemitteilung v. 19.3.2004)

Bundesverband der Deutschen Industrie e.V. (BDI)/Verband der Industriellen Energie- und Kraftwirtschaft e.V. (VIK)/Bundesverband der deutschen Gas- und Wasserwirtschaft e.V. (BGW)/Verband kommunaler Unternehmen e.V. (VKU), Verbändevereinbarung zum Netzzugang bei Erdgas vom 4. Juli 2000, veröffentlicht unter: www.vik.de
(zit.: VV Erdgas I)

Deregulierungskommission, Marktöffnung und Wettbewerb, Zweiter Bericht, Bonn 1991
(zit.: *Deregulierungskommission,* Marktöffnung und Wettbewerb)

Energate, Pressemitteilung vom 21.5.2004 „BMWA und BMU uneinig über EnWG"
(zit.: Energate, Pressemitteilung v. 21. Mai 2004 „BMWA und BMU uneinig über EnWG")

Fachausschuss für öffentliche Unternehmen und Verwaltungen des IDW (ÖFA), Diskussionspapier: Zweifelsfragen der Rechnungslegung und Prüfung von Elektrizitätsunternehmen nach dem Energiewirtschaftsgesetz, in: FN-IDW Nr. 8/1998, S. 372 ff.

Monopolkommission, Mehr Wettbewerb auf allen Märkten, Hauptgutachten 1992/93, Baden-Baden 1994
(zit.: *Monopolkommission,* Hauptgutachten 1992/93)
dies., Wettbewerbspolitik in Zeiten des Umbruchs, 11. Hauptgutachten 1994/95, BT-Drucks. 13/5309, auch abgedruckt bei: Nomos Verlagsgesellschaft, Baden-Baden 1996
(zit.: *Monopolkommission,* 11. Hauptgutachten 1994/95, BT-Drucks. 13/5309)
Städte- und Gemeindebund Nordrhein-Westfalen (Hrsg.), Mitteilungen, 7/2002, Nr. 372 „Novellierung des Energiewirtschaftsgesetzes"
(zit.: *Städte- und Gemeindebund Nordrheinwestfalen,* Mitt. StGB NRW 7/2002 Nr. 372)
Verband kommunaler Unternehmen (VKU), VKU gegen IDW-Entwurf zum rechnungsmäßigen Unbundling, VKU-Stellungnahme an das Institut der Wirtschaftsprüfer – IDW – v. 12.7.2002, www.vku.de/vku/aktuell/ steuern_1.html
(zit.: *VKU,* Stellungnahme v. 12.7.2002)
Vereinigung Deutscher Elektrizitätswerke (VDEW) e.V. (Hrsg.), Statistik 1997 „Leistung und Arbeit", Frankfurt a.M. 1998
(zit.: *VDEW (Hrsg.),* Statistik 1997)
dies., Strommarkt Deutschland 1999, Frankfurt a.M. 2000
(zit.: *VDEW (Hrsg.),* Strommarkt in Deutschland 1999)

II. Europäische Union

Kommission der Europäischen Gemeinschaften, Mitteilung der Kommission an den Rat und das Europäische Parlament, Vollendung des Energiebinnenmarktes, Vorschlag für eine Richtlinie des Europäischen Parlaments und des Rates zur Änderung der Richtlinien 96/92/EG und 98/30/EG über gemeinsame Vorschriften für den Elektrizitätsbinnenmarkt und den Erdgasbinnenmarkt, Vorschlag für eine Verordnung des Europäischen Parlaments und des Rates über eine Netzzugangsverordnung für den grenzüberschreitenden Stromhandel, v. 13. März 2001, Kom (2001) 125 endg., 2001/0077 (COD), 2001/0078 (COD)
(zit.: *Kommission,* Mitteilung v. 13. März 2001, Kom (2001) 125 endg.)
dies., Geänderter Vorschlag für eine Richtlinie des Europäischen Parlaments und des Rates zur Änderung der Richtlinien 96/92/EG und 98/30/EG über gemeinsame Vorschriften für den Elektrizitätsbinnenmarkt und den Erdgasbinnenmarkt, Geänderter Vorschlag für eine Verordnung des Europäischen Parlaments und des Rates über eine Netzzugangsverordnung für den grenzüberschreitenden Stromhandel, v. 13. März 2001, Kom (2002) 304 endg., 2001/0077 (COD), 2001/0078 (COD)
(zit.: *Kommission,* Geänderter Vorschlag v. 7. Juni 2002, Kom (2002) 304 endg.)
dies., Interpreting Note of the Commission Services on the Electricity and Natural Gas Internal Market Directives 2003/54 and 2003/55, Version 2.0 von November 2003
(zit.: *Kommission,* Interpreting Note)

III. Großbritannien

Department of Trade and Industry (DTI), A Fair Deal for Consumers. Modernising the Framework for Utility Regulation, Cm. 3898, London (HSMO) 25.3.1997 (s.a.: www.dti.gov.uk./urt/fairdeal/ futuregs/index)
(zit: *DTI,* A Fair Deal for Consumers)

dass., Presseerklärung v. 21.12.1993 (P/93/759), „Heseltine announces decision on MMC report on gas industry"
(zit.: *DTI,* Presseerklärung v. 21.12.1993 (P/93/759))

dass., Presseerklärung v. 23.10.1997 (P/97/689), „Wholesale electricity prices face government spotlight"
(zit.: *DTI.,* Presseerklärung v. 23.10.1997 (P/97/689))

dass., Presseerklärung v. 22.12.1997 (P/97/869), „BNFL and Magnox Electric to merge – Battle"
(zit.: *DTI,* Presseerklärung v. 22.12.1997 (P/97/869))

dass., Presseerklärung v. 28.1.1998 (P/98/049), „John Battle calls for Public Views on Electricity Trading Arrangements"
(zit.: *DTI,* Presseerklärung v. 28.1.1998 (P/98/049))

dass., Presseerklärung v. 3.2.1998 (P/98/089), „Government shareholding in Magnox Electric transferred to BNFL"
(zit.: *DTI,* Presseerklärung v. 3.2.1998 (P/98/089))

dass., Presseerklärung v. 24.3.1998 (P/98/227), „John Battle agrees Final Terms of Reference for the Review of Electricity Trading arrangements"
(zit.: *DTI,* Presseerklärung v. 24.3.1998 (P/98/227))

House of Common Industry Committee, Energy Regulation, Session 1996-97, First Report, HC 50-I, London 11.3.1997
(zit.: *House of Common Industry Committee,* Energy Regulation)

Monopolies and Mergers Commission (MMC), Gas a report on the matter of the existence or possible existence of a monopoly situation in relation to the supply in Great Britain of gas through pipes to persons other than tariff customers, Cm. 500, HSMO/London 1988
(zit.: *Monopolies and Mergers Commission,* Gas a report on the matter of the existence or possible existence of a monopoly situation in relation to the supply in Great Britain of gas through pipes to persons other than tariff customers, Cm. 500)

dies., Gas: Volume 1 of the reports under the Fair Trading Act 1973 on the supply within Great Britain of gas through pipes to tariff and non-tariff customers, and the supply within Great Britain of the conveyance or storage of gas by public gas suppliers, Cm. 2314, HSMO/London September 1993
(zit.: *Monopolies and Mergers Commission,* Gas: Volume 1 of the reports under the Fair Trading Act 1973 on the supply within Great Britain of gas through pipes to tariff and non-tariff customers, and the supply within Great Britain of the conveyance or storage of gas by public gas suppliers, Cm. 2314)

dies., British Gas: Volume 1 of the reports under the Gas Act 1986 on the conveyance and storage of gas and fixing of tariffs for the supply of gas by British Gas plc.,

Cm. 2315, HSMO/London September 1993
(zit.: *Monopolies and Mergers Commission,* British Gas: Volume 1 of the reports under the Gas Act 1986 on the conveyance and storage of gas and fixing of tariffs for the supply of gas by British Gas plc., Cm. 2315)

dies., PowerGen plc. and Midlands Electricity plc. A report on the proposed Merger, CM. 3231, HSMO/London April 1996
(zit.: *Monopolies and Mergers Commission,* PowerGen/Midlands Electricity)

Office of Electricity Regulation (Offer), Decision on a Monopolies and Mergers Commission Reference, Februar 1994
(zit.: *Offer,* Decision on an Monopolies and Mergers Commission Reference)

dass., Report on Trading outside the Pool, Birmingham Juli 1994
(zit.: *Offer,* Trading outside the Pool)

dass., Review of electricity trading arrangements: background paper 1 – electricity trading arrangements in England and Wales, February 1998
(zit.: *Offer,* Review of electricity trading arrangements: Background paper 1)

dass., Reviews of Public Electricity Suppliers 1998-2000. Separation of Businesses. Second Consultation Paper, Lonond November 1998
(zit.: *Offer,* Reviews of Public Electricity Suppliers 1998-2000)

dass., Annual Report 1994, London 1995
(zit.: *Offer,* Annual Report 1994)

dass., Annual Report 1995, London 1995
(zit.: *Offer,* Annual Report 1995)

dass., Annual Report 1997, London 1998
(zit.: *Offer,* Annual Report 1997)

dass., Presseerklärung v. 23.10.1997 (R 48/97), „Electricity regulator to advice on review of trading arrangements“
(zit.: *Offer,* Presseerklärung v. 23.10.1997 (R 48/97))

dass., Presseerklärung v. 5.11.1997 (R 50/97), „Review of electricity trading arrangements“
(zit.: *Offer,* Presseerklärung v. 5.11.1997 (R 50/97))

dass., Presseerklärung v. 28.1.1998 (R 5/98), „Electricity trading arrangements: advice to John Battle on terms of reference“
(zit.: *Offer,* Presseerklärung v. 28.1.1998 (R 5/98))

dass., Presseerklärung v. 24.3.1998 (R 20/98), „Review of electricity trading arrangements: trading inside and outside the pool“
(zit.: *Offer,* Presseerklärung v. 24.3.1998 (R 20/98))

dass./Office of Gas Supply (Ofgas), Separation of Businesses. Proposals and Consultation, London May 1999
(zit.: *Offer/Ofgas,* Separation of Businesses)

Office of Fair Trading (OFT), The Gas review: a review by OFT in conjunction with Ofgas of the industrial and commercial market for gas and developments since the OFT Report, London 1991
(zit.: *Office of Fair Trading (OFT),* The gas Review: a review by OFT in conjunction with Ofgas of the industrial and commercial market for gas and developments since the OFT Report)

dass., Undertakings given by Dynegy Europe Ltd. to the Secretary of State for Trade and Industry Pursuant to Section 75g (1) of Trading Act 1973, London July 2001
(zit.: *OFT,* Undertakings given by Dynegy Europe Ltd. to the Secretary of State for Trade and Industry)

Office of Gas and Electricty Markets (Ofgem), Review of BG Transco´s liquefied natural gas storage facilities, Decision document, London April 2000
(zit.: *Ofgem,* Review of BG Transco´s liquefied natural gas storage facilities)

dass., Securing effective competition in gas metering and meter reading services, The Director General's final proposals, London May 2000
(zit.: *Ofgem,* Securing effective competition in gas metering and meter reading services, The Director General's final proposals)

dass., Review of Gas Metering Arrangements, Project proposal, London August 2000
(zit.: *Ofgem,* Review of Gas Metering Arrangements)

dass., Sales of metering businesses of Public Electricity Suppliers, Decision document, London October 2000
(zit.: *Ofgem,* Sales of metering businesses of Public Electricity Suppliers)

dass., Transco´s National Transmission System, System Operator incentives 2002-7, Final Proposal, London December 2001
(zit.: *Ofgem,* Transco´s National Transmission System, System Operator incentives 2002-7)

dass., Transco Price Control and NTS SO incentives 2002-07, Proposed licence modifications, London April 2002
(zit.: *Ofgem,* Transco Price Control and NTS SO incentives 2002-07, Proposed licence modifications)

dass., Transco Price Control and NTS SO incentives 2002-07, and Explanatory notes to accompany the section 23 notice of proposed modifications to Transco´s Gas Transporter Licence, London April 2002
(zit.: *Ofgem,* Transco Price Control and NTS SO incentives 2002-07, and Explanatory notes to accompany the section 23 notice of proposed modifications to Transco´s Gas Transporter Licence)

dass., Ofgem´s strategy for metering. Report on progress and next steps, London May 2002
(*zit.: Ofgem,* Ofgem´s strategy for metering)

dass., Proposed merger of National Grid Group plc and Lattice Group plc to create National Grid TransCo plc., London May 2002
(zit.: *Ofgem,* Proposed merger of National Grid Group plc and Lattice Group plc to create National Grid TransCo plc.)

dass., National Grid Transco´s proposal to transfer its Liquefied Natural Gas facilities to a non-regulated Lattice Group company, A consultation document, London July 2002
(zit.: *Ofgem,* National Grid Transco´s proposal to transfer its Liquefied Natural Gas facilities to a non-regulated Lattice Group company)

dass., Regulatory issues arising from the merger of National Grid Group plc and Lattice Group plc to create National Grid TransCo plc, Initial proposals, London July 2002

(zit.: *Ofgem,* Regulatory issues arising from the merger of National Grid Group plc and Lattice Group plc to create National Grid TransCo plc)

dass., Regulatory issues arising from the merger of National Grid Group plc and Lattice Group plc to create National Grid TransCo plc – Decision document and notices under section 11 and 11A of the Electricity Act 1989 and the Gas Act 1986, London September 2002
(zit.: *Ofgem,* Regulatory issues arising from the merger of National Grid Group plc and Lattice Group plc to create National Grid TransCo plc – Decision document and notices under section 11 and 11A of the Electricity Act 1989 and the Gas Act 1986.)

dass., SSE Energy Supply Ltd´s completed acquisition of Dynegy Hornsea Ltd´s gas storage facilities, A consultation document, London October 2002
(zit.: *Ofgem,* SSE Energy Supply Ltd´s completed acquisition of Dynegy Hornsea Ltd´s gas storage facilities)

dass., Centrica´s completed acquisition of Dynegy Storage Ltd. and Dynegy Onshore Processing UK Limited, A consultation paper, London December 2002
(zit.: *Ofgem,* Centrica´s completed acquisition of Dynegy Storage Ltd. and Dynegy Onshore Processing UK Ltd.)

dass., National Grid Transco´s proposal to transfer its Liquified Natural Gas facility at Isle of Grain to a separate NGT group company, A decision document, London July 2003
(zit.: *Ofgem,* National Grid Transco´s proposal to transfer its Liquified Natural Gas facility at Isle of Grain to a separate NGT group company)

dass., National Grid's Company interest in Lattice Energy Services, Decision document, London August 2003
(zit.: *Ofgem, dass.*, National Grid's Company interest in Lattice Energy Services)

dass., National Grid TransCo – Potential sale of network distribution businesses, Next steps, London December 2003
(zit.: *Ofgem,* National Grid TransCo – Potential sale of network distribution businesses, Next steps)

dass., Pressemitteilung v. 23.6.1999, R 3 "Views sought on LNG storage"

Office of Gas Supply (Ofgas), Annual Report 1990
(zit.: *Ofgas,* Annual Report 1990)

dass., Competition and Choice in the Gas Market, London 1994
(zit.: *Ofgas,* Competition and Choice in the Gas Market)

dass., BG Transportation and Storage: The Director General's position following the 1997 Monopolies and Mergers Commission Report, London June 1997
(zit.: *Ofgas,* BG Transportation and Storage: The Director General's position following the 1997 MMC Report)

dass., Ofgas´ Response to the Government's Green Paper on Utility Regulation, Mai 1998
(zit.: *Ofgas,* Response to the Government's Green Paper)

Oxford Economic Research Associates Ltd. (OXERA), Electricity Contracting: Pool Prices and Contracts for Differences, Special Report, Oxford 1991
(zit.: *OXERA,* Electricity Contracting)

dass., The Break-up of British Gas, OXERA Briefing Paper 1/96, Oxford 1996
(zit.: *OXERA*, The Break-up of British Gas)

B. Publikationen

A

Appel, Matthias/Beisheim, Carsten E./Edelmann, Helmut/Kaufmann, Roland, Unbundling – Gestaltungsmodelle und Handlungsoptionen für Stadtwerke und EVU, in: ET 2004, S. 242 ff.

Astrop, John, Pandora's egg: an independent supplier's view of the MMC Report's on Gas, Utilities Law Review 1993, S. 175 ff.

B

Bailey, S. K./Tudway R. H., Electricity Law and Practice, Loseblattsammlung, London 1992
(zit.: *Bailey/Tudway*, Electricity Law and Practice, Stand Ergänzungslieferung)

Basedow, Jürgen, Wettbewerb auf den Verkehrsmärkten, Heidelberg 1989
(zit.: *Basedow*, Wettbewerb auf den Verkehrsmärkten)

Bauknecht, Dierk/Colella, Whitney, NETA und die Folgen für erneuerbare Energien und KWK-Anlagen, in: ET 2002, S. 415 ff.

Baumbach, Adolf/Hopt, Klaus, Handelsgesetzbuch, 31. Auflage München 2003
(zit.: *Baumbach/Hopt*, HGB)

ders./Hueck, Alfred, GmbH-Gesetz, 17. Auflage München 2000
(zit.: *Baumbach/Hueck/Bearbeiter*, GmbHG

Baur, Jürgen F., Sinn und Unsinn einer Energierechtsreform, in: Leßmann, Herbert/ Großfeld, Bernhard/Vollmer, Lothar (Hrsg.), Festschrift für Rudolf Lukes zum 65. Geburtstag, Köln u.a. 1989
(zit.: *Baur*, in: FS Lukes)

ders./Lückenbach, Andreas, Fortschreitende Regulierung der Energiewirtschaft, Eine kritische Stellungnahme zu den Kommissionsvorschlägen zur Änderung der Binnenmarktrichtlinie Erdgas (98/30/EG), VEnergR 105, Baden-Baden 2002
(zit.: *Baur/Lückenbach*, Fortschreitende Regulierung der Energiewirtschaft, VEnergR 105)

dies., Rechtliche Grenzen europäischer Wirtschaftsregulierung, Beispiel Erdgasbinnenmarkt, in: ET 2002, S. 420 ff.

ders./Moraing, Markus, Rechtliche Probleme einer Deregulierung der Elektrizitätswirtschaft, VEnergR 72, Baden-Baden 1994
(zit.: *Baur/Moraing*, Rechtliche Probleme einer Deregulierung, VEnergR 72)

Bechthold, Rainer, Kartellgesetz, Gesetz gegen Wettbewerbsbeschränkungen, 3. Auflage München 2002
(zit.: *Bechthold*, GWB)

Beesley, M.E., in: Beesley, M.E. (Hrsg.), Regulating Utilities: A Time for Change?, London 1996
(zit.: *Beesley*, in: Beesley, Time for Change)

Beharrel, Steven R., The Electricity Pool in England and Wales: Generator´s Perspective, in: JENRL 9 (1991), S. 45 ff.

Beisheim, Carsten E., Europarechtliche Vorgaben zur Entflechtung von EVU – Überlegungen zur praktischen Umsetzung der Unbundling Vorschriften, in: ew 2003, Heft 21, S. 26 ff.

BG Group, BG Group to Sell BG Storage in Pound Sterling 421 Million Deal, Press Release 16.7.2001, www.bg-group.com/news/archive_2001/160/01-sx.htm

Boujong, Karlheinz, Rechtliche Mindestanforderungen an eine ordnungsgemäße Vorstandskontrolle und –beratung, in: AG 1995, S. 203 ff.

Brennan, Paul/Johnson, Martineau, Regulatory Developments in the Downstream UK Gas Industry, International Oil and Gas Finance Review 1999, S. 118 ff.

Brough, Martin, Block or Diversion?, in: Energy Utilities 5/1996, S. 26 ff.

Brown, Cedric, The Goverment´s Public Policy Towards Gas, in: Helm, Dieter (Hrsg.), British Energy Policy in the 1990´s. The Transition to the Competitive Market, Oxford 1994, 60 ff.
(zit. *Brown*, in: Helm)

Büdenbender, Ulrich, Möglichkeiten und Grenzen einer Deregulierung in der leitungsgebundenen Energiewirtschaft, in: DÖV 2002, S. 375 ff.

ders., Grundfragen des energierechtlichen Netzzuganges in der Gaswirtschaft nach der Gasnovelle
(§ 6a EnWG), in: RdE 2001, S. 165 ff.

Burns, Philip/Weymann-Jones, Thomas G., Regulatory Incentives, Privatisation, and Productivity Growth in UK Electricity Distribution, CRI, Technical Paper 1, London 1994
(zit.: *Burns//Weymann-Jones*, Regulatory Incentives)

C

Cameron, Peter, Gas Regulation in Europe, From monopoly to competition, Volume 1, London 1995
(zit.: *Cameron*, Gas Regulation in Europe, Vol. 1)

ders., Gas Regulation in Western Europe. A Country-By-Country Guide, A Financial Times Management Report, London 1990
(zit.: *Cameron, Peter*, Gas Regulation in Western Europe)

ders., Five Years of regulating Britain's gas industry, in: Utilities Law Review 1991, S. 70 ff.

ders., Gas Regulation in Western Europe, A new framework for competition, London 1998
(zit.: *Cameron*, Gas Regulation in Western Europe, A new framework for competition)

Chessire, John, UK Electricity Supply under Public Ownership, in: Surrey, John, The British Electricity Experiment. Privatization: the record, the issues, the lessons, London 1996
(zit: *Chessire*, in: Surrey, S.)

Coenenberg, Adolf G., Jahresabschluss und Jahresabschlussanalyse, Grundfragen der Bilanzierung nach betriebswirtschaftlichen, handelsrechtlichen, steuerrechtlichen und internationalen Grundsätzen, 16. Auflage Landsberg/Lech 1997
(zit.: *Coenenberg*, Jahresabschluss und Jahresabschlussanalyse)

Cross, Eugene D., Electric Utility Regulation in the European Union, Chichester u.a. 1996
(zit.: *Cross*, Electric Utility Regulation in the European Union)

D

Danner, Wolfgang, Kommentierung zu § 9 EnWG in: ders. (Hrsg.), Energiewirtschaftsrecht, Kommentar, Band I, München Stand Juli 2001
(zit.: Danner/*ders.*, EnWG, § 9)

Dannischewski, Johannes, Unbundling im Energierecht – Konzept und Funktion von Entflechtungen, Schriftenreihe Institut für Energie- und Wettbewerbsrecht in der kommunalen Wirtschaf e.V. an der Humbolt-Universität zu Berlin, Band 6, Baden-Baden 2003
(zit.: *Dannischewski*, Unbundling im Energierecht)

Decker, Michael, Unbundling: Strategische Umsetzung in der Praxis. Proaktiv unbundlen bringt Wettbewerbsvorteile, in: ET 2004, S. 463 ff,

Diebitz, Manfred/Rzepa, Klaus-Peter, Die Chancen des Unbundling erkennen und nutzen, in: ET 2003, S. 667 f.

Dow, Stephen R., A survey of Major Developments in the Post-Privatisation-Phase of United Kingdom Gas and Electricity Supply Industries, CEPMLP professional Paper No. 22, Dundee 1996
(zit.: *Dow*, Post-Privatisation-Phase)

ders., Some issues in statutory third-party-access (TPA), in: Utilities Law Review 1995, S. 62 ff.

ders., The Gas Bill 1995, in: Utilities Law Review 1995, S. 105 ff.

ders., Licensing of the Gas Supply Industry under the Gas Act 1995, in: Utilities Law Review 1996, S. 31 ff.

ders., More Change in the Gas Industry – Facing the Unknowns, in: Utilities Law Review 1997, S. 164 ff.

Dudenhausen, Roman/Döhrer, Andreas/Schulz, Gerhard, Fit für die Entflechtung?, in: zfk, 2/2004

dies., Unbundling im EVU – ein Zwischenbericht, in: ET 2004, S. 8 ff.

ders./Ellwanger, Niels, Unbundling – und was nun?, in: ET 2003, S. 85 f.

ders./Latkovic, Krunslav/Schulz, Gerhard, Unbundling – Was ist zu tun?, in: zfk 3/2003

Durach, Wolfgang, Die Einführung kompetitiver Strukturen auf den Energiemärkten, Die Bedeutung des Europäischen Wettbewerbsrechts für die Liberalisierung der Energiemärkte unter Berücksichtigung der Erfahrungen in Großbritannien, in: Studien zum Internationalen Privat-, Wirtschafts- und Steuerrecht, Band 2, Frankfurt a.M., Berlin, Bern, New York, Paris, München 1996
(zit.: *Durach*, Die Einführung kompetitiver Strukturen)

E

Ebeling, Michael/Schmidt, Jens/Drüppel, Thomas, Möglichkeiten der Kontentrennung für die Rechnungslegung nach §§ 9, 9a Energiewirtschaftsgesetz, in: Versorgungswirtschaft 4/2001, S. 77 ff.

Ehricke, Ulrich, Zur Vereinbarkeit der Gesellschaftsform einer GmbH für die Netzgesellschaft mit den Vorgaben des Legal Unbundling, in: IR 2004, 170 ff.

Emmerich, Volker, Kartellrecht, 8. Auflage München 1999
(zit.: *Emmerich,* KartellR)

Ewers, Hans-Jürgen/Meyer, Henning, Privatisierung und Deregulierung bei den Eisenbahnen, in: JbNPÖ 1994, S. 178 ff.

F

Flume, Werner, Allgemeiner Teil des Bürgerlichen Rechts, Band II, Das Rechtsgeschäft, 2. Auflage Berlin u.a. 1975
(zit.: *Flume,* Allg. Teil des BGB, II Das Rechtsgeschäft)

G

Gas Matters, GB Industry Hits Demanding Deadline for Trading Reform, September 1999, S. 25 ff.

Grunewald, Barbara, Gesellschaftsrecht, 5. Auflage Tübingen 2002
(zit.: *Grunewald,* GesR)

dies., Kommentierung zu § 164 HGB, in: Münchener Kommentar zum Handelsgesetzbuch, Band 3, Zweites Buch. Handelsgesellschaften und stille Gesellschaft. Zweiter Abschnitt. Kommanditgesellschaft. Dritter Abschnitt. Stille Gesellschaft §§ 161-237. Konzernrecht der Personengesellschaften, München 2002
(zit.: *Grunewald,* in Münchener Kommentar, HGB, § 164)

dies., Einsichts- und Auskunftsrecht des GmbH-Gesellschafters nach neuem Recht, in: ZHR 146 (1982), 211 ff.

Gummert, Abschnitt § 52, in: Riegger, Bodo/Weipert, Lutz (Hrsg.), Münchener Handbuch des Gesellschaftsrechts, Band 2, Kommanditgesellschaft, GmbH & Co. KG, Publikums-KG, Stille Gesellschaft, München 2004
(zit.: *Gummert,* in: MünchHb KG, § 52)

H

Hammond, Elizabeth/Helm, Dieter/Thompson, David, Competition in Electricity Supply: Has the Energy Act Failed?, in: Helm, Dieter/Kay, John/Thompson, David (Hrsg.), The Market for Energy, Oxford 1989, S. 157 ff.
(zit.: *Hammond/Helm/Thompson,* in: Helm/Kay/Thompson, S.)

Harray, Stuart/Northway, Nicola/Warren, David/Samakh, Nadia/Berry, Jolyon, England and Wales in: Allen/Overy (Hrsg.), Changes to European Electricity and Gas Markets, London September 1999
(zit.: *Harray/Northway/Warren/Samakh/Berry,* in: Allen/Overy (Hrsg.), Changes to European Electricity and Gas Markets)

Harris, Peter, Cutting Electricity Costs – And Preparing for Privatisation, Newmarket 1989
(zit.: *Harris,* Cutting Electricity Costs)
Hayeck, Friedrich A. von, Der Wettbewerb als Entdeckungsverfahren, in: Kieler Vorträge N. F. 56, Kiel 1968
(zit.: *Hayeck,* Der Wettbewerb als Entdeckungsverfahren)
ders., Die Theorie komplexer Phänomene 1972, zit. nach: *Emmerich, Volker,* Kartellrecht, 8. Auflage München 1999
(zit.: *Hayeck,* Die Theorie komplexer Phänomene)
ders., Die Verfassung der Freiheit, zit. nach: *Emmerich, Volker,* Kartellrecht, 8. Auflage München 1999
(zit.: *Hayeck,* Die Verfassung der Freiheit)
ders., Recht, Gesetzgebung und Freiheit, Band III, München 1982
(zit.: *Hayeck,* Recht, Gesetzgebung und Freiheit, Bd. III)
Hefermehl, Wolfgang/Spindler, Gerald, Kommentierung zu § 76 AktG, in: Kropff, Bruno/Semler, Johannes (Hrsg.), Münchener Kommentar zum Aktiengesetz, Band 3, §§ 71-117 AktG, MitbestG, § 76 BetrVG 1952, 2. Auflage München 2004
(zit.: MünchKomm-*Hefermehl/Spindler,* AktG, § 76)
Heinrichs, Helmut, Kommentierung zu §§ 1- 432 BGB, in: Palandt, Otto, Bürgerliches Gesetzbuch, 63. Auflage, München 2004
(zit.: Palandt/*Heinrichs,* BGB)
Helm, Dieter, in: Helm, Dieter (Hrsg.), British Utility Regulation, Principles, Experience and Reform, Oxford 1995
(zit: *Helm, Dieter,* British Utility Regulation)
ders., Regulating the Transition to the Competitive Electricity Market, in: ders. (Hrsg.), British Energy Policy in the 1990´s, The Transition to the Competitive Market, Oxford 1994, S. 7 ff.
(zit.: *Helm,* in: ders. (Hrsg.), British Energy Policy)
Hermes, Georg, Staatliche Infrastrukturverantwortung, Tübingen 1997
(zit.: *Hermes,* Staatliche Infrastrukturverantwortung)
Hicks, Carole, Regulation of the UK Electricity Industry, 1998 Edition, CRI Industry Brief, Bath 1998
(zit.: *Hicks,* Regulation)
Hoffmann, Jochen, Kommentierung zu § 53 GmbHG, in: Michalski, Lutz (Hrsg.) Kommentar zum Gesetz betreffend die Gesellschaften mit beschränkter Haftung (GmbH-Gesetz), Band II, §§ 35-86 GmbHG, München 2002
(zit.: *Hoffmann,* in: Michalski, GmbHG, § 53 Rn.)
Hoffmann-Becking, Michael, Abschnitt § 29, in: ders. (Hrsg.) Münchener Handbuch des Gesellschaftsrechts, Band 4, Aktiengesellschaft, 2. Auflage München 1999
(zit.: *Hoffmann-Becking,* in: MünchHb, AG, § 29)
Hoffmann-Riem, Wolfgang/Schneider, Jens-Peter, (Hrsg.) Umweltpolitische Steuerung in einem liberalisierten Strommarkt, Baden-Baden 1995
(zit.: *Hoffmann-Riem/Schneider,* Umweltpolitische Steuerung)

Hohmann, Harald, Geregelter Netzzugang und Unbundling: notwendig und verhältnismäßig?, in. ET 2002, S. 337 ff.

ders./Makatsch, Tilmann, Legal Unbundling: Möglichkeiten einer praktischen Umsetzung, in: ET 2003, S. 833 ff.

Hüffer, Uwe, Aktiengesetz, 6. Auflage München 2004
(zit.: *Hüffer,* AktG)

ders., Kommentierung zu § 51a GmbHG, in: Ulmer, Peter (Hrsg.) Hachenburg, Gesetz betreffend die Gesellschaften mit Beschränkter Haftung (GmbHG), Großkommentar, Zweiter Band, §§ 35-52, 8. Auflage Berlin New York 1997
(zit.: *Hachenburg/Hüffer,* GmbHG, § 51a)

J

Jung, Volker, Bericht des BT-Ausschusses für Wirtschaft und Technologie über den Gesetzesentwurf der Bundesregierung – BT-Drucks. 14/5969, BT-Drucks. 14/9081, S. 7 f.
(zit.: *Jung,* Bericht des BT-Ausschusses für Wirtschaft und Technologie, BT-Drucks. 14/9081)

K

Kalkoffen, Gernot, Unbundling – notwendiger Eingriff in unternehmerisches Handeln?, in: GWF 2002, S. 550 ff.

Klees, Andreas, Legal Unbundling und Deutsches Gesellschaftsrecht, in: Versorgungswirtschaft 11/2003, S. 245 ff.

Klös, Hans-Peter, Öffentliches Infrastrukturmonopol – noch zeitgemäß?, Köln 1989
(zit.: *Klös,* Öffentliches Infrastrukturmonopol)

Klopfer, Thomas/Schulz, Walter, Märkte für Strom, Internationale Erfahrungen und ihre Übertragbarkeit auf Deutschland, München 1993
(zit.: *Klopfer/Schulz,* Märkte für Strom)

Koenig, Christian/Haratsch, Andreas, Neues aus Brüssel zum Unbundling: „Interpreting Note" zu den Beschleunigungsrichtlinien für Strom und Gas, in: ZNER 2004, S. 10 ff.

ders./Rasbach, Winfried, Wer ist Ansprechpartner der REGTP in Fragen des Gleichbehandlungsprogramms? Zum Verpflichteten in § 8 V EnWG-RE, in: IR 2004, S. 197 ff.

Krakowski, Michael, Theoretische Grundlagen der Regulierung, in: Krakowski, Michael (Hrsg.), Regulierung in der Bundesrepublik Deutschland, Hamburg 1988, S. 19 ff.
(zit.: *Krakowski,* Regulierung)

Kühne, Gunther/Brodowski, Christian, Die Reform des Energiewirtschaftsrechts nach der Novelle 2003, in: NVwZ 2003, 769 ff.

L

Laaser, Claus-Friedrich, Wettbewerb im Verkehrswesen – Chancen für eine Deregulierung in der Bundesrepublik, Tübingen 1991
(zit.: *Laaser,* Wettbewerb im Verkehrswesen)

Larenz, Karl, Lehrbuch des Schuldrechts, Erster Band, Allgemeiner Teil, 13. Auflage München 1982
(*Larenz,* Kapitel)

Lenz, Tobias, Kommentierung zu § 37 GmbHG, in: Michalski, Lutz (Hrsg.) Kommentar zum Gesetz betreffend die Gesellschaften mit beschränkter Haftung (GmbH-Gesetz), Band II, §§ 35-86 GmbHG, München 2002
(zit.: *Lenz,* in: Michalski, GmbHG, § 37 Rn.)

Lewington, Ilka/Weisheimer, Martin, Zur Regulierung der deutschen Elektrizitätswirtschaft – Eine Analyse anhand neuer ökonomischer Ansätze und praktischer Erfahrungen, in: ZfE 1995, S. 277 ff.

dies., Lehren aus der britischen Elektrizitätswirtschaftsreform, in. ET 1995, S. 591 ff.

Littlechild, Stephen, Regulation of British Telecommunications´ Profitability, DTI/London 1983
(zit.: *Littlechild,* Regulation of British Telecommunications´ Profitability)

ders., New Developments in Electricity Regulation, in: Beesley, M. E. (Hrsg.), Major Issues in Regulation, Regulation Lectures 1992, London 1993, S. 119 ff.
(zit.: *Littlechild,* in: Beesley (Hrsg.), Major Issues)

ders, Competition in Electricity: Retrospect and Prospect, in: Beesley, M. E. (Hrsg.), Challenge and Response, The state of Britain´s Regulatory Regime, London 1995, S. 101 ff.
(zit.: *Littlechild,* in: Beesley (Hrsg.), Challenge and Response)

ders, in: Beesley, M.E. (Hrsg.), Regulating Utilities: The Way Forward, London 1994
(zit.: *Littlechild,* in: Beesley (Hrsg.), Way Forward)

Losch, Michael, Wettbewerbsorientierte Regulierung der Elektrizitätswirtschaft, Theoretische Konzepte und Erfahrungen aus Großbritannien, Frankfurt a.M. 1995
(zit.: *Losch,* Wettbewerbsorientierte Regulierung)

Lutter, Marcus (Hrsg.), Holding Handbuch. Recht – Management – Steuern, 4. Auflage Köln 2004
(zit.: *Lutter,* Holdinghandbuch)

ders./Hommelhoff, Peter, GmbH-Gesetz, Kommentar, 16. Auflage Köln 2004
(zit.: *Lutter/Hommelhoff,* GmbHG)

ders./Krieger, Gerd, Rechte und Pflichten des Aufsichtsrats, 4. Auflage Köln 2002
(zit.: *Lutter/Krieger,* AR)

M

MacDougall, David, Government's response to the MMC Reports on the gas industry, in: Utilities Law Review 1994, S. 10 ff.

Madden, Mike, The Network Code. Commercial and operational implications for the UK gas industry, London 1997
(zit.: *Madden,* The Network Code)

McAuslan, Patrick/McEldowney, John, Electricity Act 1989 annotated, in: Allsop, Peter/u.a. (Hrsg.), Current Law Statutes annotated 1990, Band 2 chapter 29, London/Edinburgh 1989
(zit.: *McAuslan/Eldowney,* Electricity Act 1989)

McEldowney, John/Hancher, Leigh, Electricity Industry Handbook: Law and Practice, London u.a. 1992
(zit.: *McEldowney/Hancher,* Electricity Industry Handbook: Law and Practice)

McGowan, Frances/Surrey, John/MacKerron, Gordon, Regulation of the privatized British Gas Industry, Brighton 1990
(zit.: *McGowan/Surrey/MacKerron,* Regulation of the privatized British Gas Industry)

McKinnon, James, Whatever happened to the British Gas Cooperation?, in: Utilities Law Review 1990, S. 134 ff.

ders., Regulation in the UK gas supply market, in: Utility Policy 1992, S. 276 ff.

Medicus, Dieter, Allgemeiner Teil ds BGB, 6. Auflage Heidelberg 1994
(zit: *Medicus,* BGB-AT)

Mertens, Hans-Joachim, § 51a Abs. 1 GmbHG und die kapitalistisch strukturierte GmbH, in: Hadding, Walther/Immenga, Ulrich/Mertens, Hans-Joachim/Pleyer, Klemens/Schneider, Uwe H. (Hrsg.), Festschrift für Winfried Werner zum 65. Geburtstag am 17. Oktober 1984, Handelsrecht und Wirtschaftsrecht in der Bankpraxis, Berlin New York 1984, S. 557 ff.
(zit.: *Mertens,* in FS Werner)

Meyding, Thomas, Erfahrungen mit der Privatisierung der Energiewirtschaft in Großbritannien, in: Henssler/Kolbeck/Moritz/Rehm (Hrsg.), Europäische Integration und globaler Wettbewerb, Heidelberg 1993, S. 601 ff.
(zit.: *Meyding,* Erfahrungen mit der Privatisierung der Energiewirtschaft in Großbritannien, in: Henssler/Kolbeck/Moritz/Rehm (Hrsg.), Europäische Integration und globaler Wettbewerb)

Müller, Klaus, Schranken des Informationsrechtes nach § 51a GmbHG, in: GmbHR 1987, S. 87 ff.

Musgrave, Richard A., Infrastruktur und die Theorie der öffentlichen Güter, in: Grundfragen der Infrastrukturplanung für wachsende Wirtschaften, Verhandlungen auf der Tagung des Vereins für Sozialpolitik/Gesellschaft für Wirtschafts- und Sozialwissenschaften in Innsbruck 1970, Berlin 1971, S. 43 ff.
(zit.: *Musgrave,* in: Grundfragen der Infrastrukturplanung)

N

National Grid Transco (NGT), Annual Report and Accounts 2002/3; www.ngtgroup.com/businesses/background.html.
(zit.: *NGT,* Annual Report and Accounts 2002/3; www.ngtgroup.com/businesses/background.html.)

Neveling, Stefanie/Theobald, Stefan, Der Gesetzesentwurf zur Änderung des EnWG, Eine erste kritische Bewertung der gaswirtschaftlichen Regelungen, in: ZNER 2001, S. 64 ff.

Newberry, David M./Green, Richard, Newberry/Green, Regulation, public ownership and privatisation of the English electricty industry, S. 25 ff., in: Gilbert, Richard J./Kahn, Edward P. (Hrsg.), International Comparisons of Electricity Regulation, Cambridge 1996 (zit.: *Newberry/Green,* in: Gilbert/Kahn (Hrsg.), International Comparisons of Electricity Regulation,)

O

O'Neill, Duncan, Regulated Industries: The UK Gas Industry, CRI Regulatory Brief 10, London 1996
(zit.: *O'Neill,* Regulated Industries: The UK Gas Industry)

P

Padberg, Carsten/Padberg, Thomas, Das Segmentergebnis von Elektrizitätsunternehmen, in: Versorgungswirtschaft 11/2001, S. 249 ff.

Padberg, Thomas/Gubelt, Carsten/Padberg, Carsten, Zur Aussagekraft der Segmentinformationen von Elektrizitätsunternehmen nach § 9 EnWG, in. Versorgungswirtschaft 4/2001, S. 81 ff.

Parker, Mike, Competition: the Continuing Issues, in: Surrey, John (Hrsg.), The British Electricity Experiment, Privatization: the record, the issues, the lessons, London 1996, S. 215 ff.
(zit.: *Parker,* in: Surrey (Hrsg.), The British Electricity Experiment)

Perry, Nicholas, The MMC Report's: a gas refiner's view, Utilities Law Review 1993, S. 177 ff.

Pfaffenberger, Wolfgang, Elektrizitätswirtschaft, München, Wien 1993
(zit.: *Pfaffenberger,* Elektrizitätswirtschaft)

Pielow, Johann-Christian, Grundstrukturen öffentlicher Versorgung, Vorgaben des Europäischen Gemeinschaftsrechts sowie des französischen und des deutschen Rechts unter besonderer Berücksichtigung der Elektrizitätswirtschaft, Tübingen 2001
(zit.: *Pielow,* Grundstrukturen öffentlicher Versorgung)

R

Reichert-Clauß, Andrea, Durchleitung von Strom: Regulierungsansätze im deutsch-englischen Vergleich, Reformpotentiale und Überlegungen zu einer einheitlichen Regulierungstheorie, Heidelberg 2002
(zit.: *Reichert-Clauß,* Durchleitung von Strom)

Robinson, Colin, Electricity Privatisation in England and Wales: Progress and Problems, Surrey Energy Economics Discussion Paper Series (SEEDS) No. 82, Surrey 1995
(zit.: *Robinson,* Electricity Privatisation in England and Wales: Progress and Problems)

Römermann, Volker, Kommentierung zu §§ 45, 51a GmbHG, in: Michalski, Lutz (Hrsg.) Kommentar zum Gesetz betreffend die Gesellschaften mit beschränkter Haftung (GmbH-Gesetz), Band II, §§ 35-86 GmbHG, München 2002
(zit.: *Römermann,* in: Michalski, GmbHG, § 51a Rn.)

Rosin, Peter/Heinlein, Björn, Die Verbändevereinbarung zum Netzzugang beim Erdgas, Teil 1, in: ET 2002, S. 350 ff.

dies., Die Verbändevereinbarung zum Netzzugang beim Erdgas, Teil 2, in: ET 2002, S. 426 ff.
Ruge, Reinhard, Die Abschaffung des Pool-Modell und die Einführung neuer Handelsregeln für Strom in Großbritannien, in: ET 2000, S. 45 ff.
Ruhrgas AG, Meldung vom 5.12.2003 "Ruhrgas gliedert Transportgeschäft in `Ruhrgas Transport´ aus", www.ruhrgas-transport.de/ deutsch/news.
(zit.: *Ruhrgas AG,* Mitteilung v. 5. Dezember 2003, www.ruhrgas-transport.de/deutsch/news)
Rush, Sean, Review of the gas trading arrangements proposes on-the-day market, in: Energy Update 1999, 6 ff.

S

Scheffler, Eberhard, Bilanzen richtig lesen, Rechnungslegung nach HGB und IAS/IFRS, 6. Auflage München 2004
(zit.: *Scheffler,* Bilanzanalyse)
Schlotjunker, Stefan/Rubner, Harald, Managementherausforderung Unbundling, in ET 2004, S. 11 ff.
Schmidt, Carsten, Gesellschaftsrecht, 4. Auflage, Köln u.a. 2002
(zit.: *Schmidt,* GesR)
ders., Kommentierung zu § 51a GmbHG, in: Scholz, Kommentar zum GmbH-Gesetz, 9. Auflage Köln 2002
(zit.: Scholz/*Schmidt,* GmbHG, § 51a)
ders., Informationsverweigerung in der GmbH ohne Gesellschafterbeschluss?, in: GmbHR 1982, S. 206 ff.
Schneider, Jens-Peter, Liberalisierung der Stromwirtschaft durch regulative Marktorganisation, Eine rechtsvergleichende Untersuchung zur Reform des britischen, US-amerikanischen, europäischen und deutschen Energierechts, 1. Auflage, Baden-Baden 1999
(zit.: *Schneider,* Liberalisierung der Stromwirtschaft durch regulative Marktorganisation)
Schneider, Uwe H., Kommentierung zu § 37 GmbHG, in: Scholz, Kommentar zum GmbH-Gesetz, 9. Auflage Köln 2002
(zit.: Scholz/*Schneider,* GmbHG. § 37 Rn.)
Scholz, Rupert, Freiheitlicher Binnenmarkt oder diktierte Marktstruktur?, in: ET 2002, S. 678 ff.
Scholz, Ulrich/Strohe, Dirk, Unbundling – aktueller Rechtsrahmen und neuer Richtlinienentwurf der Kommission, in: ET 2003, 80 ff.
Schoon, Heike, Operationelles Unbundling: Auswirkungen auf den Netzbetrieb, in: ET 2004, S. 606 ff.
Seiferth, Thorsten/Weidel, Andreas, Vorrang für betriebswirtschaftliche Unbundling-Umsetzung, in: ET 2004, S. 18 ff.
ders./Wenzel, Tim/Cord, Matthias/Neumann, Dietrich/Hartmann, Bernhard, „Legal Unbundling" – Kostenfalle oder neue Geschäftspotenziale für EVU?, in: ET 2003, S. 225 ff.

Sharkey, Willian W., The theory of natural monopoly, Cambridge 1982
(zit.: *Sharkey,* The theory of natural monopoly)

Simmonds, Gillian, Regulation of the UK electricity industry, 2002 edition, CRI Industry Brief, Bath 2002
(zit.: *Simmonds,* Regulation)

Spelthahn, Sabine, Privatisierung natürlicher Monopole – Theorie und internationale Praxis am Beispiel Wasser und Abwasser, Wiesbaden 1994
(zit.: *Spelthahn,* Privatisierung natürlicher Monopole)

Spottiswoode, Clare, British Gas's Vision of the Competitive Market, in: Helm, Dieter (Hrsg.), British Energy Policy in the 1990´s, The Transition to the Competitive Market, Oxford 1994, S. 55 ff.
(zit.: *Spottiswoode,* in: Helm)

Surrey, John, The Structure and Regulation of the British Gas Industry, in: Mestmäcker, Ernst J. (Hrsg.), Natural Gas in the Internal Market, A Review of the Energy Policy, Baden-Baden 1993, S. 91 ff.
(zit.: *Surrey,* in: Mestmäcker)

ders., in: Surrey, John (Hrsg.), The British Electricity Experiment, Privatization: the record, the issues, the lessons, London 1996
(zit.: *Surrey,* in: Surrey, The British Electricity Experiment)

T

Theisen, Manuel R., Ökonomische Aspekte des Unbundling in der Energiewirtschaft, zit. nach dem Manuskript
(zit.: *Theisen,* Ökonomische Aspekte des Unbundling in der Energiewirtschaft, S.)

Thomas, Steve, The Privatization of the Electricity Supply Industry, in: Surrey, John (Hrsg.), The British Electricity Experiment, Privatization: the record, the issues, the lessons, London 1996, S. 40 ff.
(zit.: *Thomas,* in: Surrey, The British Electricity Experiment)

V

Vickers, John, Competition and Regulation: The UK Experience, in: Beesley, A Time for Change, S. 97 ff.
(zit.: *Vickers,* in: Beesley, Time for Change)

ders./Yarrow, George, An Economic Analysis, Cambridge, Mass., London 1988
(zit.: *Vickers/Yarrow,* Privatisation: An Economic Analysis)

dies., Reform of the electricity supply industry in Britain – An assessment of the development of public policy, in: European Economic Review 35 (1991), S. 485, 487 ff.
(zit.: *Vickers/Yarrow,* Reform of the electricity supply industry in Britain, in: European Economic Review 35 (1991))

Villers, Charlotte, Increasing competition for British Gas?, in: Utilities Law Review 1992, S. 7 ff.

W

Webb, Chris, Consultation is Alive and Well, Says Britain's Energy Regulator, in: Gas Matters September 1999, S. 29 f.

Weber, Rolf H., Wirtschaftsregulierung in wettbewerbspolitischen Ausnahmebereichen – Studien zur staatlichen Wirtschaftsregulierung und zum Einsatz der Regulierungsinstrumente in den Transport-, Kommunikations- und Energiemärkten in der Schweiz und den Vereinigten Staaten von Amerika, Baden-Baden 1986 (zit.: *Weber,* Wirtschaftsregulierung)

Wetzel, Uwe, Der britische Gasmarkt, ein Vorgriff auf die Zukunft?, in: KMEnergR 5, Baden-Baden 1996 (zit.: *Wetzel,* Der britische Gasmarkt, KMEnergR 5)

Wiedmann, Klaus-Peter/Langerfeldt, Michael, Verschärftes Unbundling in der deutschen Energiewirtschaft (Teil 1). Grundlagen: EG-Beschleunigungsnovellen und volkswirtschaftliche Monopoltheorie, in. ET 2004, S. 158 ff.

dies., Verschärftes Unbundling in der deutschen Energiewirtschaft (Teil 2). Herausforderung und Chance zur aktiven Reorganisation für deutsche Versorger, in: ET 2004, S. 248 ff.

Windisch, Ruppert, Privatisierung natürlicher Monopole: Theoretische Grundlagen und Kriterien, in: Windisch, Ruppert (Hrsg.), Privatisierung natürlicher Monopole im Bereich von Bahn, Post und Telekommunikation, Tübingen 1987, S. 1 ff. (zit.: *Windisch,* Privatisierung)

Y

Yarrow, George, Regulatory Issues in the Electricity Supply Industry, in: Helm/Kay/Thompson (Hrsg.), The Market for Energy, Oxford 1989, S. 188-205 (zit.: *Yarrow,* Regulatory Issues in the Electricity Supply Industry, in: Helm/Kay/Thompson (Hrsg.), The Market for Energy)

Z

Zinow, Bernd-Michael, Rechtprobleme der grenzüberschreitenden Durchleitung von Strom in einem EG-Binnenmarkt für Energie, Frankfurt a.M./Bern/New York/Paris 1991 (zit.: *Zinow,* Rechtprobleme der grenzüberschreitenden Durchleitung)

FSC
www.fsc.org
MIX
Papier | Fördert gute Waldnutzung
FSC® C083411

Kolibri 360 GmbH
Ferdinand-Jühlke-Straße 7
99095 Erfurt, Deutschland
produktsicherheit@kolibri360.de

Druck:
CPI Druckdienstleistungen GmbH
im Auftrag der
Kolibri 360 GmbH
Ferdinand-Jühlke-Str. 7
99095 Erfurt